KB036177

가장 오래된 과제

자연 안에서 **인간의 위치**를 생각하다

Our Oldest Task

Making Sense of Our Place in Nature

가장 오래된 과제

자연 안에서 인간의 위치를 생각하다

에릭 T. 프레이포글(Eric T. Freyfogle) 지음

박경미 옮김

한울
아카데미

OUR OLDEST TASK: Making Sense of Our Place in Nature
by Eric T. Freyfogle

Licensed by The University of Chicago Press, Chicago, Illinois, U.S.A.
Copyright ⓒ 2017 by The University of Chicago. All rights reserved.
Korean translation copyright ⓒ 2021 by HanulMPlus Inc.

이 책의 한국어판 저작권은 The University of Chicago Press와의 독점 계약으로 한울엠플러스(주)에
있습니다. 저작권법에 의해 보호를 받는 저작물이므로 무단전재 및 복제를 금합니다.

제인에게

차례

서론

이 책은 자연과 문화에 관한 이야기이자 지구 위에서 인간의 위치와 곤경에 관한 이야기이고, 지구가 감내할 수 있는 방식으로 지구 위에서 살아가고자 할 때 우리가 마주칠 수밖에 없는 어려운 도전들에 관한 이야기이다. 이 책에서는 미국의 자연 보존주의자 알도 레오폴드(Aldo Leopold)가 "인류 역사의 가장 오래된 과제"라고 말했던 것, 다시 말해 어떻게 하면 땅을 파괴하지 않으면서 땅 위에서 살아갈 수 있는지를 다루게 될 것이다.[1] 레오폴드가 땅이라고 했을 때 의미했던 것은 흙과 바위만이 아니라 서로 연결되어 상호 의존하는 전체 생명 공동체와 인간까지 포함한다. 이것은 오래된, 가장 중요한 과제라고 그는 말했고, 우리 시대 이전의 문명들이 이 과제를 감당하기 위해 노력했으나 자주 실패했고, 우리 역시 노력하고 있는 중이다. 우리의 영리함과 기술, 인구 증가, 이 모든 것은 자연이 생명을 주는 방식에 우리 삶의 방식을 맞추는 인간의 집단적인 능력을 훨씬 넘어섰다.

모든 살아 있는 생명체는 하루하루 살아가는 과정에서 자기 주변의 세계를 바꾼다. 그러므로 물리적 세계를 바꾸는 것 자체는 어쩔 수 없으며 정당하다.

사실 우리가 그 안에 서식하고 있는 생명 공동체 역시 수억 년에 걸쳐 셀 수 없이 많은 종들이 이뤄 낸 변화의 산물이다. 레오폴드가 주장했던 것은 자연을 바꾸는 일을 멈추거나 최소화하자는 것이 아니었다. 그가 주장했던 것은 자연을 이용하되, 다른 종은 차치하더라도, 당대 사람들과 미래의 인간들에게도 계속해서 생산적이고 풍요로울 수 있는 방식으로 자연을 이용하자는 것이다. 우리의 도전, 즉 우리의 가장 오래된 과제는 자연을 이용하되 남용하지 말자는 것이다.

집단적으로 우리는 이 가장 오래된 과제를 수행하는 데 어려움을 겪고 있다. 그것은 인구 증가와 새로운 기술의 발전, 시장경제로 인한 경쟁이 토지 이용과 자원 이용의 관습적인 한계를 압도해 버렸기 때문이다. 여러 국가에서 법률을 통해 최악의 관행들을 어느 정도 축소시켰고, 그린 테크놀로지가 약간의 성과를 거두고 있으며, 녹색 소비 역시 상승 기류를 타는 중이다. 그러나 우리는 전체 궤도를 실질적으로 바꾸지는 못했다. 여전히 우리는 자연을 사용하기보다는 남용하고 있는 것으로 보이며, 그것도 유례없이 거대한 규모로 남용하고 있는 것 같다. ―그런 것 같다고 말했다. 논쟁이 갈수록 더 격렬해지고 있는 마당에 어떻게 단언적으로 말할 수 있겠는가? 우리가 자연에 가하는 변화가 합당한 사용을 넘어 남용이 되는 지점을 우리는 어떻게 알 수 있는가?

내가 법학 전문대학원에서 가르치기 시작한 지는 30년이 넘는다. 그동안 나는 환경법과 자원법, 재산법 관련 과목을 가르쳤고, 자연과 문화, 사회정의, 보존 사상과 관련한 독서 모임을 이끌었다. 이 책은 그 과정에서 얻은 배움과 가르침으로부터 탄생했다. 또한 이 책에서는 예전부터 내가 생각하고 글을 쓸 때 추구해 온 두 가지 핵심적인 과제를 모두 끌어왔다. 첫째, 환경문제를 다룰 때 나는 그것이 지니는 물리적·사회적·도덕적 의미와 그 복잡성을 충분히 고려하고자 노력해 왔다. 토지 황폐화는 인간 행동의 결과이다. 다시 말해 인간 행동을 추동하고 규정하는 온갖 지저분한 요인들과 힘들의 결과이다.

일찍부터 나는 이러한 토지 황폐화가 개인의 악행이나 불법행위보다는 근대의 전반적인 기업 활동에 기인한다고 생각해 왔다. 토지 황폐화는 전적으로는 아니더라도 직접적으로 근대 기업 활동과 관련이 있다. 우리 모두, 설사 우리 가운데 가장 양심적이고 선의를 가지고 있는 사람이라 할지라도, 정도는 다르지만 그러한 토지 황폐화에 공모해왔다. 이러한 인식은 특히 원인과 책임을 규명하는 문제와 관련해서 내게 어려운 질문들을 제기했다. 또한 그 질문들은 우리 인간들이 너무나 빈번하게 드러내는 고질적인 경향들 때문에 더욱 복잡해졌다. 우리는 생태계가 병을 앓고 있다는 명백한 과학적 증거들 앞에서도 객관적 사실을 부정하고, 심지어는 비용 대비 효과가 높은 입증된 개선 방책들도 받아들이려 하지 않기 때문이다. 생태계 황폐화의 근본 원인은 우리 가운데, 그리고 우리 안에 깊이 뿌리박고 있음이 분명하다.

우리가 살고 있는 지구의 곤경에 대해 사색하는 과정에서 나는 생태계의 변화에 대한 물리적 증거들을 판단할 때 우리가 충분히 주의 깊고 사려 깊었는지에 대해 의문을 품게 되었다. 우리는 자연을 징말로 심각하게 비꿨고, 이 점은 부인할 수 없이 명백하다― 어떤 변화들은 명백히 부정적인 것으로 보인다. 그러나 우리가 자연에 변경을 가할 때 어떤 것은 전반적으로 수용할 만하고 괜찮으며, 또 어떤 것은 잘못되고 부도덕한지 결정하기가 결코 쉽지 않았다. 다시 말해 자연의 합당한 사용과 남용을 구분하는 일이 결코 쉽지 않았다. 그것을 결정하기 위해서는 규범적인 평가가 필요했고, 평가, 즉 선을 긋기 위해서는 측정 기준이 필요했다. 그러나 우리에게는 그러한 기준 ―적어도 그럴듯한 기준― 이 없었고, 그 기준을 만드는 것은 생각보다 훨씬 어려운 일이라는 사실을 나는 깨달았다. 그러한 전반적인 평가 내지 측정을 위해서는 사회정의, 미래 세대, 다른 생명 형태, 과학적 지식에서의 큰 격차 등 많은 요인을 고려해야 한다.

두 번째 내가 추구해 온 과제는 내가 사는 장소와 시간이 지니는 의미를 폭넓게 성찰하는 것이었다. ─잘 알려진 키케로의 말로 표현하자면 나는 현재의 독재로부터 벗어나고자 노력해 왔다. 앞서 많은 사람이 그랬듯이, 나는 근대 세계로부터 한 걸음 물러나서 우리가 세계를 이해하고 세계와 관계하는 방식을 결정하는 사상들과 가치들, 감성이 무엇인지 그 정체를 규명하고 그것을 이해하고자 노력했다. 이 오래된 과제는 결코 쉬웠던 적이 없다. 그리고 우리 시대에 이 과제는 더욱 어려워 보인다. 아마도 전문화되고 파편화된 대학들과 연구 센터들로부터 너무 많은 글과 정보들이 쏟아져 나오고 있는 것이 부분적으로는 한 가지 이유일 것이다. 그러한 것들은 물론 어느 면에서 유익하지만, 다른 한편으로는 우리를 헷갈리게 만들고 막막하게 만든다.

나는 이 두 가지 지적 과제 중 하나라도 놓친다면 한 발자국도 앞으로 나갈 수 없다는 것을 얼마 안 가 깨달았다. 우리가 어떻게 평가하든, 환경 위기는 오늘날 우리가 처한 실제적이고 핵심적인 문제이다. 그것은 오늘날 우리가 세계를 어떻게 보며 세계 안에서 우리의 위치를 어떻게 이해하고 있는지, 그리고 우리가 서로에 대해서, 또 다른 생명체들과 미래 세대에 대해서 어떠한 관계를 맺고 있는지 알려 주는 핵심적인 징표이기도 하다. 또한 우리는 자연에 우리가 가하는 변화를 규범적으로 평가하는 일이 왜 그렇게 어려운지, 환경 위기에 대해 판단하고 개선 방안을 찾는 과정에서 왜 그렇게 논란을 벌이며, 어째서 훨씬 확대된 차원에서 환경 위기 문제를 탐구하지 못하는지 그 이유를 알지 못한다. 우리가 앓고 있는 질병은 우리 시대의 문화, 17, 18세기 계몽주의 시대부터 지배적이 되어 오늘날 위세를 떨치고 있는 세속적이고 합리적이며 자유주의적인 가치들, 가정들과 깊고도 복잡하게 관련되어 있다. 미국의 경우 특히 국가가 수립되고 집단적 정체성이 형성되어 가던 당시의 시대적 특성, 특수한 정치적 상황과 밀접한 관련이 있다. 게다가 오늘날 전 지구적 차원에서 작동하고 있는 자본주의 시장의 어두운 그림자는 우리를 더욱 어렵게 만들고 있다. 지구적 자본주의 시장은 기본적인 욕구를 자극하여 물질 생산을 극대화하고 사람들을 파편화하며, 도덕적·지적 혼란을 일으킨다. —다시 말해 우리를 더 하찮은 존재로 만들고 있다.

이 책은 이러한 오랜 탐구의 결과물이다. 이 책에서는 다양한 분과의 연구 결과들, 저술들을 끌어왔다. 특히 역사(지성사, 사회사, 환경사)와 생태학, 진화생물학, 경제학, 사회 및 정치 일반과 관련된 저술들, 주요 철학의 흐름들을 끌어왔다. 내 전공 분야인 법학 역시 중요한 역할을 했다. —특히 사유재산과 관련된 규범들을 비판할 때 가장 큰 역할을 했다. 물론 이 책은 환경법이나 재산권 관련법을 제시하거나 제안하기 위한 것이 아니지만, 이러한 과제를 다루는 데 법률적 관점은 도움이 된다. 왜냐하면 문제와 관련된 모든 요인들이 법적인 장 안에서 다뤄지고 또 그럴 수밖에 없기 때문이다. 원래 좋은 법 제정은 광범위하고 종합적인 사고를 필요로 한다. 좋은 법 제정을 위해서는 출처가 어디건 모든 종류의 사실들과 가치들, 경험들, 통찰들을 끌어와야 한다. 이 점에서 이 책은 종합적이다. 이 책을 쓰는 것은 마치 하나의 조각보를 만드는 것과도 같았다. 그것은 취합해서 한데 모으고 평가하는 과정을 통해 새로운 것을 만들어 가는 작업이었고, 마치 자연 생태계의 요소들이 분리된 개체로 고립해서 존재하는 것이 아니라 한데 모여 새로운 특징과 힘을 창조해 내는 것과 같았다.

내가 말하려는 핵심적인 주제는 지구 공동체 안에서 분별 있게 살기 위한 우리의 투쟁은, 설사 과학적 지식이나, 기술, 인구문제 같은 것과 긴밀하게 관련되어 있다 해도, 일차적으로 그런 과제가 아니라 문화적인 과제라는 것이다. 우리 시대는 심각한 문화적 위기에 직면해 있다. 그것은 단지 문화적 응집력을 잃어 버렸다는 의미에서, 즉 불안과 혼란 속에서 끝없이 무익한 논쟁에 빠져든다는 의미에서 위기가 아니라, 보다 심각한 의미에서 위기이다. 즉, 우리 세계관의 핵심적인 요소들이 더 이상 우리를 위해 작동하지 않는다는 의미에서, 특히 우리가 가장 오래된 과제를 감당하려고 할 때 지적으로, 도덕적으로, 또는 실천적으로 더 이상 작동하지 않는다는 의미에서 위기이다. 오늘날 우리의 이해와 행동 방식을 규정하는 기본적인 가정들은 우리 시대의 사실들과 우리가 직면한 위험을 집단적으로 이해하는 데, 적어도 위험이 존재한다는 사실 자체를 집단적으로 인정하는 데 필요한 도구들을 제공하지 못하고 있다. 오늘날 우리가 앓고 있는 생태적 질병과 자연 안에서 우리의 정당한 위치에 대해 명료하게 사고하지 못하는 우리의 무능력은 우리 안에, 그리고 우리 사이에 자리 잡은 특징들과 깊이 연루되어 있다. 즉, 우리가 세계에 대해 사고하고 평가하는 복잡한 방식, 특히 스스로 도덕적으로 가치 있고 합리적인 개인이라고 여기는 자기 이미지와 관련이 있다. 말하자면 우리는 다른 모든 생명체들과 정도에 있어서가 아니라 질적으로 전혀 다른 존재라고 여기는 것과 깊이 관련되어 있다. 아무리 새로운 과학, 기술이라 해도 그러한 것들은 우리를 도와주지 못한다. 그런 것들은 적어도 우리를 충분히 돕지 못한다. 녹색 소비 역시 큰 도움이 되지 못한다. 오히려 내가 생각하기에는 "녹색운동(going green)"(자연환경을 보전하고 보호하기 위해 가정과 사회에서 다양한 환경친화적 실천과 결정들을 하도록 장려하는 운동을 일컫는다. ─옮긴이 주) 역시 전 지구적 과잉의 근본 원인인 근대 문화의 구성적 요소들로부터 나온 것이고, 그것을 더욱 악화시킬 뿐이다.

그러므로 이 책은 근대 서구 문화에 대한 비판적 탐구이다. 이 책에서는 특히 미국에 집중할 것이다. 그것은 한편으로 내가 미국을 잘 알기 때문이기도 하고, 다른 한편으로는 근대라는 시대가 일반적으로 직면해 있는 문화적 위기를 미국이 가장 생생하게 보여 주기 때문이기도 하다. 따라서 이 책에서는 오랫동안 철학자들이 관심을 가지고 도전했던 근본적인 질문들, 즉 실재와 인식, 도덕성을 비롯해서 근대 세계관의 본질적인 구성 요소들을 파고들 것이다. 이처럼 근본적인 문제들에 집중하는 것은 매우 중요하다. 왜냐하면 우리 시대의 핵심적인 문화적 요구는, 흔히 말해 단순히 자연을 잘 대한다거나 '어머니 지구'를 사랑하는 문제가 아니기 때문이다. —그것은 선의에서 비롯되었다 해도 혼란스럽고 초점에서 벗어난 피상적인 생각이다. 변화를 위해 우리에게 필요한 것은 그보다 훨씬 심오한 데 있다. 우리 시대 세계관의 중심적 요소들에 대한 근본적인 수정이 필요한 것이다.

이러한 비판적 연구는 우리 시대의 세계관을 재고하는 데 필요한 토대를 제공해 준다. 그것은 지구상에서 보다 나은 삶의 방식을 촉진하고, 또 그렇게 하기 위해 반드시 필요한 사회정의를 확대하며, 미래 세대와 다른 종들을 보다 깊이 배려하기 위한 것이다. 나아가서 이 연구는 자연의 합당한 사용과 남용을 구분하는 데 집중할 것이다. 이것은 어려운 문제이며, 우리는 그동안 이 문제를 소홀히 해왔다. 또한 이 책에서는 냉정한 태도로 과학에 대해 성찰할 것이다. 과학이 무엇이고 또 무엇이 아닌지 살펴볼 것이며, 과학이 답할 수 없는 질문인데도 (심지어 우리가 원하지 않는 과학적 발견은 거부하면서도) 과학에서 답을 얻으려는 우리 시대의 문화적 경향에 대해서도 냉정하게 성찰할 것이다. 또한 이 책에서는 도덕적 사고의 불안정한 토대에 대해서도 깊이 파고들 것이다. 그 과정에서 생태 시대를 위한 새로운 도덕 기준을 찾으려는 우리의 노력이 어째서 좌절하는지 드러날 것이다. 즉, 경험적 객관성에 대한 과도한 신뢰로 인해, 그리고 우리가 믿는 자유주의적 가치의 실질적인 사회적 기원에 대해 혼동을 일으킴으로 인해 그러한 노력이 좌절한다는 점이 드러날 것이다. 따라서 우리가 자연에 속해 있다는 사실을 생태적으로 인식하기 위한 새로운 방식이 요구될 뿐만 아니라, 세계에 대한 새롭고도 보다 생태적인 관점이 요구된다. 나아가서 환경 정의에 대해서, 이 행성 위에서 서로 관계를 맺으며 살아가는 생명체들의 역할과 도덕적 위치에 대해서도 더욱 폭넓게 생각할 필요가 있다.

이 책에서 시도한 문명 비판은 어쩔 수 없이 저자로서 나 자신의 가치관을 반영할 수밖에 없다. 그러나 내가 이 책에서 제시하는 문화적 틀, 즉 우리 시대의 곤경에 대한 나의 분석과 진단은 나와는 다른 성정을 지닌 독자들에게도 가치 있는 것이어야 한다. 다시 말해 다른 종들에 대해 본질적으로나 미학적으로 나만큼 관심을 갖지 않거나, 아니면 우리가 어떠한 생태 문제를 떠넘기더라도 영리한 미래 세대가 그것을 충분히 해결할 것이라고 믿는 독자들에게도 가치 있는 것이어야 한다.

내가 이 책을 쓴 것은 내가 아는 한 이런 책이, 이런 문제들을 지적으로 충분하게 다룬 책이 없었기 때문이다. 환경학자들과 학생들, 활동가들이 자신들의 개인적 노력을 맥락적으로 이해하고 또 그렇게 하기 위한 방법을 찾는 데 이 책이 도움이 되었으면 한다. 전체적인 그림이 없으면 알기가 어렵거나 불가능하다. 예를 들어 생태계 서비스(ecosystem services)(유엔환경계획이 2009년 발간한 『생태계와 생물 다양성의 경제학』에 등장한 개념이며, 인간 삶의 질을 위한 생태계의 직간접 공헌, 즉 '생태계 상품과 서비스'를 뜻한다. 이 개념은 생물 다양성의 경제적 가치를 측정하기 위한 도구로 활용된다. ―옮긴이 주) 개념을 지적 틀로 제시하는 것이 타당한가? 생물학자가 종의 보존을 공동의 목표로 제시하는 것은 적절한가? 시장 원리에 입각한 탄소 배출권 거래 제도가, 모든 점을 고려했을 때, 기후변화 문제를 해결하는 데 우리에게 도움을 줄 수 있는가? 창조의 가치에 대한 종교적 주장들은 공적으로 사용하기에는 부적절한가? 어떤 풍경이 더 나은 풍경인가 하는 문제는 정말로 개인적 판단의 문제일 뿐인가?

근대 세계가 겪고 있는 문화적 질병과 혼란은 19세기 중반 미국 남북전쟁 기간과 그 이후의 상황과 매우 비슷하다. 역사가 루이스 메난드(Louis Menand)가 말했듯이, 이 격동의 시대를 깊이 관찰해 보면 남북전쟁은 단지 민주주의와 선의의 대대적인 실패였던 것만이 아니라 문화의 실패, 즉 지배적인 신념과 가치, 감정, 사상의 실패였다는 것을 알 수 있다. 남북전쟁은 남부의 노예

문명을 쓸어 버렸고, "그와 함께 북부의 지적 문화 거의 전체를"2 쓸어 버렸다. 이러한 붕괴는 당시 작용하고 있던 거대한 힘들, 즉 산업화와 도시화, 비인격화된 관료제로의 권력 이동 등과 복잡하게 관련되어 있었다. 이러한 힘들이 광범위한 경제적·사회적 결과들을 가져오면서 문화적 혼돈을 불러왔고, 도덕 질서를 와해시키며, 국가를 진보의 궤도로부터 벗어나게 했던 것으로 보인다. 메난드는 19세기 말에 이르기까지 이 거대한 힘들에 맞서 현상을 해석하고 주조해 낼 새로운 문화가 등장하지 않았다고 했다. 등장했다 해도 단지 부분적이고 일시적으로만 나타났을 것이다.

확신에 찬 진보의 시대에 새롭게 등장한 문화는 서구 문명이 제1차 세계대전으로 공포의 도가니에 빠져들자 탄생한 지 얼마 지나지 않아 몰락했다. 근대 문명에 의혹을 품은 사람들이 하나같이 주장했듯이, 결국 근대 문명이란 일종의 얇은 베니어판에 지나지 않는지 모르겠다. 갈등이나 공동체 파괴로 인해 그 얇은 베니어판이 사라지고 나면 조셉 콘라드(Joseph Conrad) 같은 사람들이 봤던 내면의 거대하고 깊은 심연과 어둠이 드러난다. 소설가 윌라 케더(Willa Cather)에 의하면 세계는 1922년에 둘로 나뉘었다. 이 해를 에즈라 파운드(Ezra Pound)는 새 시대의 원년이라 불렀다. 이 해는 『율리시즈』와 『황무지』, 『바빗(Babbitt)』이 나온 해였고, 미국에서는 철도 파업과 광산 학살, 국가적 부패가 있었던 해였다. 부패와 쇠퇴에 맞서 개혁의 동력을 이끌어 내고자 했던 온건한 부르주아 문화의 사회적·도덕적 통제에 대해 어쩌면 우리는 헨리 루이스 멩켄(H. L. Mencken)이 그랬듯이 조롱할 수 있을지 모르겠다. 그러나 국가는 무엇을 했는가? 국가는 효과적으로 공적 도덕이 자리를 잡고 경제적·문화적 세력들을 길들이게 해야 했지만, 그렇게 하지 못했다.

오늘날 우리가 경험하고 있는 문화적 위기는 여러 면에서 메난드가 명료하게 말했던 위기, 즉 산업 전쟁의 격화에 필연적으로 수반되는 질병이 지속되고 있는 것이며, 그것이 더욱 심해진 것이다. 세계대전과 그에 뒤이은 크고 작은 전쟁들 이후 평화와 번영의 시기가 온 것은 확실하고, 평온한 시대적 분위기를 만들어 낸 것 또한 사실이다. 그러나 근대의 독은 더 널리 퍼졌다. 특히 다윈과 프로이트, 아인슈타인이 들려준 이야기들은 식자들을 혼란스럽게 했다. 이들은 하나같이 인간이 예외라는 생각에 의문을 품었고, 인간의 이성적·감각적 지각 능력이 지니는 객관성과 신뢰성에 의문을 품었다. 나아가서 개인의 자유와 도덕적 자율성에 대한 요구가 더욱 확대되고, 산업자본주의와 관료주의적 효율성이 자주 드러내는 비도덕적 힘이 증대되면서 혼란을 더욱 가중시켰다. 그리고 최종적으로는 거대한 대륙이 더 이상 자연 자원의 무한정한 창고가 아니라는 사실을 확인해 주는 당황스러운 증거들이 점점 더 확실하게 나타났다.

이 책을 시작하면서 이러한 문화적 질병에 대해 좀 더 이야기하는 것이 도움이 되리라고 생각한다. 앞으로 분명히 말하겠지만, 우리 문화의 결함들은 서로 연결되어 있다. 결함들끼리 서로 연결되어 있을 뿐 아니라, 그것은 우리 문화의 장점들과도 많이 연결되어 있다. 여기서 전체적인 그림을 그려 보는 것이 이 광범위한 탐구의 개별 부분들, 특히 앞부분이 지니는 의미 관련성을 명료하게 하는 데 도움이 될 것이다.

우리 문화의 결함은 대체로 네 가지 범주로 나누어 생각해 볼 수 있다.

도덕적 가치와 상호 의존성: 첫 번째 범주는 지구 행성에서 살아가는 최고의 도덕적 존재로서 자연 안에서 우리가 담당하는 역할과 능력들을 이해하고 우리 자신을 자율적 존재로 인식하는 다양한 방식들이다. 인간 존재로서 우리는 다른 종들과 실제로 다르며, 다른 종들 역시 서로 다르다. 그러나 우리는 정도에 있어서가 아니라 질적으로 우리가 다른 종들과 다르다고 가정함으로 인해, 그리고 종국에는 우리가 이 행성의 물리적 조건과 기능에 그다지 구애

받지 않게 될 것이라고 (과거에는 노골적으로, 오늘날에는 암묵적으로) 가정함으로 인해 심각한 잘못을 저지르고 있다. 우리는 다윈의 진화론에 대해 흔들림 없는 믿음을 고백하고, 진화론이 진리임을 받아들이지 못하는 완고한 동시대인들을 속으로 비웃는다. 그러나 우리 가운데서 진화에 대한 물질주의적 해석을 거부하는 사람들이 오히려 중요한 점에서 지적으로 더 정직하고 일관성이 있다. 그들은 인간이 다른 생명체들과 질적으로 다르다고 여기며, 사실적으로만이 아니라 해석적으로, 도덕적으로 그러한 믿음에 일치되게 행동한다. 이와 대조적으로 진화론 신봉자들은 한편으로 원숭이와 자신과의 유사성을 인정하면서 다른 한편으로는 소위 특별하게 창조된 존재로서 인간의 우월성에 집착한다.

이 첫 번째 문화적 범주는 우주 안에서 도덕 가치의 위상과 관련이 있다. 도덕 가치는 인간을 넘어 다른 생명 형태들, 종들, 공동체들에까지 확대되는가? 또한 이 첫 번째 범주는 실재의 구조(형이상학)와 살아 있는 존재로서 개체 인간과 그 외 다른 생명 형태들의 본실(존재론)에 내한 문세도 끌어들인다. 세계는 단순히 물리적 재료들, 즉 원자들과 그 구성 요소들과 통통 튀는 그 결합물들만이 아니라 이념들과 도덕 가치들(선), 그리고 인간 정신과 그것을 넘어 자연 질서 안에도 존재하는 논리적 관계들로 이뤄졌는가? 가령 우리는, 인권은 사회 관습을 넘어선다고 습관적으로 말한다. 그러나 정말로 그러한 권리들이 역사적 힘들과 그러한 권리의 선언을 가능하게 한 구체적 상황을 떠나서 존재할 수 있는가? 우리가 그러한 권리를 인식하기 전에도 그러한 권리가 존재했는가? 그리고 우리가 그것을 잊어버려도 계속해서 존재할 수 있는가? 만일 인권이 어떤 방식으로든 우리로부터 독립해서 존재해 왔다면, 이와 비슷하게 우리의 인식이 지연되고 있음에도 불구하고 언젠가 인식되기를 기다리고 있는 다른 규범적, 또는 영적 가치들로는 어떤 것이 있는가? 존재의 본질과 관련해서 볼 때, 우리 인간은 자율적 존재라고 보는 것이 맞는가, 아니면 우리가 맡은 다양한 역할들과 관계들, 상호 의존성에 따라 보다 의미 있는 방식으로 —어쩌면 더 중요한 방식으로— 규정되고 형성된다고 보는 것이 맞는가?

물리적 세계는 고도로 긴밀하게 서로 연결되어 있다. 우리는 이 점을 확실히 알아야 한다. 물리적 세계는 파편화된 수많은 조각과 부분들을 단순히 끌어모아 놓은 것이 아니다. 이러한 무한한 상호 연결성을 무시할 때, 지구 행성 기능의 전개 과정에 전체 생명이 의존해 있다는 기본적인 사실을 너무 쉽게 무시하거나 저평가하게 된다. 또한 지구 위의 수많은 생명 형태들이 서로 연결되어 함께 점진적으로, 거침 없이 진화해 왔으며, 이러한 공진화(co-evolved)의 상호작용이 자연의 한계 안에 머무를 때에만 그러한 생명 형태들이 번성할 수 있었다는 사실도 쉽게 무시하게 된다. 이 근본적인 진리를 놓치는 것은 생명 공동체를 유지하는 데 협동이 얼마나 중요한 의미를 지니는지를 놓치는 것이다. 나아가서 그것은 생명 공동체가 서로 연결되어 진화하는 과정에서 생명계와 비생명계 어느 한 영역에만 머무르지 않는 특징들과 능력들을 다양한 방식으로 탄생시킨다는 사실을 놓치는 것이기도 하다. 간단히 말해 인간에 의해 야기된 생태계의 황폐화는 우리가 자연을 볼 때 무엇을 보고 무엇을 보지 못하는가와 분명히 관련이 있으며, 세계를 인식하는 우리의 능력에 대한 과도한 자신감, 그리고 세계 안에서 도덕 가치를 부여하는(창조하는) 인간 중심적인 방식과 분명히 관련이 있다.

이성, 과학, 도덕의 기원: 두 번째 범주에 대해서 말하자면, 오늘날 우리는 – 많은 것을 가졌음에도– 과도한 객관성 숭배로 인해 실제로는 자기 자신을 평가절하하고 있다. 오늘날 우리는 사실과 이성을 치켜세우고, 이 두 가지 외에 약간의 도구(몇 가지 자유주의적·실용주의적 원리들)를 더 사용해서 대단치는 않더라도 쓸 만한 공적 정책을 만들어 낼 수 있다고 믿는다. 그런데 실은 이로 인해 우리 자신이 평가절하되고 있다. 계몽주의 사상가들은 이성을 치켜세웠고, 해체 작업의 일환으로 사실적 증거를 요구했다. 그들은 미신과 무지를 일소하고자 했으며, 오래전부터 익숙해 있다는 것 말고는 별 이점이 없는 기존 전통에 도전했다. 그 시대의 구체적인 목표는 종교의식과 관행을 공적 영역으로부터 사적 영역으로 밀어내는 것이었고, 그것은 당대 지도적 지식인들이 대개 개신교에서 유래한 초월적 도덕 질서에 정신적 뿌리를 두었기 때문에 더욱 그랬다.

돌이켜 보면, 계몽주의의 지적 도구는 공적 영역에까지 관철되면서 너무나 많은 힘을 행사했다. 모든 신념은 비판의 도구인 사실과 이성에 근거해야 한다는 것이 그 시대의 주도적 원리였고, 그것은, 특히 공적 도덕과 관련해서는, 불건전함과 함께 건전함까지 날려 버릴 정도로 강력했다. 철학자 데이비드 흄(David Hume)이 간파했듯이, 감각에서 유래한 사실적 정보와 이성의 결합은 옛 질서가 파괴된 후 도덕 기준을 위한 견고한 토대를 제공할 수 없었다. 계시종교가 의문시되면서 도덕은 좀 더 감정에 기초한 새로운 토대를 찾을 필요가 있었다. 지배적인 기독교의 도덕 질서가 관성적인 힘을 유지하는 동안에는 그러한 새로운 토대를 결여하고 있다는 사실이 감춰질 수 있었다. 그러나 얼마 지나지 않아 다른 압력들이, 특히 개인의 권리에 대한 줄기찬 요구가 관습적인 도덕 질서를 밀어냈고, 그러한 상황에서 이성만으로는 도덕 질서를 제대로 수호할 수 없었다. 이성은 경험과 물려받은 가치들로부터 절연되어 있었고, 이성 자체는 도덕적인 것과 비도덕적인 것 사이에 믿을 만한 선을 그을 수 없었다. 도덕은 이제 새로운 형태의 지배와 수탈에 맞서 보호에 나서야 했고, 지적인 방식으로든 아니면 다른 방식으로든, 더 잘 방어할 수 있는 새로운 근거를 확보할 필요가 있었다.

객관성 숭배가 가져다주는 이점이 많다 해도, 그로 인해 다음과 같은 여러 고질병이 생겨났다.

- 객관성 숭배 안에는 가치에 대해 질문하지 않고 더 나은 사람이 되지 않더라도

더 많은 사실들을 끌어모으고 이성에 근거해서 과학과 기술을 사용하기만 하면 문제가 해결된다는 매우 안이한 생각이 자리 잡고 있다.

- 평가를 위해 규범적인 기준들, 즉 선과 도덕성의 기준이 요구되는 중대 사안들에 대해서도 과학과 과학자들로부터 권위 있는 판단을 얻으려고 하는 경향이 있다. 그런데 과학은 원래 그러한 규범적 기준을 가지고 있지 않으며, 그것을 만들어 낼 수도 없다.

- 관련 사실이 부족할 때는 어떻게 해야 할지 알지 못한다. 특히 자연과 관련해서, 그리고 우리가 자연을 대하는 방식과 관련해서 사실들이 부족할 때 우리는 자주 무능함을 드러낸다. 우리는 이 영구적인 무지를 어떻게 해결해야 할까? 종교는 오래전부터 답을 제공해 왔고, 그 답은 지금도 우리 앞에 있다. 그러나 도덕은 기본적으로 개인의 선택의 문제이니 사람들 사이에 평화를 유지하는 것이, 다시 말해 좋은 삶에 대한 나름의 이상을 각자 자유롭게 추구하도록 내버려 두는 것이 좋다고 여기는 경향이 있다.(문화 충돌로 인해 선과 올바름이라는 최우선적 개념을 공유하지 못하게 되면서 이 문제는 더욱 광범위하게 악화되었다.)

계몽주의 시대가 모든 공적 도덕 가치에 도전하고 그것을 침해했던 것은 아니며, 이는 의미심장하다. 계몽주의는 토머스 제퍼슨(Thomas Jefferson)이 말해서 유명해진 "자명한 진리", 즉 개인의 권리를 건드리지 않았고, 실은 그것을 치켜세웠다. 얼마 지나지 않아 널리 퍼져 나가게 된 이 개인 권리의 수용은 지적인 면에서 특이한 점이 있었다. 그것은 이러한 권리 주장이 사실들과 이성에 근거하기보다는 도덕적 가르침들(의무감, 선한 품성, 덕)에 근거했기 때문이다. 제퍼슨이 개인의 권리는 "자명하다"라고 했을 때도 그런 뜻이었을 것이다.[역사가 칼 베커(Carl Becker)에 따르면 제퍼슨이 자명하다고 말했을 때 그것은 어떤 사람에게는 자명하지만 다른 사람에게는 자명하지 않다는 뜻이었다고 한다.] 실제로 제퍼슨은 그러한 주장을 펼치면서 인용할 만한 권위 있는 근거도 가지지 못했고, 증거와 논리에 입각해서 자신의 주장을 뒷받침할 수도 없었다. 그는 직관과 상식, 기독교 전통에 의지해서, 다시 말해 물리적 감각을 벗어나는 근거들에 의지해서 그렇게 말했다.

곧바로 철학자 제레미 벤담(Jeremy Bentham)이 논리적 결함을 지적했다. 권리 주장이란 난센스에 지나지 않는다고 경험주의자 벤담은 일갈했다. 그러나 벤담(과 토머스 칼라일 같은 보수주의자들) 같은 사람들에도 불구하고 권리와 권리에 대한 수사는 인기를 누렸고, 여세를 몰아갔다. 새로운 권리와 확대된 자유의 옹호자들은 존 스튜어트 밀도 별 어려움 없이 물리칠 수 있었다. 19세기 중반에 밀은 개인의 권리는 공동선에서 유래하고 공동선에 기여할 때에만 정당하다고 주장했다. 밀에 의하면 권리는 사회적 합의의 산물이지 개인이 무시간적으로 소유할 수 있는 것이 아니었다. 권리는 그 사회적 효용성을 입증해야 했다. 밀 외에 다른 저자들도(특히 독일 관념론자들) 반대했지만, 밀의 시대에 이르면 그러한 논쟁은 별 의미가 없어진다. 개인의 권리는 확고한 문화적 지위를 획득했다.

이처럼 권리와 권리에 대한 토론의 기원을 다시 한번 살펴보는 것은 우리의 가장 오래된 과제를 도덕적으로, 지적으로 명료하게 하는 데 매우 중요하다. 오늘날 우리의 도덕적 사고와 토론은 많은 부분 개인의 권리에 토대를 두고 있다. 나아가서 오늘날 통용되는 세계관, 즉 인간은 최고의 존재이며, 사회와 자연 공동체의 일원이라기보다는 자율적 개인으로 볼 때 가장 잘 이해할 수 있다는 세계관을 포괄하고 정당화하는 것 역시 개인의 권리이다. 개인의 권리의 사회적 기원과 우연성을 제대로 평가하지 못할 때 우리는 개인의 권리에 지나치게 우월한 도덕적 지위를 부여하게 된다. 개인의 권리만으로는 상호 의존성과 공동선을 위한 확고한 도덕적 틀을 제공하지 못하는데도 개인의 권리에 특별한 도덕적 지위를 부여하게 된다.

자유와 평등의 한계: 문화적 요소의 두 번째 범주는 세 번째 범주와 연결되

며, 개인주의와, 특히 우리가 자유와 평등에 열광하는 것과 관련이 있다. 우리는 오랜 시간에 걸쳐 느린 속도로 인권에 대한 인식에 이르게 되었고, 그것은 여러 가지 이익을 가져다주었다. 이에 대해서는 의심의 여지가 없으며, 그것은 앞으로도 많은 이익을 가져다줄 것이다. 인권의 시대가 도래하기 이전에 인간을 기준 척도로 강조하는 르네상스 시대가 있었고, 이때는 인본주의적 각성이 이뤄지면서 봇물 터지듯 창조성의 시대가 열렸다. 그러나 객관성에 대한 강조, 즉 사실과 이성에 대한 지나친 집착과 마찬가지로 개인주의 역시 과도해질 염려가 있었고, 실제로 너무 멀리 나갔다. 과도한 개인주의, 특히 포괄적 권리의 형태로 표현되는 개인주의는 집단적 정체성과 집단의 운명에 대한 자각을 약화시킨다. 그것은 공동체야말로 사회적 가치와 기대의 정당한 근거라는 인식을 약화시킨다. 그것은 도덕적 중립 ─이것은 허구적이고 잘못된 관념이다─ 에 대한 요구에 불을 붙이며, 그 어느 때보다도 개인의 선택에 제한을 두지 않는다. 오늘날의 리버테리언(libertarian) 사상은 오로지 이기적이고 근시안적인 사람들에게만 들어맞는 근본주의적 교리의 한 형태라고 할 수 있다. 물론 정치적으로 극우 편향의 리버테리언보다는 극좌 편향의 리버테리언이 좀 더 낫기는 하지만 말이다.

제4장에서 살펴보겠지만, 자유는 단순히 소극적 의미의 개인적 자유(개인이 구속으로부터 벗어날 자유)가 아니라 적극적이고 집단적인 형태의 자유, 특히 공동의 운명에 대한 책임까지 감수하는 사람들의 자유일 때 경쟁하는 여러 공적 가치들 중에서 특별히 더 강조할 수 있다. 소극적 의미의 개인적 자유는 (과거에는 그렇지 않았지만) 시간이 흐르면서 국가가 가하는 제한들로부터의 자유에 초점을 맞추게 되었다. 오늘날에는 개인의 삶을 구속하는 많은 것들이 시장에 근거한 사적 권력으로부터 나오는데도 말이다. (이것은 이미 한 세기 전 진보의 시대에 인식했던 현실이다.) 평등에 관해 말하자면, 우리는 이에 대해 명료하게 사유하고 말하기 위해 노력해 왔다. 우리는 평등이 독립된 도덕원리가 아니

라, 도덕원리의 일부분임을 깨닫기 위해 노력하는 중이다. 초기에 그랬듯이, 평등은 보다 크고 건전한 도덕적 비전에 뿌리내릴 때에만 선을 낳을 수 있으며, 도덕적 주장이 될 수 있다.(권리에 대한 관념 일반에 대해서도 똑같은 말을 할 수 있다.) 형식적 평등은 비슷한 것을 비슷하게 대하는 것을 의미한다. ㅡ단지 그뿐이다. 그러나 형식적 평등은 어떤 때 두 경우가 비슷한지 알려 주지 못한다. 그것은 언제 우리가 사람들과 사례들 가운데 존재하는 차이를 무시하고 그것들을 동일한 것으로 보아야 하는지, 그리고 언제 차이를 도덕적으로 중요하게 보아야 하는지 알려 주지 못한다. 개인의 자유와 평등을 결합해서 앞길을 밝힐 횃불로 사용한다 해도, 오늘날 우리가 겪고 있는 생태적 위기를 헤쳐 나가는 데 필요한 도덕 질서로는 한참 부족하다. 도덕과 관련해서 보면 우리는 한쪽 팔을 단련하느라 다른 한쪽 팔을 망쳐 버리는 팔씨름 선수와 닮았다.

생태계 파괴 문제와 관련해서 오늘날 개인주의적 세계관은 암묵적으로 개인을 지목하는 경향이 있다. 생태계 질병의 원인을 개인이 내리는 자유로운 선택 탓으로 몰리는 것이나. 만일 각각의 개인이 최고의 사회 구성원이고, 사회를 잘 움직여 간다면, 어떻게 그런 질병이 생길 수 있겠는가? 이 말이 맞다면, 다시 말해 좋고 나쁜 모든 일이 개인의 선택에서 비롯된다면, 해결책 역시 사람들로 하여금 더 나은 개인적 선택을 하도록 독려하는 것임이 분명하다. 그러나 오늘날 실제 상황은 전혀 다르다. 개인이 사적인 삶에서 내리는 자발적 선택이 전적인, 또는 커다란 원인이 되어 발생하는 환경문제는 거의 없다. 더욱이 아무 대책 없이 개인이 다른 선택을 하도록 독려하는 것만으로는 어떠한 문제도 제대로 접근할 수 없다. 우리가 직면한 문제는 시스템적인 것이며, 제도와 구조, 공동의 상호작용에 뿌리박고 있다.

경쟁과 시장 영역: 오늘날에는 시장 영역에서의 진보가, 전적으로는 아니더라도 대체로, 경쟁과 개인의 노력에 의해 이뤄진다고 생각하는 경향이 있다. 이러한 암묵적인 경향을 복잡한 문화적 요소의 마지막 범주로 언급할 수 있을

것이다. 역사가 다니엘 로저스(Daniel Rodgers)가 금세기 전환기에 썼듯이, "'시장'이라는 단어보다 더 높이 날아오르고 더 유혹적인 단어는 없을 것이다." 시장은 "무수히 많은 자발적 행동을 동력으로 해서 자연적이고도 자동적으로 최적화된 결과를 가져오는 사회"[3]의 전형으로 대중의 마음속에 자리 잡았다. 자발적인 경쟁 추구에 대한 이러한 믿음은 애덤 스미스와 그 외 고전주의, 신고전주의 경제학자들의 경제 이론, 그리고 다윈과 그 후계자들의 자연선택 이론에 확고하게 근거해 있는 것으로 보인다. 그러나 사실 다윈은 경쟁과 자연선택이 의미 있는 진보를 가져다줄지에 대해 확신이 없었다. 자연에서 살아남은 존재들은 간단히 생존에 더 적합했을 뿐이고, 그 이상은 아니다. 애덤 스미스 역시 시장화의 진행이 반드시 경제적 이익을 가져다준다고 주장한 적이 없다. 시장화 과정은 경제적 이익을 가져다줄 수 있으며, 자주 그랬을 뿐이다. 그 시대 사람들 대부분이 그랬듯이, 그 역시 시장에서 이윤 추구 행위를 하는 사람들을 기독교 윤리로 제어할 수 있을 것이라고 생각했다.

오늘날 생물학자들은 인간을 포함한 많은 종의 진화 적합성은 개체의 경쟁 못지않게 협동과 공동체에 대한 존중으로부터 나온다는 것을 알고 있다. 머리를 치받고 싸우는 경쟁에서 이기적인 개인은 이타적인 개인을 이길 수 있을지 모른다. 그러나 종적 진화의 "철칙은 이타주의자들의 집단이 이기적인 개인들의 집단을 이긴다는 것"[4]이라고 생물학자인 에드워드 윌슨(E. O. Wilson)은 말했다. 마찬가지로 중요한 것은 개체의 경쟁이 진화상으로는 종에 해를 끼치는 변화를 가져올 수 있다는 사실이다.(특히 공격적인 수컷들 사이에서 벌어지는 물리적 경쟁이 그런 것으로 보인다.)

앞으로 우리는 경쟁이 유익만 가져오는 것이 아니라 어떻게 ―경제적·사회적·생태적으로― 해를 가져오는지 분명하게 인식할 필요가 있다. 또한 우리는 경쟁이 도덕을 와해시키고, 경쟁 자체의 기반인 사회 규범과 구조들을 약화시키는 경향이 있다는 사실을 알 필요가 있다. 보수주의자 리처드 위버(Richard

Weaver)가 제안했듯이, 경쟁과 자유는 오래된 형제애의 균형에 의해 견제될 필요가 있다. 형제애, 즉 "평등의 이념으로는 결코 이해할 수 없는 의무들을 수행하는 옛 형제단의 감정"[5] 말이다.

이 네 가지 문화적 오류 위로 자연의 한계라는 냉엄한 현실이 떠오른다. — 우뚝 솟아오른다고도 말할 수 있다. 우리가 사는 행성은 태양으로부터 매일 에너지를 유입받아 유지된다. 물론 우리는 지구의 물리적 조건을 조작할 수 있는 인간의 영리함을 인정할 수도 —실은 기뻐할 수도— 있다. 그러나 지평선을 바라보지도 않으면서, 또 우리가 겪는 곤경과 우리의 행성을 별들의 시좌에서 생각해 보지도 않으면서, 미래를 앞당겨 사용하고 끝없이 경계를 넘는 것은 어리석기 짝이 없다. 말하기도 거북하지만, 우리의 영리함과 경쟁 덕택에 덕(virtue)에서 비롯된 구속과 자제심을 벗어던지게 되었다는 이기적인 자만심이야말로 왜소해진 우리의 도덕성을 극명하게 보여 준다.

우리가 겪고 있는 생태계의 질병은 단순히 물리적 요인과 인구문제 같은 것이 아니라, 우리 시대 문화가 지니는 문제적 측면들(인식과 믿음, 규범들)에 깊이 뿌리박고 있다. 이러한 나의 주장이 옳다면, 이제 우리는 문화적 개혁을 해야 한다.

그러한 방향으로 나가기 위해서는 자연 안에서 잘 살아간다는 것이 무엇을 의미하는지에 대해 집단적으로 **좀 더 나은 비전**을 가질 필요가 있다. 앞서 기술한 이유들로 인해 지금 우리는 그러한 규범적 비전을 공유하고 있지 못하다. 그러한 비전은 단순히 사실들과 이성만이 아니라 도덕에 기초해야 한다. 그것은 다른 생명체들과 똑같이 우리도 자연 시스템 안에 자리 잡게 할 것이며, 인간의 독립성에 대한 오만한 주장들을 무너뜨릴 것이다. 또한 그것은 우리가 단순히 자율적 개인인 것이 아니라, 사회적이고 생태적인 존재로서 더 큰 전체 공동체의 일부임을 의미심장하게 보여 줄 것이다. 그러한 비전은 공동선을 위한 협동의 필요성을 강조할 것이며, 우리가 여전히 경쟁과 창조성의 원리를 유지하고 그에 따라 보상하더라도, 도덕적으로 규제된 한계 안에 있게 할 것이다.

우리는 도덕적으로 텅 빈, 순전히 물리적인 세계 안에서 부유하는 고립된 단독자가 아니다. 우리는 그처럼 텅 빈 물리적 세계 안에서 집을 짓고 곡식을 심을 장소를 얻기 위해 경쟁하고 있는 것이 아니다. 어떻게든 이 사실을 깨달을 **지혜가 필요하다.** 그리고 전체를 이해하지 않고서는 풍경의 —또는 생태계나 세계 전체의— 개별 요소들을 이해할 수 없다는 사실을 어떻게든 깨달아야 (부분적으로는 다시 깨달아야) 한다. 이것은 스피노자와 헤겔, 존 듀이, 그 외 여러 사상가들을 거쳐 고대에까지 거슬러 올라가는 유기적인 사고의 흐름이다. 마찬가지로 우리는 부분들이 협력하고 시간을 거쳐 진화할 때 종종 뜻밖의 새로운 특성이 나타나고, 양적인 진전만이 아니라 전혀 다른 종류의 진전이 이뤄진다는 사실을 알아야 한다.

무엇보다도 우리는 도덕 가치들에 대해 **집단적으로 이야기할** 방도를 찾아야 한다. 다시 말해 개별 구성원들의 삶과 선택들을 안내하고 제한할 가치들 위에 공동체들 자체가 분별 있고도 권위 있는 방식으로 안착할 수 있게 할 방도를 찾아야 한다. 가치들은 개인적 선호를 넘어서는 것이어야 하고, 그것과는 다른 것이어야 한다. (다시 한번 말하지만) 이것은 좋은 삶과 좋은 품성에 대해, 공동체 안에서의 명예로운 역할 수행과 그 둘이 어떻게 관련되는지에 대해 다시 이야기하는 것이다. 불행하게도 현재로서는 (여러 비평가들이 말했듯이) 소극적 자유와 개인적 평등을 넘어 협동과 공동체의 장기적인 건전성 유지를 위해 더 나은 토대에 이를 수 있게 해 주는 도덕적 언어가 부족한 것이 사실이다. 좋은 도덕, 좋은 문화적 제어 장치는 그냥 어딘가에서 우리에게 발견되기를 기다리고 있는 것이 아니다. 또한 그것은 이성과 경험적 자료 수집만으로 얻을 수 있는 것도 확실히 아니다. 그런 게 아니라 우리 자신이 그러한 도구들을 만들어 가야 한다. 실은 우리는 가치를 창조하는 존재가 아닌가?

———

문화적 변화에 대한 나의 요구는 단순히 개혁가들과 활동가들이 이러한 사상을 흡수해서 거기 근거해 환경 정책을 개발하고 그것이 수용되도록 압박을 가하라는 것이 아니다. 나의 요구는 그보다 훨씬 급진적인 것이다. 효과적인 환경 개선을 위해서는 문화적 가치들과 가정들 자체에 초점을 맞출 필요가 있다. 근본적인 차원에서 개혁을 이뤄 나갈 길을 찾아야 한다. 무엇보다도 이 점을 인식하지 못하고 거기에 근거해서 행동하지 못하기 때문에 환경 개선을 위한 노력들이 좌초하고 환경 운동가들이 그렇게 자주 조롱당한다. 근대 문화의 결함들을 고려할 때, 기존의 있던 자리에서 사람들에게 호소하거나 당장 통하는 방식으로 사람들에게 말하는 것은 효과가 없다. 그와 반대로 진정한 개혁은 지금 현재의 그들보나 너 나은 존재가 되도록 사람들을 끌이당거야 한다. 오래 지속하고 번영하는 문명에 어울리는 삶의 형태와 이해 방식, 가치판단의 방식을 원하고 그것을 위해 일하도록 사람들을 격려해야 한다.

환경 운동가들은 자신들이 사회에 제기하는 도전이 그동안 인종차별을 종식시키고 결혼의 평등을 진작시키기 위해 걸어왔던 개혁의 길보다 훨씬 심층적이고 힘든 일이며, 또 그런 것이어야만 한다는 사실을 깨달아야 한다. 물론 그러한 사회적 도전들 역시 힘든 일이었음에 틀림없지만, 개혁을 위한 그러한 노력들은 현재 세계의 틀 안에서 이뤄졌고, 근대 세계관과 그 안에 포함된 도덕성의 주요 요소들에 대해 의문을 제기할 필요가 없었다. 개혁가들은 도덕 가치는 오직 인간들 사이에서만 통용되고 인간은 자율적 개인으로 볼 때 가장 잘 이해할 수 있다는 생각을 받아들일 (그리고 가질) 수 있었다. 그들은 단기적인 시간 지평을 받아들일 수도, 유지할 수도 있었고, 인간의 오만함으로 세운

탑을 흔들기 위해 별다른 노력을 하지 않아도 되었다. 시민운동의 이슈들은 대부분 소외된 사람들이 근대 시스템 안에 더 공정하고 완벽하게 적응할 수 있도록 돕고자 하는 것이었지 시스템 자체, 특히 자본주의 시장과 지배적인 권력 구조 자체에 도전하는 것이 아니었다. 이와 대조적으로 환경 관련 주장들은 훨씬 더 큰 규모의 문화적·제도적 변화를 요구한다. 환경 운동은 시민운동보다 훨씬 더 기존의 권력 구조와 통상적인 기업들을 위협하며, 당연히 그래야 한다. 정말로 환경 운동이 성공을 거두려면 그동안 시민운동이 부각시킨 바로 그 도덕 기준들에 정면으로 도전해야 한다.

이 책 마지막에 가서는 땅을 존중하며 지속 가능한 새로운 문화의 다양한 요소들을 제시할 것이다. 물론 (앞서 설명한 이유들 때문에) 그것들을 이리저리 엮어서 당장 시험해 볼 수 있는 것으로 만들지는 않겠지만, 그렇게 함으로써 자연의 합당한 사용과 남용을 구분하는 데 유용한 규범적인 고려 사항들이 무엇인지 드러날 것이다. 넓게 말하자면, 그것은 환경 운동의 새로운 방향 전환의 필요성, 무엇보다도 땅을 존중하는 문화를 형성해야 한다는 것을 보여 줄 것이다. 이 책 마지막 장은 오늘날 문화에서 바꿔야 할 것은 무엇이고 개혁가는 그러한 변화에 대해 어떻게 말하는 것이 가장 좋을지 전반적인 전략을 다루게 될 것이다.

이 책에서는 전 지구적인 문화의 문제들을 다루면서 계속해서 미국을 예로 들었는데, 이에 대해 몇 마디 설명이 필요할 것 같다. 미국은 계몽주의 사상이 전성기에 달했을 때 건설되었다. 18세기 말에 이르러 이 새로운 국가의 정체성은 (1776년에 비해 훨씬 더) 자유, 개인의 자유로운 경쟁, 평등의 이상 같은 것들과 긴밀하게 결부되었고, 그러한 원리들은 정부에 대한 불신의 동력이 되었다. 여러 세대가 지나면서 미국은 다양한 인종이 섞여 형성된 이민 유산과, 특

히 개신교인들 가운데서는, 종교적 다양성을 중요시하게 되었다. 이처럼 혼합적인 이민 유산을 가진 나라를 하나로 뭉칠 수 있게 한 것은 인종적·종교적 연대나 공유된 역사가 아니었다. 그런 것보다 이 나라는 주로 정치적 원리를 통해 정체성을 형성했다. 미국은 민주국가 내지는 공화국이고, 자유와 기회의 땅, 경제적·사회적 장벽이 제거된 곳, 개인의 열정과 능력이 허락하는 한 얼마든지 날아오를 수 있는 곳이라는 것이다. 이 나라를 지배하는 제도들과 사적 소유, 그리고 무엇보다도 시장은 이러한 문화적 가치들을 반영했다. 번영은 물리적 확장과 성장, 개인 권리의 지속적인 보호, 자유로운 개인의 경쟁에 의해 이뤄진 것이었다.

자유와 기회의 이 기막힌 조합은 특히 경제적인 측면에서 미국에 엄청난 이익을 가져다주었다. 또한 소외된 사람들과 하층계급에 대한 존중 역시 이끌어냈다. 그러나 바로 이 동일한 문화적 가치들이 지속적인 생태계 파괴의 주요 원인이었다는 사실을 알아야 한다. 그러한 문화적 가치들은 제자리에 있을 때는 커다란 이익을 가져다주지만, 과도할 때는 ─실제로 과노했나─ 내단히 부정적인 결과를 가져온다. 오늘날 미국은 남북전쟁 직전을 제외하면 미국 역사상 가장 심각한 정치적 난국을 겪고 있으며, 이 위기 근저에 깔려 있는 것이 바로 그러한 문화적 가치들이다. 이것은 어째서 오늘날 미국이 국제적으로 이렇게 독단적인 국가가 되었는지 그 이유를 설명해 준다. 지난 60년 동안 미국은 세계의 나머지 모든 나라가 쏜 폭탄과 미사일 수를 합친 것보다 더 많은 폭탄을 투하하고 미사일을 쏘았을 뿐만 아니라, 하나 걸러 하나로 거의 절반에 가까운 나라들이 서명한 수많은 국제적 합의(예를 들어 생물 다양성 협약)에 서명하지 않았다.

그러므로 나의 문화 비평은 특히 미국에 대해 의미를 지니며, 미국에 적용된다. 그 어느 나라보다도 미국은 국가의 설립 근거가 된 문화적 요소들을 수정하고 재평가해야 할 절박한 필요성에 직면해 있다. 물론 미국은 몇 가지 중요한 환경문제들과 관련해서 진전을 이뤘다. —이 점은 강조할 필요가 있다. 소련이 붕괴하고 철의 장막이 걷히면서 장막 배후에서 얼마나 극심한 생태계 파괴가 일어났는지 전 세계가 보게 되었고, 그러자 미국은 자랑스러운 듯이 어깨를 으쓱했다. 그러나 소련의 몰락은 생태 문제와 관련해서 미국이 더 나은 쪽으로 가는 자극이 되기는커녕 국가의 환경적 진보를 가능하게 했던 바로 그 집단적인 힘들을 억누르는 명분이 되었다. 리버테리언들과 자유 시장 지상주의자들은 잽싸게 미국의 환경 지표가 더 나은 것은 미국이 자유 시장 제도를 수용한 것과 어쨌든 관련이 있다고 주장하기 시작했다. 미국은 자본주의이고 소련은 공산주의이며, 자본주의가 환경을 더 잘 돌본다는 것이다. 경제성장률은 자본주의 체제가 더 높고, 이것이 어떻게든 마술을 부려서 환경적으로 더 나은 결과를 가져왔다는 것이다.

좀 더 주의 깊게 살펴보면 이 이야기가 틀리다는 것을 알 수 있다. 거두절미하고 말하자면, 소련은 자본주의경제체제였다. 서구 국가들과 마찬가지로 소련 역시 산업화에 매진했고, 생산 시설과 장비에 대한 재투자(자본주의에 대한 고전적 정의)에 매달렸다. 이 점에서, 서구가 좀 더 시장에 토대를 둔 형태이기는 하지만, 기본적으로는 서구와 소련이 동일했다. 중요한 차이는 소련 스타일의 자본주의는 환경문제에 대한 책임을 요구하는 대중으로부터 별다른 제어를 받지 않았다는 데 있다. 말하자면 소련에는 인구 조절의 필요성과 생태계 황폐화에 대처할 것을 요구하는 효과적인 대중운동이 없었다는 것이다. 글로벌 미국 기업들이 해외 각국에서 기록하고 있는 우울한 환경 지수들을 한번 살펴보기만 해도 환경 관련 법에 의해 높은 기준을 요구하지 않는다면 그들이 고국에서 어떻게 행동했을지 짐작할 수 있다. 실제 이야기는 복잡하고 까다로울 수 있다. 그러나 미국이 더 나은 환경 지수를 기록한 것은 무슨 신비로운 시장의 요술 같은 것과는 아무 관련이 없고, 시민들의 개혁 운동과 (기업의 격렬한 저항에도 불구하고) 주요 환경 관련 법들을 시행한 덕택이라는 사실에는 의문의 여지가 없다. 물론 부자 나라가 인구 조절과 그 외 환경 정책에 더 많이 투자할 수 있는 것은 사실이다. 그러나 시장이 그러한 투자를 하게 만든 것이 결코 아니다. 반대로 시장은 비용 절감과 더 큰 이윤을 독려한다.

아마도 보다 나은 자연환경을 만들어 가려고 할 때 우리 앞에 놓인 가장 큰 실질적인 과제는 제도적으로 자본주의 시장이 건강하고 도덕적인 사회질서 안에 뿌리내리게 하고, 또 풍요롭고 생산적이며 생물학적으로 다양한 자연 세계 안에 뿌리내리게 하는 일일 것이다. 시장은 훌륭한 종이지만 끔찍한 주인이기도 하다는 사실을 우리는 알아 가고 있다. 지금쯤은 확실히 이 사실을 알아야 한다. 한 가지 좋은 소식은 시장에 대한 일반 국민의 믿음이 약해지고 있다는 것이다. 그것도 여러 가지 건전한 이유에서 말이다. 시장경제의 별은 빛을 잃었고, 마찬가지로 제1차 세계대전으로 인해 과학의 별 역시 광채를 잃었다. 이제는 새로운 방식으로 우리 자신을 형성하고 우리의 희망을 모으고 표현할 때가 왔다는 것을 무의식적으로라도 느끼는 사람들이 많아졌다.

'현재의 독재'로부터 벗어나 근대 분화에 맞서 그것을 비판석으로 본나는 것은 우리의 세계관이 지닌 주요 결함들을 보는 것이며, 동시에 그러한 결함들이 현재의 여러 질병에 대해 어떠한 책임이 있는지 알아 가는 것이다. 다행스러운 것은 그렇게 하는 것이 최선의 변화를 위한 기회를 알아가는 것이기도 하다는 점이다. 진보는 언제나 현재를 명료하게, 비판적으로 보는 데서 시작된다.

제1장

세계를 구성하다

　자연 안에서 우리의 위치를 분명하게 인식하기 위해서는 자연 세계 자체, 즉 세계가 포함하고 있는 것들을 보고 듣고 느끼는 데서 출발하는 것이 효과적이다. 세계를 구성하는 보이는 요소와 보이지 않는 요소로는 어떤 것들이 있는가? 흔히 우리는 과학자들로 하여금 세계에 대해 말하게 하고 일상의 경험으로 그들의 말을 보충한다. 그러나 과학의 도구들은 한계가 있으며, 또 과학을 사용한다 해도 자연 세계에 대한 우리의 이해는 생각보다 근대 문화의 영향을 많이 받는다. 자연 세계란 실은 우리가 구성하는 것이며, 우리가 자연 세계라고 이해하는 바가 곧 자연 세계이다. 확실히 그렇다. 우리 문화를 ―오늘날 우리가 겪고 있는 곤경을― 정확히 이해하기 위해서는 세계 안에서 우리 존재의 밑바닥, 내지는 토대가 되는 층위를 이해할 필요가 있다. 다시 말해 세계를 구성하는 요소에 대해 우리가 어떻게 생각하는지, 그리고 그것을 이해할 수 있는 우리의 능력이 어느 정도인지 드러낼 필요가 있다. 좋든 나쁘든 우리의 행동은 거기 의거해 있다.

　이 장에서는 지적 토대에 대해 다룰 것이며, 그것은 지하에 숨겨져 있는 것들을 파내는 (경고성) 작업이 될 것이다. 건축을 비유로 들어 말하자면, 새로운 문화적 질서는 지금 우리가 가지고 있는 것 위에 단순히 무언가를 더 얹는 것이 아니다. 가장 낮은 부분부터 다시 설계하지 않은 채 여기를 잘라 저기에 덧붙이는 방식으로는 우리 존재에 대한 새로운 인식에 도달할 수 없으며, 도덕 사상의 근본적인 변화를 이룰 수도 없다. 오늘날 문화의 중심적 요소들은 새로운 형태로 갱신될 필요가 있다. 그러나 변화를 위한 제안들은 —예를 들어 새로운 도덕 틀과 새로운 이해 방식을 위한 제안들— 저항에 부닥칠 것이고, 그것도 아주 그럴듯한 이유에서 저항에 부닥칠 것이다. 왜냐하면 그러한 제안들은 사람들의 일반적인 현실 인식과 충돌하고, 우리가 현재 가지고 있는 문화적 기초, 즉 건물을 짓는 데 사용한 벽돌과 전혀 맞지 않기 때문이다. 간단히 말해 공적 영역에서의 개혁은 이러한 토대와 그것을 다시 건설하는 일에 집중해야 한다.

세계를 이해하기

세계를 구성하는 여러 부분을 규명하고 분류하는 작업은 결코 쉬운 일이 아니다. 자연 질서는 대단히 복잡하다. 자연에 대한 우리의 관계는 감각에 의해, 즉 우리 몸의 기능에 의해 매개된다. 따라서 세계를 좀 더 명료하게 보고자 하는 이 탐구의 첫 단계에서는 우리가 세계에 대한 지식을 얻는 방식, 특히 우리의 제한된 감각 능력에서 기인하는 지식의 한계를 인식하는 데 집중할 필요가 있다. 또한 수많은 잠재적 자극들로 채워진 우리 뇌가 어떻게 데이터들을 걸러서 가장 중요해 보이는 것들에만 집중하는지 조명할 필요가 있다. 우리 뇌는 우리가 보고 듣고 느낄 수 있는 것들로 수없이 많은 정보들을 수집하여 세계의 이미지를 만들어 낸다. 잠재의식에서 일어나는 이 이미지 형성 과정은 우리가 세계에 대한 직접적이고 신뢰할 만한 지식을 얻는 데 또 하나의 여과층을 만들어 낸다. 의식적으로 일어나는 세계와 우리 사이의 상호작용은 물리적인 세계 자체가 아니라, 이렇게 구성된 이미지들과의 관계를 통해 의미 있는 방식으로 일어난다. 사건들 간의 인과관계를 탐지하거나 유추하는 데 우리는 특히 뇌의 기능에 의존한다. 우리 뇌는 더 큰 전체를 이해하고 목적이나 동기들을 분간해 냄으로써 비판적인 기능도 수행한다. 우리의 인식과 행동의 모든 좋음과 나쁨에 대해 판단을 내리는 것은 궁극적으로 우리 안의 내적 자아이다.

철학의 넓디넓은 바다에 발끝이라도 담가 본 사람이라면 우리 존재의 생래적 곤경에 대한 이러한 성찰이 고대 그리스와 그 이전부터 철학적 성찰의 소재가 되어 왔다는 사실을 알 것이다. 이 문제에 대한 사변적 저술은 맥이 끊긴 적이 없다. 어느 특정 학파가 잠시 이 문제에 소홀했더라도 이 주제는 달라진 형태로 곧 다시 등장했다.

- 세계는 어떤 것들로 구성되었으며, 세계는 목적이나 계획에 따라 움직이는가?
- 유한한 인간으로서 우리는 실재를 직접 인식할 수 있는가, 아니면 간접적인 이미지나 실재의 모사품만을 보고 있을 뿐인가?
- 우리가 보는 것들은 그 자체로 객관적인 전체인가, 아니면 보다 큰 실재의 조각이자 부분일 뿐인가?
- 어째서 대상들은 현재와 같은 형태와 형식을 지니며, 다른 특성이나 성격이 아니라 현재와 같은 성격과 특성을 지니는가?
- 물리적인 움직임, 탄생과 죽음의 배후에서 작용하는 힘은 무엇인가?
- 우리의 감각은 얼마나 믿을 만한가? 그리고 세계는 우리가 아무리 주목해도 잡히지 않는 실체들, 또는 영들을 포함하는가? 꿈과 현실은 어떻게 구분할 수 있는가? 감각적 인상은 우리를 가지고 장난하는 영들이 조작해 놓은 것이 아니라고 어떻게 확신할 수 있는가?

오랜 세월에 걸쳐 철학자들은 이러한 질문들을 해 왔고, 머리가 어지러울 정도로 복잡한 답들을 내놓았다. 그중 어떤 것은 오늘날에도 그럴듯하게 들리고, 또 어떤 것은 그렇지 못하다. 수 세기에 걸쳐 특히 영향이 컸던 것은 아리스토텔레스의 사변이었다. 그는 세계 안의 모든 대상은 다양한 원인과 관련해서 설명할 수 있다고 했다. 그에 따르면, 각각의 대상에는 (여러 원인 중에서) 최종 원인이 있으며, 그것은 존재의 목적, 또는 최종 상태라고 할 수 있다. 또한 그는 모든 살아 있는 사물은 하나 또는 그 이상의 움직이는 영, 또는 영혼을 가지고 있다고 생각했다. 그는 인간은 세 가지 유형의 영혼을 모두 가지고 있기 때문에 다른 생명 형태보다 우위에 있다고 믿었다. 세 가지 유형의 영혼이란 물질대사와 성장을 담당하는 식물의 영혼과 감각과 운동, 정념, 본능과 관련되는 동물의 영혼, 그리고 생각하고 이성적으로 추론하며 말할 수 있게 하는 인간의 합리적 영혼을 가리킨다. 아리스토텔레스가 말하는 원인과 영혼은, 물질성을 결여하고 구체적으로 가시적인 사물로 체현되었을 때만 현존하고 인식할 수 있는 것이기는 해도, 세계를 구성하는 부분들 안에 머무는 것으로 보인다. 아리스토텔레스가 취한 이러한 입장은 그보다 앞선 철학자 플라톤과 충돌한다. 잘 알려져 있듯이 플라톤은 우리가 눈으로 보는 물리적 대상은 부정확한 이미지일 뿐이라고 주장했다. 『국가론』에서 썼듯이 그것은 동굴 벽에 비치는 흔들리는 그림자에 지나지 않는다. 플라톤에 의하면 이 이미지들은 손으로 만져 알 수는 없지만 참으로 존재하는 실재, 곧 형상, 이데아로부터 우리가 알지 못하는 어떤 방식으로 생겨난 것이다.

수 세기 전까지 대부분의 철학자들은 우리 주변의 세계는 신에게서 유래했거나 신에 의해 질서를 이루게 되었다고 믿었다. 아니면 신이나 적어도 그와 비슷한 어떤 지성적인 존재가 실재를 조화롭게 구성하고 부분들 사이에 질서를 이뤘다고 생각했다. 그 이전은 차치하더라도 플라톤에서부터 시작해서 철학사를 관통하는 것은 우리의 감각적 인상에 대한 불신, 즉 감각적 인식은 단순한 견해에 불과하며 믿을 만하지 못하다는 생각이었다. 감각적 인식에 대한 불신은 감각을 통해서는 진리를 인식할 수 없음을 의미한다. 소피스트들에 따르면 진리는 상대적이며, 개인의 판단에 기초한 개연성의 문제이다. 소크라테스와 플라톤을 비롯한 많은 철학자가 단순한 견해를 넘어서는 지식을 부단히 추구했지만, 이러한 회의주의는 고대에 지적으로 인기를 끌었다. 그러나 세계는 코스모스의 이상과 비교함으로써 질서와 의미를 얻게 된다는 것이 다수의 생각이었다. 코스모스의 이상이란 질서와 구조적 완벽성, 아름다움을 결합한 그리스인들의 독특한 이상이었고, 경험적 세계는 거기 비추어 이해할 수 있었다.

이 책에서 목적하는 바를 위해서는 자연과 인간의 능력에 대한 18세기 계몽주의 사상가들의 생각을 다룰 필요가 있다. 이들의 공헌은 서구 지성사에 계속해서 큰 영향을 끼쳤다.

계몽주의 사상은 르네상스 시대의 지적 분위기 위에서 성립했고, 그것은 인간을 유능한 개인으로 강조하는 것이었다. 인간은 오직 하느님의 자비에 의존해서만 궁극적인 곤경으로부터 벗어날 수 있는 불쌍하고 타락한 존재가 아니라 가치 있는 존재라는 것이다. 이것은 인간에 대한 새롭고도 긍정적인 관점이었고, 특히 에라스무스와 마키아벨리, 그 외 학자들의 글에 두드러지게 나타났으며, 인간의 능력에 대한 자신감을 높여 주는 견해였다. 인간은 신적 계시에 의지하지 않고도 자연으로부터 직접 배울 수 있으며, 인간 특유의 이성적 능력은 자연에 대해 비판적으로 사고할 수 있다는 것이다.

17세기 초에 저술 활동을 했던 네덜란드의 철학자이자 수학자 데카르트(Rene Descartes)는 비판적 이성과 그것이 가져다주는 지적 유익에 주목했다. 그는 방법적 회의주의를 사용했으며, 모든 사실적 주장은 확고한 증거에 토대를 두어야 한다고 주장했다. 그와 동시대인이었던 베이컨(Francis Bacon)은 이와 비슷하게 경험적 정보들의 잠재력과 세계에 대한 직접적 지식을 가능하게 하는 도구로 합리적 추론을 강조했다. 이 과정에서 천문학자들이 핵심적인 역할을 했다. 그들은 정보를 수집하고 그것을 귀납적으로 추론하여 행성들의 움직임과 우주의 구조에 대한 놀라운 결론에 이르고는 했다. 잘 알려져 있듯 이 갈릴레오는 자신의 과학적 연구 때문에 가톨릭 교회와 충돌했다. 그의 주요 죄목은 태양을 사물의 중심에 두었다는(이것만으로도 충분히 죄이기는 하다) 것이 아니라, 아리스토텔레스와 교회의 가르침을 **거슬러** 세계 안의 사물이 고유한 원인들에 의해 형성되고 움직인다는 것을 부인했다는 데 있었다. 그런 원인은 존재하지 않는다고 갈릴레오는 반박했다. 그리고 무엇이든 볼 수 없고 만질 수 없는 요소들, 아마 영혼의 존재도 부정했던 것 같다. 모든 것은 흐름이고, 모든 것은 행성의 물리적 법칙에 따라 상호작용하는 물리적 실체들 간에 이뤄진다. 그리고 그 법칙은 뉴턴과 그 외 학자들이 하나씩 하나씩 수학적 형태로 규명하고 있는 중이었다.

갈릴레오와 그 외 사상가들에 의해 시작된 계몽주의 시대는 이처럼 인간의 능력, 특히 인간 이성에 대한 강한 신뢰에 기초했다. 그것은 선통이나 계시 종교가 아니라 인간의 탐구를 통해 가장 신뢰할 만한 지식을 얻을 수 있다는 믿음에 기초했다. 훌륭한 지식은 경험적 정보의 수집으로부터, 그리고 인간의 감각과 정보에 대한 논리적 추론을 통해 얻을 수 있다는 것이다. 물리적 자연의 예측 가능한 패턴 —이것은 자연법칙이라고 불렀다— 을 발견하는 것은 이러한 인간의 능력에 대한 강력한 증거로 여겨졌다. 또한 그것은 오랜 기간 유지되었던 소수 견해, 즉 자연은 극도로 복잡하기는 하지만 궁극적으로는 인간이 알 수 있는 법칙들에 따라 움직이는 물리적 실체 그 이상도 이하도 아니라는 소수 견해를 뒷받침해 주었다. 자연은 서로 연결된 부분들로 이뤄진, 대단히 복잡하기는 하지만 결코 신비롭지는 않은 거대하고 복잡한 시계 같은 것으로 여겨졌다.

이처럼 복잡하게 뒤얽힌 상호 연관성에 깊은 인상을 받은 네덜란드 철학자

스피노자(Baruch Spinoza)는 오직 전체로서의 세계만이 전적으로 독립적인 실체로 존재한다고 주장했다. 그것은 아리스토텔레스적 이해의 틀 안에서 유일한 일차적 실체였다. 오직 전체로서의 세계만이 그 자체로서 독립적으로 이해될 수 있다. 다른 모든 것은 더 큰 전체에 참여하는 한에서만 이해될 수 있다. 무엇이 이 전체를 서로 연결시키고 질서 있게 하는지에 대해서 데카르트는 라이프니츠(Leibniz)와 존 로크(John Locke), 그 외 그 시대 다른 철학자들과 마찬가지로 전통적인 입장을 취했다. 다시 말해 그들은 신이 모든 것을 하나의 유기적인 전체로 연결한다고 믿었다. 데이터를 수집하고 수학 공식을 만들면서도 철학자들은 자신들이 인식하고 아는 것의 완전성에 대해 의문을 품었다. 로크가 주장했듯이, 인간의 인식은 불가피하게 제한되어 있다. 이것은 사물의 표면 아래, 인간의 감각이 닿는 곳 바깥에 많은 것이 존재한다는 것을 의미하는 것으로 보였다. 감각 활동을 하는 인간은 강력한 존재이지만 결코 모든 것을 알지는 못한다.

계몽주의의 황금기였던 18세기 중엽에 이르면 특히 교육받은 사람들 사이에서 인간 이성에 대한 믿음은 하늘을 찔렀다. 또한 아무리 한계가 있다 해도 경험적 데이터 수집물과 그에 대한 분석이 다른 어떤 자료로부터 얻은 지식보다 신뢰할 만하다는 믿음 역시 강력해졌다. 이런 믿음이 합쳐져서 과학과 과학적 탐구에 대한 높은 신뢰가 생겨났고, 이성에 기초한 교육을 신뢰하는 경향 역시 확산되었다. 또한 과학자들이 외적 통제로부터 벗어나 자유롭게 연구할 수만 있다면 과학의 가능성이 비약적으로 확대될 것이라는 생각이 퍼져나갔다. 따라서 과학의 독자적 연구에 대한 귀족과 교회의 구속으로부터 벗어나는 것이 대단히 중요하게 여겨졌다. 과학자들은 자유를 쟁취해야만 했다.

계몽주의 시대에는 진보적 변화를 위해서는 정치적 자유가 반드시 필요하다고 강조했다. 급진적 인물들은 이 자유가 평등에 기초한 개인적 자유의 형태를 띠어야 한다고 주장했다. 소수의 급진주의자들은 거기서 더 나아가서 세계 안의 신적 질서라는 이념 전체에 대해 의문을 제기했다. 그것 역시 수 세기에 걸쳐 전해진 또 하나의 종교적 신화에 지나지 않으며, 이성에 의해 사라져야 할 것이라고 그들은 주장했다. 대부분의 주도적인 계몽주의자들은 인간에게 다른 피조물보다 훨씬 높은 도덕적 지위를 부여하는 경향이 있었다. 인간은 지상의 특별한 생명 형태이고, 이성의 인도를 받으며, 특별한 능력을 지니고 있다는 것이다. 인간만이 유일하게 세계를 이해할 수 있으며, 미신과 전통, 귀족적 허상에 도전할 수 있다. 또한 인간은 객관적인 탐구와 행동에 의해 진보적 변화를 가져올 수 있다. 사실을 손에 쥐고 주의 깊게 추론함으로써 주도적인 지식인들은 진보의 길을 비출 수 있으며, 다른 사람들을 그 길로 인도할 수 있다.

따라서 계몽주의 프로젝트는 암묵적으로든 명시적으로든, 완전하거나 거의 완전한 세계에 대한 유토피아적 비전에 의해 추진되었다. 그것은 인간의 노력을 통해 이뤄질 수 있는 유토피아였다. 대부분의 사람들은 계획적인 노력에 의해 유토피아가 이뤄진다고 믿었지만, (일부 사람들이 생각했듯이) 이미도 그것은 계획과는 무관하게, 즉 자유로워진 개인들이 고삐 풀린 시장에서 만들고 사고파는 외견상 이기적인 행동들을 통해 이뤄지는 것이기도 했다.

이성과 그 한계

계몽주의 시대는 사실을 수집하는 합리적 인간을 우주 안에서 우월한 위치로 추켜올리는 데 성공했고, 그로 인해 혁명적 운동이 가능해졌다. 그것은 자유와 평등, 새로운 형태의 경제적·산업적 창조성에 대한 요구를 불러일으켰다. 분명 새로운 확신이 대기 중에 떠돌았다. 적어도 옛 형식과 구조를 치워버리면 진보가, 필연적이라고 할 수는 없더라도, 정말로 가능할 것처럼 보였다. 지식은 —유일하게 신뢰할 만한 근거인— 객관적 탐구를 통해 얻어진다. 자유에 대한 요구로 말하자면, 개인이 할 수 있는 것에 대해 국가와 교회가 법적·도덕적 제한을 가하려고 하자 사람들은 즉각 이 두 권력에 도전했다. 특히 대서양에 면한 미국과 유럽 국가들에서 자유에 대한 요구는 대단히 강력해졌고, 개인의 권리를 인식하고 명예롭게 여기는 데까지 성장했다. 이러한 확신은 갈수록 높아져서 인간이 중심 척도가 되었고, 제도를 대신해서 개인의 주도권이 진보적 변화를 위한 주요 동력이 되었다.

그러나 이처럼 계몽주의 이념과 정서가 대중적으로 힘을 얻게 되었어도 ─ 이 새로운 지혜에 가장 책임이 있는 사람들을 비롯하여─ 주요 사상가들은 의심을 떨칠 수 없었다. 그들 중 일부는 인간의 감각은 전혀 신뢰할 만하지 못하다는 사실을 간단히 넘길 수 없었다. 우리 주변의 세계에 대한 사실들은 감각으로부터 나오고 우리의 감각은 왜곡된 이미지를 제공하는데, 어떻게 우리는 감각에서 유래한 사실들과 추론을 타당한 결론으로까지 끌어올릴 수 있는가? 마찬가지로 사실 수집과 추론에 의해서는 우주 안에, 신적인 것이든 아니든, 도덕 질서가 존재한다는 사실을 뒷받침할 수 없다는 사실 역시 혼란스러웠다. 선과 덕의 이념은 만지고 듣고 냄새 맡을 수 있는 것이 아니었다. 그것이 존재한다는 사실을 과학적으로 입증할 수 있는 물리적 증거는 없다. 이성 역시 분리된 그 자체만으로는 할 수 있는 것이 별로 없다. 이성은 사실들과 이념들을 조직하고 그로부터 이렇게 저렇게 결론을 이끌어 내는 도구이다. 도덕 추론은 선이나 도덕 가치에 대한 제1원리나 공리를 가지고 작업할 수밖에 없다. 그런 것이 없으면 시작조차 할 수 없다.

감각적 인식이 신뢰할 만하지 못하다고 확신했던 그 시대의 몇몇 철학자들은 일상의 관심으로부터 거의 손을 떼고, 간단히 우리는 어떤 것도 확실하게 알 수 없다고 결론 내렸다. 그러나 이것은 일상의 삶에 도움이 되지 않는 비현실적인 입장이었고, 광범위한 지지를 얻기 힘들었다. 이제 개인의 주도권은 족쇄가 풀렸고, 산업화가 시작되고 있었다. 인간의 능력을 의심한 사람들이 아니라 앞에 나선 사람들에게 부와 성공이 주어졌다.

보다 적극적인 반응은 도덕 판단이 합리적 사고보다는, 적어도 그 시작점에서는, 느낌이나 감정으로부터 나온다는 것을 알 수 있었던 계몽주의 철학자들로부터 나왔다. ―아마도 흄이 대표적일 것이다. 우리는 느낌이나 감정에 근거해서 옳고 그름을 판단한다고 흄은 주장했다. 이성은 그 과정 속으로 들어가서 그것을 거르고 수정하며, 감정을 정교하게 만든다. 그와 동시대인이었던 장-자크 루소(Jean-Jacques Rousseau) 역시 대체로 동의했다. 자신의 내적 본성의 인도를 받을 때 인간은 본질적으로 선하다고 루소는 도발적으로 주장했다. 사회가 끼어들지 않는 한 자연스럽게 도덕적 행위가 나온다는 것이다.

감정에 토대를 두고 도덕성에 접근하는 방식은 많은 공적 사상가들의 관심을 끌었다. 그 외 사람들은 토머스 제퍼슨이 그랬듯이 단순히 구체적인 원칙들을 붙잡고 그 진리를 이론적으로 선언했다. 19세기 전환기에 벤담은 공공정책은 무엇보다도 인간의 행복을 진작시키는 데 근거해야 한다고 주장해서 많은 추종자를 얻었는데, 이때 행복이라는 도덕 원칙은 마찬가지로 입증 불가능한 공리로 받아들여졌다. 정책은 인권을 존중하도록 설계되어야 하는 것이 아니라, 전반적인 인간의 행복을 진작시키는 것이어야 한다고 그는 주장했다. 이처럼 단순하기 그지없는 벤담의 추론은 이기적인 행동을 허용하는 것으로 보였기 때문에 처음에 역풍을 맞았다. 그는 정직과 순수한 마음, 기독교적 자비라는 일반적인 덕에 도전하는 것으로 보였다. 감정에 기초한 접근 방식은 더 이상 지적으로 만족스럽지 않은 것으로 여겨졌다. 도덕은 흄이 생각했던 것과 같은 개인적 느낌의 문제는 확실히 아니었고, 사람들에게 더 큰 구속력을 지니는 구조적인 것으로 이뤄져 있다고 생각되었다.

사람들이 대체로 전통적 도덕 질서를 받아들이는 동안에는 도덕의 확고한 기초를 발견하지 못해도 그냥 넘어갈 수 있었다. 그러나 19세기 전환기 무렵에 이르러서는 세계 곳곳에 옳고 그름에 대한 매우 다양한 사상을 지닌 사회와 문화가 존재한다는 보고가 나왔고, 이후 그러한 보고는 더 많이 나왔다. 서구 기독교 사회에서 명백하게 부도덕하다고 여겨지는 행동들이 세계의 다른 곳에서는 확실히 적극적인 선으로 받아들여졌다. 이러한 다양성을 고려할 때, 도덕성이 직관이나 감정에 근거한다고 보는 것은 도덕성을 단순히 집단이나 심지어 개인적 선호의 문제로 추락시킬 우려가 있었다. 행복이 매우 다양한 방식으로 이해된다면, 어떻게 도덕성의 기초를 사람들을 행복하게 하는 데 둘 수 있는가?

이러한 염려에도 불구하고 계몽주의는 이성에 토대를 둔 진보의 길을 계속 밀고 나갔다. 이 점을 특히 잘 보여 주는 것은 19세기 초 유토피아적 사회를 계획하고 건설하려 했던 다양한 노력들, 그리고 이와 관련된 제도적 변화에 대한 광범위한 요구였다. 개혁에 대한 몇몇 비전은 사회주의적 형태를 띠었고, 또 어떤 것들은 종교적 열광주의의 형태를 띠었다. 후자의 경우 명목상으로는 성서와 신적 계시에 근거를 두었지만, 일반적으로는 새로운 시도를 할 수 있는 능력 있는 사람들을 불러 모으는 데 집중했다. 카를 마르크스(Karl Marx)와 프리드리히 엥겔스(Friedrich Engels)는 자신들의 저술을 통해 계몽주의에 기초한 비슷한 신념을 표명했다. 이에 따르면 진보는 가능하며 실제로 일어날 것이고 ―개인이 아니라 계급에 기초한― 인간의 노력이 그 모든 것을 가능하게 할 것이었다.

돌아보면 자유의 불길이 타올랐던 계몽주의의 용광로에서 주조된 추론으로 가장 강력했던 것은 오직 자유와 평등만 있으면, 전체적인 계획이나 어떠한 도덕적 비전이 없어도 자유로운 개별 인간이 경제활동을 통해 진보를 가져올 수 있다는 믿음이었다. 애덤 스미스가 『국부론』에서 이러한 생각의 기초를 마련했다. 물론 그 자신은 옛 세대에 속했고, 전통적인 도덕 질서가 계속되고 또한 그것이 시장 참여자들의 이기적인 행위까지 포괄한다고 생각했지만 말이다. 얼마 지나지 않아 토머스 맬서스(Thomas Malthus) 같은 자유 시장 옹호자들은 자신들의 경제 논리를 활용해서 시장을 옹호하고, 특히 대중의 빈곤과 불평등 같은 시장경제의 결과를 바꾸기 위한 사회 개혁 시도들을 저지하고자 했다. 맬서스가 인구에 관한 악명 높은 글을 쓴 것은 인구 성장을 억제하자는 주장을 펴기 위해서가 아니라, 어째서 가난한 사람들이 항상 우리 곁에 있는지, 기업에 대한 규제는 말할 것도 없고 어째서 기독교적 자선이 잘못된 것인지 설명하기 위해서였다. 따라서 역설적이게도 계몽주의는 얼마 지나지 않아 서로 정면 대립하는 두 개의 지류를 탄생시켰다. 한편으로는 사실들과 이성을 사용하여 시민과 정부의 후원을 받는 진보적 개혁을 추진하려는 시도들이 생겨났고, 다른 한편으로는 그러한 개혁의 흐름에 맞서 시장을 옹호하면 시장 자체가 진보를 가져올 수 있다는 주장들이 나왔다. 계몽주의의 객관주의가 상반되는 지향들을 이끌었음이 드러나고 있었다.

근대의 독

19세기는 예외적인 경제성장의 시대였다. 서구 세계 대부분 지역에서 19세기는 —남북전쟁을 제외하면 1815년 이후— 예외적인 평화의 시대이기도 했다. 경제는 승자만이 아니라 패자도 양산했고, 점점 더 비대한 권력을 지닌 세력이 민중을 주변부로 밀어내는 것으로 보였지만, 진보의 표징은 어디서나 나타났다. 한편 새로운 세계관의 지적 오류라는 골치 아픈 문제는 계속 곪아 가고 있는 중이었다. 계몽주의의 신조에 따르면, 인간이 척도이고, 인간은 세계 안에서 유일하게 합리적인 존재이며, 과학은 언젠가는 세계로부터 신비를 걷어 버릴 길을 가고 있는 중이었다. 그러나 수십 년이 지나자 이러한 신조를 계속 유지하는 것이 어려워졌다. 설사 인간이 여러 생명 형태들 가운데서 특별한 능력을 소유하고 있는 것이 사실이라 해도, 과학과 이성은 세계가 인간을 위해 창조되었다고 생각할 만한 근거를 제공하지 못했다. 시골에 사는 사람들은 오래전부터 잘 알고 있는 사실이었지만, 인간 외의 다른 생물들도 인간이 지닌 특징들을 가지고 있는 경우가 많았다. 19세기 초가 되자 많은 생물학자들이 어떻게든 인간은 원숭이로부터 진화했다고 생각하게 되었다. 이것은 이전에 루소가 대중적으로 퍼뜨렸던 주장이기도 했다. 어떻게 그렇게 진화했는지 과학자들이 설명하지는 못했지만, 진화에 대해 자유로운 토론이 이뤄졌다.

한편 고고학자들과 지리학자들은 세계가 성서의 이야기가 전하고 있는 것보다 훨씬 더 나이가 많다는 증거들을 발견하고 있는 중이었다. 먼 곳을 여행하는 여행자들과 인류학자들은 이른바 인간의 우월성에 의문을 제기하는 과거와 현재의 놀라운 문화적 관행들에 대한 이야기들을 속속 전해 오고 있었다. 먼 곳은 물론이고 도시 지역에서 나온 보고들 중에도 인간이 다른 영장류들보다 도덕적으로나 지적으로나 더 나을 것이 없다는 보고들이 나왔다. 사회질서의 발전과 관련해서 보더라도, 산업화의 나쁜 결과들과 금융업자들의 잔혹함은 인류가 가고 있는 전반적인 궤도에 대해 의문을 품게 만들었다. 경제가 발전하는 것은 명백해 보였지만, 그것은 공적 도덕성을 희생시켜서 얻어지는 것이었다. 따라서 파괴적인 힘들을 제어하려면, 새롭고 훨씬 더 강력한 도덕적 접착제가 필요했다.

돌이켜 보면, 근대라는 새롭고도 혼란스러운 시대를 연 대표적인 인물로 일반적으로 다윈과 프로이트, 아인슈타인 같은 사람들을 꼽는다. 이전 시대를 지탱했던 두 개의 기둥은 계몽주의와 기독교에 근거한 도덕 질서였다. 전자인 계몽주의는 과학과 이성, 교육, 자유, 그리고 ─모두가 함께 손잡고 나아가는─ 진보를 신뢰했고, 후자인 도덕 질서는 여전히 지배적이었던 기독교에 근거했으며, 개인의 욕망에 필요한 한계를 설정했다. 20세기 초에 이르면 이 두 가지 모두 공격을 받게 된다.

찰스 다윈(Charles Darwin)과 앨프리드 월리스(Alfred Wallace)는 자연선택에 관한 저술에서 진화가 어떻게 이뤄지는가에 대해 그동안 설명하지 못했던 공백을 메웠고, 이로 인해 그들의 이론은 더욱 신뢰받게 되었다. 이제 인간은 단순히 살아 있는 다른 생명체들과 긴밀하게 연결되어 있는 것만이 아니었다. 인간은 다른 생명체들과 동일하게 자연적 방식으로 출현했으며, 낮은 종에서 기원한 점을 고려할 때 자연에 근거해서 인간이 특별한 도덕적 지위를 지닌다고 주장할 수 없었다. 게다가 진화는 수백만 년에 걸쳐 진행되었다. 지구의 오랜 역사에 대한 지리학의 증거들에 더해서 이러한 명백한 사실은 창조에 관한 성서의 이야기가 문자적으로 사실이 아님을 의미했다. 이전에는 문자적 진리에 그다지 큰 관심을 기울이지 않았다. 성서의 이야기들은 역사적 의미보다는 도덕적 가르침이라는 점에서 더 가치 있게 평가되었다. 그러나 계몽주의 이후의 정신에게 문자적 진리는 리트머스 시험지와 같은 것이 되었다. 다윈과 지리학자들의 업적은 사람들을 곤혹스럽게 했다.

다윈의 저술이 지리학과 결부되었을 때 폭발력을 얻었듯이, 인간의 비합리성에 관한 프로이트의 저술은 세계 곳곳의 일탈적인 인간 행동에 대한 인류학자들의 보고로부터 강력한 힘을 얻었다. 만일 이처럼 기이한 문화적 관행들에 대한 보고가 믿을 만한 것이라면, 인간은 18세기에 생각했듯이 그렇게 합리적인 존재가 아니었다. 이성은, 낭만주의 비평가들이 주장했듯이, 열정의 도구임이 점점 더 분명해졌다. 프로이트의 설명에 따르면, 인간의 행동은 많은 부분 잠재의식의 힘들에 의해 이뤄지며, 개인은 그러한 힘들을 거의 통제하지 못한다. 의식적 사고와 선택의 경우도, 지구상의 다양한 민족들은 도덕성에 대해, 그리고 어떻게 행동해야 하는지에 대해 매우 다른 결론들을 내리고 있는 것으로 보였다. 이러한 증거들 앞에서 계몽주의 시대의 신념을 어떻게 유지할 수 있겠는가?

한 가지 가능한 설명은 특정 민족들이 다른 민족들보다 더 원시적이라는 것이었다. 적절한 과정을 거쳐 이 원시적인 문화는 단계적으로 서구의 더 고상하고 발전된, 복잡한 질서와 비슷하게 되리라는 것이다. 그러나 문화적 진화론이 나오기에는 좀 더 시간이 필요했다. 이러한 주장은 설득력이 있어 보였고, 곧 사람들을 사로잡았다. 진화는 자연만이 아니라 인간 사회와 제도적 구조 안에서도 일어나는 것처럼 보였다. 원숭이로부터 인간이 진화해 나왔듯이, 세계 여러 곳의 원시적인 경제사회 체제들 역시 점점 더 서구의 공화주의적이고 권리에 기반한 체제를 모방하게 될 것이다.

실제 현장의 증거들이 뒷받침해 주는지는 모호했음에도 불구하고, 원시 대 발전을 대비하는 언어들과 경제적 사회적 진화의 필연성에 관한 이론들은 세대를 거듭하며 계속해서 추종자들을 끌어모았다. 그러나 이러한 희망적 견해가 대중적으로 받아들여졌다 해도, 옛 도덕 질서의 붕괴가 더욱 가속화되어 가는 상황에서 그것은 점증하는 의심과 불안을 극복하기에는 역부족이었다. 정작 가장 발전했다는 사회들이 점점 더 저속하고 믿을 수 없게 되어 가고 있는데, 어떻게 원시적인 사회들이 더 발전된 사회를 향해 진화하고 있다고 말할 수 있는가? 진보적 발전에 대한 믿음은 특히 제1차 세계대전이 발발함으로 인해 결정타를 맞게 된다. 그것은 인류 역사상 유례없는 형태의 살상이었고, 유례없는 대규모 학살이었다. 오로지 합리적이고 기술적으로 진보한 사회만이 그러한 대규모의 학살을 감행할 수 있었다. 이러한 유혈극을 눈앞에 보면서 어떻게 진보의 필연성에 대한 메타 담론을 유지할 수 있겠는가?

다음에는 스위스로부터 아인슈타인의 주장이 나오기 시작한다. 그에 따르면 우리 주변의 물리적 세계조차 우리가 생각하는 것과는 사뭇 다르다. 그의 이론의 세부 사항을 이해할 수 있는 사람은 드물었지만, 전율을 느끼는 데는 세부 사항을 이해할 필요가 없었다. 아인슈타인 이전에도 과학자들은 인간의 인식을 벗어나는 미세한 물질 영역에 대해 말했었다. 단단해 보이는 것들도 실은 전혀 그렇지 않았다. 다른 한편에서는 천문학자들이, 우리의 이해를 벗어나는 것은 아니더라도, 우리의 감각적 인식을 벗어나는 우주에 대해 말하고 있었다. 따라서 아인슈타인이 우리가 인식하는 물리적 운동 법칙이 언제나 들어맞는 것은 아니라고 주장했을 때, 그는 이러한 일련의 진행 과정에 결정적 증거를 하나 더 얹은 것이었다. 우리의 감각은 실재를 충분히 추적하지 못한다.

이 문제에 대해 생각해 온 사람들에게 새로운 과학적 증거들은 자연에 새로운 신비를 더해 주었다. 이러한 재인식으로부터 얻은 소득도 있었지만, 전반적인 결과는 인간을 한 단계 더 끌어내리고 인간이 특별한 존재라는 생각, 보통의 감각적 인식과 이성이 세계를 정확하게 설명해 줄 수 있으며, 세계와 상호작용할 수 있는 신뢰할 만한 도구를 제공해 줄 수 있다는 믿음을 더욱 약화시키는 것이었다. 집단적인 인간 자아를 향한 이러한 공격의 날을 좀 더 무디게 했던 것은 과학자들의 용기에 대한 경외감이었다. 보통의 개인들은 능력에 한계가 있지만, 집단으로서 인류는 최고 과학자들의 도움을 받아 여전히 예리한 지성의 칼을 휘두를 수 있다는 것이었다.

1920년대에는 이 모든 상황이 한데 합쳐져서 교육받은 사람들 사이에 매우 불편한 감정을 불러일으켰다. 의도적인 개인의 선택이 아니면 종교적 믿음은 유지하기 어려워졌다. 개인의 선택은 믿음의 근거로는 확실히 약하다. 물론 나날의 크고 작은 일상사에서 보통 사람들이 그 징후를 보여 준 것은 아니지만, 세계에 대한 계몽주의적 견해의 핵심적 요소들 역시 흔들리는 것으로 보였다. 가장 곤란한 문제는 150여 년 전에 드러났던 문제, 즉 종교가 밀려난 뒤 도덕의 근거를 세울 방법이 보이지 않는다는 것이었다. 이성과 인류학자들이 보여 준 것처럼 옛 도덕적 진리들은 단순히 신화에 지나지 않는가? 이러한 도덕 근거의 불확실성과 함께 삶의 목적에 대한 의식을 상실하게 되었다. 삶의 의미는 바깥 저 어딘가에 여전히 머뭇거리고 있고, 세계 안에서 구체적 역할을 맡은 진화의 산물들, 심지어 인간의 삶조차 목표 없는 탄생과 고투, 죽음의 여정에 불과한 것이 아닌가?

이 실존적 곤경을 조셉 우드 크러치(Joseph Wood Krutch)보다 더 잘 묘사한 저술가는 별로 없다. 그는 한때 저널리스트이자 연극 비평가였고, 나중에는 작가로서 자연 풍광과 미국 남서부에 대해 상상력 넘치는 글을 썼다. 1920년대 베스트셀러 작품인 『근대의 기질(The Modern Temper)』에서 그는 가장 발전된 형태의 서구 문화에 대해 매우 예리하면서도 비관적인 보고를 했다. 사회 전체를 하나로 묶는 도덕은 사실상 죽었다고 그는 개탄했다. 예민한 개인에게 근대과학은 영적 위기를 가져왔다고 크러치는 주장했다. 섬세한 영혼은 도덕 가치가 실제로 존재하는 세계, 옳고 그름이 객관적 힘을 지니고, 사랑은 생물학적 충동 이상이며, 인간은 자발적 선택이 가능한 실제적 힘을 보유하고, 이성이 감정에 저당 잡히지 않은 세계 안에서만 살 수 있으며 성장할 수 있다. 외견상 과학은 이 모든 것을 인정하지 않거나 환상에 불과하다고 말해서, 섬세한 개인들이, 의미 없는 세계는 아니더라도, 낯선 세계 안에서 부유하게 만드는 것으로 보였다.

제2차 세계대전의 심연 속에서 다가오는 공포를 피해 유럽을 탈출했던 독일 저자들이 크러치의 비관주의를 능가하는 대대적인 비평을 내놓았다. 『계몽의 변증법』에서 아도르노(Theodor Adorno)와 호르크하이머(Max Horkheimer)는 1930년대와 1940년대의 대파괴에 대한 책임을 정신을 몸으로부터 분리하고, 이성과 객관성을 추켜세우며, 의도적으로는 아니더라도, 사실상 자기중심적인 목표 추구를 정당화했던 계몽주의 경향 탓으로 돌렸다. 특히 가장 성공적인 경쟁자들의 경우, 타인에게 미치는 영향에 대해서는 거의 관심을 기울이지 않고 개인적 쾌락을 추구하는 개별 에고가 점점 더 자아를 장악하고 있다고 이 철학자들은 주장했다. 자아는 다른 사람들로부터 자신을 구분할 뿐만 아니라 ―형제애와 유기적 통일성 같은 생각은 모두 날려 버리고― 남보다 앞서기 위해 노력하는 과정에서 문화와 종교, 도덕, 공동체에 대한 고려 같은 것들을 밀어내 버렸다. 가치와 책임 같은 것은 모두 날려 버리고 도덕 감정 같은 것도 벗어던진 에고는 무슨 짓이든 할 수 있고 무엇이든 믿을 수 있는 지경에 이르렀다. 오로지 이러한 에고만이 이성을 단순히 욕망의 도구로 삼고, 지배를 위한 합법적인 도구로 대량 살육을 저지를 수 있었다.

크러치는 근대의 공허함에 대해 씩 웃고 견디는 것으로, 즉 스토아적 평정으로 대응할 것을 제안했다. 이것은 과학과 계몽주의 철학의 열매가 어떻게 도덕과 궁극적 목적의 세계를 삼켜 버리는지 볼 수 있었던 사람들에게 가장 품위 있는 대안으로 여겨졌다. 더 일반적인 대응 방식은, 생시가 아니라 꿈이기는 하지만, 피츠제럴드(F. Scott Fitzgerald)의 작품 속에 묘사된 것과 같은 대응 방식이었다. 『위대한 개츠비』와 그 외 이야기들에서도 생생하게 묘사되었듯이 부와 쾌락을 이기적으로 추구하는 것에도 만족과 보상이 없지 않다. 그러나 개츠비가 경험했듯이 그것은 공허한 추구이다. 사회적·도덕적 근거도 없고, 자기만족을 넘어서는 목적의식도, 더 큰 유기적 질서에 참여한다는 느낌도 없을 때 세상의 부를 얻기 위한 경쟁에서 이긴 사람들조차 삶을 조화롭게 이어 가는 데 어려움을 겪으며, 주변 사람들을 돕는 데는 더 큰 어려움을 겪는다.

1920년대에 가장 독한 모습을 띠었던 근대는 질서에 분개했고, 사회 통합이라는 생각 자체에 분개했다. 또한 그것은 도덕규범과 문화적 판단에 대해 무법적인 태도를 취했으며, 부단히 자아와 경험을 추구하는 것으로 그러한 것들을 대체하고자 했다.

알지 못함과 감정

『계몽의 변증법』은 말할 것도 없고 크러치 같은 사람의 글이 나오게 만든 길은 근본적인 수정이 필요하다. 특히 가장 오래된 과제를 감당하고 사회 공동체와 자연 공동체를 계속 유지할 수 있는 방식으로 살아가려는 사람들에게는 그렇다. 대지 위에서 잘 살아가려는 사람은 알도 레오폴드가 말한 대지의 공동체의 구성원으로서 자신의 역할을, 의식적으로는 아니더라도, 본능적으로 이해해야 한다. 그들은 공동체의 구성원으로서 책임 있는 존재로 자신을 의식해야 한다. 그러기 위해서는, 즉 자연 안에서, 그리고 자연에 대해 책임 있게 행동하기 위해서는 자연 세계를 이해하려고 노력해야 한다. 그리고 최선의 이해를 바탕으로 기꺼이 행동할 준비가 되어 있어야 한다. 물론 자신이 아는 것과 알 수 있는 것에 한계가 있음을 계속해서 의식하고, 겸손하게 행동해야 하지만 말이다. 그러나 결국에는 입장을 취해야 하고, 도덕적 선택을 해야만 하며, 가장 유용한 증거들에 근거해서 결정을 내려야 한다.

이러한 관점에서 우리는 이 장의 과제, 즉 우리 주변의 세계를 이해하고 세계를 구성하는 과제로 돌아올 것이다. 이 과제를 감당하면서 어쩔 수 없이 우리는 세계가 무엇을 포함하고 또 무엇을 포함하지 않는지 결론을 내려야 하며, 다음에는 그러한 조건하에서 최선을 다해 세계와 관계를 맺을 준비가 되어 있어야 한다. 철학자들과 최근 수 세기에 이르러서는 심리학자들과 과학자들을 통해 알게 된 것 중 하나는 우리가 주변 세계에 대해 알아 가는 과정에서, 그리고 정보를 모으고 수집하여 그것들을 이해 가능한 형태로 정리하는 과정에서 유한한 존재로서 한계에 직면한다는 사실이다. 우리에게는 세계를 지각하는 능력이 분명히 있지만, 우리의 지각 능력은 우리보다 훨씬 더 잘 보고 듣고 냄새 맡는 다른 많은 생물의 지각 능력에 훨씬 미치지 못한다. 물론 과학적 도구는 그것을 사용하는 사람들의 지각 능력을 비약적으로 확장시켰다. 그러나 그러한 도구들은 대부분 협소한 장에서 전문가들만이 사용할 수 있는 것들이다. 도구들 자체에 한계가 있고, 수집을 기다리고 있는 사실적 정보의 양은 그야말로 무한하다. 800만~900만에 이른다고 추정되는 지구상의 생물 종 중에서 수 세기에 걸쳐 인간이 확인하고 명명한 것은 200만 종 정도에 지나지 않는다.(게다가 그 200만 종도 대부분 연구되지 못했다.) 우리가 알지 못하는 이유를 우리가 가진 인식능력의 한계 때문이 아니라, 간단히 시간과 노력이 부족했기 때문이라고 말할 수도 있을 것이다. 어느 쪽이든 우리는 알지 못한다. 우리 가운데 가장 뛰어난 사람도, 우리의 지식이 축적된다 해도 알지 못한다.

그렇다면 우리는 우주에 대해 우리가 알지 못하는 것이 많다는 사실을 인정해야 한다. 어쩌면 우리는 언젠가 모든 것을 알게 될지 모른다. 그러나 그렇게 상상하는 것이 위로가 되지 않는다. 적절한 과정을 거쳐 우리가 모든 것을 알게 될지 아닌지는 오늘날 실제로 별로 중요하지 않다. 우리가 처한 어려운 상황은 우리의 지식이 지니는 한계에 직면해야 한다는 것이고, 우리의 지식과 능력을 통해 우리가 가지게 된 것에 대처해 나가야 한다는 것이다. 오늘날 심리학자들은 우리가 인식하는 것들은 부분적으로 뇌 작용의 결과라는 것, 우리가 걸러 내고 우리가 만든 이미지들의 조합물이라는 18세기 철학자 칸트의 주장을 대부분 인정한다. 그러나 뒤로 물러나서 우리의 무능을 한탄하는 것은 적절한 대응이 아니다. 최선을 다해 관찰하고, 증거를 배제하지 않는지 주의하면서 영속성 있는 결론을 도출할 최상의 기술을 따르고자 노력해야 한다.

그렇다면 감각적 인식의 한계는 대처하기 쉬운 문제에 속한다고 할 수 있다. 그러한 우리의 한계는 겸손하고 근면하고 주의 깊을 것을 우리에게 요구한다. 정작 더 큰 도전은 직접적으로 감각에 의존하지 않는 인식 방식, 직관이나 감정에 근거하고 꿈이나 영적 통찰 같은 것에 근거한 인식 방식에 의해 제기된다. 우리는 그런 것들을 밀쳐 내고 오직 우리의 감각과 이성을 통해서만 사실적 지식을 얻을 수 있다고 주장할 만큼 대단한가? 아니면 우리는, 그동안 사람들이 그래 왔듯이, 이러한 대안적인 인식 방식으로부터 무언가를 끌어오고 그러한 방식을 위해서도 어떻게든 여지를 남겨 둘 수 있는가?

이러한 질문은 탐구를 시작하면서 제기하는 것이 좋다. 왜냐하면 그런 질문들은 세계에 관해 무언가를 알고자 하는 우리의 능력 자체에 관한 것이기 때문이다. 우리의 인식 방식에 대한 이해 ―인식론― 는 세계가 무엇을 포함하는가에 대한 탐구보다 논리적으로 앞선다. 그러나 우리가 세계의 가능한 구성 요소들에 더 주의를 기울이고 특히 도덕성과 도덕성의 가능한 근거들에 대해 성찰할 때까지 이러한 인식론적 문제들에 대해 확고한 결론을 내리는 것을 미뤄 두는 것도 도움이 될 것이다. 인식의 도구를 (과학적 도구에 의해 증대된) 다섯 가지 감각만으로 한정하는 것은 세계 안에서 볼 수도, 만질 수도 없는 것들을 인식할 수 있는 능력을 배제하는 것이다. 그것은 영과 신성을 인식할 가능성만이 아니라, 선과 덕, 목적, 초월적인 도덕성에 대한 인식을 가로막는 것이다.

현재로서는 이러한 핵심적인 인식론적 질문에 대해 확고한 입장을 취하는 것을 피하려고 한다. 우리는 감각적 정보들의 수집 외에 다른 수단을 통해서 우리 주변의 세계에 대한 지식을 얻을 수 있는가? 직관이나 감정에 의존하는 것은 분명 위험해 보인다. 직접 꿈이나 영적 통찰에 의존해서 행동하는 것은 더욱 위험스러워 보인다. 그러나 감각을 통해 수집한 구체적인 정보들로 충분히 입증할 수 없는 통찰이라 해도 어느 정도 여지를 남겨 두는 것이 좋은 경우들이 많다. 여러 철학자들, 특히 감각에 근거한 인상은 믿을 만하지 못하다고 의심했던 플라톤 같은 철학자들이 그렇게 주장했다. 플라톤은 감각을 신뢰할 수 없다는 점을 고려할 때, 우리가 가진 상상력, 시적 상상력과 종교적 상상력 둘 다 사용하는 것이 현명할 것이라고 했다.

우선, 인간의 몸은 기이한 방식으로 작동하며, 세계와 우리의 관계의 중요한 부분은 수백만 년에 걸쳐 진화한 유전자 코드에 의해 매개된다. 우리의 유전자와 그와 연관해서 행동을 이끄는 생물학적 과정은 우리의 자유의지를 부정하지 않는다. 우리는 결코 프로그램화된 지시에 따라 외적 자극에 기계적으로 반응하는 자동인형이 아니다. 그럼에도 불구하고 생물학적으로 우리는 불특정한 여러 가지 행동 패턴이 아니라 특정한 행동 패턴을 따르는 경향이 있다. 이러한 생래적인 경향은 —우리는 이것을 지각이라고 가정할 수 있다— 우리의 의식 속에서 단순히 감정이나 직관으로 떠오를 수 있다. 더욱이 우리의 기억은 결코 완벽하다고 할 수 없다. 시간이 지나면 우리는 배운 것을 기억 어딘가에 저장한다. 그런데 그것이 깨어나서 돌아올 때는 정확한 기억과 감각에서 유래한 사실들과 연결되어 과거 사건들에 대한 의식적인 회상이 되어 귀환하는 것이 아니라, 상황이나 우리가 해야 하는 것과 해서는 안 되는 것에 대한 감정이나 감각으로 돌아온다. 사고와 감정은 그 경계가 희미하며, 연속적으로 이어진다.

경험적 정보 수집을 통해 얻는 사실과 다른 방식으로 —직관적으로, 또는 감정을 통해— 떠오르는 사실을 구분하는 어려운 문제를 숙련된 말 조련사와 농부의 경험을 들어 설명할 수 있을 것이다. 말 조련사와 농부는 둘 다 자신들이 보고 있는 것 —구체적인 말이나 목초지, 곡식— 의 건강과 힘이 어떤지 평가해야 한다. 이런 일에 숙련된 전문가는 눈과 귀를 통해, 토양의 경우는 직접 냄새를 맡아서 얻은 정보들에 근거해서 판단한다. 그러나 건강과 힘에 대한 판단은 확인 가능한 사실들을 넘어선다. 그것은 각각의 느낌으로부터, 내적 직관으로부터 나올 수 있고, 그러한 직관은 개별 사실이나 사실들의 결합으로 환원되지 않는다. 일반화해서 말하자면, 관찰과 사고의 과정은 감정과 동떨어져 있지 않다. 이전의 감정을 비롯하여 이전의 경험과 동떨어져 있지 않다. 특히 그런 경우에는 사실 수집과 평가, 기억으로부터 감정을 구분하는 선을 명확하게 긋는 것이 불가능하다. 모든 것이 함께 힘을 발휘한다.

이러한 포괄적인 지식 습득 방식과 대비되는 것으로 논리실증주의 철학을 들 수 있다. 논리실증주의는 20세기 전환 무렵에 생겨났으며, 다른 모든 주장들을 배제하고 오직 객관적으로 입증 가능한 것만을 지식으로 인정한다. 논리실증주의자들은 경험적으로 수집 가능한 정보들과 엄격한 논리를 통해 입증할 수 있는 결론만으로 지식을 한정한다. 우리가 알 수 있는 것은 물리적 정보들에 대한 엄격한 귀납에 의하든, 아니면 연역 논리에 의하든 모두 과학적으로 입증할 수 있는 것이어야 한다고 그들은 단언했다. 규범적인 가치 주장이나 목적, 또는 의미에 대한 말들을 비롯해서 그 밖의 것들은 모두 알 수 없는 것이고, 따라서 무의미하다. 이들은 핵심 지식으로 입증되었다고 스스로 인정했던 것조차도 얼마 지나지 않아 더 축소했다. 나중에 분석철학은 연역 추론은 진정으로 새로운 지식으로 이끌지 못한다고 주장했다. 그것은 단지 이미 알려진 것들 간의 논리적 관계를 보여 줄 뿐이라는 것이다. 경험적 정보 수집을 통해 얻은 지식에 대해서도 그들은 사실들로부터의 귀납은 진정으로 무언가를 확실하게 입증해 줄 수 없다고 무리하게 주장했다. 언제고 옛 정보들로부터 얻은 결론을 제한하거나 반박하는 새로운 정보가 나올 수 있기 때문이라는 것이다. 무언가를 안다는 것은 모두 개연성의 문제라는 것이다.

엄격한 논리-실증주의적 접근 방식은 우리가 확실하게 알 수 있는 것의 한계를 부각시켰고, 거기에 그 가치가 있다. 그러나 세계와 관계하는 방식으로서 논리실증주의적 접근 방식에는 심각한 결함이 있다. 그 결함이란, 좀 덜하기는 하지만, 논리-실증주의 역시 객관적으로 입증할 수 있는 것만으로 지식을 한정해야 한다고 요구함으로 인해 문제를 어렵게 만든다는 것이다. 분명히 이 접근 방식은 우리의 지식이 지니는 격차를 해결하는 데 좋은 방법이 아니며, 알지 못하더라도 행동에 앞서 계산할 수 있게 하는 데 도움이 되는 방식도 아니다. 논리실증주의는 애초부터 감정과 직관을 모두 배제하도록 설계되었다. 나아가서 그 신봉자들도 인정하듯이, 이 인식 방법은 어떠한 규범적인 평가로도 인도하지 않으며, 또 인도할 수도 없다. 논리실증주의적 인식 방법에는 옳고 그름, 지혜로움과 어리석음, 중요한 것과 중요하지 않은 것을 구분할 수 있는 수단이 없다. 우리가 자연을 다룰 때 수집할 정보는 사실상 무한하다. 그러므로 논리실증주의적 접근은 끝없이 자료 수집이 진행되고 있는 동안 쉽게 무기력해지거나 결정을 못하게 만들 수 있다.

요약하자면, 감정과 직관에 대해 우리가 의심을 품는 것도 맞고, 또 그것에 대해 비판적으로 접근해야 하는 것도 맞지만, 그럼에도 불구하고 감정과 직관을 뒤로 제쳐 놓아서는 안 될 충분한 이유가 있다는 것이다. 앞으로 말하겠지만, 감정은 도덕 판단을 비롯하여 모든 종류의 규범적 판단을 내리는 데 근본 바탕이 된다. 또한 감정은 이성적 추론의 차이들을 다루는 데도 매우 유용하며, 주의 깊은 태도를 취하는 데 도움이 된다. 풍경 안에 서식하며 진화해 온 자연의 방식은 지혜로우며, 설사 우리가 그 방식이 어떤지 구체적으로 알 수 없다 하더라도 그러한 자연의 방식으로부터 배우는 것은 지혜롭다. 감정은 기꺼이 우리가 이렇게 생각할 수 있게 해 준다.

진리를 향한 탐구

인식론에 관한 질문은 진리와 진리 주장의 의미에 대한 오래된 질문과 긴밀하게 연결되어 있다. 진리가 무엇을 의미하는지에 대한 이해가 없으면, 다시 말해 어떤 때 우리는 제안된 사실이 정확하다고 판단할 수 있는지에 대한 이해가 없으면, 자연 세계에 대한 —실은 그 어떤 것에 대해서든— 적절한 이해를 얻는 데 어려움을 겪게 된다. 환경 훼손과 환경 정책들과 관련해서 벌어지는 언쟁들에는 으레 사실관계에 대한 —주장이 진실이냐 아니냐에 대한— 논란이 수반된다. 이때는 사고를 명료하게 하는 것이 도움을 줄 수 있다.

보통의 진리 이해는 자연에 대한 사실 주장과 관련해서 진리 부응론(correspondence theory of truth)을 사용한다. 물리적 대상과 사건, 또는 주변 세계의 관계들과 일치하는 주장일 경우 그 주장은 참이라는 것이다. 이 정의는 친숙하고 또 너무 분명해 보이기 때문에, 그 외 다른 정의가 사용될 수 있는지 의문을 품게 된다. 그러나 철학자들은 진리 부응론의 문제점에 대해 지적해 왔다. 그들은 자연에 대한 인식에 있어서 이상이나 목표로서 진리 부응론에 문제를 제기했던 것이 아니라, 그것의 적용 가능성, 다시 말해 목표에 표준적으로, 아니 한 번이라도 도달할 수 있는지에 대해 문제를 제기했다. 이 이론을 유보하게 되는 여러 가지 이유는 앞서 다룬 사정들에 근거해 있다. 즉, 우리의 감각과 감각을 사용해서 알 수 있는 것들의 신뢰성에 한계가 있다는 사실과 관련이 있다. 또한 우리의 뇌가 잠재의식에서 정보를 거르는 적극적인 활동과도 관련이 있으며 방대한 양의 정보를 단순한 이미지로 만들어야 할 현실적 필요성, 그리고 그 과정에서 왜곡이 있을 수밖에 없다는 사실과도 관련이 있다. 결국 수집을 기다리고 있는 사실들은 엄청나게 방대하며, 우리는 불완전한 정보들에 걸려 넘어질 수밖에 없다. 간단히 이것이 우리가 마주하고 있는 현실이다. 진리 부응론은 이상이다. 이상이 우리에게서 벗어나 버렸을 때 우리는 어떻게 해야 하는가?

이와 같은 이유 때문에 철학자들은 진리에 대한 다른 정의들을 지지했다. 그러한 정의들은 더 유용하고 실제로 우리가 세계와 관계하는 방식과 일치한다. 진리 일관성론(coherence theory of truth)은 근본적으로 어떤 주장의 진리 여부는 이미 진리라고 받아들여진 다른 사실들과 그것이 들어맞는지 —일치하는지— 여부의 문제라고 가정한다. 새로운 사실은 기존의 사실들과 일치하고 잘 합치해서 일관된 하나의 패턴을 이루는가? 더 쉽게 말하자면, 새로운 사실은 이미 우리가 알고 있는 것들과 관련해서 볼 때 "말이 되는가?"

진리에 대한 세 번째 이론 —실용주의 이론— 은 개별 관찰자와 개별 뇌가 불가피하게 지니는 특이성을 극복하기 위해 많은 관찰자 사이에 이뤄진 합의에 주목한다. 또한 그것은 어떤 사실을 진리라고 받아들이고 거기에 근거해서 행동할 때 어떠한 결과가 나오는지에도 주목한다. 어떤 사실을 받아들였을 때 좋은 결과가 나오는가, 아니면 어리석고 무의미한 결과가 나오는가? 종종 실제 현실에서 진리는 서로 다른 경험을 가진 사람들이 특정 사안의 진실성에 동의하고 거기 근거해서 공유한 판단을 가리킨다. 또한 실제 현실에서 진리는 사용했을 때 힘을 발휘하는 것이어야 한다. 다른 대안들보다 더 나은 결과를 가져올 때라야 그 주장이 받아들여진다. 실용주의자들은 진리 부응론을 포기하지 않는다. 그것은 황금률로 여전히 존재한다. 그러나 그들은 더 적은 증거들에 근거했더라도, 유관 집단 구성원들이 사회적으로 받아들이고 참된 사실들이 거짓된 것보다 더 나은 결과를 가져오리라는 증거가 있으면, 기꺼이 그 주장을 참이라고 받아들인다.

진리에 대한 실용주의적 접근은 실제 현실 세계에서 행동하는 사람들에게 큰 호소력을 지닌다. 그것은 특히 복잡하고 모아야 할 사실들이 무한히 많은 자연을 다룰 때 호소력이 있다. 우리는 아주 단순한 자연현상조차도 미세한 부분에 있어서 다른 현상들과 (불완전한 현상들과는 더더욱) 완벽히 일치되게 서술하는 경우가 드물다. 그리고 행동을 미룬 채 자료를 수집하고 분석하는 데는 종종 높은 비용이 든다. 그래서 흔히 외견상 사실로 보이는 것들을 참이라고 받아들이고, 거기에 입각해서 행동하고, 다음에 우리의 행동을 새로운 지식으로 조정하는 것이 훨씬 더 합리적이다. 이러한 실천적 관점에서 보면 진리에 대한 실용주의적 정의는, 특히 신리는 좋은 결과로 입증된다는 그 원칙에 입각해서 볼 때, 실질적인 호소력을 지닌다. 그러나 그것은 참되다고 여겨지는 사실들을 실제로 사용할 수 있고, 그것을 사용한 결과를 합리적인 시간 범위 안에서 확인할 수 있을 때에만 유용한 접근 방식이다. 게다가 진리에 대한 이 정의는 결과가 좋은지 나쁜지 판단할 수 있는 확고한 기준을 이미 손에 쥐고 있을 것을 요구한다. 그러한 평가 기준이 없을 때에는 결과를 확인하고 기술할 수는 있지만 평가할 수는 없다. 평가 기준은 실용주의 자체 안에 내장되어 있지 않기 때문이다. 그것은 어딘가 다른 곳으로부터 가져와야 한다. 따라서 실용주의적 주장의 진실성은 선택된 규범적 기준의 온전성에 달려 있다.

진리에 대한 이 세 가지 정의는, 그 핵심적인 방법에서 서로 다르지만, 동시에 사용할 수 없다는 점에서는 별반 다르지 않다. 물론 충분한 증거와 편견 없는 자료 수집 방법이 있어서 부응성 테스트를 충족시킬 수 있는 진리가 드러난다면 더할 나위 없이 좋을 것이다. 그러나 특히 실험실 밖 자연을 다룰 때 진리 부응성에 대한 정의는 충족시키기에 너무나 높은 기준이다. 그러므로 나머지 두 정의를 조합해서 사실을 판단하는 것이 더 합리적으로 보인다. 특정한 사실에 대한 주장은 이미 우리가 알고 있는, 또는 알고 있다고 생각하는 것들과 잘 들어맞는가? 그 사실은 그것을 인정하거나 반박하려는 많은 사람들의 인식과 잘 부합하는가? 그 사실을 받아들일 경우 실천적인 의미에서 좋은 결과를 가져올 수 있는가? 이러한 추론을 하면서 우리는 다음과 같이 바꿔서 질문할 수 있을 것이다. 즉, 특정한 사실 주장이 참인지 여부가 아니라, 계속해서 자료를 수집하고 수정할 가능성을 열어 두면서도 그것을 참이라고 받아들이고 행동하는 것이 종국적으로 합리적인지 여부를 물을 수 있다.

진리에 대한 이러한 접근 방식은, 흔히 그렇듯이, 행동하지 않는 것 자체가 하나의 행동인 경우, 즉 특정한 문제에 대해 행동하지 않는 것 자체가 의도적으로 선택한 대응 방식일 경우 특히 필요하다. 이러한 실제 현실을 고려할 경우 입증의 부담 문제가 발생한다. 특정 사실 주장을 입증하는 부담은 누가 지며, 그것은 어떠한 부담인가? 가장 오래된 과제를 감당할 때 입증의 부담은 상당히 중요하다. 어떻게 이 부담을 합리적으로 질 것인지는 도덕적·규범적 문제를 제기한다. 이 문제는 제3장에서 다룰 것이고, 그 뒤에도 여러 차례 나올 것이다.

전체와 부분

지식 습득의 도구와 진리의 의미에 대한 앞의 서술은 세계를 구성하고, 또 세계가 무엇을 포함하며 존재의 본질은 무엇인지 결정하는 데 유용한 배경이 된다. 우리가 자연을 대하는 방식은 세계를 어떻게 보고 세계에 대해 어떻게 생각하느냐와 밀접한 관련이 있다. 이와 관련해서 근대 서구의 세계관은 이

전 시기의 세계관이나 대안적인 세계관과 매우 다르다. 특히 영들과 보이지 않는 힘들이 작용하는 신화적인 세계 안에서 자연과 초자연이 한데 뒤섞여 움직이고 있다고 보는 세계관과는 결정적으로 다르다.

근대 서구의 견해에 따르면 세계는 주로 물리적 실체들로 구성되어 있다. 세계는 원자들과 원자 내부의 요소들로 이뤄져 있으며, 원자 내부의 요소들은 특정한 패턴에 따라, 즉 다양하게 예측 가능하기도 하고 혼란스럽기도 한 규칙에 따라 공간 안에서 통통 튀고 있다. 이것은 원자론이라는 옛 견해로 고대 그리스까지 거슬러 올라간다. 이와 관련해서 오늘날 두 가지 중요한 질문에 대해 생각해 볼 필요가 있다. 첫 번째 질문은 어떻게 이 모든 미세한 부분들이 한데 어울리며, 그것들 사이의 상호 연관성에 대해 우리는 어떻게 생각하고 말할 수 있느냐는 것이다. 그것들을 각각의 독립된 실체로 기술하는 것과 더 큰 전체의 부분으로 기술하는 것 중 어느 것이 얼마나 더 나은가? 부분 자체에 대해서 분리해서 말하는 것과 집합체로 이야기하는 것 중 어느 것이 얼마나 더 나은가? 관계 자체에 집중하는 것이, 즉 세계 안의 사물들을 그것들 사이의 관계의 총합으로 기술하는 것이 그것들을 인위적으로 분리해서 조명하는 것보다 얼마나 더 나은가? 두 번째 질문은 첫 번째 질문과는 다른 범주의 질문이며, 세계 안에 존재하지만 물리적 형태가 없는 것들, 손에 잡히지 않는 것들에 관한 질문이다. 이처럼 물리적 형태가 없는 것들 중에는 우리가 매일 끌어다 사용하는 것도 많으며, 그것이 없으면 세계에 대한 이해를 시작조차 할 수 없고, 소통도 할 수 없는 것들이 많다.

가령 시간에 대한 일반적인 생각은 만일 우리가 우주 안에 존재하는 각각의 원자에 대해 알아야 할 것들을 모두 알 수만 있다면, 미래에 사건들의 경로가 어떻게 진행될지 예측할 수 있다는 것이었다. 모든 사건은 원자들의 상호작용을 포함하고, 원자들은 물리적으로 예측 가능한 법칙에 따라 움직이기 때문에 이후 무슨 일이 일어날지 모두 알 수 있다는 것이다. 그러나 원자 내 미립자를 연구하는 과학자들은 오래전부터 이러한 주장에 대해 의심을 표명해 왔으며, 그것을 세계 안에서 실제로 가능한 것이라기보다는 일종의 생각의 실험으로 여겼다. 대다수의 물리적 운동은 혼란스러우며 단지 막연하게만 예측할 수 있을 뿐이다. 특정 층위에서는 미립자의 위치와 운동 둘 다 알 수 없다. 게다가 그러한 수준에서는(어쩌면 모든 수준에서) 기술하고자 하는 바로 그 시스템 자체에 변화를 가하지 않으면서 연구하는 것이 불가능하다.

이러한 문제들을 차치하더라도, 우리가 세계를 구성하는 부분들을 적절하게 기술할 수 있다는 주장은 세계가 작동하는 방식에 대해 우리가 알고 있는 것과 많은 점에서 배치된다. 어쩌면 물리적 세계는 정말로 미립자들로만 **구성**되어 있을지 모른다. 이것이 물리적, 또는 존재론적 환원주의(존재는 물리적 부분들로 완전하게 환원될 수 있다) 입장이다. 그러나 이것은 부분에 입각해서 하나의 사물을 **설명**할 수 있다는 -환원주의적 설명- 것과는 거리가 멀다. 왜냐하면 부분들은 서로 상호작용하여 원래 부분이 가지고 있던 것과는 전혀 다른 특징과 능력을 발생시키기 때문이다. 간단한 예로 수소와 산소가 합쳐져서 물이되고, 물은 수소와 산소 각 요소가 분리되어 존재할 때와는 아주 다른 특징과 능력을 지닌다. 더 복잡한 예를 들자면, 인간 몸을 구성하는 화학적 요소들의 목록을 작성해서 화학 용품점에 가서 그것을 구입한다고 치자. 그리고 그 화학물질들을 탁자 위에 펼쳐 놓아 보자. 펼쳐 놓은 물질들은 숨 쉬고 의식 활동을 하는 인간의 복잡한 기능들과 비슷한 것조차 하지 못한다.

일반적으로 부분들이 모여 시스템을 이루게 되면 분리되어 있을 때는 드러나지 않던 뜻밖의 특징들과 능력들이 나타나며, 그것은 부분을 탐구한다고 해서 -확실히 인간이- 예측할 수 있는 것이 아니다. 많은 경우 부분들은 오직 다른 부분과의 관계 속에서 성찰할 때만 제대로 이해된다. 부분이 부분인 것은 더 큰 것 안에서 그 구성 요소로서 기능하기 때문이다. 일반적으로 더 큰 전체가 일종의 원인이 되어 부분에 대한 통제력을 행사한다. 생각해 보라. 누군가

의식적으로 자신의 팔을 공중으로 들어 올린다고 할 때, 그 사람은 유기체적 인격의 차원에서 그 팔에 대해 통제력을 행사하고 있는 것이다. 팔이 움직임에 따라 그 안에 있는 세포들도 움직인다. 세포가 움직이면 그것을 구성하는 분자들이 움직인다. 물론 이 운동은 팔에 있는 세포와 분자, 원자만을 탐구해서 예측할 수 있는 것이 아니다. 그 운동은 더 높은 층위에서 지시하고 유발한 것이다. 자연 안의 시스템에 대해서도 똑같이 말할 수 있다. 예를 들어 생물 공동체들 안에서 영양소의 흐름과 생체들 간의 공생 관계에 대해서도 똑같이 말할 수 있다. 관계들이 중요하다. 그것은 단순히 부분이 하는 운동과 기능을 규정한다는 의미에서만이 아니라, 부분 자체 안에서는 나타나지도 않고 예측할 수도 없는 패턴과 능력들이 부분 사이의 관계를 통해 생겨난다는 의미에서 중요하다. 예를 들어 큰 키의 풀들로 뒤덮인 초원을 바라본다고 가정하자. 거기에는 150종 내지 200종의 풀과 광엽 식물들이 자라고 있는 것이 보인다. 이때 그 초원을 바라보는 것은 그 종들 자체를 보는 것을 훨씬 넘어선다. 물리적으로 이 초원은 그것을 구성하고 있는 종들로 (그리고 수없이 많은 작은 유기체들, 토양, 물 등으로) 환원될 수 있을지 모른다. 그러나 간단히 그 부분들로는 초원을 설명할 수 없다. 초원의 많은 것들이 하나의 공동체로 기능하며, 각각의 요소들로 분해하고 나면 초원은 사라진다.

이러한 관점은 결코 새로운 것이 아니라는 점을 말해 둘 필요가 있다. 원자론처럼 하나의 세계관으로서 이 관점 역시 먼 과거로 거슬러 올라간다. 많은 자연철학자들이 오직 더 큰 전체만을 그대로 이해할 수 있고 분리된 부분들은 결코 이해할 수 없다는 견해를 받아들였다. 사실 반복해서 나타났던 견해는 오직 전체로서의 세계만을 명백한 실체로 이해할 수 있다는 것이었다. 왜냐하면 전체가 아닌 것은 모두 그 밖의 다른 부분들과 관계하는 방식을 이해해야만 알 수 있기 때문이었다. 항상 그랬던 것은 아니지만, 종종 이 견해는 신적 지성이나 보편적 이성이 세계를 인도하고 규정한다는 생각과 함께 갔다.

이것은 부분이 아예 존재하지 않는다거나 부분은 그 자체로서는 가치가 없다는 뜻이 아니다. 부분 역시 존재하며 가치 있다. 인간을 비롯한 모든 종이 자연의 일부를 분리해서 먹거나 활용한다. 실제로 자연은 그러한 방식으로 이용된다. 그러나 결론적으로 말하자면, 부분은 단순한 부분 이상이다. 부분은 더 큰 전체를 구성하는 요소이며, 더 큰 전체는 파편화하거나 분해하면 완전히 파괴되거나 아니면 종종 엉망이 되어 버린다.

(인간이 유기적 시스템인 것은 맞지만) 인간을 유기적 시스템 자체가 아니라 더 큰 사회와 자연 시스템의 일부로 이해할 경우, 자연 일반에 대해 타당한 것은 중요한 점에서 인간에 대해서도 타당하다. 인간은 사회적 존재이며, 사회적 배경 속에서 진화하며 살아 왔다. 사회적 관계 안에서 보지 않으면 실제 활동하는 존재로 개인을 충분히 기술할 수 없다. 인간을 주로 자율적 개인으로, 사회적 역할과 문화적 규범으로부터 동떨어진 독립된 부분으로 이야기하게 된 것은 근대에 이르러서였다. 사회학자들이 설명했듯이, 실제로 위기를 불러온 근대의 근본 가정은 사회의 주요 단위를 부족도, 가족도, 길드도, 마을도, 그어떤 집단도 아닌 바로 개인으로 본 것이었다.

이처럼 개인을 강조하는 것은 개인의 가치를 인정하고 존중한다는 의미에서 이점이 있다. 그러나 이러한 이점은 인간을 사회적 존재로 이해하기를 포기하고, 또 인간의 번영이 주로 건강한 사회적 관계에 달려 있다는 사실을 무시해야 얻을 수 있는 것이었고, 실제로 그랬다. 개인에 대한 강조는 특히 도덕 가치의 기원과 인간의 권리, 사적 소유제 같은 것들에 혼란을 불러왔다. 앞으로 살펴보겠지만 이러한 것들은 모두 사회적 창조물이며, 그렇게 볼 때 가장 잘 이해할 수 있다.(앞으로 살펴보겠지만, 당연히 우리 실존의 사실적 요소들이 핵심적인 인과적 역할을 한다.) 예를 들어 사적 소유제는 원래 사물의 사용을 통제하는 사람들 사이에 존재하는 사회관계 시스템이다. 그러한 것으로서 사적 소유제는 사회적 배경 안에서만 탄생할 수 있고, 사회 관습에 의존한다. 권리의 요구 역시 본래 사회질서 안에서 다른 사람들을 향해 주장하는 것이다. 그러한 질서를 떠나서 권리의 요구는 의미가 없다.

만질 수 있는 것과 없는 것

인간의 권리에 대한 관념은 물리적 자연과 그 뒤 생겨난 소유에 대한 관념을 세계 안에 존재하지만 만질 수 없는 것들의 범주와 관련시킨다. 일찍부터 철학자들은 수나 기본적인 논리적·수리적 관계들은(둘 더하기 둘은 넷 같은 것) 인간의 의식과 사회 관습을 떠나 자체 안에 실재를 가지고 있음에 틀림없다고 결론 내렸다. 인간의 언어도 ─단어, 문구, 개념─ 모두 구체적으로 만질 수 있는 형태는 아니지만, 존재한다. 이야기들과 허구적 인물들 역시 손으로 만질 수 있게 존재하는 것은 아니지만, 의미 있는 방식으로 존재한다고 말할 수 있다. ─확실히 우리는 그렇게 생각한다. 나아가서 우리의 뇌는 이미지와 상상적 비전을 탄생시키고, 우리의 의식 속으로 들어올 수 있는 서사들을 탄생시킨다. 이러한 것들 역시 세계의 일부이며, 그것을 알았던 마지막 사람이 죽으면 함께 사라진다는 단순한 이유 때문에 이처럼 만질 수 없는 것들이 존재를 결여한다고 할 수도 없다. 그것을 알고 있던 마지막 사람의 죽음과 함께 사라진다는 것은 그것이 정말로 존재하지 않았다는 것이 아니라, 단지 지상에서 그 존재가 (모든 살아 있는 존재들과 마찬가지로) 일시적으로 제한된다는 것을 의미한다.

만질 수 없는 것들을 이해할 때 ─그것은 무엇이며, 정말로 존재하는가─ 주의해야 할 것은 만질 수 있는 것과 만질 수 없는 것 사이에 선을 긋기가 쉽지 않다는 점이다. 예를 들어 관계들, 유형들, 과정들은 어떻게 규정할 것인가? 그러한 것들은 자연 안에서 물리적 사물의 특징으로 존재하지만, 물리적 사물 자체와는 다른 무엇인가를 포함하는 것으로 보인다. 그러한 것들은 만질 수 있는 것인가, 없는 것인가? 주전자 물이 열을 받아서 끓기 시작한다. 물리적인 물 분자가 수증기로 변하는 것은 일단 차치하고, 끓는다는 것은 세계 안에 존재하는 것인가? 당연히 그것은 물리적 과정이고, 우리는 시공간 안에 존재하는 어떤 것으로 끓는다는 것 자체에 대해 말할 수 있다. 그러나 끓는다는 것은 사물 안에서 일어나는 물리적 변화이지, 독립적인 물리적 존재를 가지고 있는 것은 아니다. 가족에 대해서도 똑같이 말할 수 있다. 우리는 가족이 하나의 사물인 것처럼 말하지만, 가족 역시 가족 구성원과 그들 사이의 상호작용을 떠나서 손으로 만질 수 있는 어떤 존재를 가지고 있는 것은 아니다. 물론 유기체의 특정 층위에서는 하나의 사물이 존재한다고 확실하게 말할 수 있다. 가령 개별 인간은 독립된 하나의 사물이다. 한 사람을 구성하는 원자들이 실제 존재를 가지는 독특하고 새로운 사물을 형성한 것이다. 그러나 단순히 부분들이 복잡하게 상호작용하는 것 이상으로 기능이 발전해서 새로운 것을 탄생시켰다고 말하려면, 결과로 나온 뜻밖의 실체 안에 얼마나 많은 질서가 있어야 하며, 얼마나 많은 새로움이 있어야 하는가?

이 마지막 질문은 애매하게 느껴질 수도 있지만, 자연과 우리와의 상호작용에서 결정적으로 중요한 기능을 한다. 문화적으로 우리는 자연을 부분으로, 파편화해서 보고 싶어 하는 경향이 있다. 자연의 보다 큰 부분을 지칭하는 단어들이 —강과 숲, 습지 등— 있지만, 우리는 그것을 각각의 유기적인 전체로 보지 않으려는 경향이 있다. 만일 자연 안에 전체로서 존재하는 것이 있다면, 어떻게든 그것을 그 자체로 존중해야 할 의무가 우리에게 있다. 그러한 것들을 파괴하고 파편화했을 때, 최소한 우리가 무슨 짓을 한 것인지는 인정해야 한다. 시체라도 죽는 순간에는 물리적 구성 요소들을 여전히 포함하고 있으니 살인은 허용될 수 있다고 주장할 사람은 아무도 없을 것이다. 그렇다면 희귀 생명 공동체가, 그 물리적 구성 요소들은 어딘가에 여전히 존재하지만, 기능을 상실하여 더 이상 공동체로 존재하지 못하게 되었을 때 우리는 뭐라고 말해야 하는가? 우리는 전체, 그 자체를 보고 있는가? 그것을 독특한 하나의 실체로 보고 있는가, 아니면 그것을 무시하고 전체가 사라져도 잃는 것이 아무것도 없다고 주장하고 있는가?

오늘날 문화적 변화를 위해 우리에게 절실하게 요구되는 것은 세계를 달리 보는 것이다. 보다 큰 전체와 핵심적인 관계들을 세계를 구성하는 중요한 부분으로 인정해야 한다. 또한 새로 생기는 특징들을 더 깊이 존중해야 한다. 간단히 말해 세계를 파편화하기 좋아하고 부분들의 합이 이뤄 내는 것을 충분히 고려하지 않은 채 부분만을 보려는 경향으로부터 벗어나야 한다. 생태적으로나 사회적으로나 무리를 이룬 늑대가 따로따로 분리되어 우리에 갇힌 늑대들보다 훨씬 더 강하다. 왜가리 무리는 각각의 둥지 수를 합쳐 놓은 것 이상이다. 아마도 우리에게는 유전적·생래적으로 파편화하려는 경향이 있을 것이다. 수렵 채집인은 자연에서 유용한 부분을 찾으러 다녔을 것이고, 포식자들에게 특별히 주의를 기울였을 것이다. 오직 고요하고 영적인 순간에만 그들은 더 큰 선제에 대해 생삭할 이유가 있었을 것이나. 그러나 우리가 살아가는 세계는 전혀 다르다. 인구수와 기술, 경제를 고려할 때 우리는 패턴과 연관성, 생태적 기능, 새로 생겨나는 특징들에 더 많은 주의를 기울여야 한다.

세계는 무엇을 포함하는지 결정하는 근본적인 작업에서 이제 마지막 한 가지 문제가 남았다. 마지막 문제는 만질 수 없는 것으로 특별히 중요한 것, 즉 선, 또는 도덕성이라는 개념 및 이상과 관련이 있다. 그것은 인간의 의식이나 사회적 선택과 분리된 채 독립적으로 존재하는가? 잘 알려져 있듯이, 플라톤은 그러한 이상이 독립적으로 존재한다고 생각했으며, 열렬히 그것을 추구했다. 종교적 신자들 역시 대부분 그렇게 생각한다. 사람들이 동의하건 말건 그들을 구속하고 심판하는 도덕 질서, 또는 도덕적 힘이 세계 안에 있다고 느끼는 것이다. 앞서 언급했듯이 계몽주의자들은 전통적인 도덕 질서의 존재를 인정하는 경향이 있었다. 지식을 얻기 위한 자신들의 도구에 의해 그러한 도덕 질서가 독립적으로 존재한다는 것을 밝힐 수 없다 하더라도 그들은 그것을 우주의 실제적인 요소로 인정했다. 20세기 전환기에 이르자 대중은 이러한 도덕 질서가 사회적 관습 이상의 어떤 것이라고 받아들이는 데 점점 더 어려움을 느꼈다. 존재하기는 하지만 그것은 인간이 만들어 낸 것이고, 인간의 감정이 발전해 감에 따라 바뀔 수밖에 없다는 것이다.

알라스데어 매킨타이어(Alasdair MacIntyre)는 윤리학에 관한 그의 중요한 저서 『덕의 상실(After Virtue)』에서 사람들은 일반적으로 도덕성이 독립적으로 존재한다고 말하지만 도덕성의 존재를 객관적으로 입증할 이성적 방법은 없다고 말했다. 사람들은 도덕이 실재하는 것처럼 말하지만, 그 믿음을 입증할 방법은 없다는 것이다. 이 지적 간격을 메꿀 방법을 찾은 철학자는 별로 없었다. 그것은 사실과 이성만으로 되는 일이 아니었다. 그러나 어쨌든 세계 곳곳의 다양한 문화적 관습을 볼 때 사람들은 도덕 질서를 찾아내서 그대로 살고자 노력했다는 것을 알 수 있다. 종교적 공동체 안에서 초월적 도덕 질서에 대한 믿음은 이성과 사실의 조합이 아니라 계시된 진리와 믿음에 의존한다. 매킨타이어는 확고한 덕에 도덕의 기초를 세우는 방법을 제안했다. 그에 따르면 덕은 사회적 관습이나 인간의 선택이 아니라, 인간 본성과 인간의 잠재력이라는 사실들로부터 나온다.

이와 유사하게 제2차 세계대전 이후에 나온 저명한 저자들 역시 객관적 도덕 질서에 지지를 표명했다. 리처드 위버(Richard Weaver)가 쓴 전후 고전인 『이념에는 결과가 있다(Ideas Have Consequences)』, C. S. 루이스(C. S. Lewis)의 『인간 폐지(the Abolition of Man)』, 아이리스 머독(Iris Murdoch)의 『선의 지배(The Sovereignty of the Good)』, 그리고 메릴린 로빈슨(Marilynne Robinson)의 저술 전반에 걸쳐 그와 같은 경향이 나타난다. 그러나 학계의 합의된 결론은 달랐고, 그에 대해서는 의문의 여지가 없었다. 도덕성은 불가분 인간이 공유한 선택에 근거하며, 이는 인간 생명은 도덕적 가치를 지닌다는 가장 기본적인 도덕 주장의 경우도 마찬가지라는 것이다. 도덕 가치는 우리가 경험하는 물리적 현실을 반영하며, 생래적 감정과 진화의 궤적에 부합할 수 있다. 그러나 우리가 인정하지 않는 한 그것은 인간의 의식이나 논의 안에 존재하지 않는다는 것이다.

제3장에서 살펴보겠지만, 인간의 가치판단은 감정과 사실들, 이성적 추론의 복잡한 상호작용에 의해 이뤄진다. 그리고 이 세 가지는 유전적 경향과 문화적 궤적의 영향을 받는다. 적어도 접근 가능한 것으로 이 외 다른 어떤 도덕의 기원은 없는 것처럼 보인다. 이것이 함의하는 바는, 오랫동안 익숙한 도덕 가치들이 이러한 방식으로 생겨나고 정당성을 얻었으니, 새로운 도덕 가치들, 가령 생태적 사실들에 더 주목하고 다가오는 위협에 반응하는 새로운 도덕 가치들 역시 그럴 수밖에 없다는 것이다. 우리는 가치를 창조하는 존재이고, 지구 위에서 특별한 존재이며, 우리가 제안하고 받아들이는 가치는 무엇이든 확고하고 구속력이 있다는 것이다.

구성과 해체

이제 기초 작업이라고 할 수 있는 이 장의 마지막에 도달했다. 여기서는 최근 수십 년 사이 학계에서 나온 '자연 ─그리고─ 문화'에 대한 가장 혼란스러운 논의의 흐름, 즉 자연은 "사회적 구성물"이라고 주장하는 저술들을 살펴보는 것이 좋겠다. 이 주제에 대해 간략히 살펴보는 것은 이 장의 핵심적인 요점을 다시 한번 강조하고 확인하는 데 도움이 된다.

자연은 "사회적 구성물"이라고 기술하는 저술들은 다양한 형태를 띠지만, 그 핵심 주장은 우리가 자연에서 인식하고 아는 것들은 많은 부분 우리의 정신 안에서 만들어졌다는 것이다. 자연은 거의가 인간에 의한 산물이고, 자연에 대해 마치 우리로부터 독립되어 존재하는 실체인 것처럼 이야기하는 것은 우리 자신을 속이는 일이라는 것이다. 이렇게 주장하는 사람들이 인간으로부터 자연을 구하고 또 보호해야 한다고 말하기도 하는데, 그럴 때 참으로 혼란스럽다. 만일 우리가 자연을 거의 만들어 냈다면, 자연을 구하고 보호한다는 것은 또 무엇인가?

이러한 추론은, 앞서 기술했듯이, 세계에 대한 지식을 얻는 우리의 능력에 한계가 있으며, 우리의 정신은 불가피하게 감각을 여과하고 세계에 대한 이미지를 만들어 낸다는 생각과 관련이 있다. 이 정도 선에서라면, 그러한 추론은 타당하다고 할 수 있다. 그러한 인식론적 한계는 우리가 아는 것에 대해 지나친 확신을 갖지 않도록 주의해야 한다는 경고로 받아들여야 한다. 그러한 인식론적 한계는 자연 자체가 인공적이라거나 실제로 물리적 실재가 존재하지 않는다는 것을 의미하지 않는다. 그것은 간단히 말이 안 된다. 우리가 살아가면서 하는 모든 행위는 자연의 실재에 대한 우리의 믿음이 참임을 확증해 준다. 자연의 실재에 대한 믿음은 자연은 인간의 상상력에 의한 가공의 산물에 지나지 않는다는 믿음보다 훨씬 더 나은 결과로 이끈다.

자연은 사회적 구성물이라는 주장을 보다 설득력 있게 하는 방법은 세계 안에서 우리가 인식하는 패턴과 유기적 전체는 부분적으로는 인간의 해석에, 일반적으로는 인간의 선택에 근거해 있다고 주장하는 것이다. 이 주장 역시 확실히 맞지만, 우리의 해석과 선택의 배후에는 서로 의존하는 광범위한 증거와 새로 생겨나는 특징들을 비롯하여 실제 사실들이 있다. 이에 대해서는 의심할 여지가 없다. 자연에 대한 몇몇 해석들은 명백히 오류가 있다. 그런 오류들은 물리적 자연 자체가 아니라 ―인간의 산물인― 인간의 오해에서 비롯한 것이다. 또한 현재의 해석들은 시간이 감에 따라 다른, 아마도 더 나은 해석에 자리를 내어 주게 될 것이다. 그러나 인간의 개입과 오류 가능성을 인정한다고 해서 자연의 물리적 실체 그 자체를 의심한다는 뜻은 아니다. 유기적 연관성과 새로 나타나는 특징들, 그런 것들이 상상의 산물이라는 뜻이 결코 아니다. 자연이 상상의 산물이라는 입장은 명백히 입증된 사실들과 정면으로 충돌한다.

종종 그러한 종류의 추론이 힘을 얻는 것은 물리적 실체로서의 자연과 그것에 대해 말하기 위해 우리가 사용하는 언어를 명확히 구분하지 못하는 탓이다. 언어는 인간의 유전적 구조로부터 복잡하게 지원을 받는 인간의 창조물이다. 이것은 자연에 대해서만이 아니라, 다른 모든 주제에 대해 사용하는 단어와 문구들도 마찬가지다. 단어와 문구는 그것이 언급하고 있는 것과 똑같을 수 없다. 특히 자연을 다룰 때는 이 점을 깊이 새겨 둘 필요가 있다. 예를들어 "종"이라는 용어는 세계 안의 사실들을 조직하는 데 유용한, 인간이 만들어 낸 범주이지만, 실재를 정확하게 추적하지는 못한다. 이 점은 철저히 인식할 필요가 있다.(각각의 유기체는 유전적으로 독특하며, 우리가 종이라고 부르는 범주들 사이를 구분하는 선은 유전적으로 매개하는 유기체들에 의해 자주 흐려진다.) 다시 말하지만, 언어와 실재 사이에 간격이 있다고 해서 실재 자체가 의문시되는 것이 아니다. 그것은 단지 실재에 대해 배우고 그것에 대해 말할 때 우리에게 어떠한 어려움이 있는지 상기시켜 줄 따름이다. 만일 우리에게 도움이 된다면, 인간으로부터 분리된 자연을 언급하는 데 "자연"이라는 말을 사용하지 못할 이유가 없다. 설사 우리가 자연 안에 뿌리박고 있다 해도 말이다. 마찬가지로 우리 머리 위에 까마득히 펼쳐져 있는 대기가 실은 땅 위까지 이어지는 것이라 해도, 우리 위의 대기를 가리켜 "하늘"이라는 말을 사용하는 것은 타당하다. 또한 특정한 방식으로 물이 고여 있는 것을 가리켜 "호수"라고 부르는 것역시 타당하다. 수문학적으로는(hydrologically) 그것이 더 큰 물의 흐름과 연결되고, 그 안에 담긴 물은 계속해서 바뀌고 있다 해도 말이다.

자연이 사회적 구성물이라는 주장에 대해 언급하다 보면 어쩔 수 없이 야생지에 대해서도 생각해 보게 된다. 자연의 구성 요소 중 야생지보다 더 인위적인 구성물인 것은 없다. 단어 자체로 보면, 야생지라는 말은 다른 모든 단어와 마찬가지로 인간의 구성물이다. 물론 이렇게 말하는 것은 별 의미가 없지만 말이다. 다른 단어들과 마찬가지로 이 말의 정의 역시 사회적 사용에 의한 것이며, 다양한 사람들이 이 말을 다양한 방식으로 사용하고 있고, 과거에도 그랬다. 자세한 정의는 서로 다르지만, 일반적으로 야생지는 인간 행위의 영향을 상대적으로 덜 받은 자연 영역을 가리킨다. 인간의 개입이 어느 정도일 때 지나치게 많다고 할 수 있는지, 어느 정도에 이르렀을 때 야생지라고 불릴 자격이 없어지는지, 분명한 답이 없다. 흔히 변화를 적게 가할수록 좋다고 하지만, 정확히 어느 정도가 적절한지는 논란이 있다.(예를 들어 자전거 도로 설치에 대한 논란) 야생 보호 운동을 하는 사람 중에는, 엉망인 정권을 뒤집어 버리듯이, 필요하다면 인간이 개입하여 자연 영역을 침해하는 것을 지지하는 사람들도 많다. 최초의 미국 야생 보존주의자였던 알도 레오폴드는 산림청 땅들을 야생지로 지정해야 한다고 주장했다. 설령 현재 그곳에 목장 소들을 키우고 있고, 야생지로 지정된 후에도 계속해서 키울 것이라 해도 야생지로 지정해야 한다는 것이다. 1960년대와 1970년대에 저술 활동을 했던 노스우즈(Northwoods)의 서정적 야생 옹호자 올슨(Sigurd Olson)에게 야생지는 일종의 미학적 실체였다. 여기저기 흩어져 있는 덫 사냥꾼들의 오두막, 호구지책으로 물고기를 잡거나 통나무를 베는 얼마 안 되는 사람들은 야생지의 느낌을 감하는 것이 아니라 더해 줄 수 있다.

야생지를 이런 식으로, 대부분의 다른 지역보다 인간의 손길이 훨씬 덜 닿은 지역으로 정의한다면, 이러한 조건을 충족하는 장소들은 분명히 있을 것이다. 이렇게 정의했을 때 실제로 야생지인 지역이 있다. 그러나 야생지를 사람에 의해 전혀 변경이 가해지지 않은 곳으로 정의한다면 답은 달라진다. 하지만 어디에도 그런 곳은 더 이상 존재하지 않는다. 인간으로 인한 기후변화, 성층권 오존층 파괴, DDT 같은 농약 살충제의 지속적 확산 같은 것을 떠올려 보면 쉽게 알 수 있다.(물론 우리는 이 문제와 관련해서 지구상의 모든 곳을 조사하지는 않았다. 만일 그렇게 한다면, 그러한 조사 자체가 적어도 어느 정도는 인간에 의한 변화를 가져올 것이다.) 그렇다면 인간의 영향으로부터 완전히 벗어난 야생지의 이상은 —우리의 이상이라는 것이 모두 그렇듯이— 단순히 인간의 구성물일 뿐만 아니라, 어떠한 물리적 장소와도 일치하지 않는다. 야생지란 그 앞에서는 실제 존재하는 모든 장소가 부족해 보이는 일종의 이상이다. 그러나 이것은 인간이 만들어 낸 많은 이상이 지니는 본질적인 특성이라는 점에 주목해야 한다. 이상은 닿을 수 없는 곳에 있다. 어떠한 법률 시스템도 참된 정의의 이상에 이르지 못한다. 어떠한 사회경제 시스템도 기회의 평등을 제공하지 못한다. 어떠한 문화도 지긋지긋한 차별로부터 자유롭지 못하다.(여기에 한 가지 덧붙인다면, 원자 운동이 변덕스럽다는 점을 고려할 때 완벽한 궤도를 따르는 물리적 실례는 존재하지 않는다.) 실제 세계에는 실례가 없고, 거기에 도달할 가능성이 없다 하더라도, 그러한 이상은 하나의 목표로서 유용할 수 있다.

일단 인간의 언어와 물리적 실재 사이를 분명하게 구분하면, 혼동, 즉 자연이 사회적 구성물이라는 주장이 가져오는 혼동은 금세 사라져 버린다. 이러한 혼동이 사라지고 나면, 자연 세계는 자연을 이해하고 말과 이미지로 자연을 붙잡아 두고자 하는 인간의 능력을 훨씬 넘어서며 대단히 복잡하다는 인식이 확고하게 남는다. 그리고 우리가 자연과 교류할 때 실은 언어와 이미지의 인도를 받고 있다는 점을 인정해야 한다는 점 또한 분명해진다. 우리는 언어와 이미지를 사용해서, 그리고 언어와 이미지에 입각해서 사고할 수밖에 없다. 언어와 이미지에 의한 왜곡을 상당히 줄일 수는 있지만, 우리는 그러한 특징으로부터 벗어날 수 없다. 결국 이 점을 인정하는 것은(인정해야만 한다) 지상적 존재로 우리 자신을 정의하는 것이기도 하다. 또한 그것은 우리가 지금까지 투쟁해 왔고 앞으로도 투쟁할 이유 중 하나이기도 하다. 다시 말해 자연을 망치지 않으면서 자연 안에서 살기 위한 투쟁의 이유인 것이다.

제2장

이용과 남용

최근 수 세대에 걸쳐 인간으로 인해 급격하게 사라지고 있는 북미 동물로 민물 홍합을 들 수 있다. 한때 민물 홍합은 강바닥을 가득 채우며 서식했고, 종류도 다양했다. 19세기 말만 해도 일리노이주는 전 세계 홍합 생산의 중심임을 자부했고, 특히 일리노이와 미시시피강에 풍부한 홍합 서식지가 있었다. 그곳에서 수확해서 배로 실어 품질 확인을 한 다음 전 세계 수요의 많은 부분을 감당했다. 대체로 홍합은 정주하는 생물이다. 홍합은 서식할 곳을 발견하면 그곳에 자리를 잡고 상당히 오랫동안 그곳에 머무른다. 그다음은 강의 변화에 달려 있다. 강 흐름의 변동, 강물이 함유하는 화학물질, 그리고 무엇보다도 강이 실어 나르는 침니(沈泥)가 중요하다. 인간이 강을 사용함으로 인해 ─ 특히 배와 바지선의 이동을 원활하게 하기 위한 준설 작업으로 인해 ─ 엄청난 양의 침니가 발생했고, 그것은 많은 홍합 종 서식지를 막고 뒤덮었으며, 홍합들을 죽였다. 또한 주변 땅의 사용으로 인한 피해도 컸다. 침식 토양이 근처의 들판으로 흘러갔다. 인위적인 배수 작업은 1년 중 많은 기간 물 흐름의 속도를 빠르게 했고, 이로 인해 수로는 깊어졌고, 강둑은 붕괴했으며, 수질은 나빠졌다.

많은 환경주의자에게 홍합이 사라진 것은 그 자체로 심각한 문제이면서 동시에 수생 시스템 전체가 생태적으로 악화일로에 있다는 것을 보여 주는 징표였다. 홍합이 사라진 것은 심각한 환경문제였다.

그러나 생태계 악화에 대한 이 주장에 대해 반론이 없지 않았다. 여행, 또는 폐기물 처리를 위해 강을 집약적으로 사용하는 이익집단들은 알지도 못할 홍합 종들이 사라지는 것이 그리 대단한 문제인지 의문을 제기했다. 홍합은 특별히 인간의 필요에 기여하는 것이 없다. 설사 기여하는 바가 있다 해도 확실히 다른 것으로 대체할 수 있다. 사라져 가고 있는 특정 수생계에서도 여전히 많은 홍합이 적응해 살아가고 있으며, 그 외 다른 곳에서도 홍합이 특별한 생태적 기능을 하는 것 같지 않았다. 강바닥에 붙은 홍합은 대부분 사람의 눈에 보이지 않았다. 사실 홍합이 살고 있다는 것을 아는 사람은 거의 없다. 이것은 홍합이 사라져도 아쉬워할 사람이 별로 없다는 뜻이다. 그렇다면 걱정할 것이 뭐 있겠는가?

이 실문을 신시하게 생각해 볼 필요가 있다. 딘지 많은 사람이 이렇게 생가하기 때문이 아니라, 이 질문은 자연 남용이라는 문제와 핵심적으로 관련되기 때문이다. 누군가 자연을 훼손한다고 말할 때 우리는 그 행동을 부정적으로 평가한다. 단순히 그들의 행동을 기술하는 것이 아니라, 우리는 그 행동을 규범적으로 평가하고, 그것이 잘못되었으며 부도덕하고 적어도 부적절하다고 보고 있는 것이다. 그러나 그러한 판단은 어떤 근거에서 이뤄지며, 누가 기준을 정하는가?

문제를 정의하기

사람들은 대부분 환경문제가 무엇인지 정의하라는 질문을 받으면 곤란해하는데, 그것은 문화적으로 시사하는 바가 있다. 대개 사람들은 쉽게 한두 가지 오염 문제를, 대개는 독성 오염 문제를 이야기할 것이다. 그러나 그것을 범주적으로 정의하는 것은 어렵다. 환경문제를 단순히 우리가 좋아하지 않거나 원하지 않는 자연조건이라고 —예를 들어 소풍 가려는 날 비가 오는 것— 말하는 것은 이치에 맞지 않는다. 그것은 우리가 바꾸고 싶어 하는 환경조건에 더 가깝다. 사막에 물이 부족한 것을 환경문제라고 말할 수도 있다. 그러나 그것 역시 자연에 대한 기술에 더 가까워 보인다. 우리는 물 부족을 개탄할 수 있고, 더 많은 물을 원할 수 있다. 물 부족은 고통과 심지어 죽음을 야기할 수 있다. 그러나 그러한 상황은 일반적으로 환경문제라고 하는 것과는 다르다.

환경문제에 대한 간단하고도 유용한 정의는 다음과 같다. 환경문제란 어떤 방식으로든 자연의 남용을 포함하는 인간 활동이다. 암묵적으로 이 정의는 우리가 좋아하지 않는 자연 상황을 두 가지로 구분한다. 즉, 인간의 활동으로 인해 나빠진 자연 상황과 그 장소가 지니는 자연적 특성으로 인해 나빠진 자연 상황을 구분하고 있다. 그리고 환경문제에 대한 위의 정의는 인간으로 인해 나빠진 자연 상황에 대해서만 "환경문제"라는 말을 사용한다. 더 정확히 말하자면, 위의 정의는 상황을 야기한 인간 활동에 주의를 집중하며, 그러한 행동 자체가 문제라고 기술한다.

이 정의는 두 가지 점에서 유익하다. 첫째 그것은 인간 활동 자체에 주의를 기울이게 하며, "환경문제"라는 말이 암묵적으로 판단하고 있는 것은 '환경'이 아니라 '인간'임을 분명히 해 준다. 다시 말해 자연의 특정 부분에 대해 2등급이라며 불만을 표시하는 것이 아니라 특정한 인간 활동에 대해 판단한다는 것이다. 자연은 있는 그대로 자연이며, 자기 방식대로 움직인다. 물론 우리는 우리 관점에서 지구를 더 낫게 만들 수 있고, 때로는 자연을 있는 그대로 받아들이지 않아도 된다. 그러나 우리가 자연에 가한 몇 가지 변화는 좋은 게 아니라 나빴음을 우리 마음속에 분명히 해 둘 필요가 있다. 그리고 우리에게는 그러한 잘못된 활동들을 지칭할 용어가 필요하다.

이 정의가 지니는 두 번째 이점은 약점으로 보일 수도 있다. 그것은 원래 "남용"이라는 말이 모호하고 비어 있는 말이기 때문이다. "남용"이라는 말에는 분명히 부정적인 판단의 의미가 들어 있다. 이 말은 잘못된 행위를 가리킨다. 그러나 "남용"이라는 말의 의미를 명확히 하지 않으면, 환경문제의 정의 역시 반은 비어 있을 수밖에 없다. 그렇다면 마찬가지로 불확실한 다른 용어를 사용해서 불확실한 용어를 정의하는 데 도움을 얻을 수 있을까?

이 정의가 지니는 이점은 바로 "오용"이나 "남용"이라는 말이 명확한 규명을 요구하는 말이라는 데 있다. 환경문제에 대한 위의 정의는 정당한 사용과 남용을 구분하는 규범적 기준에 근거하지 않은 채 인간이 초래한 풍경의 변화를 —예를 들어 강에서 홍합이 사라진 것— 손가락질하거나 "환경문제"라는 딱지를 붙여 비난할 수 없다는 점을 부각시킨다. 기준을 만들기 전까지는 그렇게 할 수 없다. 그렇다면 우리는 표준, 내지는 검증의 기준을 만드는 시급한 과제를 감당해야 한다. 그런데 이 과제는 관여하면 할수록 복잡해진다.

이렇게 문제가 복잡해지는 깃은 유용한 검증 기준을 만들어 내려는 집단적 노력이 부족했기 때문이다. 가령 지역의 토지 사용 방식을 연구하기 위해 그 지역의 도로를 자동차로 주행해 달라는 요청을 받았다고 가정해 보자. 주행에서 돌아왔을 때 우리는 이런 질문을 받게 될 것이다. 그 지역 사람들은 토지를 잘 사용하고 있는가? 이 질문에 대한 합리적인 답변은 이런 고백으로 시작해야 할 것이다. "그 지역을 차로 주행하는 것만으로는 정확한 판단을 내릴 만한 사실적 정보를 제공할 수 없습니다." 생태적·경제적·사회적 의미는 고사하고 간단히 그곳에서 사람들이 무슨 일을 하고 있는지 아는 데만도 훨씬 더 많은 자료가 필요하다. 그러나 제대로 된 답변이라면 거기서 더 나아가서 이렇게 고백해야 한다. 충분히 사실적 지식을 확보한다 해도 좋음에 대한 정의가 이뤄지지 않으면 땅을 잘 사용하고 있는지 판단할 수 없다는 것이다. 그러한 정의가 없으면 사실은 그저 사실일 뿐이다. 아무리 사실을 많이 확보하고 과학적 정보의 양이 많아도 그것만으로는 좋은 쪽이든 나쁜 쪽이든 땅의 사용에 대해 판단을 내릴 수 없다. 앞서 강조했듯이, 평가는 규범적 사고를 요구한다. 사실 수집과 측정은 아무리 주도면밀하게 이뤄졌다 해도 그러한 규범적 내용을 담고 있지 않다.

지구상에서 품위 있게 살려면 다른 모든 생명체가 그러듯이 자연 세계를 변경할 수밖에 없다. 한때 홍합이 우글거렸던 완만하게 흐르는 미국 중서부 강들의 경우, 산업화 시대 이전에 비버만큼 강에 변화를 가져왔던 종은 없었다. 이 커다란 설치류는 지역의 냇물에 너무나 많은 둑을 건설해서 미시시피강 주변 웅덩이들의 수로 중 거의 4분의 1을 비버들이 만든 구조물들이 막아버렸다. 이로 인한 생태적 결과는 엄청났다. 많은 종 서식지에 엄청나게 좋은 결과를 가져온 반면 또 다른 많은 종 서식지에는 끔찍한 결과를 초래했다. 비버 입장에서는 둑으로 인해 세상이 좋아졌다.

땅 위에서 살아가는 존재로서 우리는 이용과 남용을 구분할 좋은 방법을 찾아야만 한다. 그 방법을 찾아야만 우리는 자연에 가한 특정한 변화가 환경적으로 나쁜지 아닌지 판단할 수 있다. 현재까지는 이 근본적인 과제를 특별히 잘 수행했다고 할 수 없다. 오히려 지금까지 이야기했듯이 이 과제가 대단히 중요한데도 불구하고, 대다수 사람들에게 그것은 전에 한 번도 이런 식으로 이야기된 적이 없는 것처럼 새롭게 들릴 것이다.

지속 가능성과 그 한계

평가의 기준이 필요하다고 압박을 받으면 많은 사람이 "지속 가능성"에 대해 말한다. "지속 가능성"이라는 말은 심각한 비판을 받으면서도 대중적으로 더욱 많은 사람의 입에 오르내리고 있다. 지속 가능하지 않은 활동을 할 때, 우리는 땅을 남용하고 있다. 아마도 사람들은 이런 뜻으로 그 말을 입에 올릴 것이다. "지속 가능성"이라는 말은 장기적인 관점에서 보게 한다는 점에서, 그리고 미래 세대가 당면하게 될 곤경에 관심을 갖게 한다는 점에서 유익하다. 그러나 그 이상의 것들에 대해서 이 말은 너무나 많은 내용을 결여하고 있다. 정확히 우리는 무엇을 지속시키려는 것인가? 오랫동안 퇴락이 계속되기를 바라는 사람은 없을 것이다. 인간적 시간의 틀에서 볼 때 우리가 사용하는 많은 자원은 재생 불가능하다. 어떤 자원을 사용하든 그것은 지속 불가능해 보인다. 그렇다면, 즉 일정 수준으로 영원히 사용할 수 없다면, 그러한 자원을 끌어다 쓰는 것을 멈추어야 하는가? 모든 인간 활동은 자연을 바꿀 뿐만 아니라 생태적 물결 효과를 촉발시켜 그 영향이 광범위하게 퍼져 나가게 한다. 다음에 이러한 생태적 변화에 상응해서 미래의 인간 활동이 조정되어야 한다. 이렇게 계속 이어지는 변화를 고려할 때, 주변의 자연세계는 계속 변하고 우리는 거기 적응해야 하기 때문에, 계속해서 과거와 똑같이 살 수 없다. 우리는 과거의 활동을 지속할 수 없다.

많은 지속 가능성 이론의 대변자들이 더 상세한 정의를 내놓았다. 그들은 무엇이 지속되어야 하는지 분명히 밝히고자 했다. 문제는 그들의 견해가 너무 다양하다는 점이다. 너무나 다양해서 지속 가능성의 의미가 각자 다 다르다고 할 수 있을 정도이다. 이것이 흔히 언급되는 이 주장의 약점이다. 좀 더 낫다고 여겨지는 정의들은 대체로 구체적인 인간 활동을 직접 문제 삼기보다는 주변 자연 세계의 상황과 관련해서 기술하는 경향이 있다. 즉, 자연 세계의 생태적 기능과 관련해서, 더 빈번하게는 해당 지역에 서식하는 야생종의 유형이나 숫자와 관련해서 기술하는 경향이 있다. 그러한 것들을 지속시켜야 한다는 것이다. 그러나 만일 우리가 존중하고 진작시키고자 하는 생태적 조건들을 알고 있다면, 실제로 사용할 기준 —이용을 남용으로부터 구분하는 데 사용할 기준— 은 지속 가능성이라는 막연하고 불완전한 언어가 아니라 그러한 생태적 조건과 관련해서 기술되어야 하지 않는가?

규범적 기준 전반에 대해서는 제5장에서부터 좀 더 자세하게 기술할 것이다. 여기서 분명히 밝혀 두어야 할 것은, 우리가 여러 해 동안 잘못해 왔다는 것이다. 우리는 이용과 남용을 구분하는 방법에 대해 직접 생각해 본 적이 별로 없으며, "지속 가능성"(또는 "지속 가능한 발전" 같은 변형)이라는 말로 지적인 갭을 메우려고만 했다. 사실 이 말은 그 다양한 용법을 모두 고려하면 내용이 거의 없는 것이나 마찬가지다.

이처럼 우리가 이용과 남용을 구분하는 데 실패한 것은 시사하는 바가 크다. 왜냐하면 그러한 실패는 단순한 부주의나 잘못된 정책 때문이 아니라 그이상의 것에서 기인하기 때문이다. 우리가 이용과 남용을 구분하는 데 실패한 것은 우리에게 제기되는 정책적 질문에 대해 과학이 답해 주기를 바라는 경향, 나아가서 과학이 무엇이고 무엇이 아닌지에 대한 널리 퍼져 있는 오해와 관련이 있다. 또한 그것은 도덕과 관련된 질문의 경우 주로 개인이 결정하도록 내버려 두어야 한다고 생각하는 경향과도 관련이 있다. 공적 질서를 존중하는 개인인 한 그들의 생각대로 결정하도록 내버려 두어야 한다는 것이다. 가령 시골 지역 토지의 경우 이웃에게 명백히 해를 입히지 않는 한 토지 소유자 자신이 토지를 어떻게 사용할지 결정해야 한다고 우리는 생각한다. 이것이 의미하는 바는 토지 사용은 공적인 문제가 아니라 사적인 문제이며, 토지 사용의 도덕성은 더 높은 차원이 아니라 개인의 차원에서 결정되어야 한다는 것이다. 마찬가지로 우리가 이 문제를 정면으로 제기하지 못했던 것은 오랜 자유주의적 관념과 결부된 반정부적 정서와도 관련이 있다. 자유주의자들에 따르면, 정부는 경쟁하는 선의 비전들에 대해 중립적인 입장을 유지해야 하며, 개인이 최대의 자유를 누리며 원하는 대로 행동할 수 있게 해야 한다. 이러한 것들이 이용과 남용을 명확히 구분하는 데 우리가 집단적으로 실패하게 만든 강력한 문화적 경향들이다. 이러한 경향들은 어째서 많은 사람들이 과학적으로 잘 입증된 환경 재난의 증거들까지도 거부하는지, 그리고 경제성장을 가져다줄 수 있는 환경 개선까지도 거부하는지 설명하는 데 도움을 준다.

활동가들의 경향

불철저한 사고에 대한 위의 비판은 비단 환경 재난에 대한 경고를 받아들이지 않는 사람들에게만 해당하지 않는다. 그런 엉성한 사고는 환경문제에 관심을 가진 사람들, 심지어 환경 악화의 속도를 줄이거나 멈추기 위해 분투하는 활동가들에게서도 두드러지게 나타난다. 아마도 선의와 기본적인 방향 감각만 있으면 보전 활동을 하기에 충분하다고 생각한다는 데 문제가 있을 것이다. 그 이상의 진지한 사고, 특히 문화 비판은 필요하지 않다는 것이다. 또한 이 문제는 장기적이고 근본적인 변화를 이끌 논리가 아니라 지금 당장 눈앞에 있는 청중을 설득할 논리에 집중하는 경향과도 관련이 있는 것으로 보인다.

자연 시스템에 두드러진 변화를 초래할 개발계획에 반대할 때에도 종종 피상적인 사고방식을 드러낸다. 그들은 원치 않는 변화 ─ 쇼핑몰, 새로운 도로, 저수지, 또는 쓰레기장─ 에 대중의 이목을 집중시키고, 생태계에 해로운 결과를 초래할 것이라고 즉각 비판을 가한다. 개발계획으로 인해 예상되는 피해를 측정할 때 익숙한 방식은 특정한 자연조건을 비교의 출발점으로 상정하는 것이다. "여기 인간이 야기할 자연 시스템의 변화 예측치가 있고, 그것은 모두 해롭습니다." 암묵적이든 명시적이든 이것이 기본적인 메시지이다. 물론 대부분의 활동가들은 타협하고 순응한다. 그들은 어떤 형태로든 생태적 변화가 일어날 것이라고 예상한다. 다시 말해 자신들은 막강한 경제 세력에 균형을 이룰 대항 세력이라고 여기며, 그러한 세력의 파괴력이 클수록 더 강력하게 밀어붙인다. 확실히 이러한 접근 방식은 전략적인 면에서 장점이 있을 수 있으며, 동기 역시 쉽게 이해할 수 있고, 칭찬할 만하다. 그럼에도 불구하고 종종 이들이 출발하는 지점은 풍경에 변화를 가하는 것은 모두 잘못되었다는 포괄적인 ―암묵적일 수도 있다― 비난이다. 기본적으로 이들에게 평가의 기준, 다시 말해 출발점은 인간에 의해 전혀 바뀌지 않은 풍경(또는 풍경의 일부)이다. 변화를 가하는 것은 본래 나쁜 것이고, 변화는 적을수록 좋다. 녹색주의자들이 이러한 접근 방식을 취할 때 그들 역시 이용과 남용을 구분하는 힘든 작업을 회피하고 있다. 한편 집약적인 토지 사용에 반대할 때 그들은 종종 인간 혐오적인 주장, 즉 사람은 배려하지 않고 자연을 배려하는 태도를 보인다.

공정하게 말하자면, 더 이상의 자연 침해가 이뤄지는 것에 대해 보다 엄격한 입장을 취하는 것이 의미 있는 경우들이 있다. 특히 이미 많이 변경된 풍경의 경우 그렇다. 인간의 필요를 위해 이미 심하게 변경된 풍경 속에 아주 드물게 남아 있는 야생지를 보전하려는 노력 같은 경우 특별히 의미가 있다고 할 수 있다. 자연보호를 비판하는 사람들이 보기에 반개발주의적 접근은 지나치게 과격하고 일방적인 것으로 여겨질 수 있다. 언제나 불평만 하는 녹색 집단은 무엇이든 보존하고 싶어 한다고 생각할 수 있다. 그러나 심각하게 변경된 풍경들 ―즉, 사람이 일하며 살아가는 대부분의 장소들― 에 대해 엄격한 정책을 적용하는 것은 이미 변경된 현재의 풍경을 평가의 출발점으로 삼을 때만 일방적인(인간 혐오적인) 것으로 보인다. 대신 평가의 출발점을 시간적으로 훨씬 과거로 잡고 이미 일어난 변화들까지 계산에 넣는다면, 기준선이 전혀 달라질 수 있다. 그렇게 하면 녹색 가치에 의해 보존하려고 하는 땅의 비율이 훨씬 줄어들고, 대신 직접적인 인간의 필요를 위해 이미 사용한 땅의 비율이 훨씬 늘어난다.

이렇게 보면 더 이상의 변화에 반대하는 것이 훨씬 설득력 있는 상황이 존재한다. 더 이상의 개발은 적절한 사용을 넘어 남용이 되는 장소들과 풍경들이 있는 것이다. 그러나 그렇다 해도 환경론자들 측에서 이용과 남용을 어떻게 구분할 것인가 하는 문제에 대해 좀 더 사려 깊은 태도를 취하는 것이 좋다. 이용과 남용을 구분하는 선을 어디에 그어야 할지 명확히 하는 것이 좋겠다. 이러한 사려 깊은 태도를 결여했을 때 활동가가 가기 쉬운 길은, 앞서 말했듯이, 모든 변화에 대해 남용이라는 딱지를 붙이는 것이다. 만일 모든 변화가 남용이라면, 지구 위에서 인간이 감당할 올바른 역할은 없으며, 역할이 적을수록 더 나은 것이 된다. 주요 환경 운동 단체 중 앞서 말한 사려 깊은 태도, 또는 그와 조금이라도 비슷한 태도를 취하는 단체가 없다는 사실에 우리는 주목해야 한다. 이용과 남용에 대한 분명한 입장을 결여함으로 인해 그들의 공적 입장은 쉽게 오해받고 그들 자신의 판단 역시 엉망이 된다.

이제 이러한 점들을 고려하면서 앞서 말한 홍합 문제로 돌아가 보자. 대체로 완만하게 흐르는 미국 중서부 강의 홍합은 지속적이고도 심각한 소멸에 직면해 있다. 홍합 보호를 주장하는 사람들은 모든 종류의 홍합을 다 구하고 싶어 한다. 원래의 홍합 분포와 개체 수라는 이상에 근접하게 유지하자고 주장한다. 그러나 이렇게 주장하는 사람들도 그것이 가능하지 않으며, 그렇게 되지 않으리라는 것을 잘 안다. 따라서 그들의 희망은 이상이고, 그 이상에 근거해서 타협을 하려고 한다. 농업과 그 밖에 강을 이용하는 세력들의 막강한 정치력을 감안할 때 이들은 대폭 양보해야 할 것이다. 그러나 이러한 입장을 취함으로써 홍합 보호론자들은 사실상 야생지와 같은 상황을 적절한 자연 이용의 척도로 삼고 있다. 말하자면 그것은 암묵적으로 인간의 자연 이용을 거의, 또는 전혀 생태계 변화가 없는 수준으로 제한하려는 것이다. 이러한 정책적 입장은 시민들과 공동체들이 문제에 대해 명료하게 생각하고 어떤 것이 좋은 대규모 토지 사용인지 상상해 보는 데 실제로 별 도움이 안 된다.

강바닥에 사는 홍합의 경우 (사라진 홍합 종이 없다 하더라도) 생태적으로 건강한 수준으로 홍합 서식지를 서서히 회복시키면서 인간이 주변 토지에 계속 정착해 살아가는 것이 좋을 수 있다. 이러한 노력은 현재의 토지와 강 사용 방식에 중대한 변화를 요구한다. 아마도 모든 상업적 바지선 운행을 강에서 중단시켜야 할 것이고, 많은 수문과 댐을 없애고, 주변 토지의 인공적인 배수 시설을 상당한 규모로 줄여야 할 것이다. 그러나 시간이 흐르면 이러한 다양한 변화는 오히려 국가를 위해 (일반적으로 생각하듯이) 경제적 손실이 아니라 이득을 가져다줄 것이다. 특히 인공 수로를 유지하는 데(준설과 둑 건설, 수문과 댐 유지) 드는 엄청난 비용과 대안 교통수단의(철도) 사용 가능성을 고려할 때, 그리고 건강한 강이 가져다주는 커다란 이익을 생각할 때 그렇다. 자연을 보호하거나 회복시키려는 노력은 대부분(물론 승자도 있고 패자도 있지만) 상당한 규모의 경제적 이익을 가져다준다. 어떤 경우에는 결과로 얻는 환경적 이익이 커서 비용을 상쇄할 정도로 경제적 이익이 클 때도 있다. 그러나 그런 경우에도 야생지와 같은 상태를 규범적 목표로 삼고 압박하거나 남용에 대한 판단의 기준으로 사용하는 것은 생각을 흐리게 만든다. 그것은 인간이 자연에 가하는 모든 변화를 잘못이라고 보는 것이다.

보전에 대한 호소는 다른, 더 사려 깊은 언어로 이뤄질 필요가 있다. 풍경의 일부를 보전하는 것도 땅 위에서 사람들이 잘 살 수 있게 되는 비전, 즉 오래 지속될 수 있는 방식으로 사람들이 잘 살게 되는 더 나은 비전 안에 지적으로, 도덕적으로 자리 잡을 필요가 있다.

요약하자면, 우리는 이용과 남용을 어떻게 잘 구분할 수 있을지 명료하게 생각해 보지 않았다. 이 약점은 얼핏 보기에도 많은 환경 운동 활동가를 비롯해서 (산발적으로 예외가 있기는 하지만) 어디서나 눈에 띈다. 그러나 환경 운동에 대한 이러한 비판을 지나치게 밀어붙여서는 안 된다. 왜냐하면 이 비판은 특정 상황에만 해당하기 때문이다. 예를 들어 많은 활동가들이 식품 시스템의 개선을 위해 노력하고 있으며, 식품 생산을 위해 토지를 집약적으로 사용할 필요가 있다는 데 동의한다. 이러한 경우 야생지 유형의 비전과는 아무 상관이 없다. 또 다른 활동가들은 건전한 숲 관리를 지지한다. 그들은 다양한 수종과 수령의 나무를 선택적으로 벌목하여 고품질의 목재를 지속적으로 공급하면서 동시에 야생 동식물을 위해 훌륭한 숲 서식지를 만들어야 한다고 생각한다. 그들이 반대하는 것은 독한 공업약품을 사용해서 단일 수종을 경작하는 것이다. 이 밖에도 활동가들 중에는 연어와 그 외 다른 어종의 서식지를 회복시켜서 그것이 강가에서 살아가는 사람들에게 중요한 야생의 식품 공급원이 되도록 하기 위해 애쓰는 사람들도 있다. 그러나 전반적으로 환경 운동은 대규모 토지 이용은 어떻게 해야 잘하는 것인지, 이와 관련해서 생태계 파괴에 대한 명확한 정의는 어떤 것인지, 아직 대중에게 제시하지 못했다. 이제 이 일을 해야 한다.

회복을 위한 호소

이처럼 이용과 남용에 대해 명료하게 생각하지 못하는 경향은 생태계의 회복을 위한 활동에서도 나타난다. 회복이라는 말은 일반적으로 긍정적인 함의를 지니지만, 일종의 이상이고, 지속 가능성이라는 말과 마찬가지로 너무 막연해서 그 의미가 약하나. 실제로 회복의 이상은 일반적으로 토지 사용의 원하는 목표점을 가리키는 것이 아니라, 단지 시간적으로 거슬러 올라가려는 욕망, 이미 일어난 변화들을 되돌리려는 욕망을 가리킨다. 역사적 건축물의 경우 그것을 좀 더 이전의 물리적 상태로 되돌렸을 때 회복되었다고 한다. 그 건축물을 복구하는 사람은 어느 시점의 상태로 되돌릴 것인지 반드시 결정해야 한다. 건축물이 처음 완성되었을 당시의 상태로 복구할 것인가? 사람들이 입주하고 어느 정도 지난 시점, 원래의 건물에 어느 정도 변화가 가해진 상태로 복구할 것인가? 땅의 회복 문제와 관련해서도 동일한 질문이 제기된다. 자연 영역의 경우 질문은 오히려 더 많아진다. 왜냐하면 이전 상태를 정확히 알기 어렵기 때문이다.(살펴볼 청사진이 없다.) 자연 영역의 회복이 더 어려운 것은 자연 자체가 끊임없이 진화하기 때문이기도 하다. 자연 안에서 일어나는 모든 변화가 인간으로 인해 야기된 것은 아니며, 어떠한 변화가 인간의 행위로 인한 것이고, 또 어떠한 변화가 인간의 존재와 상관없이 일어난 것인지 알기 어려울 수 있다.

시간 설정의 문제 —인간이 초래한 변화를 어느 수준까지 되돌릴 것인가의 문제— 외에 더 중요한 근본적인 질문이 있다. 어째서 회복이 좋은가? 회복의 목적은 무엇인가?

추측컨대 회복의 핵심은 인간의 자연 남용으로 인해 생긴 나쁜 영향을 줄이는 데 있을 것이다. 그런데 원 상태로 회복하고자 하는 대상이 현재 사람들이 잘 사용하고 있는 자연환경인가? 회복을 위한 활동은 이용과 남용을 명확하게 구분하는 데 근거해 있는가? 정당한 사용은 지속, 확대하고 남용은 제거하려는 계획에 입각해 있는가? 이 질문에 긍정적으로 답할 수 있는 경우들이 있을 수 있고, 실제로 그런 경우들은 있다. 그러나 사람들을 완전히 땅에서 밀어내고 가능한 한 인간이 도래하기 이전 상태로 땅을 되돌리는 것을 회복의 의미로 생각하는 경우도 꽤 자주 있다. 다시 말해 특정 시점의(가령 유럽인이 정착하기 이전) 야생지와 같은 상태를 목표로 하는 것이다. 이렇게 되면 다시 한번 이용과 남용의 구분이 사라지고, 인간에 의한 모든 변화는 —또는 원주민 인디언이 아닌 사람들에 의해 이뤄진 모든 변화— 남용이 된다. 그리고 저들은 사람을 싫어한다는 비난의 소리가 다시 한번 울려 퍼진다. 왜냐하면 지역공동체들역시 이웃한 자연으로부터 혜택을 입기 때문이다.

회복을 옹호하는 사람 중 다수는 나름의 타당한 이유로 이러한 주장에 동의하지 않을 것이다. 회복 운동 중에는 인간에 의한 모든 변화를 원래 상태로되돌리는 것을 목표로 하지 않는 경우들도 있다. 이들은 과거의 상태로 거슬러 올라가기는 하지만, 인간이 정착하기 이전 시간으로까지(또는 유럽 이민자들이 정착하기 이전까지) 가지는 않는다. 또 어떤 회복 운동은 그곳에 한때 서식했던 생물 공동체를 (종 구성과 관련해서) 있는 그대로 재생하겠다는 생각 같은 것은 아예 하지 않은 채 남용으로 인한 생태계의 상처들을 회복시키고자 노력한다. 그러나 행동을 위한 호소로서 회복 운동은 불가피하게 미래가 아니라 과거를 향해 움직이라는 메시지를 전달한다. 그리고 이것은 인간이 가져온 변화가 나빴다는 뜻을 함축한다. 인간이 자연에 가한 변화 중에는 좋은 경우도 종종 있었는데, 나쁜 변화를 상쇄하는 이러한 좋은 변화에 대한 언급은 생략한다. 그것은 땅을 회복시켜 가면서 사용해 온 가족들, 가령 토종 풀들을 재생하며 농장을 일궈 온 가족들에게는 혼란스럽고, 심지어 상처를 주기도 한다. 초지 회복 운동의 메시지 중 하나는 땅에 농사를 짓는 일 자체가 애초에 잘못되었다는 것이다. 말할 것도 없이 이러한 메시지는 지역에 조상 대대로 뿌리내리고 농사를 지어 온 자부심 강한 가족들에게 우호적이지 않다. 그들의 조상은 무성한 풀을 없애고 들판에 배수를 하는 고된 노동을 통해 땅이 먹을 것과 섬유질을 생산할 수 있게 만들었다.

분명 회복은 오늘날 절실히 요구되는 일이다. 그러나 거기에는, 오늘날 환경 운동 모두가 그렇듯이, 장소에 깊이 뿌리내리고 사는 사람들에 대한 세심한 배려와 대규모 토지들의 경우 어떤 것이 좋은 토지 사용인시에 내한 선반적인 이해가 수반되어야 한다. 이러한 이해가 제대로 이뤄지면, 집약적 사용이 금지되었던 땅이나 물도 —현재 사는 사람들의 기본적인 욕구를 직접적으로 충족시키는 것이 아니라— 좋은 토지 사용의 요소들을 촉진할 수 있는 여지가 생길 것이다. 그러나 이러한 전반적인 규범적 비전이 없다면, "회복" 역시, 거기 별로 동의하지 않는 사람들이 보기에는, 사람을 싫어하는 입장으로 보이기 쉽다. 그것은 어디서든 인간에 의한 변화는 전부 나쁘고 모두 되돌려져야 한다는 별 도움이 되지 않는 메시지를 줄 수 있다. 나아가서 땅을 따로 분리해서 인간이 사용하지 못하도록 막는 것이 환경의 진보라고 주장하는 것처럼 비쳐질 수 있다. 마치 인간이 생태적 건강을 유지하면서 땅 위에서 살아갈 수 없다는 듯이 말이다.

자연의 역동성

시간의 흐름 속에서 자연 자체도 변하며, 자연은 원래 역동적이다. 잘 알려진 이 사실은 생태계의 회복을 위한 노력만이 아니라, 자연 전체 안에서 우리의 위치를 이해하고 좋은 토지 사용의 비전을 만들기 위한 노력에 대해서도 문제를 제기한다. 자연의 역동성과 관련된 한 가지 문제는 자연이 제시하는 건강한 기능과 구성의 목표는 정적이지 않고 동적이라는 것이다. 자연 자체가 변한다고 할 때 자연을 존중한다는 것은 무엇을 의미하는가? 자연 안에서 일어나는 변화는 대개 구체적인 생명체들을 통해서 일어난다. 그렇다면 이것은 또 한 가지 질문을 제기한다. 만일 다른 종들도 자연을 변경하고, 그들이 가하는 변화가 정당하고 또 자연의 역동성의 일부라면, 인간이 야기한 변화는 어떻게 보아야 하는가? 게다가 변화를 진화론적으로 이해한다면, 즉 경쟁을 통한 진화를 진보로 해석하는 문화적 배경에서 변화를 이해할 때, 위의 문제 제기는 한층 더 복잡해진다. 만일 경쟁의 압력을 통해 변화가 이뤄지고, 진보를 달성한다면, 어째서 그러한 변화가 규범적으로 잘못일 수 있는가?

다른 모든 살아 있는 유기체들과 마찬가지로 인간도 자연에 뿌리박고 있다. 우리가 숨 쉬는 공기, 마시는 물, 먹는 음식, 물질대사에 필수적인 햇빛, 이 모든 것은 자연으로부터 우리에게 왔으며, 우리는 이런 것들 없이 한시도 살 수 없다. 잘 이해할 수는 없지만, 우리의 심리적 건강 역시 자연과 복잡하게 얽혀 있다. 우리는 특정한 형태의 장소에 살도록 진화해 왔으며, 낯선 삶의 조건 속에서 살도록 강요되거나 유인되었을 때 불편한 감정을 느낀다. 우리는 자연의 부분들을 직접 소비하며, 그러한 자연의 부분들 역시 자연 시스템 안에 자리 잡고 있다. 지상의 생명 형태들은 토양 속에, 그리고 햇빛 아래 식물들이 성장하면서 번성하기 시작했다. 토양은 비옥해야 하고, 그것은 영양소의 복잡한 순환과 흐름에 의존한다. 물은 생산의 평형을 이루기 위한 요소중 하나이며, 필요한 때 필요한 만큼 사용할 수 있어야 한다. 물이 너무 많으면 성장을 저해하고 토질을 악화시키며, 땅 표면에 염분을 증가시켜 생산량을 떨어뜨린다. 이러한 상호 연관성, 상호 의존성은 셀 수 없이 많으며, 매우 빈번하게 공생 관계를 이뤄 한 유기체가 다른 유기체 없이는 살 수 없게 된다.

자연의 역동성을 만들어 내는 한 가지 힘은 일반적으로 "진화"라 불리는 일련의 복잡한 메커니즘이다. 경쟁적인 상황에서 개별 종들과 혼합 종들이 진화하며, 점진적으로 새로운 종이 탄생하고, 오래된 종은 쇠퇴하거나 사라진다. 시간이 흐르면서 진화는 대단히 복잡한 생명체들을 탄생시킨다. 또한 시간이 흐르면서 진화는 점점 더 복잡한 자연 공동체들을 형성한다. 즉, 다양한 종의 수가 증가하고, 각각의 종은 집단적으로 특정 장소에 더 특화되어, 그 장소의 지구물리적 자원들을 효과적으로 사용하게 된다. 집단적으로 그 종은 해당 장소에서 태양 빛을 더 잘 이용하며, 일차적인 생산에 관여하고, 가능한 한 지역 시스템 안에서 영양소를 유지한다. 그러나 이렇게 눈에 띄는 패턴에도 언제나 예외가 있다. 즉, 소수의 종이 지배하고 지역화된 종 다양성이 사라지는 시스템도 있고, 일반적으로 그렇듯이 토양이 서서히 형성되는 것이 아니라 침식당하는 시스템도 있으며, 일차적 생산성이 증가하는 것이 아니라 쇠퇴하는 시스템도 있다. 자연 공동체들과 그 안의 요소들은 일반적으로 다양한 교란 요소들에 의해, 가령 화재나 홍수, 극단적인 날씨, 점진적인 기후변화 등에 의해 영향을 받는다. 이것들 모두 변화의 힘이다. 왕성한 생명 체계는 흔히 그러한 교란 요소들을 극복하지만, 교란이 있기 전 상태 그대로 돌아가지는 못한다.

다윈의 진화론에 관한 책이 처음 나왔을 때, 이미 영국에서는 경쟁이 진보와 성장을 촉진하는 수단이라고 믿고 있던 독자들이 그 책을 읽었다. 독자들은 커다란 역사적 힘이, 즉 물리적 운동 법칙과 유사한 생물학적·사회적 힘이 세계 안에서 작동한다고 믿었다. 독자들로서는 다윈의 자연선택에 의한 진화론을 진보를 가져오는 힘과 동일한 것으로 해석하기가 아주 쉬웠다. 더 강하고 더 빠르고 신체적으로 유능한 유기체가 살아남고 재생산에 성공한다. 그들의 더 나은 신체적 능력, 경쟁에서 살아남았다는 단순한 사실이야말로 뒤처진 다른 유전 조합보다 그들이 더 우월하다는 것을 말해 준다. 그러나, 앞서 언급했듯이, 다윈은 결코 자신의 진화론을 진보의 이야기로 제시하지 않았다. 그것은 단지 장기간에 걸친 신체적 변화에 대한 이야기라고 그는 말했으며, "변이를 수반한 계승(descent with modification)"이라는 중립적인 문구로 잘 요약할 수 있었다. 진화에 노골적으로 진보라는 사회적 성격을 부여하고, 그것을 사회와 문화의 영역에까지 확대 적용한 것은 다윈을 속류화한 사람들이었다. 영국에서 단연 이들 중 대장은 다윈의 지적 대변자였던 토머스 헉슬리(Thomas Huxley)였다. 그는 일찍이 "적자생존"이라는 말을 만들어 냈다.

생물학적 변화에 대한 다윈의 저술은 당대 교육받은 사람들의 생각 속에서 온갖 다른 과학자들의 저술들과 한데 누덕누덕 엮어졌다. 예를 들어 오랜 시간에 걸친 지질 변화에 대한 저술과 산과 협곡의 생성에 관한 저술, 강 흐름의 변화에 대한 저술, 잘 알지 못하지만 어떻게든 오랜 세월에 걸쳐 물리적 풍경을 만들어 내는 다양한 물리적 힘들에 대한 저술들과 다윈의 저술은 한데 뒤섞였다. 물리적 지구 역시 그 안의 많은 생명 형태들과 함께 진화하는 것으로, 아마도 진보하는 것으로 여겨졌다. 얼마 지나지 않아 자연의 변화에 대한 증거들은 생태학이라는 새로운 과학을 통해서도 나왔다. 생태학은 유기체를 그것이 속한 공동체와 생명 공동체 자체 안에서 연구하는 과학이다. 전체를 대상으로 연구했을 때 자연 공동체들 역시 역동적이다. 그 역동성이 분명하게 드러나는 경우는 공동체가 큰 재난에 반응할 때인데, 이때 자연 공동체는 서서히 재난 이전의 생물학적 조건에 근접한 상태로 돌아간다. 간단히 말해 변화는 세계가 작동하는 방식의 일부인 것으로 보인다. 분명히 다른 종들도 자신이 사는 세계를 변경했다. 그들은 적어도 진보적이라고 할 만한 요소가 있는 과정을 통해 세계를 변경했다. 다윈의 시대에는 지구가 인간을 위해 특별히 창조되었다고 믿는 사람이 종교적인 사람들 외에는 거의 없었다. 그러나 자연에 변화를 가하는 이 지속적인 과정에 인간이 적극적으로 참여하는 것은 아주 당연하다고 생각되었고, 이러한 생각에 의문을 품는 사람은 당시 거의 없었다. 그래서 그들은 습지에 배수 작업을 했고, 숲을 벌목했으며, 강의 방향을 돌렸다. 변화는 아주 자연스러웠고, 좋은 것일 수 있었으며, 종종 좋은 것이었다.

이 다양한 자연 현실과 문화적 해석들은 모두 자연의 변화와 관련이 있는데, 이것들은 복잡하게 뒤얽혀서 어떻게 하는 것이 장기적인 차원에서 자연 질서에 가장 잘 적응하는 것인지 알고자 하는 사람들을 더욱 어렵게 만든다. 만일 자연이 정적이고 완벽하다면, 그 기본 구조와 작동 방식에 물질적으로 혼란을 주지 않으면서 그 안에서 살아가는 것이 우리에게 주어진 과제일 것이다. 그러나 자연은 역동적이다. 어떤 시간과 장소에서건 자연조건은 불확정석이다. 자연은 완벽하다는, 한때 대중적이었던 관념은 종교적 세계관 안에서만 통용될 수 있다. 종교적 세계관에서는 자연을 하느님이 손수 만든 작품으로 보고, 자연의 완전함은 하느님 자신의 완전함에서 유래했다고 본다. 평가의 기준 문제를 제쳐 두고 보면, 자연은 그냥 존재할 뿐이며, 그냥 자기 방식대로 역동적으로 작동할 뿐이다. 자연은 있는 그대로 그저 존재할 뿐, 자연을 향해 이래라 저래라 명령할 수 없다. 원래 어떠한 자연 상황에도 옳고 그름이란 없으며, 더 좋고 나쁜 것도 없다. 다만 인간이 자신의 욕구를 고려해서, 아니면 자신이 선택한 기준을 사용해서 자연 상황을 평가할 따름이다. 자연 안에 내장된 역동성으로 말하자면, 그것이 가져오는 변화 역시 그 자체로 좋지도 나쁘지도 않다. 그 변화를 이해하고 그것을 규범적 렌즈를 통해서 보는 것은 인간이다.

요약하자면, 우리는 자연의 이용과 남용을 구분하는 선을 그어야 하며, 그것도 스스로 변화하는 자연 세계 안에서 그렇게 해야 한다. 자연 세계는 우리, 또는 다른 종들이 그 안에서 살 때 언제나 변화할 수밖에 없다. 자연은 생태적 건강과 관련해서 우리가 지표로 삼을 만한 어떠한 정태적 비전도 제공해 주지 않는다. 바로 이러한 이유 때문에, 그리고 또 다른 이유들 때문에도, 우리는 어떤 구체적인 자연조건을 택해서 자연이 존재하는 방식이(is) 자연과 우리의 상호작용을 판단하기 위한 규범적 당위성을(ought) 제공해 준다고 말할 수 없다.(다음 장에서 이 주제를 다시 다루게 될 것이다.) 또한 우리는 좋은 토지 사용을 평가하기 위한 기준점으로 "야생지 유형"을 사용할 수 없다. 우리가 살고 있고 그로부터 먹을 것을 얻는 자연환경을 평가하는 데도 "야생지 유형"을 사용할 수 없다. 창조주 하느님을 거의 밀어내고 ―여하튼 하느님의 완전성은 자연의 완전성으로 번역될 수 있다는 생각도 버리고― 이제 우리는 우리 자신의 도구를 가지고 자연 안에서 좋은 것과 나쁜 것을 판단해야 한다. 확실히 자연은 자기 방식대로 작동한다. 그리고 자연이 기능하는 방식에 우리 삶의 방식을 맞추어야 할 이유는 너무나 많다. 그러나 자연은 우리가 지적·도덕적 작업을 쉽게 할 수 있게 해 주지 않는다. 간단히 말해 어떻게 하면 우리가 자연을 성공적으로 변경할 수 있을지에 대해 자연은 우리에게 지침을 주지 않는다.

자연 생태계와 문화

자연 시스템에 대한 최고의 사실적 지식을 우리는 과학자들로부터 얻는다. 자연 시스템의 생물학적 기능에 대한 지식을 우리는 생태학자라고 통칭하는 연구자 집단으로부터 얻는다. 생태학은 실험실 밖의 자연 세계를 연구하고 이해하고자 하며, 그 과정에서 충분히 통제할 수 없는 시스템을 다룰 수밖에 없다는 점에서 좀 덜 확실한 과학 중 하나이다. 일부 생태학 작업은 실험실 안에서, 또는 컴퓨터 시뮬레이션을 통해 이뤄지기도 한다. 그러나 대부분의 생태학 연구는 실험실 밖으로 나가서 야외에서 자료를 모은다. 수집을 기다리고 있는 자료들은 사실상 무한하며—골치 아픈 현실 1번— 자연의 부분들과 과정들은 모두 서로 복잡하게 얽혀 있다. —골치 아픈 현실 2번— 그렇다면 어쩔 수 없이 생태학 연구는 이 무한한 자료의 바다에서 어떤 자료를 수집할 것인지 그 기준을 만들 과학자를 필요로 한다. 생태학자들은 이 일을 잘한다. 그들은 자료 수집의 기준을 만들어 내는 일뿐만 아니라 가설을 검증하기 위해 자연에서 실험을 구성하고 진행하는 일도 잘한다. 그러나 자연에서 행하는 실험은 화학 실험실에서 행하는 실험처럼 철저하게 통제할 수 없다. 다양한 야외 장소의 상황은 결코 동일하지 않으며, 한 장소라 하더라도 시간이 다르면 동일하지 않다. 자연 상황에 영향을 끼치는 여러 요인 역시 이해에 어려움을 야기한다. 여기에 더해서, 그리고 앞서 언급했던 인간 인식의 한계에 더해서, 자료 선택에는 인간적 선택이 개입될 수밖에 없고, 결과로 얻는 샘플의 크기가 지극히 작을 수밖에 없다. 복잡한 자연 시스템을 연구할 때 어떤 특징이 가장 중요하며, 자연 전체를 기술하는 데 셀 수 없이 많은 특징을 어떻게 종합할 것인가? 여기에는 중요성에 대한 감각이 필요하며, 그것은 필연적으로 가치와 문화의 문제를 수반할 수밖에 없다.

과학적 학문으로서 생태학의 역사에 관해 최근 수십 년 사이에 나온 이야기에 따르면, 생태학은 20세기 중반 무렵(이 이야기의 다양한 버전에 따라 연대도 달라진다), 또는 그 이후 언젠가 패러다임의 변화를 겪었다. 어느 시점엔가 생태학이 자연 시스템을 기술하는 방식이 변했다. 이전에는 자연 시스템에서 질서와 기능을 강조하고 자연을 예측 가능한 요소들로 이뤄진 안정적인 시스템으로 제시했으나, 자연 시스템의 역동성과 예측 불가능성에 초점을 맞추는 쪽으로 변한 것이다. 옛 견해는 자연 시스템이 시간의 흐름 속에서도 계속 유지되는 방식을 강조하는 경향이 있었다. 새로운 견해는 자연 시스템이 불특정 요인들로 인해, 그리고 경쟁에 의해 변하는 방식을 강조하는 경향이 있다.

이것이 패러다임의 변화라고 할 만큼 실질적인 변화인지에 대해서는 견해 차이가 있지만(아마도 이에 대해서는 결론을 내리기 힘들 것이다.), 확실히 이러한 변화가 일어난 것은 사실이다. 과학적 지식이 생겨나면서 시스템의 역동적 요소들에 대한 인식이 더욱 커졌고, 시스템이 일단 한번 교란되면 결코 이전 상태로 돌아가지 않는다는 사실에 대한 인식 역시 커졌다. 교란에 대한 생물 공동체의 반응은 외견상 더 불특정한 요인들의 영향을 받으며, 그래서 혼란으로부터 회복했더라도 그 시스템은 교란 이전 상태와 상당히 달라진다.

　이처럼 공동체 차원의 변화를 강조할 경우, 특히 변화를 우연과 경쟁의 산물로 보는 경우, 실제로 자연은 쉽게 파괴되는 섬세하고 잘 조정된 시스템이 아니라는 뜻이 된다. 만일 우리가 자연에서 보는 많은 것이 불특정 요인들이 —폭풍, 씨앗 운반자들의 움직임, 강우 패턴 등— 만들어 낸 결과라면, 다양한 불특정 요인들이 다양한 시스템을 만들어 냈을 수 있고, 우리는 그것들을 모두 똑같이 자연스럽다고 여긴다. 어쩌면 자연 시스템은 우리가 생각했던 것보다 훨씬 강한 것일 수 있다. 어쩌면 인간이 야기한 변화 역시 다른 교란 요인이나 불특정한 과정에 의해 일어난 변화들과 본질적으로 다르지 않을 수 있다. 교란에 관한 새로운 생태학이 함축하고 있는 것으로 보이는 이러한 메시지는, 예상대로, 새로운 풍향을 감지한 산업 세력의 따뜻한 환영을 받았다. 그러나 사람들이 파괴한 자연 시스템은 자연의 역동성의 결과가 아니었고, 생명 형태들 간의 행동과 경쟁의 결과도 아니었다. 그것은 물리적이고 불특정한 요인들의 결과였으며, 인간이 파괴하지 않았다면 전혀 다른 결과를 발생시킬 수 있는 것이었다.

　얼마나 큰 변화였건 간에, 생태학에서의 이러한 변화는 이용과 남용 사이에 선을 긋는 우리의 과제를 지적으로 더욱 복잡하게 만드는 것이 사실이다. 또한 그것은 자연을 조작할 수 있는 자유를 인간에게 예전보다 더 많이 허용하는 것처럼 보이는 것 역시 사실이다. 다른 모든 자연과학적 발견과 마찬가지로, 이 새로운 발견 역시 존중되어야 한다. 그러나 여기서도 앞서 과학 분야에 대해 지적했던 것을 염두에 두는 것이 좋다. 말하자면 생태학자들이 자연을 이해하는 과정에서 마주하는 비상한 도전과 그들의 연구 형태를 규정하는 가치의 역할, 그 밖에 다른 사회적 영향들을 염두에 두어야 한다는 것이다. 생태학자들이 자연 시스템에 대해 말하는 방식이 총체적으로 달라진 것은 그들 자신이 선택한 질문 구성 방식의 변화와 관련이 있으며, 또한 그들의 연구를 추동시켰던 동기와도 관련이 있다.

20세기 전반에 자연에 대해 말했던 생태학자들은 (예를 들어 식물 생장에 대해 기술할 때) 비교적 짧은 기간, 수십 년이나 길어야 수 세기에 걸쳐 이뤄진 자연의 기능에 대해 고찰하는 경향이 있었다. 이들의 시간 지평은 비교적 짧았다. 20세기 후반에 이르면, 이들의 후계자들은 매우 긴 기간에 대해서 말하는 경향이 있었다. ―수천 년이나 심지어 수백만 년에 대해 말했다. 더 긴 시간의 틀로 보면 당연히 더 많은 변화가 포함될 수 있고, 그들은 보다 중요한 변화에 집중해서 기술했다. 예전 과학자들은 때때로 시스템을 교란하는 자연의 힘들과 분리해서 자연 시스템에 대해 이야기했다. 이와 대조적으로 그들의 후계자들은 대부분 교란 요인들을 시스템 밖에 속한 것이 아니라 시스템의 일부로 포함시켜 연구하는 것이 더 유용하고 정확하다는 것을 깨달았다. 이러한 초점의 이동 역시 자연의 역동성에 보다 중요한 위치를 부여하게 만들었다. 나아가서 이전 시대 과학자들 다수가 자연 시스템 내에서 영양소와 그 밖의 다른 요소들의 흐름을 연구하는 데 관심을 기울였고, 그것은 오랜 시간에 걸쳐 시스템 내에서 종의 변동이 어떻게 일어나는지에 대해서는 덜 주목하는 연구 방식이었다. 반대로 후대의 과학자들은 종 구성의 변화와 서식 형태를 직접 연구하고 싶어 했다. 흔히 그것은 불특정한 경쟁적 요인들에 시스템의 구성 요소들이 어떻게 반응하는지 연구하는 것을 의미했다.

마지막으로 지적할 수 있는 차이점으로는, 20세기 초중반의 뛰어난 생태학자들은 —대표적으로 빅터 셸포드(Victor Shelford)는— 종종 생태적으로 중요한 지역의 파괴를 막는 일에 개인적으로 참여했다는 점을 들 수 있다. 이러한 활동의 일환으로 그들은 자연 지역들을 유형별로 범주화하기 위한 방법과 용어들을 발전시킬 필요가 있었다. 그렇게 해서 미래의 연구를 위해 각각의 샘플을 보호하고자 했던 것이다.[셸포드가 만든 미국 생태학회 자연 지역 위원회(Natural Areas Committee of the Ecological Society of America)는 보전을 위한 활동적인 단체로, 나중에 미국 자연보호 협회(US Nature Conservancy)로 발전했다.] 이러한 동기 때문에 그들은 생명 공동체 차원에서 관찰하고, 그것을 주어진 시점에서(일반적으로는 현재 시점에서) 기술할 수밖에 없었고, 공동체들의 유형에 따라 명칭을 붙이고, 그것들이 좀 더 지속적인 것처럼 보이게 기술했다. 이와 대조적으로 후대의 생태학자들은 그러한 활동을 보전주의자들에게 맡겼다. 그렇게 했기 때문에 이들은 전문가로서 공동체 유형을 범주화하고 거기에 명칭을 붙이는 일을 할 주요 동기 중 하나를 잃었다.

물론 자연의 공동체들은 말 그대로 따로따로 독립적으로 존재하지 않는다. 분명한 경계선 같은 것도 없다. 셸포드와 그의 동료들 역시 이러한 실상을 아주 잘 알고 있었다. 마찬가지로 그들 역시 자연이 역동적이며, 한번 교란된 시스템은 원래 상태로 돌아오지 않는다는 것, 그리고 천이(遷移) 형태가 언제나 안정적인 상황으로 이어지지 않는다는 사실도 잘 알고 있었다. 그러나 자신들이 했던 보전 활동 때문에 그들은 공동체들을 구별된 것으로 이야기할 수밖에 없었고, 그것들을 시간 안에 고정시키고, 특정 유형의 실체적 지위를 부여할 수밖에 없었다. 또한 그들은 이러한 유형론을 수단으로 하여 광범위한 생태 공동체들을 연구하도록 학생들을 끌어들였는데, 이러한 형태의 교육 방식은(수천 종을 학습하는 방식) 학생들이 일찍 전공을 정하라는 압박을 받으면서 사라졌다. 이러한 사정을 돌아보면서 그들의 후계자들은 이처럼 범주화하고 명명하는 작업이 실상과 일치하지 않으며, 대부분 과학적으로 잘못된 것, 아니면 억지라고 봤다. 보전을 위해 땅을 범주화할 필요도 없고, (셸포드가 그랬듯이) 긴 여름 방학에 학생들을 이끌고 광범위한 자연 탐사를 나갈 계획을 짤 필요도 없다. 후대의 과학자들은 초기의 활동이 잘못되었든지, 아니면 도움이 되지 않는다고 여겼다. 심지어 초기 활동은 자연 지역을 탐사하고 보전이 필요한 것들을 찾아내라는 주 정부 위탁 사업으로 유지되기도 했다.

이처럼 생태학자들과 그들의 질문, 동기는 시대적으로 큰 차이를 보인다. 이러한 광범위한 차이는 어째서 후대의 생태학자들이 이전 생태학자들에 비해 자연에서 일어나는 변화를 강조하는지 부분적으로 그 이유를 설명해 준다. 역사가 도널드 워스터(Donald Worster)는 여기에 한 가지 해석을 덧붙였다. 그에 따르면 생태학자를 비롯한 과학자들 역시 연구할 때 자신의 가치관과 세계에 대한 이해로부터 벗어날 수 없다.(이것은 과학사회학의 상식적인 견해이다.) 워스터는 20세기 후반의 생태학자들이 자연의 역동성을 강조하는 경향을 보였던 것은 우연이 아니라고 결론 내렸다. 당시는 서구 세계의(특히 미국과 영국의) 지배적인 정치사회 사상이 보다 개인주의적이고 리버테리언적인 가치 쪽으로 선회했고, 정부에 대한 불신이 강해졌으며, 세계를 정태적인 전체가 아니라 경쟁하는 부분들의 조합으로 보는 경향이 나타났다. 보수 가치는 톱다운 방식의 중앙 집권적 규제를 일삼는 정부보다 자유로운 시장을 —역동적이고 원자적인 시스템을— 선호했다. 사회, 정치 영역에서 나타난 이러한 개인주의적이고 역동적인 견해는 사실상 자연 자체도 거의 똑같다는 생태학자들의 견해와 대체로 일치했다. 사회질서나 자유 시장과 마찬가지로 자연 역시 끊임없이 변화하며 경쟁하는 개별 부분들로 이뤄진 무질서한 시스템이라는 것이다.

문화와 정치가 생태학에 흘러 들어왔다는 워스터의 주장이 맞든 틀리든, 생태학자들은 복잡한 자연 시스템을 이해하기 위해 노력하고 있으며, 앞으로도 계속 노력할 것이다. 시간이 흐르면서 그들은 다양한 각도에서 시스템을 관찰하고, 다양한 질문을 할 것이며, 다양한 시간 틀을 사용할 것이다. 그리고 어느 부분에 해석적 우위를 부여했느냐에 따라 다른 그림을 들고 나타날 것이다.

그러나 풍요로움과 생산성을 유지하는 과정을 비롯해서 자연의 기본적인 상호 연관성과 상호 의존성에 대한 인식이 이제는 상당히 확고하게 이뤄졌다. 일차적인 생산성을 유지하는 과정을 비롯해서 기본적인 생태적 과정들 역시 합리적으로 잘 설명되고 있다. 또한 시간이 흐르면서 종들이 나타났다 사라지고, 아주 천천히 새로운 종들이 옛 종들을 대신하며, 다양한 정도로 옛 종들의 기능을 맡아 하게 된다는 사실 역시 확실해졌다. 자연 시스템은 시간의 흐름 속에서 ―특히 인간이 계획하는 시간의 틀 속에서― 독특한 지속성을 보이며, 자연적으로 일어나는 변화의 속도는 많은 경우 인간이 초래한 변화의 속도에 비해 훨씬 느리다. 수천, 수백만 년에 걸쳐 일어나는 자연의 변화는, 인간의 계획이나 목적과는 무관하다.

역동성을 어떻게 받아들일 것인가

세계를 이해하기 위한 생태학자들의 고투는 어떻게 살 것인지 알고자 하는 우리의 집단적인 노력을 더욱 복잡하게 한다. 여전히 생태학 연구는 현재 우리가 가지고 있는, 그리고 우리가 얻을 수 있는 최상의 지식을 제공한다. 이러한 지식을 사용하지 않는 것은 어리석다. 그리고 새로운 연구가 기존에 우리가 가지고 있던 이해를 확장하고 수정한다 해도 놀라서는 안 된다.

이러한 과학적 지식과 과학의 불확실성으로부터 구체적인 한 가지 위험이 생겨난다. 이 위험성은 우리의 논의를 진행하면서 계속 염두에 두고 있는 것이 좋다. 그것은 우리가 자연의 역동성을 보면서, 특히 수천, 수백만 년에 걸쳐 일어나는 거대한 변화를 보면서 그것을 우리 시대에 자연에 대해 그처럼 큰 변화를 가해도 된다는 그린라이트로 보게 될 위험성이다. 자연 시스템이, 실로 덧없고 무질서한 것은 아니라 해도, 역동적이라면, 어째서 우리가 마음대로 자연에 변화를 가해서는 안 되는가? 이처럼 장기간에 걸친 자연의 변화에 대한 연구는 생태적 회복에 대한 이론을 비과학적으로 보이게 만든다. 회복 이론은 자연 자체의 고유한 역동성을 부정하기 때문이다. 마찬가지로 자연의 역동성은 자연 보전에 관한 주장 역시 비과학적으로 보이게 만든다. 야생지조차도 시간이 흐르면서 점차 전혀 다른 것으로 진화할 것이기 때문이다. 여기서 지적으로 감수하게 되는 위험은 결코 가설적인 것이 아니다. 앞서 언급했듯이, 환경적 제재에 반대하는 산업주의 집단과 신자유주의자들은 안정성에 비해 변화를 강조하는 생태학 저술들을 재빨리 알아보고 거기 착 달라붙었고, 이는 결코 놀랄 일이 아니다.

규범적 사고를 할 때 자연의 역동성은 고려해야 한다. 그러나 그렇다 해도 전형적으로 인간이 야기한 변화와 인간이 아닌 힘에서 기인한 변화는 그 형태가 매우 다르다. 그 차이는 많은 부분 규모와 관련이 있다. 인간의 시간 틀에서 보면 종종 자연의 변화는 매우 느리게 일어나며, 지역에 더 한정되어 있다. 물론 때로는 순간적으로 수백 제곱 마일의 땅을 초토화하는 화산 폭발 같은 것도 있다. 그러나 이러한 유형의 변화는 —인간의 시간 틀에서도— 지구 표면의 극히 일부에서만 일어나며, 인간의 흔적에 비하면 미미하다. 게다가 자연의 변화는 오랜 세월에 걸쳐 진행되어 온 자연적 과정에 의한 것이고, 다양한 생명 형태는 그 과정에 대처하는 방법을 배웠을 뿐만 아니라, 종종 그것을 자신에게 유리하게 만들기도 했다. 인간에 의한 변화 중 일부는(가령 밭을 갈아 일년생 풀이 자랄 수 있게 흙을 뒤집는 것) 그러한 유형이지만, 다른 것은(예를 들어 핵과 독성 물질에 의한 오염) 그렇지 않다.

아마도 가장 중요하게 강조해야 할 점은 이것으로 보인다. 자연의 역동성은 간단히 말해 자연의 "원래 그러함(is)"의 일부라는 것이다. 역동성 자체는 자연의 다른 특징이나 구성 요소와 마찬가지로 규범적 내용을 지니고 있지 않다. 자연이 특정한 방식으로 움직인다는 —시간에 걸쳐 변화한다는— 사실은 변화가 인간의 관점에서 규범적으로 좋다는(또는 나쁘다는) 뜻이 아니다. 다만, 자연의 역동성은 우리와 무관하지 않다. 그것은 우리가 자연을 정당하게 사용하고 있는지 여부를 판단할 기준을 마련하는 데 중요한 역할을 해야 한다. 그러나 자연의 역동성은 우리에게 지적인 지름길을 제공하지 않는다. 우리는 땅 위에서 어떻게 살아야 할 것인지 명료하게 사고해야 하고, 자연의 역동성은 이 힘든 일을 생략할 수 있는 명분을 우리에게 주지 않는다. 아마도 그것은 우리가 자연을 파괴하지 않으면서 변화시킬 수 있는 가능성을 제공할 수 있을 것이다. 그러나 만일 우리가 높은 자연의 생산성을 유지하고 생물학적으로 다양한 환경을 누리고자 한다면, 자연의 역동성은 우리의 행동에 더 큰 제한을 가할 것이다. 어쨌든 우리 앞에는 이용과 남용을 구분하고, 여러 관련 요인들을 밝히며, 우리의 욕구와 갈망에 대해 더 깊이 생각하고, 그 모든 것을 한데 종합하여 어떻게든 올바른 삶의 비전을 만들어 가야 할 과제가 여전히 놓여 있다.

제3장

과학과 도덕

오늘날 특히 개인주의적 성향이 강한 문화권에서는 환경문제가 생겼을 때 과학의 설명에 의존하려는 경향이 있다. 논란을 중재해 달라고까지 하지는 않더라도, 과학자들에게 날려가서 시침을 구하는 현상이 자주 나타닌다. 언론인들은 어떠한 위험이 있을지에 대해 대체로 과학 전문가들의 견해를 구한다. 법률가들도 마찬가지다. 그들은 심리를 할 때만이 아니라 규제 기관이 포괄적인 법령을 구체적으로 어떻게 시행할지에 대해서도 과학자들에게 의견을 구한다. 예를 들어 환경청은 "미국 대기 보호법(US Clean Air Act)"의 대기오염 수준을 엄격하게 과학에 근거해서 설정하도록 되어 있다. 마찬가지로 "미국 어종 및 야생동물 보호국(US Fish and Wildlife Service)"은 멸종 위기 종 보호에 관한 법률에 의해 법적으로 보호해야 할 종을 확대할지 여부를 전적으로 과학과 그 밖의 사실적 자료들에 근거해서 결정하게 되어 있다. 과학은 환경 정책의 실행을 위한 언어와 장, 둘 다 제공하고 있다.

이렇게 과학이 높은 위상을 차지하게 된 것은 공적 이익과 관련된 문제들을 결정할 때 객관성을 요구하고 사실과 논리적 추론에 중점을 두며 감정과 개인적 선호를 멀리할 것을 요구하는 전반적인 문화적 경향과 일치한다. 이에 따라 과학자들은 가장 객관적인 집단으로 여겨지며, 설사 그들이 제시하는 사실들이 환영받지 못하고 이로 인해 사람들로부터 공격을 당한다 해도, 그들의 위상은 높아졌다. 기존 질서 옹호자들의 과학자들에 대한 공격은 —현재로서는 기후변화에 대한 부정이 가장 두드러진다— 되레 과학의 중요성을 부각시킬 뿐이다. 비평가들이 흔들어 대는 과학적 증거들 앞에서 그들은 시간만 지체할 뿐이다.

근대 세계에서, 적어도 공적 사안과 관련해서, 객관성은 미덕이다. 물론 예술이나 다른 표현 영역에서는 그렇지 않다. 사실 사적 영역으로 들어오면, 무슨 무슨 "치료법"이라는 말이 이 시대의 대표적인 수사 중 하나이다. 심리 전문가와 사회사업가, 개인 상담사, 심지어 교회까지 모두 나서서 사람들이 내린 주관적 선택이 무엇인지 밝히고 거기에 심리적으로 편안해지도록 돕겠다고 한다. 근대 세계의 광고는 말할 것도 없이 주관적 갈망에 관한 것이고 그것을 더욱 자극한다. 개인적인 사안에서도 객관성이 역할을 하기는 한다. 수도관이 새는 것을 고칠 때는 주관적 표현이 개입될 여지가 거의 없다. 그럼에도 불구하고 공적 영역과 사적 영역 사이의 대비는 크다. 객관성은 공적 영역을 지배한다.(내지는 그렇다고 여겨진다.) 주관적 선택은 사적인 영역에서 더 큰 영향력을 끼친다.

인간이 초래한 기후변화와 관련해서는 여전히 논쟁이 끝나지 않고 있는데, 이것은 문제의 핵심을 잘 보여 준다. 이 논쟁의 세 가지 요소는 특별히 문화적 측면을 조명해 준다. 첫째, 과학자들이 전면에, 논의의 중심에 있으며, 여기에는 "기후변화에 관한 정부 간 회의(Intergovernmental Panel on Climate Change: IPCC)"를 지지하고 동의하는 수천 명의 과학자들만이 아니라 합의된 지배적 견해에 의문을 제기하는 훨씬 적은 수의 과학자들 역시 포함된다. 우리 삶의 방식에 문제가 있지 않은지에 대해 대기 과학자들이 말해 주기를 기대하고 있는 것이다. 둘째, 공적으로 이 문제는 인간이 초래한 기후변화가 사실로 입증되었는가, 아닌가라는 형태로 제기된다. 문제가 이런 식으로 제기되다 보니 사실적 증거의 수집과 평가가 요구된다. 마지막으로, 입증 국면에 이르면, 과학적 입증 기준이 더 선호된다. 인간이 실질적으로 기후를 바꾸고 있다는 것은 과학적 의미에서 사실로 입증되었는가? 이것이 문제이다.

오늘날 기후변화 논쟁과 연관된 이 세 가지 요소는 모두 문화적 특징을 두드러지게 반영하며, 그것은 이 맥락에서나 다른 맥락에서나 혼란스럽고 바람직하지 않다. 실은 근대 세계가 생태적 변화 문제를 다루는 데 어려움을 겪는 가장 큰 이유는 기후변화 문제를 규정하는 이 세 가지 편파적인 틀을 통해 명확히 드러난다. 그러나 이를 살펴보기 위해서는 준비가 필요하다. 우리는 이 장에서 과학이 무엇인지, 그리고 무엇이 아닌지 살펴볼 것이다. 또한 도덕의 기원, 더 일반적으로는 규범적 가치의 —지혜로움과 어리석음, 윤리적 올바름과 잘못됨을 구분하는 데 사용할 가치, 또는 기준의— 기원에 대해 성찰할 것이다. 그러한 결정을 내릴 때 우리는 어디서 원재료들을 얻는가? 무엇이 그러한 결정에 정당성을 부여하는가? 과학과 도덕에 대한 이 질문은 둘 다 어느 정도 확고한 결론으로 이끌 것이고, 마지막에는 과학과 종교의 토대가 분명하게 드러날 것이다. 생태적 곤경을 이해하고자 한다면, 우리는 이러한 토대에 대해 더 나은 인식을 할 필요가 있다.

객관성과 그 대가

과학자만이 아니라 일반적으로 사람들이 과학에 대해 말할 때는 다음 두 가지 의미 중 하나, 또는 둘 다를 염두에 두고 있다. 과학자가 아닌 사람들은 대체로 과학적 과정을 통해 얻거나 확립된 사실적 지식을 과학이라고 말한다. 과학은 우리가 확실히 잘 알고 있는 것들이다. 자연과학은 자연 세계에 대해,

즉 그 구성 요소와 기능하는 방식, 시간의 흐름에 따라 자연이 어떻게 변하는 지에 대해 우리가 알고 있는 내용이다. 과학자들도 이런 방식으로 과학이라는 말을 사용하지만, 그들은 새로운 지식이 생성되고 검증되는 방법론, 기준을 가리킬 때도 과학이라는 말을 사용한다. 과학은 전문적인 기준에 따라 진행되는 과정이다. 거기에는 가설을 세우고 검증하며, 통제되거나 통제되지 않는 상황에서 자료를 모으고 해석하는 작업이 수반된다.

이렇게 정의할 경우 과학에서 중요한 것은 사실과 그 해석이다.(공학과 기술로서의 과학은 일단 논외로 하고) 방법, 또는 과정으로서의 과학은 현재 어떠하며, 과거에 어떠했고, 미래에 어떠할 것인가에 대한 이해를 추구한다는 점에서 순수하게 서술적인(descriptive) 작업이다. 이러한 이해의 결과 나온 서술은 정적인 상태만이 아니라 역동적인 과정까지도 포괄할 수 있다. 그것은 시간상 과거와 미래 둘 다 볼 수 있으며, 가정들에 근거해서 예측을 할 수도 있다. 과학적 서술이 할 수 없는 것은 특정 사안에 대해 선악 판단을 내리는 일이다. 다른 데서 막연한 규범적 기준을 끌어오는 것이 불가능하지는 않지만 말이다.

예를 들어 동일 면적인 두 종류의 들판에 대해 과학자들이 어떻게 서술하는지 살펴볼 수 있다. 하나는 한때 미국 동부 중앙 지대를 뒤덮었던 키 큰 풀들의 들판이고, 다른 하나는 열을 지어 콩을 심은 넓은 들판이다. 이 두 들판에 대해 과학자들이 기술하는 내용은 가령 서식하는 종과(육안으로 보이는 종과 보이지 않는 종) 그 종들의 기능과 상호작용, 영양소의 흐름, 수문학(hydrology) 중 어느 것을 다루느냐에 따라 사실상 다양할 것이다. 그러한 서술은 정적인 측면에서나 동적인 측면에서나 다양할 것이다. 그러나 이 작업을 하는 과학자들은 어느 들판이 다른 들판보다 더 나은지, 또 어느 들판의 상황이 도덕적으로 옳고 아름다우며 유용한지 우리가 물어도 답해 줄 수 없다. 앞서 언급했듯이 이러한 질문들에 대해서는 과학 밖으로부터 끌어온 평가 기준 없이 답할 수 없다. 물론 어느 평가에나 과학적 정보는 중요하다. 규범적 기준만으로 충분하다고 할 수 없다. 답을 하기 위해서는 이 두 가지를 종합해야 한다. 과학자들이 이 일을 할 수 있는 적임자일지 모른다. 그들은 복잡한 과학적 사실들을 다른 사람들보다 더 잘 이해할 수 있기 때문이다. 그러나 그 일은 과학 자체의 범위를 벗어나며, 누가 그 일을 하든 정확한 사실들과 함께 올바른 평가기준이 사용되었을 때에만 평가의 결론이 제대로 나올 수 있다.

이것은 인간이 야기한 기후변화가 우려스러운지 여부에 대해 대기 과학자에게 설명해 달라고 하는 것이 어째서 문제인지 보여 준다. 어려운 일이지만, 과학 부분은 그들이 맡을 수 있다. 그러나 진행 중인 변화가 문제인지 여부를 판단하기 위해서는 평가의 기준을 사용해야 한다. 어떠한 기준을 사용하는 것이 가장 좋으며, 또 누가 그것을 고를 것인가? 물론 우리는 인간이 야기한 모든 기후변화에 대해 어리석고 부도덕하다고 보고, 일체의 관용을 허락하지 않는 정책을 택할 수도 있다. 그러나 이러한 엄격한 접근 방식을 택하는 것은, 다시 한번 말하지만, 인간에게는 이 행성에 속해 살아가며 정당하게 이 행성을 사용할 권리가 있다는 생각에 등을 돌리는 것이다. 그것은 모든 변화는 남용이고, 따라서 변화는 적을수록 좋다고 가정하는 것이다. 기후 문제와 관련해서는 이처럼 엄격한 기준이 적절할지 모른다. 기후변화에 대한 우리의 지식은 부분적이며, 특히 기후변화가 일단 어느 단계에 진입하면 어떻게 가속도가 붙을지 우리는 알지 못한다. 그러나 자연에 어떠한 변화를 가하는 것도 인정하지 않는 절대적 기준은 자연을 대하는 데 전혀 도움이 되지 않는다. 그러한 방식은 어째서 유익한지가 즉각적으로 드러나지 않는다.

우리가 기후변화 문제를 다루는 방식, 즉 그것을 과학의 문제로 다루고 과학자들이 충고해 주기를 기대하는 경향은 우리가 서 있는 문화적 위치에 대해 많은 것을 말해 준다. 인간이 야기한 기후변화에 대한 전망은 깊은 도덕적 관심을 불러일으킨다. 그러나 우리는 도덕적 질문은 공적 판단의 문제가 아니라 개인적 삶의 영역에 속하는 문제라고 보는 경향이 있다. 기후변화 문제 같은 경우는 적어도 새로운 난제를 부과하는 것으로 보인다. 전 부통령 딕 체니 (Dick Cheney)가 이러한 관점을 표명했다. 그는 오로지 에너지 공급량을 늘리는 길만을 모색하는 신에너지 정책을 옹호했다. 이 정책은 에너지 보전을 전혀 고려하지 않았으며, 보전은 개인적으로 추구할 미덕이지 공적 정책과 관련된 사안은 아니라고 그는 주장했다. 체니와 석유산업체와의 유착 관계가 그의 입장에 영향을 미쳤을 것임에는 의문의 여지가 없다. 그러나 그의 논리는 많은 사람에게 공감을 얻었다. 종교와 마찬가지로 도덕도, 다른 사람에게 피해를 주지 않는 한, 따로 분리해서 사적 삶에서 추구할 사안이라는 것이다. 피해를 주지 않아야 한다는 원칙과 다른 사람에게도 동등한 권리를 인정해야 한다는 두 가지 원칙만 지킨다면, 개인은 각자 자기 나름대로 주관적으로 선택할 수 있다는 것이다.

이러한 문화적 경향을 지닌 사회는 기후변화 문제를 적절하게 다루는 데 큰 어려움을 겪는다. 도덕이 주로 일대일 상호관계와 개인의 권리와 관련된다면, 집단적으로 우리에게 무엇이 좋은지에 대해서는 어떻게 말할 수 있는가? 개인이 아니라 집단으로 사람들과 함께 행동해야 하는 도덕적 의무에 대해서 우리는 어떻게 말할 수 있는가? 다음 장에서 다루겠지만, 공적 토론은 종종 경제성장에 초점을 맞추며, 그것을 바람직한 (규범적인) 집단적 목표라고 간주한다. 그리고 성장을 어느 방식으로 측정하느냐에 따라 경제성장이라는 목표가 집단적 복지와 연결된 규범적 요소를 포함할 수도 있다. 그러나 앞으로 보게 되겠지만, 그 뿌리에 있어서 경제학은 개인의 차원에, 개인으로서 사람들이 선호하는 것에 강조점을 둔다. 경제학은 개인에 초점을 두며, 따라서 구체적인 공적 정책과 관련해서 현명함과 어리석음, 옳고 그름에 직접 공적으로 관여하는 것을 경제학으로 대체할 수 없다. 그러므로 우리가 기꺼이 경제성장에 대해 집단적으로 이야기한다고 해서(정말로 우리는 경제성장에 대해 이상할 정도로 많이 말한다) 도덕 문제는 개인이 혼자 해결하도록 내버려 두는 일반적인 경향으로부터 많이 벗어나 있는 것은 아니다.

객관성에 대한 공적 숭배는, 규범적으로 봤을 때, 결코 중립적이지 않다. 만일 정부가 사람들이 자유롭게 규범적인 선택을 하도록 내버려 두고 아무 편도 들지 않으면서 평화를 유지하는 심판으로서만 행동한다면 얼핏 보기에 중립적이라고 생각할 수 있다. 그러나 조금만 생각해 봐도 그렇지 않다는 것을 알 수 있다. 예를 들어 낙태 문제에 대해 아무 입장도 취하지 않는 정부는 실질적으로는 낙태를 허용하고 있는 것이다. 낙태를 허용하는 것은 낙태를 금하는 것 못지않게 도덕적으로 중립적이지 않다. 마찬가지로 토지 소유자가 자기 땅에 서식하는 위기 야생동물을 마음대로 죽일 수 있게 허용하는 재산권 제도는, 종 보호 문제와 관련해서 볼 때, 토지 소유자가 서식지를 보호할 것을 의무화하는 시스템과 마찬가지로 중립적이지 않다. 두 경우 모두 행동하지 않았다 해도 대중은 이미 가치가 개입된 선택을 한 것이다. 두 경우 모두 도덕 문제를 공동체의 차원에서 직접 명시적으로 다루지 않고, 각자 해결하도록 개인에게 떠넘겼다. 이러한 해결 방식은 공적 조화를 이루는 데 도움이 될 수 있다. 또 그것은 개인이 자신의 삶과 몸, 그리고 가까운 주변 상황을 통제할 수 있게 함으로써 인간의 행복을 진작시킬 수도 있다. 그러나 그것은 결코 규범적으로 중립적이지 않다. 특히 한 개인의 선택이 다른 사람들이나 공동체 자체에 영향을 미치는 문제인 경우는 더욱 그렇다.

이런 일이 벌어질 때, 즉 중요한 정책적 이슈를 간단히 개인의 자유로운 선택으로 미뤄 버릴 때, 종종 규범적 문제는 공적 영역에서 제기되지 않으며, 공적인 형태로 표현되지도 않는다. 흔히 여기서 놓치고 규명되지 않는 것이 바로 규범적으로 제기되어야 할 첫 번째 질문이다. 즉, 해당 사안에 대한 결정을 공적인 차원에서 할 것인가, 아니면 개인의 선택으로 남겨 두어야 할 것인가라는 질문이다.

개인의 자유를 더 신장하지는 못하더라도 보호해야 한다는 요구는 미국과 그 외 다른 나라들에서도 점점 더 높아지고 있으며, 이것은 하나의 정치적 입장으로서 중요한 의미를 지닌다. 그것은 특히 자연을 다룰 때 더 그렇다. 자연 안에서 바르게 살아가기 위해 필요한 많은 규범적 요소들은 사람들이 함께 행동할 때만 달성할 수 있다. 예를 들어 강 시스템과 이동하는 야생동물을 보호하는 것도 그런 경우이다. 이러한 것들은 시민의 대행자로서 정부가 시행할 필요가 있다. 이러한 문제들의 결정을 개인의 차원으로 미루는 것은 실제로는 비판적인 선택의 가능성을 제거하는 것이거나 종종 그 가능성 자체를 깨닫지조차 못하는 것이다. 이처럼 개인에게 선택을 미루는 경우 사람들은 개인적으로 행동할 수 있는 선택지 쪽으로 기운다. 이것은 행동의 결과 얻는 이익을 다른 사람과 공유할 수 있는 쪽이 아니라 개인이 개별적으로 누릴 수 있는 선택지 쪽으로 기운다는 것을 의미한다. 행동의 결과 얻는 이익 대부분이 ─ 어쩌면 거의 전부가─ 그와 같이 행동할 의무를 느끼지 않는 다른 사람들에게 돌아간다면, 무엇 때문에 비싼 대가를 치르며 행동에 나서겠는가?

입증의 한계

기후변화 이야기 중 아직 하지 않은 것은 입증의 문제에 관한 것이다. 앞서 살펴봤듯이, 근대 세계는 질문에 대한 답을 과학자들이 해 주기를 기대하는 경향이 있고, 따라서 그 질문은 사실적인 질문이어야 한다. 우리가 기후를 심각하게 변화시키고 있다는 것은 사실인가? 과학자에게 질문을 한다는 것은, 암묵적으로는, 과학적 방법을 사용해서 답을 해 주기를 기대하는 것이다. 우리가 기후를 변화시키고 있다는 것은 과학적으로 사실인가?

수많은 환경문제들이 하나같이 이 질문으로 환원된다. 이것은 일반적인 관행이며, 이 관행이 지니는 의미를 밝혀서 그것이 지니는 문화적 의미와 사회적 결과를 드러낼 필요가 있다. 과학적 입증은 무엇을 의미하며, 표준의 사용은 적절한가? 우리가 이렇게 일상적으로, 본능적으로 과학적 입증에 의지한다는 사실은 근대성에 대해 무엇을 말해 주는가?

입증의 문제는 제1장에서 다뤘던 진리의 정의에 대한 문제와 관련이 있다. 과학자의 황금률, 즉 과학자가 하는 모든 탐구의 목적은 대응 정의(correspondence definition)를 사용해서 진리를 수립하는 것이다. 물리적 세계에 대한 진술은 세계의 물리적 상황과 대응해서 정확히 일치할 때, 실재를 정확히 기술하고 있을 때 참이다. 과학자가 아닌 사람들에게 이 기준은 당연해 보이며, 많은 경우 쉽게 충족시킬 수 있을 것으로 보인다. 그러나 과학자들은 비판적인 판단에 더 집중한다. 게다가 과학철학자들은 요구가 더 많아서, 그들은 어떠한 사실도, 특히 자연에 관한 사실은 완벽하게 입증되지 않는다고 단언한다. 대신 그것은 상당히 높은 정도의 개연성을 가지고 확립된 것이고, 새로운 데이터가 나오면 언제든지 수정될 가능성이 열려 있다고 한다.

앞서 언급했듯이 과학적 입증 방식은 일반적으로 두 가지 추론 방식, 즉 귀납법과 연역법으로 구분된다. 연역적 추론은 참이라고 가정된 최초의 공리로부터 출발해서 논리적 단계에 따라, 어떤 의미에서는 공리에 이미 함축되어 있던 결론에 이른다. 수학적 추론이 이러한 유형에 속한다. 논리가 올바르면 도달한 결론도 입증되었다고 여겨진다. 물론 그 정확성은 출발점인 공리의 타당성에 달려 있다. 기후변화와 같은 자연현상에 대한 탐구의 경우 이러한 연역적 입증은 이차적인 역할을 한다.

자연에 대한 사실적 주장들과 관련해서 더 중요한 것은 귀납적 추론이다. 이 추론 방법은 세계에 관한 감각적 자료들을 수집하는 데서 출발해 그로부터 결론을 이끌어 낸다. 예를 들어 여러 개의 공을 떨어뜨리는데 그것들이 일관되게 동일한 비율로 땅 위에 떨어진다고 하면, 다음 공이 떨어질 때 어떻게 될지 결론을 이끌어 낼 수 있다. 떨어지는 공들에 대한 데이터를 종합하여 다음 공이 동일한 방식으로 움직이리라는 것을 추론하게 된다. 이러한 추론은 타당하고 매우 그럴 법해 보인다. 이러한 추론은 18세기에 최초로 잘 설명되고 이후 받아들여진 핵심적인 가정에 근거해 있다. 이 추론은 자연의 균일성(Uniformity of Nature)이라는 가정에 근거해 있다. 이 가정에 따르면 자연은 균일한 방식으로 존재하며 움직인다. 이 가정을 전제하지 않으면 다음 공의 움직임에 대한 추론은 논리적으로 불가능하다. 과학자들이 말할 수 있는 것은 자연은 여러 면에서 균일하게 움직이지만, 자연의 패턴이 항상 균일하지는 않다는 것이다. 특히 살아 있는 생물의 행동은 쉽게 바뀌며, 자칫하면 우리는 그 움직임을 놓친다. 반면 자연은 우리가 관찰한 것보다 훨씬 복잡한 패턴을 따르기 때문에 우리가 알지 못하더라도 균일하게 움직이고 있을 수 있다. 또한 자연의 역동성 때문에 한동안 지배적이었던 패턴이 자연적 원인으로 인해 바뀔 수도 있다.

떨어지는 공의 예는 통제된 조건 아래 쉽게 할 수 있는 간단한 실험이다. 동전을 수천 번 던질 수 있듯이 공은 수천 번이고 떨어뜨릴 수 있고, 결과를 기록하고 도표화할 수 있다. 그러나 많은 경우 실험은, 설사 실행이 가능하다 해도, 비용과 시간이 많이 든다. 그리고 때로는 잘못된 조건에서 실험이 행해질 수도 있다. 또 때로는 야외에서 벌어지는 사건들을 관찰만 해서 데이터를 수집해야 하는 경우도 있는데, 야외에서는 작용하는 힘들을 통제할 수 없다.

숲의 벌목이 다양한 종류의 새들이 둥지를 트는 데 끼치는 영향을 연구한다고 가정해 보자. 우거진 숲이 여기저기 벌목한 나무들로 어지럽혀졌을 때 숲에 서식하는 새들이 새끼를 키우는 능력에 어떠한 변화가 일어나는가? 현실적으로 과학자들은 여러 숲을 통제할 수 없고 반복해서 실험을 할 수도 없다. 그렇게 할 수 있다 해도 숲은 종의 구성과 기후, 물의 흐름 등에 있어서 매우 다양하다. 어쩔 수 없이 연구자들은 할 수 있는 대로 실제 세계의 사실들을 수집해야 하고, 그 사실들로부터 결론을 끌어내야 한다. 데이터가 벌목으로 인한 실질적인 결과들을 보여 주는 정도에 따라 연구자들은 그것을 설명할 이론을 수립해야 한다. 다른 조건에서 더 많은 연구들이 쌓여 가면 그만큼 더 많은 데이터가 모이고 그것을 설명하는 추론은 (종종 수정되고) 강한 설득력을 얻게 된다. 그러나 이 경우 과학적 결론은 공을 떨어뜨리는 실험만큼 확고할 수 없다. 왜냐하면 자연의 균일성에 관한 가정이 이 경우 덜 확고해 보이기 때문이다. 또한 그것은 연구의 상황이 통제되지 않기 때문이고, 관련 사실들이 엄청나게 많으며, 떨어지는 공에서는 간단히 중력의 힘만이 작용한다면, 이 경우는 설명 가능한 요인들과 힘들이 훨씬 많기 때문이다. 따라서 이 경우 결론은 더 잠정적일 수밖에 없다. 과학철학의 용어로 말하자면, 이러한 연구 상황에서 결론은 종종 "최상의 설명을 위한 추론(Inference to the Best Explanation)"이라고 할 수 있다. 설명이 얼마나 견고한지 결정하기 위해서는 과학적 판단이 필요하다. 어쨌든 결론이 빈틈없이 입증되었다고 할 수는 없다. 새로운 데이터는 기존의 추론에 문제를 제기하고, 미래의 과학자들은 동일한 데이터를 재검토하여 다른 인과적 이론을 제시할 수 있다.

과학사들이 직면해 있는 이러한 한계를 고려해서, 과학은 100% 확실하게 입증할 수 없다고 종종 말하고는 한다. 그러나 과학은 100%의 개연성에는 도달하지 못해도 거의 근접한 확실성을 지닌 결론에 도달할 수 있다. 이 점은 수세기 전부터 알려졌고, 20세기 전환기 무렵에 이르러서는 미국 실용주의자들의 주장의 핵심적 요소가 되었다. 실용주의자들이 말하는 진리에 대한 세 번째 정의 역시 이러한 통찰에 해당한다. 이에 따르면 특정한 주장이나 명제의 진리는 해당 분야 과학자들 다수가 그 주장을 받아들이는가에 의해서, 그 주장을 받아들임으로써 얻어지는 결과들이 어떤지, 그리고 거기 근거해서 취하는 행동에 의해서 규정된다. 20세기의 뛰어난 과학철학자 칼 포퍼(Karl Popper)가 설득력 있게 설명했듯이, 과학은 어떤 명제가 틀렸다는 것은 결정적으로 입증할 수 있지만, 그것이 참이라는 것은 완벽하게 입증할 수 없다. 과학의 여러 분야마다 각기 직면하는 어려움과 사용 가능한 연구 방법의 한계로 인해 불확실성의 요소는 다양할 수 있으며, 실제로 다양하다. 과학은 이러한 불확실성의 요소와 씨름하며 나갈 수밖에 없다.

과학적 입증과 관련된 이러한 성찰은 기후변화와 같은 장기적인 문제의 경우 특히 중요하다. 말할 것도 없이 대기 과학자는 오랜 기간에 걸친 전 지구적 규모의 실험을 통해 인간의 활동이 미치는 영향을 연구할 수 없다. 우리에게는 하나의 행성만이 주어졌으며, 사람들은 그 위에서 살아가고 그것을 변화시키며, 자연의 지속적인 과정은 역동적이다. 수천 년에 걸친 실험을 하는 동안 지구를 잠시 멈춰 둘 수도 없다. 게다가 수집해야 할 관련 데이터는 사실상 무한하며, 과학자들은 잘 선택한 단편적인 데이터들로 어떻게든 작업을 해 나가야만 한다. 과학자의 목표는 사실들과 —변화가 일어났는지 여부와 만일 일어났다면 얼마나 일어났는지에 대한 사실들— 변화가 일어난 이유를 추론해서 결론을 내리는 것일 뿐이다. 이렇게 내린 결론들은 개연적일 수밖에 없다. 또한 결론의 정확성 역시 다른 과학적 진리와 똑같은 방식으로 입증될 것이다. 다시 말해 그 결론을 수많은 대기 과학자들이 받아들이고, 그러한 결론의 정당성을 인정함으로써 좋은 결과를 얻을 수 있을 때(예를 들어 새로 수집된 데이터들이 예측과 맞아떨어질 때) 그 결론의 정확성이 입증될 것이다. 기후변화에 관한 정부 간 회의(International Panel on Climate Change: IPCC)에 속했거나 IPCC와 함께 일하는 과학자들도 모두 이 점을 아주 잘 알고 있다. 처음부터 그들은 사실에 근거한 자신들의 결론을 개연적인 것으로만 제시했다. 시간이 지나면서 수년간에 걸쳐 새로운 평가가 이뤄졌고, IPCC의 결론은 (모든 사항에 대해서 그런 것은 아니지만) 훨씬 높은 수준의 개연성을 가지고 제시되었다. 그런데 애석하게도 언론에서 이들의 작업을 요약할 때는 이런 개연성에 대한 언급을 생략하거나 아주 빨리 언급하고 지나간다. 그래서 방법론적 통찰과 이러한 유형의 과학에 있을 수 있는 한계에 대한 언급이 거의 나타나지 않고, 뒤로 밀려나게 된다.

과학적 입증과 관련된 공적 불확실성은 기후변화에 대한 대중의 이해를 방해한다. 이러한 종류의 이해 부족은 온갖 악선전을 하는 사람들에게 문을 열어 주게 된다. 그런 사람들은 만일 기후변화가 정말로 일어나고 있다면, 모든 데이터가 그것을 뒷받침하고, 그에 대한 입증 역시 확실해야 한다고 주장한다. 더 곤란한 문제는 대중에게 입증할 때도 그것이 과학적인 입증이어야 한다는 점이다. 과학의 과정들에서 과학적 기준은 핵심적인 역할을 한다. 그러나 과학 밖의 영역에서도 과학적 기준을 사용하는 것이 현명한가? 공적 사안들의 경우에도 고도의 확실성이 확립되었을 때만 사실로 받아들일 수 있다고 주장하는 것이 현명한가?

다른 종류의 입증 방법과 그 가치

일반적으로 "과학적 입증"이라고 일컫는 것은 일상적으로 존재하는 수많은 입증의 부담 중 하나일 뿐이다. 입증의 부담은 법적 관행과 법률 시스템에 속하는 사안이다. 미국 민사 법정에서는 재판 과정에 제출된 증거들 중 우세한 쪽이 뒷받침하는 사실들에 대해 입증되었다고 인정한다. 다시 말해 51%의 증거에 의해 뒷받침되는 사실이면 입증되었다고 인정한다. 형사재판의 경우 기준이 더 엄격하다. 형사재판의 경우 검찰 측은 합리적 의심을 넘어 핵심적 사실들을 입증할 의무가 있다. 이 기준에 대해서는 여러 가지로 말할 수 있지만, 확실한 것은 100%의 입증을 요구하지는 않는다는 것이다. 다른 법적 상황에서는 다양한 입증 기준이 사용된다. 이 두 가지 입증 방식의 중간에 있는 것이 "명백하고 설득력 있는 증거"에 의한 입증이다. 이보다 더 낮은 단계의 기준은 전제하고 있는 증거들이 빈약하고 따라서 결론이 개연성이 없고 독단적이며 변덕스럽지 않는 한 사실적 결론이 적절히 입증되었다고 보는 것이다. 어떠한 법적 절차에서도 과학적 입증의 수준까지 사실들을 입증할 것을 요구하지 않는다. 사실 미국 형사재판의 피고는 과학적 입증의 수준보다 낮은 단계의 입증에 근거해서 사형 판결까지 받을 수 있다.

더 비교하기 위해 일상의 삶으로 눈을 돌려 볼 수 있다. 일반적으로 우리는 잘 일어나지 않는 위험이라도 그것을 피하려고 한다. 흔히 우리는 작은 위해라도 일어날 가능성이 있으면 위험을 감수하기를 꺼린다. 가령 비행기 충돌 가능성이 50%, 아니 5%라고 해도 누가 선뜻 비행기를 타겠는가? 그러한 위험성을 무시한다는 것은 생각하기 어렵다. 충돌 가능성에 대한 예측이 과학적으로 입증되지 않았다고 해서 일축해 버리는 것은 상상하기 어렵다. 음식의 약 10%가 심각한 질병을 유발할 수 있다고 하면 누가 음식을 먹겠는가? 극도의 주의를 기울여야 하는 예로 대통령 보호 임무를 맡은 미국 대통령 비밀 경호국(US Secret Service)을 생각해 볼 수 있다. 비밀 경호국은 설사 천분의 일, 또는 십만분의 일의 가능성이라도 살해 위협이 있으면, 심각하게 받아들이고, 대응한다.

이러한 점들을 고려할 때 과학적 입증에 근거해서 기후변화 문제에 접근하려는 우리 사회의 경향을 재고해 보아야 한다. 전혀 다른 방식으로 질문하는 것이 더 윤리적이고 건강하지 않은가? 우리가 가지고 있는 증거는 적절한 대책이 필요하다고 볼 만큼 문제가 심각하다는 것을 시사하는가? 만일 그렇지 않다고 생각한다면, 위험 가능성에 대한 증거가 얼마나 필요한가? 교정을 위한 행동을 하도록 하려면 위험이 어느 정도 되어야 하는가? 아마도 이에 대해 답할 때는 교정을 위한 비용이 얼마나 드는지 고려하게 될 것이다. 기후변화를 줄이기 위한 행동에는 순비용이 따르고, 그것은 그러한 행동이 기후와 관련이 없는 부문에 가져다주는 이익보다 크다고 가정하게 될 것이다.(덧붙여 말하자면, 기후변화를 부정하는 비평가들은 기후변화의 위험성을 입증하는 데 매우 높은 수준의 확실성을 요구하면서 동시에 화석연료 사용을 중단할 때 드는 순비용에 대해 대단히 복잡한 주장을 내세우는 경향이 있다.) 비용 문제를 떠나더라도, 어느 정도 위험해야 정말로 위험한가 하는 질문은 도덕성과 사회정의, 예방의 지혜 같은 주요 규범적 요인들과도 밀접한 관련이 있다.

근본적으로 말하자면, 파국적 해악을 불러올 수 있는 문제들의 경우 과학적 입증의 부담을 지우는 것이 적절치 않다. 이보다 훨씬 덜한 부담을 지워야 한다. 그렇다면 어째서 우리는 여전히 과학적 입증에 미련을 갖는가? 애초에 어떻게 해서 공적 문제의 틀을 그러한 방식으로 짜게 되었는가?

기후변화 회의론자들은 대부분 산업체의 후원을 받으며, 그들은 이러한 과학적 입증의 부담을 사회가 지게 한다. 그들은 사회가 이러한 부담을 지게 하는 데 상당한 정도로 성공했고, 그것은 대단한 수사학적 승리라 할 만하다. 과학적 기준을 내세우면 내세울수록 행동하지 않고 기존 상태를 유지하는 쪽으로 논의의 방향이 더 기울게 된다. 기후변화 회의론자들에게 고용된 과학자들은 공적으로는 기후변화가 과학적 의미에서 입증되지 않았다고 주장하면서 사적으로는 사실 그것이 일어날 가능성이 매우 높다고 인정한다. 입증의 부담을 지게 하는 것을 핵심으로 하는 이러한 저항 방식이 전략적으로 가치 있다는 사실은 수 세대 전부터 잘 알려져 있었나. 레이철 카슨(Rachel Carson)은 1962년에 나온 자신의 베스트셀러『침묵의 봄』에서 살충제의 치명적 위험성을 보여 주는 광범위한 증거들을 충분히 검토한 후, 그러한 증거들로 볼 때 살충제의 사용에는 주의가 필요하고 강력하게 제한해야 한다고 했다. (또한 그녀는 직접 사람과 땅에 살충제를 사용하는 것은 그들에게 알리고 동의를 얻지 않았기 때문에 개인 인권을 침범한 것이라고 주장했다.) 그러나 산업체의 후원을 받고 카슨을 비판했던 사람들은 즉각 이 논의에 다른 종류의 틀을 씌웠다. 그들은 카슨이 살충제의 독성에 대한 자신의 고발 내용을 모두 과학적으로 입증하지 못했다고 주장했다. 그들은 문제는 과학적 입증이라고 대응했다. 카슨의 신중하고 조심스러운 말(그리고 권리침해에 대한 언급)은 뒷전으로 밀려났다.

기후변화 문제와 관련한 공적 논의에서는 어떠한 종류의 입증 부담을 질지 선택하는 문제가 대단히 중요하다. 그런데 (특히 미국에서의) 공적 논의에서는 이 중요한 규범적 성찰에 대한 인식이 거의 보이지 않는다. 이 사실은 많은 것을 말해 주며, 또한 당혹스럽다. 이러한 인식의 결여는 규범적 논의가 공적 장으로부터 사적 영역으로 밀려나고, 완전히 논의의 대상에서 사라졌던 다른 많은 예들과 일맥상통한다. 이것은 중대한 지적 실패이다. 이것은 기후변화를 이해하는 우리의 집단적 능력을 약화시키며, 어째서 기후변화의 현실이 지금까지도 논쟁의 대상이 되어야 하는지 그 이유를 무엇보다 잘 설명해 준다. 기후와 관련한 사실들이 사형판결을 내릴 수 있는 형사 배심원단에게 넘겨졌다면, 기후변화는 합리적 의심을 넘어 오래전에 이미 사실로 입증되었을 것이다. 우세한 증거의 기준을 사용하는 민사 배심원단도 한 세대 전에 이미 결론을 내렸을 것이다.

과학으로부터 도덕의 기초 문제로 넘어가기 전에 객관성 숭배와 과학 찬미라는 우리 시대의 경향에 대해 두 가지 점을 더 언급하는 것이 좋을 것 같다. 첫째는 안전성과 무언가가 안전하다고 말하는 것이 지니는 의미에 대한 오래된 혼동에 관한 것이다.("위험"이라는 말에도 동일한 혼동이 존재한다.) 무엇인가가 안전하다고 말하는 것은 무슨 의미를 지니는가? 예를 들어 유전자 조작 식품, 또는 인간이 소비할 동물들에게 매일 호르몬이나 항생제를 먹이는 것이 안전하다고 말하는 것은 무슨 의미를 지니는가? 널리 사용되고 있는 이 말은 여러 가지 다양한 의미를 지닌다. 안전성에 관한 논쟁은 종종 그러한 의미들을 분명히 구분하지 못함으로 인해 혼란스러워지고 엉망이 되어 버린다.

안전하다는 것은 나쁜 결과가 있을 가능성 제로를 의미할 수 있다. 이 정의를 사용하면 안전한 것은 거의 없다. 아침에 침대에서 일어나는 것도 안전하지 않으며, 침대에 그대로 누워 있는 것도 안전하지 않다. 자동차를 운전하는 것은 확실히 안전하지 않으며, 자전거를 타는 것도 안전하지 않다. 한편 안전하다는 것은 어떤 것의 위험성이 아주 작거나 사소해서 무시해도 좋은 경우를 의미할 수도 있다. 더 나아가서 무언가와 관련된 이익이 예상되는 해보다 더 커서 둘을 합산하면 순이익이 남는 경우도 안전하다고 할 수 있다. 분명히 두 번째와 세 번째 정의를 위해서는 위험과 비용에 대한 평가와 산정, 또는 이익과 비용 둘 다에 대한 평가가 필요하다. —그리고 이를 위해서는 다시 한번 규범적 기준을 사용해야 한다. 따라서 두 번째와 세 번째 정의에서 말하는 안전은 단순히 사실의 문제가 아니다. 그것은 과학만이 판단을 내릴 수 있는 문제가 아니다. 몬산토로서는 충분히 유전자 조작 곡물이 안전하다고 주장할 수 있겠지만, 공정하게 말하자면, 몬산토는 그러한 평가를 내리는 데 사용한 증거를 모두 공개해야 하고, (어떠한 입증의 부담을 선택했는지를 비롯해서) 어떠한 규범적 기준을 사용했는지도 분명히 밝혀야 한다.

둘째로, 과학을 공적 문제의 결정자로 삼으려는 경향은 종종 동료 심사를 거쳐 학술 저널에 실린 과학적 연구라야만 해당 문제에 대한 증거로 —어떤 주장의 진리를 평가할 때 고려할 수 있는 유일한 증거로— 인정할 수 있다는 주장과 연결되어 있다. 외견상 이러한 주장은 최종 판단의 정확성을 높이는 것으로 보일 수 있다. 실제로 그런 경우도 종종 있다. 그러나 관련 데이터를 검토하여 매우 철저하게 연구 심사가 이뤄졌을 때만 그럴 수 있다. 그렇지 않을 경우, 즉 출간된 논문이 (미처) 많은 관련 데이터를 고려하지 못하고, 산발적이고 단편적으로만 문제를 다뤘을 경우, 동료 심사를 받은 논문의 결론이라도 보완해야 마땅하며, 또 그렇게 하는 것이 유익하다.

여기서 다시 한번 우리는 법정의 예를 생각해 볼 수 있다. 법정에서 증거는 연관성이 있고, 명백히 신뢰할 만하지 못하거나 편견이 있는 경우가 아니면 대체로 받아들여진다. 법정에서는 증거를 과학적 연구로만 한정해야 한다고 주장할 수 없다. 마찬가지로 일상의 삶에서도 위험은 경험과 판단에 근거해서 즉시 처리된다. 예를 들어 기후변화의 경우, 우리는 변화하는 기후에 따라 조류의 이동 패턴이 어떻게 달라지는지에 대해 조류 관찰자들이 수년간에 걸쳐 기록한 수많은 증거를 가지고 있다. 그러나 이런 종류의 증거는 입증되지 않은 일회적이고 믿을 수 없는 증거라는 비판을 받는다. 기후변화 반대론자들은 그러한 증거들을 무시해야 한다고 주장한다. 그러나 수백 수천의 출처로부터 이러한 종류의 증거가 나온다면, 그것은 중요한 가치를 지닌다. 또한 그것은 우려를 느끼는 보통 시민들이 공적 토론을 위해 제공할 수 있는 유일한 증거로서 중요한 의미를 지닌다. 오로지 동료 심사를 거친 연구 논문들만을 사용하자고 고집하는 것은 소중한 관련 증거를 밀어내는 것일 뿐만 아니라 보통 시민들을 밀어내고 그들이 역할을 하지 못하도록 막는 것이다.

도덕에 대한 이성의 공격

수 세기에 걸쳐 서구 철학자들을 비롯해서 많은 사람들이 세계 안에서 구체적인 행동은 객관적으로 옳거나 그를 수 있고, 좋거나 나쁠 수 있다고 생각했다. 세계는 그렇게 구성되고 움직여 왔다는 것이다.(일부 뛰어난 고대 철학자 중 달리 말한 사람들도 있었다.) 행동이나 상태는 선과 정의의 초월적 이상과 충돌할 때 잘못된 것이거나 나쁜 것일 수 있다. 아니면 피조물 내지 사물 안에 내재한 목적이나 최종 목표와 불일치하기 때문에 잘못이거나 나쁠 수 있다. 또는 신이나 영의 요구에 불순종하거나 계시된 종교적 지혜에 맞섰기 때문에 잘못일 수도 있다. 특히 구체적인 장소나 피조물 안에 쉽게 만족할 줄 모르는 힘센 영들이 산다고 생각하는 세계에서는 위의 이유들이 더 다양해질 수 있다.

어떻게 해서 오늘날 우리가 도덕과 그 기원에 대해 지금과 같이 생각하게 되었는지 그 과정을 살펴보기 위해서는 윌리엄 오컴(William of Ockham)에서부터 이야기를 시작하는 것이 좋겠다. 오컴은 14세기 영국의 수도승이었으며, 프란시스코회 수도승으로서 수도원 밖에서 사람들과 함께, 자연과 더불어 활동했다. 오컴은 당시의 지배적인 믿음에 대해 비판한 초기의 뛰어난 비평가였다. 그는 선과 정의 같은 이념이 실제 존재하며, 플라톤의 언어로 말하자면 그것은 보편자, 또는 형상이라는 믿음에 대해 비판했다. 오컴은 그러한 지배적인 믿음과는 반대로 그러한 이념은 인간의 마음속에 정신적 개념으로만 존재한다고 주장했다. 그것은 우리와 별도로 존재하는 실제 사물에 붙여진 명칭이 아니라, 우리 의식 속에 있는 것들을 표현하기 위해 우리가 사용하는 말이라는 것이다.

오컴의 시대에 도덕은 주로 종교의 영역에 속했고, 하느님으로부터 온 가르침에 근거했다. 그래서 오컴이 하느님이나 종교적 문제에 대해서 ─하느님의 창조를 탐구하고 그로부터 감각적 인상을 수집하는 것을 통해서든, 아니면 그러한 감각적 인상으로부터의 추론을 통해서든─ 결론을 이끌어 낼 수 없다고 주장했을 때, 그것은 중요한 함의를 지녔다. 오컴은 하느님에 대해서는 오직 계시를 통해서만, 성서나 직접적인 영적 계시를 통해서만 알 수 있다고 주장했다. 이렇게 지식의 근원을 분리함으로써 실제로 세계가 두 개의 실재로 나뉘게 되었다. 즉, 직접적인 경험에 의해 주어지는 경험적 세계라는 실재와 오직 계시를 통해서만 일러지는 하느님과 하느님의 가르침이라는 실재로 나뉘게 된 것이다. 간단히 말해 종교적 진리와 과학적 진리가 있고, 이 둘은 직접 연결되지 않는다는 것이다.

오컴의 추론은 여러 결과를 가져왔다. 한동안 그의 견해는 교회의 제한에도 불구하고 자연을 자유롭게 과학적으로 탐구하는 데 도움이 되었다. 만일 자연 탐구로부터 얻은 지식이 하느님에 대해 아무것도 우리에게 말해 주지 않는다면, 어떠한 과학적 결론도 신성모독이라고 볼 수 없다. 두 영역의 분리는 데이터 수집과 귀납적 추론을 도덕 질서에 대한 탐구로부터 따로 떼어 놓았다. 도덕을 이해하기 위해서는 무언가 다른 탐구의 방식이 필요했다.

오컴이 실재와 지식을 각기 두 영역으로 구분한 것은 (그가 생각했듯이) 종교적 믿음이 잘 유지되고 계시에 의한 지식이 경험적 지식만큼 확고했던 동안에는 잘 유지될 수 있었다. 그러나 과학적 사고의 지속적인 발전과 함께 실재의 두 영역 사이에 균형이 점점 깨지기 시작했다. 특히 17세기에 이르러 경험주의와 귀납적 사고가 지배하기 시작하면서 더욱 그 균형이 깨졌다. 다음 세기 계몽주의 시대에는 인간의 능력과 지식에 대한 믿음이 급상승했고, 성서와 그 외 다른 계시는 점점 더 믿을 만하지 못한 것으로 여겨졌다. 부분적으로 그것은 감각과 과학에 의해 뒷받침되지 않는다는 이유 때문이었다. 과학이 점점 더 우세해지면서 두 가지 실재의 형식을 분리하는 것은 더욱 힘들어졌다. 계몽주의의 주도적 인물들은 계시에 도전했고, 세속화의 길로 한 걸음씩 나아갔다. 그러나 역사가 칼 베커가 영향력 있는 저서 『18세기 철학자들의 천상 도성 (The Heavenly City of the Eighteenth-Century Philosophers)』에서 지적했듯이, 계몽주의 인물들은 대부분 기독교 도덕에 대한 확고한 믿음을 가지고 있었다. 그들은 계속해서 지상에 일종의 천국을 만드는 운동을 기대했다. 따라서 비록 니케아 신조와 사도 신조를 포기했더라도[그리고 어떤 경우에는 이신론(理神論)을 신봉했어도], 그들은 도덕 법칙과 물리적 법칙 둘 다에 의해 구성되고, 오컴의 생각과는 반대로, 인간의 이성에 의해 발견할 수 있는 가장 중요한 질서에 대한 믿음을 잃지 않았다. 하느님이 자연 안으로 흡수되면서 인간은 자연을 연구함으로써 초월적 도덕 질서에 대해, 사람은 어떻게 살아야 하는지에 대해 지혜를 얻을 수 있다는 것이다.

이 입장이 지니는 문제점은 얼마 지나지 않아 분명하게 드러났다. 실제 자연에 대한 연구와 이성의 사용은 도덕적 가르침, 적어도 모호하지 않은 도덕적 가르침을 위해 별다른 지식을 제공하지 않는다는 점이 드러난 것이다. 베커의 결론에 따르면, 이미 18세기 중반부터 주도적인 사상가들은 도덕 문제와 관련해서 인간 이성의 연약함을 인정했고, 전통과 교회에 대한 신랄한 공격을 누그러뜨렸다. 자연과 자연의 신은 가르쳐 줄 것이 별로 없었다. 맨 처음 방향을 바꿔 도덕의 새로운 기초를 제안했던 것은 스코틀랜드 철학자들이었다. 그들에 따르면 도덕 감각은 오랫동안 믿어 왔던 것처럼 합리적 정신에 의해 생겨나는 것이 아니라, 우리가 세계와 관계하면서 경험하는 감정, 또는 감성으로부터 생겨난다. 여기서 그들이 말했던 것은 일시적인 감정이 아니라, 옳고 그름에 대한 보다 심원하고 오래 지속되는 감정, 그들이 생각하기에는(적어도 그들이 바라기에는) 실제적이고 구속력이 있는 도덕 기준에 근접한 무엇인가를 뒷받침해 줄 만큼 강력하고 안정적인 감정이었다.

과학과 이성의 옹호자들은 여전히 자신들이 진보의 열쇠를 쥐고 있다고 생각했지만, 감정을 기초로 한 위의 주장들을 경청했다. 그러나 18세기가 끝나기 전에 또 다른 요소가 도덕적 사고를 뒤흔들 만한 힘을 얻게 되었다. 그것은 자유주의적 개인주의였다. 개인 한 사람 한 사람이 하느님 보기에 도덕적으로 가치 있을 뿐만 아니라, 각자가 특정한 방식으로 개인적 권리를 부여받았다는 믿음이 (18세기 말 혁명에 힘입어) 점점 강해졌다.

비록 중세가 경제적·사회적으로 철저히 계급화된 사회였다 하더라도, 개인의 도덕적 가치와 그러한 도덕적 가치를 모든 사람이 똑같이 공유한다는 생각은 중세 기독교 사상의 핵심적 요소였다. 단계적으로 이러한 논리가 설득력을 얻으면서 처음에는 종교에 근거한 자연적 권리에 대한 주장들이 터져 나왔고, 다음에는 세속 영역에서 존중될 필요가 있는 권리들에 대한 주장이 터져 나왔다. 공적 도덕은 이러한 권리들에 대한 인식 및 존중과 밀접한 관련이 있다고 주장되었다. 또한 그것은 법의 지배와 관련이 있다는 주장 역시 힘을 얻었다. 18세기 말의 중요한 철학자 칸트는 도덕 사상은 구속력이 있고 모든 사람에게 똑같이 적용할 수 있는 규율의 형태를 띠어야 한다고 말했다. 그리고 그러한 규율은 개인의 본래적인 가치를 존중하고, 각 사람을 수단이나 대상이 아니라 도덕적으로 가치 있는 주체로 대하는 규율이어야 한다고 주장했다. 그렇다면 도덕적 사고는 자연 세계 전체와 그것의 고유한 질서를 이해하고 어떻게 하면 사람들을 그 질서와 적절하게 일치시킬 것인가에서 출발하는 것이 아니라, 분리된 인간 개인에서부터 출발해야 한다는 결론이 나온다.

돌아보면 이 새로운 도덕 추론은 인간의 이기주의에 바탕을 두고 있었다. 비록 (칸트를 비롯해서) 초기에 이 입장을 내세웠던 사람들은 기독교의 도덕원리를(칸트의 경우는 루터교) 그대로 유지하는 경향이 있었지만 말이다. 칸트의 도덕 추론은 개인에게 부여된 도덕적 의무들을 중심으로 그 틀이 형성되었다. 그것은 의무에 기초한 도덕 추론이었다. 얼마 지나지 않아 이러한 추론은 권리에 바탕을 두고 성찰되기 시작했다. 이때 개인의 의무는 주로 두 가지 도덕적 당위와 관련된다고 전제되었다. 첫째, 타자를 대상이 아니라 도덕적으로 가치 있는 주체로 존중해야 하며, 둘째, 모든 타자에게 동등하게 적용되는 도덕 규칙에 따라 살아야 한다는 것이었다.

칸트의 도덕 추론은 널리 확산되었다. 얼마 지나지 않아 그것은 서구 도덕 사상의 두 가지 지배적 형태 중 하나가 되었고, 의무론적 접근이라고 불렸다. 이 접근 방식은 행위의 결과, 특히 인간의 행복과 번영에 끼치는 효과에 근거해서 도덕적 옳고 그름을 판단하는 추론 방식과 대비되었다. 그러나 칸트의 새로운 추론 방식 역시 일찍이 흄이 제기했던 문제들로부터 자유롭지 않았다. 칸트는 기독교 전통에서 그랬듯이 인간이 도덕적으로 가치 있는 주체라고 가정해야만 했다. 그것은 칸트가 가정한 공리였고, 사실이나 순수이성으로부터 이끌어 낸 것이 아니라, 제퍼슨의 언어로 말하자면, 자명하다고 전제한 것이었다. 그러나 만일 인간이 가치 있는 존재라면, 어째서 다른 피조물은 그렇지 않으며, 어째서 도덕적 가치가 개인만이 아니라, 또는 개인이 아니라 가족이나 마을, 종족에게는 없는가? 어떠한 사실이나 이성도 어째서 후자가 아니라 전자의 출발점이 더 나은지 설명할 수 없다. 게다가 칸트 역시 기독교 전통의 도덕 쪽으로 옮겨 갔다. 기독교 전통은 (기독교 이전 전통에서 일반적으로 그랬듯이) 개인을 가족이나 씨족, 부족의 구성원으로 보는 것이 아니라, 자율적 존재로 봤고, 독립된 도덕적 주체로 봤다.

더 중요한 문제는 사람은 누구에게나 적용할 수 있는 규율을 따라야 한다는 칸트의 경고로 인해 발생했다. 이것은 매우 엄격한 일종의 황금률처럼 들리지만, 이 규율의 내용에 대해서는 별다른 말이 없었다. 이것은 다른 사람이 똑같이 행동하는 것을 받아들일 마음만 있다면, 매우 이기적이고 잔혹하게 행동해도 된다는 의미로 들릴 수 있었다. 개인의 의무에 대한 인식으로부터 나오는 권리에 대해서 말하자면, 행위의 규율이 어떻게 형성되느냐에 따라 권리의 내용은 매우 달라졌다. 그렇다면 어떠한 규율이 지배적이 되어야 하는가?

얼마 지나지 않아 칸트의 규율의 내용, 그리고 타자를 단순한 대상이 아니라 주체로 대한다는 것은, 이전에 흄이 지적했듯이, 이성만으로는 가능하지 않다는 것이 분명해졌다. 규율의 내용은 어딘가 다른 곳으로부터 가져다 채워야 했다. 칸트는 신을 믿었고, 개인은 선한 의지를 가진 영에 따라 행동해야 한다고 주장했다. 칸트에게는 (논리적 추론에 의해 보완된) 이러한 출발점이 적절해 보였다. 그러나 다음 세기에 이르자 종교적 믿음이 퇴락하면서 칸트의 종교적 기초는 덜 확실해 보였다. 더 확고한 도덕의 기초, 아마도 유일하게 확고한 도덕의 기초는 특정 형태의 도덕 감정으로부터 나오는 것으로 여겨졌다. 그것은 사람들 속에 깊숙이 자리 잡은 옳고 그름에 대한 감각으로부터 나온다고 생각되었고, 그러한 감각은 틀림없이 유전적 경향과 경험, 전해 받은 문화에 따라 다르게 형성된다고 여겨졌다.

그러나 칸트의 유산은 여전히 강력했다. 그것은 단순히 의무/권리를 강조하고 도덕 규율 자체의 중요성을 강조한다는 점에서만이 아니라, 다음의 두 가지 점에서 강력했다. 첫째, 개인은 자유로운 존재이며, 자신의 선택에 대해 전적으로 책임을 져야 한다는 것이고, 둘째, 인간은 주변 세계를 해석하는 데 적극적인 역할을 한다는 것이었다. 인간의 감각과 지식은 제한되어 있으며, 칸트에 따르면, 이것이 의미하는 바는 개인은 경험적 사실을 넘어서는 이해를 정당하게 받아들일 수 있다는 것이었다. 제한된 지식을 가지고 우리는 자유롭게 믿을 수 있으며, 도덕적으로 살아가기 위해서는 믿어야 한다고 그는 단언했다.

공리, 부분과 전체

19세기를 거치면서 철학자들은 도덕 원칙이 단순히 의식하거나 의식하지 않은 상태에서 이루어지는 인간·행동으로부터 직간접적으로 생겨난다는 데 대해 대부분 동의하게 되었다. 도덕 원칙은 자연에서 그냥 발견할 수 있는 것도 아니고, 순수이성으로부터 생겨나는 것도 아니었다. 그렇다고 철학자들은 교회나 성서, 또는 그 외 다른 형태의 계시에 권위를 양보할 의사도 없었다. 단지 개인이, 덴마크의 철학자 쇠렌 키르케고르(Søren Kierkegaard)가 그랬듯이, 교회의 가르침을 받아들이기로 선택할 수는 있었다. 그것은 교회에 권위를 부여하기로 개인이 선택한 것이다. 이렇게 개인의 선택을 강조하면서 도덕은 점점 더 주관적이고 개인적인 문제, 즉 개인의 경험에 기초한 개인적 견해의 문제로 보이게 되었다. 혁명의 시대에 자유의 수사학은 이러한 방향으로 밀고 나갔다. 칸트 역시 개인의 자유와 믿음을 향한 의지를 강조하면서 그 방향에 섰다. 이것은 고대 그리스의 소피스트들에게까지 거슬러 올라가는 유산이었고, 호소력 있는 추론이었으며, 존중할 만한 것이었다.

그러나 개인의 자유와 (의무가 아니라) 선택 능력을 점점 더 강조하면서도 철학자들은 개인이 사회질서에 참여하고 타자와 함께 살아야 한다는 현실을 놓치지 않았다. 사람들은 공동체를 형성한다. 어떻게든 도덕 질서는 이러한 공동체의 행복을 지지하는 것이어야 했다. 18세기에 저술 활동을 했던 장-자크 루소는 보다 높은 자아는 사회 전체의 선과 자신을 동일시하는(또는 동일시해야 하는) 자아라고 믿었다. 성숙한 도덕적 존재는 자신의 개인적 욕망과 행복을 공동체의 그것과 일치시켜서 둘 사이에 갈등이 존재하지 않게 된다. 세기 전환기에 저술했던 헤겔 역시 보다 큰 사회 전체에 강조점을 두었다. 그는 인간을 포함해서 세계의 모든 부분이 연결되어 있으며, 부분은 결코 고립된 상태에서 이해할 수 없다고 주장했다. 또한 부분들의 관계와 상호작용을 고려하는 것이 매우 중요해졌다. 보다 중요한 이 문제는 —부분과 전체의 문제— 얼마 지나지 않아 공리주의 도덕 사상의 핵심 사안이 되었다. 공리주의는 19세기 전반 제레미 벤담(Jeremy Bentham)과 제임스 밀(James Mill), 그리고 특히 그의 아들 존 스튜어트 밀(John Stuart Mill)의 저작에서 시작되었다.

새롭게 등장한 이 공리주의자들에 의하면 행위의 도덕성은 추상적인 도덕 원칙이나 칸트가 말하는 규율이 아니라, 행위가 인간의 행복에 어떠한 영향(처음에는 인간의 고통과 쾌락에, 나중에는 행복에 끼치는 영향으로 일반적으로 이해되었다)을 끼치는가를 통해 가장 잘 판단할 수 있다. 도덕적 행위란, 달리 가능했던 행위와 비교할 때, 인간의 행복에 가장 큰 순이익을 가져다줄 수 있는 행위를 말한다. 공리주의자 중 일부는 행위는 규율을 따르며, 공리주의적 계산은 각 개인의 행동의 결과가 아니라 다양한 규율의 결과를 비교하는 데 집중해야 한다고 주장하기도 했다. 그러나 공리주의는 모두 행동의 결과를 보고 선을 판단했다. 그렇다면 이러한 접근 방식은 모든 사람의 행복, 또는 복지를 고려할 때에만 설득력이 있다는 것이 곧 드러난다. 개인이 자신의 행복을 극대화하고 자신의 행동이 다른 사람에게 미치는 영향을 무시한다면, 그것은 도덕적이라고 할 수 없다. 그러나 종종 한 사람의 행복이 다른 사람의 행복을 줄어들게 하는 상황도 분명히 있다. 그렇다면 어떻게 개인의 행복을 인류 전체의 행복과 일치시킬 수 있는가? 벤담은 여기서 더 나아가서 인간 이외 다른 종들의 행복까지도 고려해야 한다고 주장했고, 이것은 계산을 더 복잡하게 만들었다.

더 큰 사회질서, 인류 전체에 대한 이러한 관심은 개인의 권리와 자유를 더욱 확장하는 방향으로 나갔다. 어떤 방식으로든 사람들은 공동체의 좋은 구성원으로서 행동해야 했다. 그러나 개인의 자유를 구속할 도덕적 제한은 어디서 발견할 수 있는가? 그리고 그러한 제한이 구속력을 지니게 하는 것은 무엇인가? 맨 처음 벤담의 계산, 즉 개인의 쾌락과 고통에 근거한 계산은 경험적으로 검증 가능한 사실들에 기초한 것으로 보였다. 개인이 고통을 경험했건 하지 않았건 그것은 객관적인 기준이었다. 벤담은 단순히 쾌락은 좋고 고통은 나쁘다는 간단한 공리를 출발점으로 가정해야 했다. 그 이상은 아니었다. 그러나 쾌락에서 행복으로, 복지 일반으로 기준이 바뀌자 공리주의적 계산은 더욱더 개인적 선호에로 결정을 미루는 것처럼 보였다. 무엇이 사람들을 행복하게 하고, 그들의 복지를 증진시키는가? 이에 대한 답은 객관적이 아니라 주관적인 것으로 보였다. 또한 행복과 복지에 초점을 두는 이 새로운 경향은 행동이 다른 사람들에게 미치는 결과를 비교하고 종합하는 일을 더욱 어렵게 했다. 만일 행위의 결과가 개인의 주관적인 반응에 기초하고 결과를 측정하고 비교하는 데 사용할 계산법도 없다면, 어떻게 구체적인 행위나 행동 규율의 좋은 결과와 나쁜 결과를 합산할 수 있는가? 그리고 어떤 사람은 행복하게 하고 또 어떤 사람은 불행하게 만드는 행동들은 어떻게 계산해야 하는가?

공리주의의 대가였던 존 스튜어트 밀은 루소와 마찬가지로 사람들이 자신의 개인적 선호와 더 큰 공동체의 행복을 일치시킬 수 있을 정도로 도덕적으로 진보하기를 희망했다. 그렇게 된다면 갈등은 사라질 것이다. 그 뒤 얼마 지나지 않아 카를 마르크스 역시 인간의 기본적인 욕구가 충족되면 개인의 욕망은 시간이 흐르면서 공동체 전체의 복지와 하나가 되리라고 희망했다. 이상적으로 말하자면, 이러한 도덕적 고양은 사회 계급의 차이를 사라지게 할 것이고, 심지어 정부도 사라지게 할 것이다. (마르크스에 의하면 정부는 더 강한 계급이 약한 계급을 착취하기 위한 수단이며, 따라서 계급이 사라지면 정부도 필요 없다.) 그러나 마르크스가 확신을 가지고 이런 예견을 한 것은 전혀 아니었다. 그는 단지 그렇게 되기를 바랐을 뿐이다. 밀 역시 조화에 대한 자신의 비전이 대부분 희망 사항이라는 것을 알고 있었고, 그도 인정했듯이, 개인의 행복과 집단의 행복이 같이 갈 수 있는 다른 길을 발견할 수 없기 때문에 그런 비전을 갖는다는 것도 알고 있었다.

근본적으로 공리주의 사상은 도덕 문제에 대한 결정 권한을 대체로 개인에게 전가했다. 각 개인의 행복 또는 복지가 중요했다. 일반적으로 결과론적 도덕 사상은 결과를 판단할 규범적 기준이 존재할 때에만 작동한다. 어떤 결과가 좋은 결과이고 어떤 결과가 나쁜 결과인가? 아무리 최신의 수학적 공리주의라 해도 개인이 스스로 결정하도록 하고 나중에 그들의 답변을 종합하는 것 말고는 별 수 없었다. 그러나 이것은 도덕에 관한 본격적인 논의라기보다는 하나의 중간 과정일 뿐이었다. 다시 말해 도덕적인 것이 **무엇**인지는 결정하지 못하고, 단지 **누가** 결정할지를 정했을 뿐이다. 이것은 제도와 법을 비판하고 전체의 행복 증진을 위한 개혁을 추진하기 위해 —재빨리, 그리고 자주— 공리주의가 실제로 사용되었을 때도 마찬가지였다. 여전히 개혁가들은 개인에게 눈을 돌리고 그들이 원하는 것을 알아야 했다.

개인들로 말하자면, 공리수의 사상은 자기 좋을 내로, **다양한** 추론 방식을 선택하거나 종교적 믿음, 열정, 또는 단순한 변덕에 따라 자신들이 선호하는 것을 발전시킬 수 있는 자유를 부여했다. 공리주의 사상은 무엇이 자신을 행복하게 하는지 개인이 스스로 생각해야 한다는 것 말고는 특별히 지침을 주는 것이 없었다. 분명히 공리주의 사상은 사회적 차원에서 도덕을 논하는 데 한계가 있었다. 공리주의 사상에 따르면, 정부와 공적 정책의 목표는 단순히 개인이 행복해지도록 돕는 것이었다. 그리고 분리된 각 부분의 선을 합한 것이 곧 전체의 선이었다. 그렇다면 공동선의 이념, 사회 전체가 추구해야 할 더 큰 도덕, 또는 신중한 목표는 어디에 자리하는가? 도덕은 개인의 필요나 바람과는 상관없이 외부로부터 개인에게 부과되는 의무라는 오래된 관념은 어떻게 되는가?

공동체 삶의 도덕적 사실들

돌이켜 보면, 19세기와 20세기에 등장한 명백히 불충분한 이 두 가지 도덕 추론은 —칸트의 의무론적 추론과 공리주의적 도덕 추론— 종교와 계시된 도덕 지식에 대한 거부로 인해, 그리고 이른바 현실/당위의 이분법으로 인해 생겨났다. 설사 이성을 사용한다 해도 경험적으로 얻은 세계의 사실들은 도덕적 가르침을 제공하지 않는다는 것이 이 두 가지 도덕 추론이 기본적으로 주장하는 바였다. 세계 안의 물리적 사물은 그냥 그렇게 존재할 뿐이고, 거기에는 좋고 나쁨이 없다. 따라서 세계를 탐구하는 것으로부터 규범적인 결론을 끌어낼 수 없었다. 현존하는 사물이나 조건의 "그러함(is)"으로부터 그러해야 한다는 "당위(ought)"로 옮겨 갈 수 없다는 것이다. 세계의 사실로부터 가치로 옮겨 갈 수도 없다. 사실과 가치는 범주적으로 다르다는 것이다. 이러한 이분법은 도전받을 수 있다. 인간의 사실 수집 자체가 가치로부터 자유롭지 않으며, 사람들이 이해하는 사실들이란 필연적으로 인간적 가치와 뒤섞일 수밖에 없기 때문이다. 그러나 객관적으로 수집된 사실들 자체가(다시 말해 사실들만으로) 가치의 근원이 될 수 없다는 데 대해서는 대체로 동의가 이뤄졌다. 가치는 적어도 인간 의지의 개입을 요구했다. 그리고 인간의 개입은 대체로 인간의 감정과 감성에 기초해 있다. 이때 인간의 감정과 감성은 이성의, 다시 말해 인간 뇌의 복잡다단한 기제에 의해 지도와 제어를 받는다고 여겨졌다. 그리고 이제 곧 프로이트와 여러 심리학자들이 인간 뇌의 작용을 세상에 열어 보일 참이었다.

사실과 가치를 분리한다고 해서 도덕 판단을 하는 데 사실이 아무 의미가 없다는 뜻은 아니었다. 그보다는 판단을 내리는 데 사용되는 기본적인 가치는, 설사 그 가치가 단순한 원칙에 지나지 않는다 해도(예를 들어 인간은 도덕적 가치를 지닌다는 원칙이나 인간의 고통은 나쁘다는 원칙), 다른 어떤 근원으로부터 온다는 단순한 의미였다. 20세기에 이르러 중요한 도덕철학자들은 흄의 이분법에 의문을 제기했다. 그들은 개인이 사회에 뿌리를 두고 있으며 일차적으로 사회적으로 존재한다는 사실이 도덕 가치를 형성하는 데 핵심적인 역할을 한다고 주장했다. 개인은 단순히 자율적 행위자가 아니었다. 개인은 더 큰 시스템의 일부분이고, 도덕은 시스템 안에서 개인의 역할을 고려해야만 했다. 이렇게 개인이 사회에, 더 큰 시스템에 뿌리를 두고 있다는 사실로 인해 가치가 유입된다. 결국 그러함(is)과 그러해야 함(ought)은 분명하게 구분되지 않는다.

이처럼 인간의 사회적 역할을 강조하는 경향은 미국의 뛰어난 철학자 존 듀이(John Dewey)의 저작에서 분명하게 드러난다. 듀이는 인간이 개인으로 존재한다는 점을 부정하지 않았지만, 그보다 약간 나이가 많았던 동시대인이자 실용주의자였던 헨리 제임스(Henry James)와 마찬가지로 개인과 사회 사이에 존재한다고 가정되었던 구분선에 도전하고 그 구분을 약하게 하고자 노력했다. 개인은 사회에 뿌리박고 있다고 듀이(와 제임스)는 주장했다. 연대 ─다른 사람들은 형제애라고 불렀을 것이다─ 는 독립성만큼 중요한 가치였다. 또한 듀이는, 그 이전의 다른 학자들과 마찬가지로, 먼저 선제를 파악하고 부분이 전체와 어떻게 관련되는지 알기 전에는 사회질서의 부분들을 이해할 수 없다고 봤다. 나아가서 자아는 오직 공동체적 역할 안에서, 그리고 그러한 역할을 통해서만 실현될 수 있다고 봤다. 듀이의 사상은 당시 보수적이라고 여겨졌던 동시대 중요한 사상의 흐름에 큰 반향을 일으켰다. 그와 비슷하게 이 사상은 인간이 (종종 위계적인) 전통적 질서에 뿌리내렸다고 보고, 인간은 그러한 질서 안에서 책임 있게 행동할 의무가 있다고 주장했다. 사람들은 역할을 완수하고, 역할은 현재의 규율과 기대에 의해 규정된다는 것이다.

듀이의 과정 지향적인 사상은 도덕적 사고는 존재의 본질에 대한 성찰, 즉 존재론적 주제로부터 분리될 수 없다는 사실을 분명히 밝혀 주었다. 계몽주의 이후 서구 지성사의 흐름은 개인의 자율성을 더 강조하는 방향으로 움직였다. 미국 혁명과 프랑스 혁명은 개인의 자율성을 선언했다. 칸트는 개인의 자율성에 철학적 근거를 제공했고, 벤담을 위시한 여러 철학자는, 비록 칸트의 주장 중 많은 부분에 동의하지 않았을지라도, 그의 토대 위에 자신들의 철학을 수립했다. 칸트와 공리주의 사상은 둘 다 개인에서 출발했으며, 거기서 더 나아가서 어떻게 개인의 도덕 가치가 더 포괄적인 틀을 지닌 도덕 사상으로 해석될 수 있는지 탐구했다. 그리고 둘 다 위에서 언급한 이유들로 인해 걸려 넘어졌다. 그럼에도 불구하고 이 사상들은 그 어느 때보다도 (특히 경제 영역에서) 자유를 요구하는 분위기와 잘 맞아떨어졌기 때문에 지배적이 되었다. 또한 그것은 더 낮은 계급, 또는 사회 주변부에 있는 집단에까지 인권을 확대하려는 경향과도 잘 맞아떨어졌다.

20세기 후반에 이르면 더욱 많은 사람들이 개인의 행복은 그가 하는 사회적 역할과 건전함에 달려 있다는 것을 강조하게 되었고, 이러한 생각을 따르는 많은 사람들은 그것을 "공동체주의"라고 칭했다. 강한 개인주의는 존재론적 사실과 맞지 않았다. 도덕 사상에서 이것은 인간을 사회적 존재라고 기술했던 아리스토텔레스의 도덕적 저작에 대한 새로운 관심으로 해석될 수 있다. 아리스토텔레스의 존재론적 이해는 덕스러운 삶, 더 일반적으로 말하자면 풍요로운, 수월성이 있는 삶을 강조하는 도덕 추론으로 이끌었다. 도덕은 구속력 있는 구체적인 규율을 지키는 것(칸트)이나 개인의 인간적 행복의 총합을 늘리는(벤담) 데 있는 것이 아니라, 이웃과 동료 시민들 사이에서 명예롭게 자신의 사회적 책임을 수행하면서 덕스럽게 살아가는 데 있었다. 20세기 말에 이르러 아리스토텔레스의 도덕 추론은 철학자 알라스데어 매킨타이어라는 뛰어난 대변자를 얻게 되었다. 그의 저작은 정치적으로 다양한 형태를 띤 근대 자유주의에 정면으로 도전했다.

이처럼 개인주의를 문제 삼고 도덕과 존재론을 다시 연결하려는 경향은 환경 철학에서 두드러지게 나타났다. 사람들 사이의 물질적 연결성이 가장 잘 드러나는 것은 환경 영역이었다. 생태주의자들이 오래전에 지적했듯이 인간은 더 큰 자연 시스템 안에 뿌리박고 있다. 잘 알려진 알도 레오폴드의 말처럼, 인간은 대지의 공동체의 정복자가 아니라, 그 공동체의 평범한 일원이자 시민이며, 다른 모든 생명체와 마찬가지로 생존을 위해 자연에 의지한다.

이러한 자연의 기능과 인간의 의존성이라는 현실은 직접적인 도덕적 의미를 지닌다. 자연 안에서 한 사람이 하는 행동이 필연적으로 다른 사람에게 영향을 끼칠 수밖에 없다는 사실을 고려할 때, 그러한 현실은 서로가 서로를 대하는 방식과도 관련이 있다. 이러한 새로운 생태적 존재론은 우리가 자연의 기능에 대해 더 많이 알게 되면서, 그리고 인간의 행복이 어떻게 자연의 기능에, 즉 자연의 "에코 시스템 서비스"(의존성을 때로 이렇게 불렀다)에 의존하는지 더 잘 알게 되면서 더욱 놀라운 것으로 다가왔다. 자연의 과정이 인간의 삶을 가능하게 한다는 한 가지 이유만으로도 도덕적 삶을 위해서는 그러한 자연의 과정을 존중해야 한다.

예전에 사회 생태적 현실에 대한 인식으로 인해 존 듀이가 그랬듯이, 이러한 생태적 현실은 환경 철학자 J. 베어드 갤리콧(J. Baird Callicott)으로 하여금 현실/당위 사이의 이분법에 정면으로 도전하게 만들었다. 자연 세계의 사실들, 서로 의존하는 생태적 현실은 직접적인 도덕적 의미를 지닌다고 칼리코트는 주장했다. 인간은, 그들이 알고 선호하는 것이 무엇인가와 상관없이, 자연 공동체의 일부분이다. 상호 연관성을 보여 주는 사실들은 칸트의 도덕 사상과 표준적인 공리주의 사상 둘 다에 직접적으로 도전한다. 두 사상은 모두 개인의 자율성을 전제하고, 개인의 도덕적 가치에 대한 인식이 의미하는 바를 전개하는 것으로 도덕의 틀을 구성했다. 그러나 이 두 가지 추론 방식은 추상적 개인이 자연의 생명 세계와 다시 연결되는 순간 심각한 결함을 드러낸다. 돌이켜 보면 18세기 중반 이후 도덕 사상은 자율적 개인을 과도하게 강조하는 쪽으로 갑자기 궤도를 이탈했다고 칼리코트는 주장했다. 특히 자연을 다룰 때는 옛 접근 방법이 더 낫다는 것이다. 즉, 플라톤과 아리스토텔레스에서 시작해 애덤 스미스로까지 이어지며, 존재론적으로 인간은 공동체 안에 뿌리박고 있다는 데서 출발하는 방법이 더 낫다는 것이다.

확실히 생태적 사실들은 가치의 발생에 직접적인 역할을 한다. 그러나 도덕 시스템을 구체화하는 데는 생태적·사회적 사실들만으로는 부족하다. 더 깊이 자리 잡은 감정으로부터 가치를 끌어올 필요가 여전히 있었다. 삶의 가치에 대한 감정을 향해 눈을 돌릴 필요가 있었다. 다시 말해 미래 세대를 위해 자연을 돌보는 것은 옳고, 자연의 구성원으로서 인간이 지니는 특별한 가치와 함께 전체로서 자연 자체의 가치가 중요하다는 것, 이런 것들에 대한 감정을 중시해야 했다. 자연이 가는 길은 극도로 복잡하다. 그 안에서 올바로 살아가기 위해서는 반드시 이러한 복잡성을 배우고 이해하려는 진지한 과학적 노력이 요구된다. 간단히 말해, 이성과 사실들과 감정 이 모두가 각기 도덕적 역할을 한다.

요약

이 장에서 다룬 범위가 매우 넓기 때문에 요약의 형태로 결론적인 요점들을 정리하는 것이 도움이 될 것으로 보인다. 그것은 앞으로 논의할 내용을 위한 기초가 될 것이다.

근대 세계는 공적 문제를 다룰 때 객관성을 대단히 중요하게 평가한다. 일반적으로 객관성은 사실과 논리적 추론에 집중하는 한편 주관적 감정과 선호는 배제하는 것을 의미한다. 객관성에 대한 강조는 다양한 형태로 나타난다. 가령 환경문제의 경우 논쟁적인 사안들을 과학에 떠넘기고 과학자들이 문제가 있는지 여부를 설명해 주기를 기대한다. 의문의 여지 없이 과학적 사실들에 대한 요구 수준은 상당히 높다. 그러나 일반적으로 사실을 수집하고 검증하며 해석하는 전문적인 작업으로서 과학의 적절한 범주를 넘어서는 질문에 대해 답하라고 과학을 향해 요구하는 경향이 있다. 규범적인 문제의 경우 과학은 답을 할 수 없으며, 사용할 규범적 기준을 분명하게 제공하지 않는 한, 과학을 향해 그런 질문을 해서도 안 된다. 이렇게 과학을 과도하게 사용하는 경향은 과학적 방법론으로까지 확대되어 특히 입증의 부담을 지우고 증거를 받아들이는 데 과학적 기준을 요구하게 되었다.

자연 안에서 우리의 위치를 찾으려는 앞으로의 논의를 위해서는 과학을 잘 이해하는 동시에 과학에 제자리를 부여할 필요가 있다. 규범적 문제를 사실적 질문으로 다뤄서는 안 되며, 그 자체로 규명하고 이해해야 한다. 이 작업은 어떠한 도덕적 문제를 공동체 차원에서 해결하고 행동할지, 그리고 어떠한 문제를 개인의 선택으로 남겨 두는 것이 좋을지에 대해 명료하게 사고하는 것을 포함한다. 자연을 다룰 때는 많은 정책을 공동체 차원에서 선택하고 시행해야 한다. 이것은 사람들이 함께 행동할 것을 요구한다.

도덕 사상에 관해 말하자면, 오늘날 우리가 처한 곤경은 아주 분명하다. 수세기에 걸쳐 우리는 공동체 차원에서 문제를 해결하고 관여하는 능력을 축소시키는 지적 행로를 걸어왔다. 계몽주의에서 유래한 객관성에 대한 숭배는 도덕적 견해와 비전을 서로 교류하고 대략적인 동의를 거쳐 새로운 공리를 받아들임으로써 더 나은 정책을 수립할 수 있는 도구를 우리에게 남겨 두지 않았다. 도덕 원칙은 그냥 발견되기를 기다리고 있는 것이 아니라는 사실을 이제 우리는 깨닫고 있다. 물론 도덕적 성찰을 하는 데 사실들은 대단히 중요한 의미를 지니며, 추론은 결정적인 역할을 한다. 그러나 궁극적으로 우리의 도덕적 사고는 감정과 직관에 근거하게 될 것이다. 이는 감성과 감정은 멀리 제쳐 두기는커녕 중심적인 위치에 와야 한다는 것을 의미한다. 감정과 감성은 드러나고 교류되고 논의되고 비판되어야 하며, 다듬어져야 한다.

도덕 질서는 과학적으로나 논리적으로 입증할 수 없는 공리들을 사람들이 만들고 받아들임으로써 시작된다. 토머스 제퍼슨이 말한 자명한 진리는 과학적으로, 논리적으로 뒷받침되지 않았으며, 그럴 수도 없었다. 그는, 도덕철학자들이 항상 그랬고 또 그럴 수밖에 없듯이, 수사학적으로 그것들을 제시했다. 제퍼슨이 말한 자명한 진리들은 그가 선포한 순간이 아니라 나중에 대중이 그것을 정당한 것으로 받아들였을 때 정당성을 얻었다. 제퍼슨 시대 사람들과 그 후세대는 그의 도덕적 선언에 동의했다. 그들은 그가 말한 자명한 진리들을 받아들였고, 이러한 그들의 선택에 의해 그것은 공리가 되었다.

제퍼슨이 말한 자명한 진리와 함께 인간의 삶은 도덕적으로 가치 있다는 주장을 간략하게 검토해 봄으로써 도덕적 공리의 성격에 대해 살펴보기로 한다. 이 주장 역시 사실이나 논리에 근거하지 않은 수사학적 주장이다. 이것은 기독교의 가르침으로부터 생겨났으며, 시간이 흐르면서 서서히 받아들여졌다. 동물 복지를 옹호하는 사람들은 오늘날 기본적인 것이 된 하나의 도덕 공리를 확산시켰다. 그들에 따르면 도덕 가치는 인간을 넘어 다른 생명체들에게까지 확대되어야 한다. 다른 종의 구성원 역시 도덕적으로 중요하며, 도덕 추론에서 그들을 위한 자리도 마련해야 한다는 것이다. 물론 이러한 주장은 사실과 이성에만 근거한 것이 아니다. (확실히 둘 다 사용되기는 하지만) 오히려 그것은, 제퍼슨이 자신의 주장을 공표했을 때 그랬듯이 새로운 집단적 공리로 받아들여지기를 기대하며 제시된 도덕 선언이다. 물론 도덕 주장은 도전받을 수 있다. 그러나 그것이 과학적으로 타당하지 않다거나 사실에 근거하지 않았다거나 논리적으로 무리가 있다 해서 배제될 수는 없다. 만일 그러한 것이 검증 기준이라면, 인간은 가치 있는 존재라는 주장 역시 검증에서 탈락할 것이다.

결국 도덕 추론은 감정과 감성이 사실 및 명료한 사고와 한데 뒤섞이면서 이뤄진다. 아마도 우리는 이 혼합체를 갖가지 재료들이 한데 섞여서 원래 각 재료의 맛이 어떤지 구분할 수 없는 자극적인 수프에 비유할 수 있을 것이다. 계몽주의 시대 철학은 옳았다. 사실들만으로는 도덕 가치가 생겨날 수 없다.

그러나 사실들은 도덕 가치의 실행만이 아니라 최초의 형성에서도 핵심적인 역할을 한다. 이성 역시 감정을 명료하게 하기 위해, 감정을 이해할 수 있는 형태로 만들고, 세계의 현실과 대면하도록 하기 위해 처음부터 있어야 한다.

오래전부터 철학자들이 강조했듯이, 궁극적으로 가치는 사회의 선택에 의해 정당성을 얻는다. 도덕 가치는, 그것을 만들거나 인식하는 인간이 없으면, 의미 있게 존재하지 못한다. 그 과정에서 다른 종의 구성원이나 미래 세대에게도 가치를 부여할 수 있다. 또한 종 자체나 생명 공동체, 구체적인 풍경의 특징 같은 것들에서도 가치를 인식할 수 있다. 이러한 방식으로 생겨나는 가치는 고유하며 내재적이다. 그것은 인간의 행복에 기여하느냐는 문제와는 독립적으로 존재하는 가치이다. 그러나 이러한 가치는 아무리 자연으로부터 영감을 얻고 고무된 것이라 할지라도 여전히 인간의 선택에 의존한다. 이러한 현실은 반드시 알아야 한다. 또한 모든 도덕은 인간의 선택으로부터 생겨나기 때문에 인간은 계속해서 선택자가 되어야 한다는 사실 역시 반드시 알아야 한다.

제4장

자유주의의 파편들

물질로 이뤄진 세계, 즉 내재적인 도덕 질서나 이끌어 줄 영, 또는 로고스가 존재하지 않는 세계에서 본질적으로 사람들은 자기 좋을 대로 자유롭게 세계를 이해할 수 있다. 그들은 좋고 나쁨, 옳고 그름을 구분할 수 있다. 주변 세계를 보고 어떤 부분, 또는 과정이 가치를 지니고 어떤 부분은 그렇지 않은지 자유롭게 결정할 수 있다.

말할 것도 없이 이러한 평가의 과정은 자연 자체에 아무 영향도 끼치지 못한다. 그러한 가치 부여의 과정은 사람들이 자연과 상호작용하는 방식에 영향을 끼칠 뿐이다. 인간이 만들어 낸 가치의 틀 중 어떤 것은 사람들이 자연의 풍요로움과 생산성을 유지하면서 자연을 이용하게 할 수 있다. 그러나 또 어떤 가치의 틀은, 다른 면에서 좋은 결과를 가져올 수 있다 해도, 땅을 남용하도록 고무할 수 있다. 그러므로 우리는 세계 안에 가치가 어디에 존재하는지 결정하는 우리의 능력을 주의 깊게 살펴야 한다. 우리는 자유롭게 그 결정을 할 수 있지만, 어떤 의미에서 자연은 최종 심판관이며, 그게 아니라면 적어도 까다롭고 고집스러운 파트너이다. 그러므로 현명한 접근 방법이 어떤 것인지는 명백하다. 그것은 자연이 어떻게 움직이는지 연구하고, 우리의 필요와 욕구를 감안하며, 어떤 방식으로든 우리가 아는 것의 한계를 고려하고, 그다음에 전체적인 가치의 틀을 형성하는 것이다. 그리고 이러한 노력 전체는 자연과 간접적으로 관련될 뿐이라는 점에 주목할 필요가 있다. 가치 부여를 통해 우리는 사람들의 행동을 이끌 틀을 만든다. 어떤 것을 향해 가치 있다고 말할 때 우리는 그렇지 않은 것보다 그것이 더 나은 대우를 받을 만한 가치가 있다고 말하고 있는 것이다. 가치 부여는 인간의 행동을 규정한다.

오랜 세월에 걸쳐 여러 문명이 퇴락했고, 그것은 자연의 생산 유지 기능을 파괴하고 핵심 자원을 고갈시키는 방식으로 자연을 사용했기 때문이었다. 현명하지 못한 가치관이 파괴의 근본 원인일 수 있다. 그러나 그 외에 다른 원인도 있다. 토지 남용의 가장 일반적인 원인은 토양의 남용과 토양을 형성하고 보호하는 자연 과정의 남용이라고 할 수 있다. 구릉 지역의 토지에 가축을 빠른 속도로 지나치게 많이 방목하면 대규모 토양 침식이 일어나게 된다. 대부분의 관개시설 역시 장기간에 걸쳐(때로는 수십 년, 이면 경우에는 수 세기에 걸쳐) 토양을 황폐화한다. 지속 가능한 관개시설은 홍수로 인해 토사를 함유한 물을 농경지로 유입시키는 방식이고, 그것은 오래전 나일강 계곡에서 사용했던 방식이었다. 이 밖의 관개 방식은 기본적으로 표토를 황폐하게 만든다. 표토가 밑으로 스며들면서 관개수가 염분을 용해해서 그것을 위로 운반한다. 시간이 흐르면서 염분은 표면 위나 표면 가까운 곳에서 결정체가 되며, 그것을 씻어 버리기 위해 점점 더 많은 양의 물이 필요하게 된다. 그러나 염분을 씻어 없애는 것은 일시적으로만 가능하다. 결국은 염분이 승리해서 표층을 굳게 만들고, 식물의 성장을 막고 둔화시키거나 곡물 생산을 중단시킨다. 지중해와 중동 지역에서는 상당한 규모의 토지에 이러한 유형의 토질 남용 흔적이 나타난다. 오늘날 중동전쟁은 그 지역에서 있었던 이러한 토질 남용의 역사를 고려하지 않고는 올바로 이해할 수 없다.

그렇다면 자연에 대한 평가는 자연이 무엇을 포함하며, 어떻게 작용하고, 우리는 어떤 방식으로 자연에 의존하는지 고려할 필요가 있다. 그러나 앞 장에서 말했듯이 사실들만으로는 가치를 만들어 내지 못한다. 우리가 원하는 삶의 형태에 대한, 그리고 얼마나 오래, 또 어떻게 다른 사람과 어울려 살아가기를 원하는지에 대한 선택이 요구된다. 이런 선택과 관련된 문제들은 많다.

- 우리는 후손들이 자연의 풍요로움을 경험할 기회를 빼앗거나 그들의 선택 가능성을 차단하지 않고 미래 세대를 위해 토지가 계속해서 비옥하고 생산성을 유지하기를 원하는가?
- 우리는 단지 우리의 필요를 충족시켜 주는 종들만을 보호할 것인가, 아니면 그냥 우리 주위에 남아 있으면 언젠가 예측할 수 없는 방식으로 우리 자신이나 우리 후손에게 도움을 줄 수 있으니 가능한 한 많은 종을 유지할 것인가?
- 우리는 누구나 살고 번성할 수 있는 방식으로 땅에 거주할 것인가, 아니면 소수가 불균형하게 많은 공간을 차지하도록 내버려 둘 것인가?
- 가치를 부여하고 규범을 수립할 때, 자연에 관해 알 수 있는 우리 능력의 한계를 어떻게 인정해야 하는가? 어쩔 수 없는 우리의 무지를 실질적으로 어떻게 고백할 것인가? 그리고 어떻게 하면 자연과의 부질없는 힘겨루기를 피할 수 있는가?
- 나아가서 만일 좋은 삶이란 —철학자들과 종교인들이 오래전부터 말했듯이— 덕에 기초한 삶이라면, 어떻게 덕과 올바른 삶의 의미가 이 모든 일에 개입할 수 있는가? 어떻게 그런 것이 자연과 자연의 방식에 대한 존중으로 해석될 수 있는가?

간단히 말해, 개인적으로나 집단적으로나, 현재나 미래에나 우리는 어떠한 삶을 살기 원하는가? 그리고 어떻게 하면 좋은 삶에 대한 비전을 자연의 남용이 아니라 정당한 이용을 위한 규범으로 구현할 수 있는가?

어쨌든 합당한 가치 체계는 우리가 대지의 공동체에 뿌리박고 있으며, 기본적인 욕구를 충족시키기 위해 자연에 의존할 수밖에 없다는 사실에서부터 출발한다. 또한 그것은 자연의 역동성과 신비로움을 인정할 것이고, 자연에 대한 우리의 지식이 단편적이라는 사실 역시 인정할 것이다. 그리고 합당한 가치 체계는 자연의 일차적인 생산성에 ─예를 들어 종 다양성이 풍부한 식물 공동체가 가뭄이나 해충, 교란 상태를 견디는 능력에─ 중대한 변화를 일으킬 수 있는 새로운 속성이 건강한 공동체 안에 생겨나는 것에 특별히 유의할 것이다. 또한 그것은 복잡한 생명체가, 특히 지구상의 가장 성공적인 동물 종들이 경쟁과 자율성 못지않게 협동과 상호 의존성에 근거해서 진화해 왔다는 점을 이해할 것이다. 또한 합당한 가치 체계는 인간으로서 우리가 지니는 사회적 성격, 즉 행복과 자존감, 번영 같은 것이 서로 존중하는 강력한 사회적 관계들과 관련이 있다는 점에도 상당한 비중을 둘 것이다. 다시 말해, 존재론은 가치를 만들어 내는 과정에서 결정적으로 중요하다. 이 일을 잘하기 위해 우리는 인간과 비인간 존재의 본질을 이해하고, 함께 진화해 온 상호 관련성의 역사와 흐름을 강조할 필요가 있다.

인간의 도덕적 세계

서구 문명은 사회적·자연적 영역에서 가치를 창조하고 다듬고 버리고 재창조해 온 오랜 과정이 있다. 가치의 틀과 그것이 사회적으로 진화하는 과정을 연구하는 것은 인류학자들의 핵심적인 활동에 속한다. 인류학자들은 다양한 민족들이 어떻게 세계를 바라보고 이해하며, 거기에 따라 자신들의 삶을 어떻게 구성해 가는지 알고자 노력한다. 그들은 삶의 방식이 어떻게 주변 세계를 바꾸며, 나아가서 역동적이고도 변증법적인 방식으로 인간의 인식과 가치, 삶의 방식에 변화를 가져오는지 연구한다.

어느 사회든 기본적으로 중요한 것은 어떤 인간이 도덕적으로 가치 있고, 또 어느 정도로 가치 있는지 결정하는 것이다. 거의 모든 사회에서 사람들에게 도덕 가치를 부여하는 방식은 평등하지 않다. 나이나 젠더, 인척 관계, 기량, 드러난 영적 능력, 그 외 어느 정도 위계적이고 다층적인 사회질서를 낳는 다양한 차이들에 근거해서 가치 부여를 한다. 인간은 과거 역사의 대부분을 종족 집단으로 살았고, 통상 30명 정도의 집단 안에서 살았다.(오늘날 이렇게 여겨지고 있다.) 일반적으로 이러한 집단들은 비슷한 규모의 몇몇 집단과 평화롭고 생산적인 방식으로 관계를 맺으며, 물자나 족외혼 파트너를 교환했다. 그러나 부족사회는 영토 경계를 매우 뚜렷하게 해서 외부자로부터 방어하려는 경향이 있었다. 따라서 전형적인 부족사회의 도덕 질서에서는 부족에 속한 사람들이 가장 높은 도덕적 위치를 부여받고, 관계가 있는 부족 집단의 구성원은 그보다 좀 못한 위치를, 멀리 있는 적대적인 부족 구성원의 경우는 거의 아무런 도덕적 위치도 부여받지 못했다. 사회집단 안에서, 그리고 사회집단들 사이에서 도덕적 위치는 종교적 관련성, 민족적, 인종적 유사성, 그 외 역사와 유전에 기반한 요인들도 고려했다.

근대에 들어서야 비로소 모든 인간이 적어도 핵심적인 도덕 가치를 지닌다는 생각이 널리 퍼지게 되었다. 이것은 근대가 이룩한 가장 탁월한 성취 중 하나이기도 하다. 어떠한 인간도 도덕의 불모지대에 살지 않는다. 그러나 가치의 차등은 어디에나 아직 남아 있다. 예를 들어 우리는 외부인보다 가까운 가족 구성원을 더 소중히 여기는 경향이 있으며, 아마도 멀리 떨어져 있는 사람들보다 지역공동체 사람들을 더 소중히 여길 것이다. 그러나 일반적으로 말하자면, 모든 인간은 도덕적으로 가치 있다. 이것은 대단히 놀라운 도덕적 입장이며, 이전에 이런 생각이 널리 퍼져 있던 적은 결코 없었다.

이런 새로운 견해를 전제할 때, 근대는 도덕적으로 가치 있는 인간 생명과 그 외 다른 생명을, 즉 호모 사피엔스와 지구상에 살아가는 800만 내지 900만에 이르는 다른 종들을 뚜렷하게 구분하는 가치 체계를 그 특징으로 한다고 할 수 있다. 일부 문화에서는 특정 종들을 존중한다. 그 경우는 이러한 일반화의 예외라고 할 수 있을 것이다. 어디서나 많은 사람이 반려동물과 끈끈한 관계를 맺고 있는데, 그것 역시 예외라고 할 수 있다. 마지막으로 법은 일반적으로 특정 유형의 동물을 가혹하게 다루는 것을 금하고 있으며, 여러 사법권에서 그 목록을 늘려 가고 있다. 이러한 법은 다른 동물에게도 가치가 있을 수 있다는 것을 말해 준다. 그러나 그 법이 인간 중심적인 동기에 의한 것일 경우에는(동물을 잔혹하게 다루는 것이 인간에 대한 잔혹함으로 이어질 수 있다는 두려움 같은 것) 단지 간접적으로만 그렇다. 그렇다면 인간-비인간을 구분하는 선은 확실히 흐려지기는 했지만, 그래도 여전히 존재한다. 이 선은 우리가 세계를 어떻게 이해할지를 이끄는 핵심적인 도덕 원칙의 하나가 된다.

그러나 이처럼 드높은 도덕의 경지에 도달한 데 대해 스스로를 대견하게 여기기 전에, 실제로 우리가 얼마나 다른 사람의 도덕 가치를 인정하는지 따져 볼 필요가 있다. 다른 사람들도 가치가 있다. 이것은 확실하다. 그렇다면 그것은 무엇을 의미하는가? 사람들에게 부여한 가치는 자연, 또는 다른 것들에(가령 드물기는 하지만 그림이나 역사적인 건물) 부여한 가치와 그 목적과 결과에 있어서 동일하다. 가치야말로 인간의 행동을 이끄는 핵심적인 것이다. 그렇다면 누구나 가치가 있다는 우리의 인식은 실제 우리의 행동에 어떠한 영향을 끼치는가?

이에 대해 정확히 답변하기는 어렵다. 우리는, 적어도 선한 목적이 아니라면, 다른 사람을 죽이거나 신체적으로 상해를 입히는 것은 나쁘다고 여긴다. 이보다는 덜하지만 다른 사람의 재산권을 존중해야 한다고 여긴다. 특히 그것이 기본적인 욕구나 정체성과 관련이 있는 물건일 경우 그렇다. 우리가 더 소중하게 여기는 사람들의 경우는 —가족이나 이웃— 그보다 더 중요한 대접을 받는다. 그러나 인류 전체로 말하자면, 그들의 가치에는 현실적이고도 실천적인 한계가 존재한다. 그들이 도덕적 가치를 가지고 있다 해서, 가령 굶주린 사람에게 먹을 것을 제공하거나 집 없는 사람에게 거처를 제공할 의무를 느끼지는 않는다. 물론 그렇게 하는 사람들도 있기는 하지만 말이다. 또한 굶주린 사람 때문에 부자들의 과소비에 제한 조치를 하거나 국가나 기업체가 지구상의 가장 좋은 땅을 움켜쥐고 지배하는 것을 제한하지도 않는다. 이웃이 마시는 물에 독을 타는 것은 확실히 잘못이다. 그것은 개인에게 직접적인 위해를 가하지 못하도록 한 규정을 위반하는 행동이다. 그러나 오염된 방송이 다른 사람들의 도덕 가치와 충돌하는지 여부는 그렇게 분명치 않다. 값비싼 자원을 한 사람이 독점하는 것이 도덕적으로 문제가 있는지, 또는 열심히 일하는 사람에게 지극히 불평등한 방식으로 보상하는 경제 시스템이 잘못된 것인지 역시 분명치 않다.

이것은 이 책의 제2부에서 다루게 될 두 가지 주제를 끌어들인다. 한 가지 주제는 인간 생명과 다른 생명 형태들 사이에 도덕적 구분선이 흐려졌다는 것이다. 이것은 다른 생명 형태들을 어떻게 보아야 하는지에 대해 대략적으로 다루면서 검토하게 될 것이다. 또 하나의 주제는 광범위한 사회정의의 문제로, 어떻게 하면 사회정의에 대한 우리의 갈망을 우리가 자연을 평가하고 이용하며 공유하는 방식에 변화를 가져오도록 구체화할 수 있을지에 관한 것이다.

여기서는 이 두 가지 주제를 일단 미뤄 두고, 대신 근대 세계관의 핵심적인 요소들을 살펴보려고 한다. 다시 말해 좋고 나쁨, 옳고 그름에 대한 우리의 생각을 규정하는 원리들을 살펴보려고 한다. 우리는 문을 열고 세상을 향해, 즉 사람들과 자연으로 이뤄진 세계를 향해 나갈 때, 그 세계를 규범적으로 어떻게 이해하는가? 공적 정책과 커다란 이슈들에 대해 우리가 말하는 방식을 규정하는 것은 어떠한 원리인가? 간단히 말해, 공적 가치의 창조자로서 우리는 자신의 힘을 어떻게 사용해 왔는가?

자유의 복잡성

근대 가치 체계의 핵심에는 주로 자유롭고 자율적인 존재로 이해된 개인이 자리 잡고 있다. 특히 미국에서 자유는 대단히 중요한 가치이기 때문에 국가가 무엇인지 정의하는 데까지 영향을 미친다. 자유는 우리의 도덕적 우주를 이해하기 위한 출발점을 제공한다.

일반적으로 자유는 개인이 소유하는 속성이나 권리로 이해된다. 대개의 경우 자유는 소극적 의미로, 즉 타인의 간섭을 받지 않고 행동할 수 있는 권리로 이해된다. 따라서 개인의 행동의 자유는 다른 사람이 할 수 있는 일에 제한을 두는 것, 즉 역설적이게도 다른 사람의 개인적 자유에 제한을 두는 것과 관련이 있다. 우리가 대단히 소중하게 여기는 자유가 소극적 자유라는 사실은 쉽게 알 수 있다. 일정 구역 땅을 소유한 사람은 마음대로 거기 집을 지을 수 있다. 다른 사람이 방해할 수 없다는 의미에서 그는 그렇게 할 수 있는 소극적 자유를 가지고 있다. 만일 건축 비용이 없다면, 그는 건축을 시작할 수 없을 것이다. 그러나 일반적으로 돈이 없다는 것은 자유에 대한 제한으로 여기지 않는다. 그것은 다른 것으로, 제한이라기보다는 그저 감당해야 할 불행한 현실로 여겨진다.

자신이 원하는 것을 할 돈이 없다는 것도 자유와 관련해서 말할 수 있다. 그것은 무엇인가를 할 수 있는 실질적인 능력, 적극적 자유와 관련이 있다. 개인적 자유와 집단적 자유가 있듯이, 자유에는 소극적 자유만이 아니라 적극적 자유도 있다. 이런 자유의 형식들을 한데 모아 놓고 보면 자유의 다양한 형태들이 서로 충돌한다는 것을 금세 알 수 있다. 다른 사람에게 영향을 끼치는 행동을 할 수 있는 자유는 방해받지 않을 타인의 자유를 기각시킨다. 마찬가지로 자연보호를 위한 규정을 만들려는 공동체의 자유는 제한 없이 행동할 수 있는 개인의 자유와 충돌한다. 일반화해서 말하자면 자유란, 제로섬 게임이 아니라면, 적어도 거기에 매우 근접한 것이다. 링컨(Abraham Lincoln)은 노예와 관련해서 했던 한 이야기에서 이 갈등을 대단히 생생하게 이렇게 묘사했다.

> 목동이 양의 목덜미에서 늑대를 떼어 냈다. 양은 목자에게 해방자(liberator)라며 고마워했고, 늑대는 똑같은 행동에 대해 자유(liberty)의 파괴자라며 목동을 비난했다.[1]

어떤 유형의 자유가 고양되고 또 어떤 유형의 자유가 희생되는지 분명히 하지 않으면서 자유를 선포하는 것은 아무 의미가 없다고 링컨은 말한다.

개인의 행동의 자유는 행위자가 다른 사람에게 해를 입혀서는 안 된다는 요구에 의해 제한을 받는다. 틀림없이 고대로 거슬러 올라가는 이 상식적인 생각은 종종 영국의 공리주의 저자 존 스튜어트 밀과 관련된다. 그의 고전적 저작인 『자유론』은 19세기 중반 이래 자유주의적 개인주의에 대한 기본적인 옹호로 받아들여지고 있다. 이 책에서 밀은 개인의 자유가 최고의 가치를 지닌다고 강조했다. 이때 그가 말한 자유는 정부의 제한으로부터의 자유라기보다는 사회질서의 제한으로부터의 자유였다.(밀 자신으로 말하자면, 그는 결혼한 여자와의 오래되고 긴밀한 우정 관계를 사회적으로 용인받지 못하는 것에 대해 분개했다.) 그러나 개인의 자유는 그의 행동이 해를 끼치지 않는 한에서만 확장될 수 있다. 핵심적으로 이것이 무엇을 의미하는지 분명해 보이지만, 밀은 주의 깊은 사상가였다. 그는 "해"가 무엇인지 자명하지 않다는 사실을 다른 사람보다 더 잘 알고 있었다. "해"라는 개념이 설명되기 전에는 해를 끼치지 말라는 규범은 실제로 별 의미가 없었다. 만일 "해"가 한 사람의 행동이 다른 사람에게 ―심지어 단순한 관찰자에게도― 미치는 모든 효과를 포함한다면, 거의 모든 인간 행위가 해를 끼친다고 말할 수 있다. 밀은 자신의 논리를 설명하기 위해 자연으로부터 예를 가져오지는 않았지만, 그렇게 할 수도 있었을 것이다. 자연을 대상으로 한 행위는 변화를 초래하며, 설사 미묘하고 보이지 않는다 해도, 그것은 다른 사람 입장에서는 자연을 바꾸는 것일 수 있다. 그것은 다른 사람들이 할 수 있는 일에 영향을 끼친다. 만일 "해"가 모든 효과를 포괄한다면, 행동의 자유는 결코 자유라고 할 수 없다.

밀의 고전적 저작에는 철학적 선구자들이 있었는데, 그중 특히 17세기 존 로크의 『통치론(Second Treaties on Government)』은 초기 자유주의, 내지는 전(proto) 자유주의의 고전이었다. 로크의 이 책은 가설적인 자연 상태로부터 시작해서 사유재산제의 기원에 관해 길게 이야기하고 있는데, 부분적으로는 이것 때문에 계속해서 사람들이 기억했다. 자연 상태에서 개인은 (대지를 비롯한) 세계 안의 물질적 요소와 자신의 노동을 혼합할 권리를 가지고 있었고, 그러한 노동을 통해 가치를 창조할 권리를 가지고 있었다. 각각의 개인은 자신의 신체와 (아마도) 노동력을 소유하고 있으므로, 노동에 의해 창조된 가치는 자연적 권리로서 그 노동자에게 속한다는 것이다. 그리고 최종적인 사물의 가치가 진짜으로 그 노동으로 인한 것이라면 ─어쩌면 99%가 그 노동으로 인한 것이라면─ 자연적 권리로서 노동자는 그 사물 자체를 소유해야 한다. 그것은 그의 사유재산이 된다. 여기에는 부당함이 개입될 여지가 없다고 로크는 주장했다. 왜냐하면 누구나 원하는 대로 나가서 노동을 하면 똑같이 가치를 창출할 수 있기 때문이다. 한 사람의 행위가 다른 사람이 할 수 있는 것을 제한하지 않는다는 것이다. 이것은 사실이다. 그러나 로크가 그의 유명한 "단서(pro-viso)"에서 강조했던 한 가지 중요한 조건하에서만 그렇다. 로크는 다른 사람들도 똑같이 할 수 있는 기회가 광범위하게 존재할 때에만, 본질적으로 무한한 공급이 가능하고, 미개발 상태에서 가치를 결여할 경우에만, 개인은 그 사물에 대한 소유권을 주장할 수 있다고 했다. 더 일반화해서 말하자면, 로크의 견해에 따르면 사적 소유권은 한 개인의 소유권 주장이 다른 사람들에게 해를 입히지 않을 때만 성립할 수 있다. 이것이 바로 로크식 자유의 한계, 다시 말해 '해를 끼치지 않아야 한다'는 자유의 한계였고, 밀의 주장은 그 위에 세워진 것이었다.

로크 해석자들이 오래전부터 말했듯이, 토지 소유에 관한 로크의 이야기는 실제로는 무의미했다. 토지와 그 밖의 자원들은 어디서나 희소했다. 한 사람이 지니는 땅 한 조각에 대한 통제권은 다른 사람의 선택권을 그만큼 제한했다. 사적 소유권에 대한 주장은 —적어도 토지와 자연 자원의 경우— 언제나 해를 가져왔다. 풍요롭기 그지없는 로크의 환상적 세계에 빠져 있는 동안에만, 그의 이야기는 정당한 사적 소유권에 대한 이야기가 된다. 셀 수 없이 많은 도토리 알이 흩어져 있는 땅에 부족이 뿌린 도토리 한 알을 놓고 하는 이야기라면 그의 말이 맞을 수도 있겠다. 그러나 이미 희소성의 원리가 형성된 실제 세계에서 사적 소유권은 심각한 문제를 제기한다.

그러나 종종 그랬듯이 로크에 우호적인 독자들은 엄연한 사실 앞에서도 그다지 예민해지지 않았다. 로크의 『통치론』은 사적 소유권의 토대를 제공했고, 그것은 최초에 왕이 무상 토지 불하를 했다는 것과는 거리가 멀었다.(이것이 그의 저술 전체의 핵심이었다.) 이 책을 씀으로써 로크는 자신의 지지층(대개는 의회)을 만족시켰고, 계속해서 그들의 사랑을 받을 수 있었다. 그러나 로크는 해를 끼치지 않아야 한다는 원칙의 중요성을 강조했고, 그것은 도덕적으로 반드시 필요한 제한이라고 인정했다. 로크는 자연 질서에만 근거해서 설명했기 때문에 해를 끼치는 행위를 정당화할 방법을 찾을 수 없었다. 사회질서와 집단적 의사 결정의 형태를(여러 가지 이유에서 그는 한사코 이 문제를 피하고 싶어 했다) 가정하지 않는 한 그렇게 할 수 없었던 것이다.

이 문제에 예민했던 존 스튜어트 밀은 로크의 유명한 논문을 읽었던 일반 독자와는 전혀 달랐다. 밀이 보기에 자유와 해를 끼치지 않아야 한다는 원칙은 사람들에게 완전한 사상의 자유를 허락했다. 사람들은 다른 사람에게 문제를 야기하지만 않는다면 원하는 대로 생각할 수 있다. 당시에 이런 자유는 결코 당연하게 여겨지지 않았다. 공직과 그 외 여러 특권들은(예를 들어 대학에서의 직책) 종교적 신념을 이유로 제한되었다. 그러나 밀은 사상을 단어로 옮기고, 생각을 말로 옮겨서 다른 사람이 읽고 듣게 되면 해를 끼칠 수도 있다고 봤다. 이것은 그가 정당화하고 옹호한 자유가 행동의 자유는 고사하고 심지어 발언의 자유로까지도 확대되지 않는다는 것을 의미한다. 사실 면밀하게 읽어 보면 밀의 논문은 넓은 의미의 자유에 대한 확고한 승인이라고 보기 어렵다. "해"를 어떻게 규정할 것인가 하는 —밀이 핵심적이라고 봤던— 문제로 말하자면, 유일한 논리적 답변은 "해"란 사회적 구성물이라고 보는 것이다. "해"라는 말에 내용을 부여하고, 그럼으로써 개인의 자유에 제한을 가하는 것은 사회 전체이다.

오늘 우리도 밀이 직면했던 딜레마에 직면해 있다. 개인의 자유는 널리 선포되고 대개는 다른 사람에게 해를 입히는 것을 피할 의무도 함께 언급된다. (일반적으로는 다른 사람도 동등하게 자유를 누려야 한다는 것도 함께 언급된다.) 그러나 "해"가 무엇인지 정의하지 않는 한 이런 논리는, 밀이 명료하게 의식했듯이, 대체로 내용이 없는 빈말이다. 이 말의 정의에 대해 말하자면, "해"는 그냥 자유 자체가 지닌 다면적 개념을 끌어와서 정의할 수 없다. "해"라는 말의 의미는 다른 규범적 가치에 근거해야 한다. 실제로 그 의미는 특정 유형의 행동에 대한 사회의 관용, 또는 불관용에 의해, 다시 말해 사회에 의해 결정된다. 그리고 관용은 시간의 흐름 속에서 사회적 가치와 이해의 변화에 따라 진화한다.

"해(害)"와 자연

해를 끼치지 말라는 규정이 —좀 더 구체적으로 말하자면 그 규정에 대한 사회적 반응이— 막연하다는 사실은 우리가 자연에 대해, 그리고 어떻게 자연을 이용할 것인지 생각하는 방식과 관련해서 중요한 의미를 지닌다. 그것은 새로운 도덕 틀을 끌어오지 않고도 쉽게 자연보호를 강화하는 쪽으로 문화적으로 이행할 수 있는 한 가지 방식을 보여 주기도 한다. 만일 "해"가 생태계 파괴까지 포함하도록 정의한다면, 해를 끼치지 말라는 제한은 자연을 보호하는 데 기여할 수 있다는 것이다.

일반적으로 "해"라는 말은 다른 사람에게 해를 끼치는 것을 의미한다. 좀 더 좁은 의미로 말하자면, 누군지 확인 가능한 사람들에게 눈에 보이는 해를 끼치는 것을 의미한다. 또한 애매하기는 하지만 "해"는 물질적인 해로 제한된다. 사소한 것이 아니라 어떤 의미에서든 실질적으로 해를 입히는 경우라야 "해"라고 할 수 있다는 것이다. 나아가서 해로운 결과를 가져온 행동에 주목하고 그것이 일반적인 행동 유형에 해당하는지 묻는 경향이 있다. 보통 사람이 봤을 때 그 행동은 정당한가? 만일 그렇다면 대체로 그 행동의 결과는 해가 아니라고 간주된다. "해"를 규정하는 데 있어서 이러한 제한들은 토지 사용법과 관련해서 대단히 중요하며, 특히 사적 불법 방해에 관한 법과 관련해서도 중요하다. 피해가 충분히 실체적이지 않은 "해"나 보통의 행위로 인한 "해"는 번잡스러운 세상에서 살면서 어쩔 수 없이 치러야 하는 대가로 알고 그냥 참고 견딘다.

위의 정의는 다른 사람에게 입힌 것으로 "해"를 제한하는 정의이다. 자연은 영향을 입은 자연의 일부가 누군가의 소유일 때만 법적, 또는 도덕적 의미에서 해를 입었다고 할 수 있다. 이때 실제 해를 입은 것은 소유자이지 자연 자체가 아니다. 물질적으로 해가 어느 정도인지도, 일반적으로 소유자에게 끼친 효과, 특히 경제적 효과를 판단한다. 해를 끼쳤을 때 적절한 해결책은 소유자에게 경제적 손실을 보상해 주는 것이다. 해결책은 땅 자체에 대한 것이 아니며, 실제로 "해"가 자연과 관련해서(예를 들어 서식하는 동식물의 구성과 개체 수의 변화) 측정되지도 않는다. "해"를 이런 방식으로 이해할 경우 자연 시스템 안에, 또 자연 시스템 사이에 존재하는 상호 연관성을 평가하지 않게 되며, 거기에 주의를 기울이지도 않게 된다. 그리고 미래 세대와 인간 이외 생명 형태들, 또는 자연 시스템의 창발성이 파괴되는 것에 대해서도, 적어도 직접적으로는, 주의를 기울이지 않는다. 아마도 가장 심각한 것은 소유자의 행위가 자신이 소유한 땅에 미치는 효과를 대체로 무시한다는 점일 것이다. 토지 사용법은 이러한 전반적인 경향에 약간의 변화를 가져오기도 하지만, 기본적인 전제는 여전히 토지소유권에 토지를 훼손하고 파괴할 권리도 포함된다는 것이다. "해"는 이웃에게 해를 끼치는 것을 의미한다.

"해"를 이런 식으로 이해한다는 것은 오늘날 도덕 사상이 자연을 낮게 평가하고 자연의 남용을 허용하고 있다는 사실을 보여 준다. 사적 소유자에 의한 토지 남용은 재산법의 방어를 받는다. 재산법은 "해"에 대한 협소한 정의를 받아들이는 동시에 개인의 자유에 토대를 두고 있다. 또한 위의 성찰은 —특히 "해" 개념의 막연함에 대한 성찰은— 행위를 이끄는 도덕원리로서 자유 개념이 얼마나 파편화되어 있는지 분명하게 보여 준다. "해" 개념을 명확히 정의하지 않으면, 개인의 직극적인 행동의 자유가 언제 다인의 방해받지 않을 소극적인 자유보다 우선하는지 알 수 없다. 또한 사람들과 함께 행동하고 공동의 일을 조직하는 집단적인 자유가 언제 집단의 결정에서 벗어나고자 하는 개인의 욕구보다 우선하는지도 알 수 없다. 자유만으로는 어떠한 지침도 줄 수 없다. 지붕 꼭대기에 올라가 아무리 깃발을 흔들고 자유를 외쳐도 자유라는 말이 지니는 심각한 모호함을 해소할 수는 없다.

기본적으로 자유는 누가 도덕적 결정권을 갖는가에 대해 말하는 한 가지 방식이라고 볼 때 가장 잘 이해된다. 특정 지역의 토지를 어떻게 사용할지 누가 결정하는가? 야생 늑대가 자유롭게 돌아다녀도 될지, 또는 인간의 방해 없이 시냇물이 계속 흐르도록 내버려 둘지 여부를 누가 결정하는가? 경쟁하는 자유의 형태들 가운데서 선택할 때, 그리고 "해"를 정의할 때 반드시 우리는 이러한 질문들에 답해야 하며, 권력을 할당해야 한다. 토지의 사적 소유자가 결정해야 하는가? 아니면 지역공동체가 결정해야 하는가? 아니면 국가, 그것도 아니면 국제적으로 결정해야 하는가?

명료하게 규정했을 때 자유는 유용하게 쓰일 수 있는 개념이다. 자유를 존중해 온 데는 그만한 이유가 있다. 그러나 자연 안에서 함께 살아갈 길을 찾으려는 우리를 이끌어 줄 도덕원리로 자유 하나만으로는 부족하다. 그런데도 자유를 옹호하는 외침은 계속된다. 가장 많이 터져 나오는 외침은 "해"에 대한 정의를 더 완화해야 한다는 요구이다.(예를 들어 습지를 메우자거나 고농도 화학 농법이 해롭지 않다는 주장.) 재량권을 가진 토지 소유자가 토지를 더 건강하게 하는 방식으로 폭넓게 자유를 행사하는 것은 정당하다. 그러나 현실에서 자유에 대한 요구는 대체로 이와 반대 방향으로 움직이고 있다. 그것은 자기 마음대로 땅을 바꿀 수 있는 개인의 자유로 이해되고 있다. 자유는 밖으로부터의 비판을 막고 침묵시키는 방어막이 되고 있다. 하나의 도덕 틀로서 자유는 사회와 자연 시스템 안에 뿌리박고 살아가는 실제 인간이 아니라, 고립된 개인을 부각시킨다.

평등의 파편성

자유와 항상 짝을 이뤄 언급되는 핵심적인 도덕원리인 평등에 대해서는 그다지 길게 말할 필요가 없을 것 같다. 자유와 평등은 둘이 함께 근대 도덕 질서를 형성해 왔다. 자칭 자유롭고 평등한 기회의 땅이라는 미국이 가장 두드러진 예라고 할 수 있을 것이다. 그러나 면밀히 검토해 보면 평등은, 소중한 것이기는 하지만, 자유와 마찬가지로 도덕과 관련해서 그다지 많은 내용을 담고 있지 않다. 땅 위에서 우리가 어떻게 살아야 하는가라는 중대하고도 오래된 과제를 위해 평등은 그리 큰 도움이 되지 않는다.

형식적인 의미에서, 특히 법의 영역에서 평등은 같은 경우는 같게 취급해야 한다는 것을 뜻한다. 사람들이나 사례들 가운데 선을 그어 자의적으로 서로 다르게 취급해서는 안 된다. 이 원칙은, 종종 비평가들이 말하듯이, 지적으로 비어 있는 원칙이 아니다. 평등의 원칙이 없으면, 아마도 본질적으로 동일한 사례들을 멋대로 구분하여 서로 달리 취급하는 것이 가능할 것이다. 사람들을 특정 위치에 고정하고 서로 다르게 취급하는 위계질서 역시 쉽게 받아들이게 될 것이다. 그러나 여기서 더 나아가서 평등 역시 다른 것과 연결되지 않으면, 다시 말해 인간의 도덕적 가치에 대한 이해에 기초하지 않으면, 별 내용이 없어진다.

평등이 지니는 대표적인 ―큰― 약점은 특정 사례들이 같은지 같지 않은지 결정할 형식적 수단이 없다는 것이다. 평등에는 사례들 사이의 구분이 자의적인지, 아니면 도덕적으로 중요한 요인에 근거해 있는지 평가할 수단이 없다. 마찬가지로 그것은 어떤 규정이나 조건이 표면상으로는 아무런 구분도 하지 않는 것 같지만, 상이한 상황에 있는 사람들에게 다른 결과를 가져온다는 점에서 실질적으로는 불평등 금지 규정을 범하고 있는 것이 아닌지 알려주지 않는다. 예를 들어 누구나 법정에 들어갈 때 열 계단을 올라가야 한다면 그것은 사람들을 동등하게 취급하는 것인가? 한편으로 보면 법정 계단은 누구에게나 예외 없이 동등하게 열 계단이다. 그러나 다른 한편으로 보면, 그 계단을 오를 수 없는 사람들을 동등하게 취급하고 있는 것이 아니다. 이 중 어느 쪽인가? 평등의 원칙 자체는 이 질문에 답하지 못하며, 그것은 평등이 지니는 중대한 약점이다. 이 질문에 대한 답은 다른 도덕적 원천으로부터, 즉 개인의 사회참여 능력과 소속감, 자부심 등과 관련된 가치들로부터 나와야 한다. 실은 (자연법에 대해 기술한 기독교 저자들에 의해) 중세에 처음 등장할 때부터 평등은 하느님이 부여한 도덕 가치와 관련되었다. 그러나 평등은 그러한 도덕 가치를 정의하거나 거기에 내용을 부여하지 않았다. 단지 도덕 가치를 모든 사람에게로 확대했을 뿐이다. 도덕 가치 자체는 역사적으로 (서구에서는) 유대-

기독교 성서에 기초한 이전의 도덕적 입장이었다.

이러한 한계 외에도 평등은 우리가 자연을 다룰 때 문제를 일으키거나 혼란을 줄 수 있다. 자연의 소유자나 사용자가 자신들이 할 수 있는 것을 못하게 제한하는 규정들에 도전하고, 그 규정이 사람을 불평등하게 취급한다고 공격할 때 그런 문제나 혼란이 생긴다. 토지 소유자 A는 토지 소유자 B가 할 수 있으니 자신도 토지를 개발할 권리가 있다고 주장한다. 법은 둘 다 똑같이 취급해야 한다고 토지 소유자 A는 주장한다. 만일 구체적으로 소유자가 누구냐에 따라 사실상 다른 규정을 적용하면서 소유자가 누군지는 상관이 없는 것처럼 가장한다면, 그 경우 법은 불평등하게 적용되었다고 말할 수 있다. 그러나 법이 사람들 자체를 다르게 취급하지는 않았을 가능성이 높다. 법은 각각의 토지를 다르게 취급했을 것이다. 그리고 A의 토지는 B의 토지와 달라서 둘을 달리 취급한 것은 정당화된다. 이 사례는 매우 분명해서 혼란의 여지가 별로 없다. 그러나 특히 재산권 영역의 경우 절대적 사고가 지배한다. 지금 개발을 하려는 사람은 비슷한 토지를 소유한 이웃이 10년 전에 개발을 허락받았다는 사실에 분개한다. 어째서 재산권은 무시간적으로 보호되어서는 안 되는가? 그러나 시간적으로 10년이라는 간격이 있는 계획이라면 법은 충분히 다르게 고려할 수 있다. 사회적 가치가 변했을 수도 있고, 그에 따라 "해"에 대한 사회적 정의가 달라졌을 수도 있다. 동일한 사례를 동일하게 다뤄야 한다는 요구는 여전히 강력하다. 그러나 어떤 경우가 실제로 같은가?

평등이 지니는 도덕적 수월성은 법의 지배 원리, 즉 공적 사안은 자의적인 권력 행사가 아니라 법에 의해 다뤄져야 한다는 생각과 관련이 있다. 사실상 평등은 법의 하위 원칙이라고까지 말할 수 있다. 좋은 법의 내용이 무엇인지에 대해 답하지 않은 채로 남겨 두기는 하지만, 법의 지배라는 원리는 강력하고 중요한 이상이다. 우리는 독재자가 아니라 법에 근거한 정부를 원한다. 그러나 어떠한 종류의 법을 말하는가? 도덕의 인도가 없다면 우리는 이에 대해 알 수 없다. 이것은 칸트의 철학적 요구, 즉 남에게 적용하고자 하는 도덕원리를 자신도 따라야 한다는 요구에 내재한 중대한 불확실성이다. 즉, 서로 다른 사람들이 전혀 다른 규율들을 제안하는데 그것들 모두가 똑같이 적용할 수 있는 것이라는 데서 오는 불확실성이다.

간단히 말해 자유와 마찬가지로 평등도 도덕적 비전의 한 단편일 뿐이다. 어느 정도로는 유용하지만 그 이상은 아니다. 자유와 평등의 결합은 잘 어울린다. 자유에 대한 존 스튜어트 밀의 제한 —해를 끼치지 말라는 규율— 은 평등한 적용을 위한 규율이라고 설명할 수 있다. 그러나 이 두 원리가 각기 사회적 상호 관계에 대해서 단편적인 지침만을 줄 수 있었던 것과 마찬가지로, 이 두 원리를 결합한다 해도 우리가 자연과 어떠한 상호 관계를 맺어야 하는지에 대해 거의 아무 말도 해 주지 못한다. 이 두 원리는 자연에 가하는 특정한 변화가 남용인지 아닌지 결정하는 데 별 도움이 되지 않는다. 훨씬 더 많은 것이 필요하다.

권리의 상대성

자유와 평등에 관한 위의 논의는 인간의 권리 전반에 관한 주제를 끌어들이며, 어떻게 인간의 권리가 땅 위에서 분별 있게 살아가기 위한 노동과 조화될 수 있느냐는 문제를 끌어들인다. 앞서 언급했듯이 인간의 권리는 권리를 인식하는 사람들에 의해, 그리고 그들 사이에서 이뤄진 선택에 근거해서 만들어진 사회적 고안물이다. 권리의 내용은 그것이 만들어진 이유, 그리고 원래 그 권리가 하기로 되어 있는 역할과 직접적인 관련이 있다. 존 로크가 사적 소유를 자연적 권리로 정당화했을 때 그의 목표는 영국 스튜어트 왕가의 주장, 즉 모든 소유물은 왕의 하사에 의한 것이고, 따라서 왕권에서 나온 것이라는 주장에 반대하기 위한 것이었다. 로크는 그렇지 않다고 말했다. 소유는, 적어도 가설적으로는, 특정하게 규정된 상황에서 대지에 자신의 노동을 투입한 사람들에 의해 생겨났다는 것이다.

미국에서 애지중지하는 권리들은 대체로 공화국 초기에 명료하게 드러나고 받아들여졌으며, 영국과의 혁명적 갈등을 통해 생겨났다. 로크의 재산권과 마찬가지로 미국 건국기의 권리들 역시 구체적인 목적을 위해 만들어졌다. 당면한 악은 멀리서 식민지에 자신의 뜻을 강요하며 간섭했던 영국이었다. 여러 혁명 세력이 활동하고 있었고, 그들 중 많은 사람이 경제 세력이었다. 지도적 위치에 있던 시민들은 간단히 정치권력을 영국으로부터 식민 수도로 가져와서 식민지 개척자들이 집단적으로 스스로 통치하기를 원했다. 상승 욕구가 강했던 좀 더 낮은 계급에 속했던 사람들은 광범위한 법적·사회적 구속으로부터 벗어나고자 하는 욕망을 점차 키워 가고 있었다.

이러한 혁명적 상황에서는 멀리 있는 정부의 힘을 당장 어떻게든 제한해 줄 인간 권리가 필요했다. 그래서 이에 맞춰 선택된 권리들은 사람들의 행동을 통제하는 정부의 권력을 제한하는 것이었다. 반면 그 권리들은 식민 이주자들이 서로를 향해(노예가 주인을 향해, 아내가 남편을 향해, 어부가 꾸역꾸역 하천에 댐을 세워대는 공장주들을 향해) 주장할 수 있는 권리가 아니었다. 사실 혁명의 시대에 등장한 사상의 한 흐름은 뚜렷하게 공동체주의적(communitarian)이었다. 농업이 지배적이었던 세계에서 사람들은 지역을 넘어선 차원에서 정부의 필요성을 별로 느끼지 못했다. 따라서 중앙 집권적 정부에 반대하는 정치적 권리의 선언은 그 시대의 요구에 맞았고, 큰 비용 없이 가능했다.

혁명의 시대에 인간의 권리에 근거하여 형성된 도덕 질서는 한 세기 남짓 잘 작동했다. 연방정부는 전쟁을 할 때를 제외하고는 그다지 두드러진 역할을 하지 못했다. 주와 지방정부는 당시 시대정신에 맞게 경제 발전과 팽창을 도모했다. 권리 의식은 공교육을 확대하고 정신 질환자 보호시설이나 교도소를 개혁하며 결혼한 여성에게 재산권을 부여하려는 노력에 힘을 불어넣었다.

그러나 멀리 있는 정부에 대처하기 위해 만들어진 권리들은 시간이 지나면서 강력한 경제 세력과 부의 집중으로 인해 발생하는 문제들에 대처하기에 부적절하다는 것이 드러났다. 사적 권력 앞에서 뒤로 밀린다고 느꼈던 보통 사람들은 18세기 상황에 토대를 둔 정치적 권리들로는 자신들이 보호받을 수 없다는 사실을 깨달았다. 실제로 혁명 시대의 권리들은 대부분 다른 편을 돕는 것처럼 보였다. 시민들은 집단적으로 행동하고 정부 권력을 끌어와야만 부상하는 경제 권력에 대처할 수 있었다. 그러나 법률로 정해져 있던 그들의 인권은 대부분 정부 권력을 제한하는 형태를 띠었다.

만일 미국의 권리 개념이 다른 시대, 다른 상황에서 형성되었다면, 미국이라는 국가가 가령 제퍼슨이 말한 "생명, 자유, 행복의 추구"로 출발하지 않고, 캐나다의 건국 과정에서 자명하게 사용되었던 문구인 "평화, 질서, 좋은 정부"로 출발했다면, 아마도 상황은 달려졌을 것이다. 문화적 상황도 확실히 달라졌을 것이다. 20세기에 이르자 국가들은 자체의 권리 목록을 작성했고, 그것은 19세기 캐나다의 헌상을 뛰어넘어 적극적인 권리를 강조하고 정부를 유익한 도구로 끌어올렸다. 국가들은 주거와 교육, 깨끗한 물에 대한 권리를 덧붙였고, 그러한 권리들은 미국인들이 소유한 구시대적인 얼마 되지 않는 권리들과는 형식이나 그 성격에서 전혀 달랐다.

특히 미국식의 권리, 그리고 정도 차는 있어도 다른 형식의 권리들 역시 자율적 존재로서 인간 개인에게 중심을 두는 경향이 있다. 그것은 다른 생명 형태들에 주의를 기울이지 않는다는 점에서 인간 중심적이고 현재 중심적일 뿐만 아니라, 사회적 역할과 더 큰 생명 공동체를 무시하는 인간 존재에 대한 비전에 기초해 있다. 권리는 단지 부분으로서 인간을 유지할 뿐이다. 권리가 불완전하다는 것은 대체로 그것이 당시 지배적이었던 개신교 도덕 질서를 보완하려는 의도에서 형성되었다는 사실을 통해서도 부분적으로는 설명이 된다. 종교에 기반을 둔 도덕이 사적 삶만이 아니라 공적 삶의 틀까지 제공했으며,

거기에 정치적 자유가 보완되었다. 자연에 대해 말하자면, 북미에서 자연은 본질적으로 무제한의 보고로 여겨졌다. 북미는 엄청난 자연적 부를 가진 대륙이었고, 그것을 사용하는 데 제한을 둘 필요를 거의 느끼지 않았던 것으로 보인다.

미국에서 권리는 헌법에 통합되었고, 그 법적인 힘은 헌법으로부터 나온다. 그러나 종종 미국인들은 자신들의 권리가 연방과 주 헌법을 넘어 그와 상관없이 생겨났고 단지 헌법으로부터 승인을 받았을 뿐이라고 생각한다. 그러나 권리에 대한 이러한 견해는 일종의 정치적 창조 신화일 뿐 정당화되기 어렵다. 왜냐하면 권리란 역사적·문화적 상황에 크게 의존하고, 대중의 수용에 의해서만 실질적 효력을 발휘하기 때문이다. 존 스튜어트 밀이 자유를 옹호했을 때, 그 역시 인간의 권리는 전적으로 사회적 창조물이며, 결코 천지창조 시 우주에 뿌리를 둔 객관적 이념이나 인간이 최초로 지구 위를 걸을 때 기적적으로 (신적 행위에 의해?) 솟아난 것이 아니라는 점을 분명히 했다. 나아가서 권리 주장은 그것을 인정하는 것이 공동선을 위해 전체에게 이익을 가져다줄 때, 그런 한에서만 정당하다고 그는 강조했다. 개인의 권리는 공적 행복의 파생물이며, 공적 행복을 지지하는 데 도움을 주는 것이어야 한다고 그는 주장했다.

이 점에서 20세기 전환기 미국의 실용주의자들은 ─그들 중 법학자 올리버 웬델 홈스 주니어(Oliver Wendell Holmes Jr.)가 두드러지게─ 밀에게 동의했다. 사회가 인간의 권리를 만들어 냈으며, 그러한 권리를 받아들이는 것이 공동선을 진작시킬 때 그렇게 했다는 것이다. 홈스는 특히 권리 주장을 실용적으로 판단했다. 요구한 권리 주장을 인정한다면 그 결과는 무엇인가? 그것을 받아들인다면 실제로 좋은 사회적 결과에 이를 것인가? 간단히 말해 인간의 권리는 공적 통치의 산물이라는 것이다. 즉, 시작점이 아니라 결과물이라는 것이다. 일단 공동선이 무엇인지 확립되면, 권리는 그러한 선을 진작시키는 데 도움을 주는 방식으로 규정될 수 있다. 이것은 책임적 개인주의에 의해서만은 아니지만, 특히 책임적 개인주의에 의해 조성될 수 있는 부분이다.

어려운 문제들에 직면해 있는 오늘의 관점에서 보면 이러한 인식은 의미가 있다. 즉, 권리는 집단적인 사회적 선택으로부터 나오며, 사회적으로 좋은 의미를 지니는 권리는 변함없이 유지되어야 한다. 이 점을 명료하게 인식하는 것은 가치가 있다. 권리는 사람들이 구체적인 문제들을 해결하고, 권리가 작성될 당시의 지배적인 상황에서 번영하도록 돕기 위해 만들어졌다. 이렇게 보면 남아프리카 공화국이 인종차별 시대를 지나면서 작성한 헌법이 미국과는 전혀 다른 권리의 내용을 담고 있다는 것도 별로 놀랄 일이 아니다. 남아프리카 공화국 헌법이 정한 권리들은 전혀 다른 그들의 상황을 고려하고 있다. 그것은 자원의 희소성과 생태계의 파괴를 비롯한 근대 세계의 현실에 관심을 기울이고 있다.

이 책의 마지막 장에서는 생태계 파괴에 관심을 불러일으키기 위해, 개혁을 위한 일종의 전략으로, 미국의 핵심적인 권리 리스트를 수정할 가능성을 모색할 것이다. 몇몇 주들이 이미 이 일을 했다. 그 주들은 자신들의 주 헌법에 깨끗하고 건강한 환경에 대한 개인의 권리를 이미 명시해 놓았다.(예를 들어 일리노이주는 1970년 주 헌법 11조에 명시해 놓았다.) 그러나 이 헌법 조항들은 그 범위가 너무 포괄적이고 냉철한 논조여서 사람들에게 별로 알려지지 않았고, 일반적으로 법정은 이 조항들을 의미 없는 것으로 취급해 왔다. 환경권이 실질적 효과를 발휘하기 위해서는, 그 형식과 내용이 그동안 미국인들이 알고 아껴 온 권리들과는 많이 달라져야 한다. 사실 권리에 대한 전반적인 이해 자체가 재고될 필요가 있다.

미국식 권리는 대체로 정부를 규제하기 위한 것이며, 국가의 침해로부터 자유로운 개인의 자율성의 영역을 확보하기 위한 것이다. 미국식 권리는 그 나름으로 여전히 가치가 있다. 그러나 땅 위에서 잘 살아야 한다는 가장 오래된 과제를 감당하는 데 그것은 별 도움이 되지 않는다. 이때 미국식 권리는 대체로 장애물로 작동한다. 예컨대 지속적인 토지 황폐화에 방어막을 쳐 주거나 토지 소유자와 오염 주체가 자신들이 해 온 유해한 행동을 바꾸는 대신 대가를 지불해야 한다고 한다. 18세기에 작성될 당시 이 권리들은 사람들이 잘 살고 번영하도록 도왔다. 계속해서 그럴 수 있을 때만 그 권리들은 도덕적으로 정당할 수 있다. 다시 말해 우리가 계속해서 그 권리들을 존중할 수 있다.

경제학과 객관성

이 장에서는 사적 행동에 관한 논의에서 사용하는 언어가 아니라, 공적 정책을 논의할 때 사용하는 지배적인 도덕 틀과 언어, 공적 담론에서 사용하는 가치들에 대해 살펴봤다. 전자인 개인적 미덕에 관한 언어는 매너와 관습에 대한 관심, 정직하게 살라든가 다른 사람을 존중하고 때로는 경건한 신앙을 가지라는 등의 내용으로 넘쳐난다. 공적 영역으로 넘어가게 되면 이 개인적 도덕은 대체로 개인의 존엄성을 강조하는 방향으로 간다. 사회를 향해 가난하고 약한 사람들을 도우라고 호소하고, 엉망으로 사는 사람들에게는 더 나은 덕을 함양할 것을 요구한다. 그러나 이 모든 역할과 관련해서 사적 도덕은 대부분 개인과 가족에 중심을 두며, 개인의 행복을 넘어 어떠한 의미에서든 공공선에 중심을 두는 경우는 흔치 않다. 사적 도덕은 공적 도덕을 잘 보완할 수 있으며, 사회와 자연 공동체를 지탱하는 도덕 질서를 보완할 수도 있다. 그러나 그것은 결코 공적 질서를 건설하기 위한 도덕적 내용을 제공하지 못한다.

오늘날 자유와 평등, 권리에 대한 공적 논의 말고 ―국방과 평화 유지에 관한 주제도 제외하고― 공동선에 대해 이야기하는 또 한 가지 중요한 방식은 경제에 관해 이야기하는 것이다. 경제가 발전하면 모두 이익을 얻는다고 사람들은 말하고는 한다. 사실 경제 활성화는 오늘날 정부가 하는 일의 거의 전부라고 할 수 있을 정도로 일종의 목표 같은 것이 되었다. 옳고 그름은 아니더라도, 좋고 나쁨을 구분하기 위한 가치 시스템 내지는 틀로서 이 커다란 목표에 대해 우리는 무엇이라고 말할 수 있는가? 그것은 자유와 평등을 비롯한 인간 권리 일반을 도덕적으로 강조하는 것과 어떻게 어울릴 수 있는가?

아마도 경제학자들이 부에 대해 어떻게 말하는지 살펴보는 것으로 이 질문에 대한 답을 시도할 수 있을 것이다. 공적 경제 분야에서 부를 측정하는 주요 척도는 시장경제의 전체 규모와 관련이 있다. 더 큰 경제가 더 작은 경제보다 규범적으로 더 좋다. 이것이 핵심이다. 일반적으로 경제 측정은 일어나고 있는 경제행위의 양에 집중하며, 교환되는 상품과 서비스의 가치에 집중한다. 이러한 측정 방식에서는 상품과 서비스 자체의 좋고 나쁨에 대해서는 판단하지 않는다. 또한 이 측정 방식은 시장 밖에서의 활동과 효과를 무시한다는 한계가 있으며, 이 결함은 보다 세분화된 경제 측정에 의해 부분적으로 극복되기도 한다. 주요 요인 중 상위권에 속하는데도 고려되지 않는 것이 바로 인간이 자연에 끼치는 영향이다. 숲을 벌목하고 나무를 팔면 팔린 나무의 시장가격은 연간 경제활동 측정량에 포함된다. 나무가 더 이상 자라고 있지 않으며, 더 이상 살아 있는 숲의 일부가 아니라는 사실은 계산에 포함되지 않는다. 경제 측정은 수집한 목재의 전체 가치를 더할 뿐 살아 있는 나무가 줄어든 것은 빼지 않는다. 마찬가지로 강에 오염물을 쏟아붓는 행위 역시 경제적 계산에는 들어가지 않는다. 그것을 정화하기 위해 들어간 돈은 계산이 된다.

이러한 계산법의 근저에는 자신의 시간과 재산을 팔고 돈을 쓰는 사람은 자신의 선호를 충족시키기 위해 그렇게 행동한다는 가정이 깔려 있다. 그들이 포기하는 돈과 시간의 시장가치는 그들이 선호를 충족시킴으로써 받게 될 이익의 가치를 합리적으로 측정하는 기준이 된다. 대체로 이것은 개인의 선호를 충족시키는 것과 관련이 있다. 시장에서 사고팔지 않는 것의 가치를 평가할 때는, 만일 그것을 시장에서 사야만 한다면 얼마나 많은 사람이 돈을 지불하고 그것을 살지(또는 이미 그것을 가지고 있다면, 그것을 포기하는 데 돈을 얼마나 받을지) 추정한다. 이러한 그림자 가격 측정은 비시장 상황에서 선호 충족의 수준을 측정하여 비시장 상품들도 전체 부를 계산하는 데 포함될 수 있게 한다. 선호 충족을 측정하는 대안적인 방식은, 비용이 더 적게 들고 더 효과적인 것이 더 좋은 접근 방법이다. 따라서 효율성 역시 규범적인 목표이다. 더 효율적인 것이 덜 효율적인 것보다 규범적으로 더 좋다.

이러한 접근 방식에 대해 한 가지 언급해 두어야 할 것은, 본질적으로 이 접근 방식은 형식상 절차적이며, 객관적이거나 심지어 과학적인 것처럼 보인다는 것이다. 경제학자는 개인에게 무엇이 좋고 나쁜지 결정하지 않는다. 결정하는 것은 개인들 자신이다. 개인은 돈을 쓰는 것으로, 노동이나 소유를 포기하는 것으로, 그리고 비시장 상품에 얼마나 많은 돈을 지불할지 묻는 설문 조사에 답하는 것으로 자신의 규범적 선택을 표현한다. 개인들 자신이 각자 선택한 규범적 가치에 근거해서 스스로 선택을 한다. 경제학자는 단순히 이러한 선호 충족에 대한 데이터를 수집하고 종합할 뿐이다. 외견상 중립적으로 보이는 이러한 역할(과 비슷한 다른 역할) 때문에 경제학은 과학이라고 주장하게 되고, 경제학 분야에 노벨상 수상이 이뤄진다.

경제학 분야 전체가 과학으로 간주되기를 원한다는 것은 흥미롭다. 근대 세계의 객관성 숭배와 과학의 지위 상승을 고려한다면, 그러한 충동을 이해 못할 바도 아니다. 앞서 살펴봤듯이 과학은 사실을 생성하고 검증하는 학문이다. 경제학은 개인의 선호에 대해 규범적 판단을 내리지 않으면서 그것을 도표화한다는 점에서 과학이 하는 일을 한다. 그러나 만일 경제학이 순수하게 과학이라면, 경제학자는 논평이나 추천 같은 토를 달지 말고 자신이 수집한 사실을 있는 그대로 제시해야 한다. 선호도 수집의 결과에 대해 판단을 내릴 도구를 자신은 가지고 있지 못하다는 사실을 인정해야 한다. 그리고 정책 자문이라는 중요한 역할로부터 물러나야 한다. 생태학자가 키가 큰 풀들로 이뤄진 초원이 콩밭보다 더 나은지 여부에 대해 우리에게 말해 줄 수 없는 것처럼, 경제 과학자 역시 특정 삶의 형태, 또는 경제적 조건이 다른 것보다 나은지 여부에 대해 말해 줄 수 없다.

전반적인 부의 측정에 사용되는 외견상 객관적으로 보이는 이런 접근 방법은 시사하는 바가 있으며, 동시에 문제가 있다. 그것은 객관성을 숭배하고 직접 규범적 질문을 제기하는 것을 피하려는 우리 시대의 경향을 드러내 주는 또 하나의 증거이며, 이 점에서 시사적이다. 과학으로서의 경제학과 함께 우리는 경제성장에 대해 말할 수 있고, 어떻게 객관성을 높이고 객관성의 영역 안에 머무를 수 있는지에 대해 말할 수 있다. 그러나 경제성장을 촉진하는 것은 일하고 사고파는 개인에게로 규범적인 질문을 미뤄 놓는 한에서만 가능하다.

그러나 이러한 객관성에는 비싼 가격표가 붙어 있다. 특히 자연과 미래 세대, 사회정의의 여러 측면과 관련해서 볼 때 그렇다. 만일 우리가 기본적인 가치와 이상에 대해 공적으로 말하지 않는다면, 어떻게 전체 궤도가 보다 책임적인 방향을 향하게 할 수 있겠는가? 나아가서 규범적 가치를 전혀 고려하지 않는 부의 계산법을 사용하는 것은 모든 선택이 똑같이 좋다는 것을 시사한다. 사실 부를 계산하는 데는 좋고 나쁨도, 옳고 그름도 없다. 단지 더 많아야 할 뿐이다. 그러나 실제로 자연 안에서 살아가는 문제는 이와 전혀 다르다.

소비자와 시민의 부조화

그러나 세계에 대한 이 대중적이고 익숙한 경제적 견해는 규범적으로 중립적인 것과는 거리가 멀다. 경제학자는 사람들이 돈을 쓰거나 자신의 노동을 파는 방식에 대해 드러내 놓고 판단하지 않으며, 단지 거래를 계산하고 측정한다. 그러나 그들이 사용하는 틀은 뚜렷한 규범적 견해를 드러내고 강화한다.

우선 경제적 측정에 나타나는 세계에 대한 견해는 인간 중심적이고 현재 중심적이다. 오로지 살아 있는 인간만이 중요하다. 왜냐하면 살아 있는 인간만이 시장 거래를 통해 선호를 충족시키려고 하기 때문이다. 또한 그것은 인간을 사회와 자연 공동체의 일원이 아니라 개인으로 이해하는 세계관이다. 이 익숙한 존재론적 관점에서는 공동체가 실종된다. 공동체의 조건과 행복은 무시된다. 그리고 개인이 공동체 안에서 책임 있게 행동하는지 여부는 개인적 선택의 문제가 된다.

개인적 선호는 으레 시장 자체에 의해, 그리고 이기심과 저급한 충동을 부채질하는 현대의 광고에 의해 만들어진다. 이러한 선호 조작에 대한 책임이 경제학자들에게 있다고 할 수는 없다. 그러나 경제적 계산은 가령 구매자들이 자기가 한 일을 금방 후회한다는 데 별 관심을 갖지 않으며, (일부 관심을 갖는다 해도) 그러한 문제를 다루는 데 어려움을 느낀다. 대부분의 경우 선호는 단순히 현재와 과거 살아온 상황에 의해, 자신에게 가능한 것이 무엇인지에 대한 판단에 의해, 그리고 일반적으로는 자신에게 열려 있다고 생각하는 제한된 기회에 의해 형성된다. 사람들이 원하는 내용은 주어진 제한된 선택지에 의해, 그리고 자신이 얻을 수 있다고 생각하는 것에 의해 (종종 상당히 크게) 구속받는다. 사람들의 선호는 문화와 시장으로부터 동떨어져 형성되는 것이 아니다. 이러한 왜곡에 대한 책임이 경제학에 있다고 할 수는 없지만, 경제학이 대중적으로 확산시킨 측정 방식은 핵심적인 사회적 현실을 무시한다.

사람들이 시장에서 돈을 쓰는 것은 대부분 개인적으로, 또는 가족과 함께 쓸 상품과 서비스를 얻기 위해서이다. 돈을 지불하는 것은 이익을 얻기 원하기 때문이다. 사람들은 다른 사람들 역시 이익을 누린다고 생각하면 상품과 서비스를 훨씬 덜 사는 경향이 있다. 그런데 만일 다른 사람들이 이익의 대부분, 또는 거의 모두를 가져가는데도 상품과 서비스를 산다면, 이때 비용과 이익은 어긋나게 된다.

이러한 어긋남은 인간과 자연의 문제와 관련해서 대단히 중요한 의미를 지닌다. 왜냐하면 생태계의 재화 중 사람들이 선호하는 ―아마도 개인적으로 가장 원하는― 많은 것이 그것을 얻을 경우 다른 사람에게도 이익이 돌아가기 때문이다. 누군가는 강을 깨끗이 하는 데 시간과 돈을 쓸 의지가 있을 수 있다. 그러나 그로 인한 이익은 강을 이용하고 향유하는 모든 사람에게 광범위하게 돌아간다. 또 기꺼이 오염물 배기량이 훨씬 적은 차를 운전하려 할 수 있지만, 그로 인해 개선된 공기의 질은 개인이 독점할 수 있는 이익이 아니다.

비용과 이익 사이의 어긋남은 그동안 별로 논의되지 않았던 한 가지 중요한 문제를 설명하는 데 도움이 된다. 그것은 한 사람이 소비자이면서 동시에 시민이라는 사실에서 오는 분열, 즉 소비자로서의 개인과 시민으로서의 개인 사이의 분열 문제이다. 소비자로서(시장 참여자로서) 개인은 시간과 돈을 어떻게 쓸 것인지 결정한다. 시민으로서 개인은 ―적어도 이상적으로는― 개인만이 아니라 다른 사람들에게도 적용되는 공적 정책 중 어떤 것을 지지할지 결정한다. 이러한 역할은 매우 다양하며, 이 다양한 역할 중에서 사람들이 하는 선택 역시 매우 다양하다.

개인으로서 행동할 때 ―경제학자들의 말로 하자면, 합리적으로 행동할 때― 그 개인은 강의 일부를 청소하거나 배출량이 적은 자동차를 사는 선택을 하지 않을 것이다. 결과로 개인이 얻는 이익이(더 깨끗해진 강이나 공기) 적기 때문이다. 그러한 행동은 중요한 이익을 발생시키지만, 이익의 대부분이 다른 사람에게, 즉 깨끗해진 강과 적은 배기가스로 혜택을 보는 많은 사람에게 돌아간다. 소비자로서 개인의 입장에서 보면, 비용이 이익을 상회하며, 따라서 그 행동은 비합리적이다. 그러나 동일한 개인이라도 시민으로서 선택한다면, 강을 깨끗하게 하는 데 세금을 사용하는 것을 지지할 것이고, 자동차 생산자가 자동차 배기량을 줄이게 하는 법률을 지지할 것이다. 이런 경우 다른 시민들 역시 참여할 것이기 때문에 그런 입장을 취하는 것은 합리적이다. 오늘날 체계적인 변화를 지지하는 개인은 자신이 한 행동만이 아니라 다른 모든 시민이 한 유사한 행동으로부터 이익을 얻는다. 비용이 모든 시민에게로 분산되고 이익도 대부분 그들이 누린다. 비용과 이익이 일치하게 되는 것이다. 소비자로서 개인은 환경에 아무 도움이 되지 않는다. 환경문제에 헌신할 용의가 있는 것은 시민으로서 개인이다.

소비자와 시민 사이의 이러한 분열을 경제학이 모를 리 없지만, 거의 주목을 받지 못하고 있다. 경제학이 사용하는 경제적 부의 측정 방법은 사람들이 소비자와 시장 참여자로 행동할 때 ―다시 말해 집단행동의 선택지가 주어져 있지 않을 때― 선호하는 것만을 계산하며, 경제학은 이에 대해 의문을 제기하지 않는다.

정치적으로 보수 성향인 대중적 경제학에서는 대체로 이러한 분열을 부정한다. 흔히 보수적인 견해에 따르면 사람은 개인으로서 자기 돈을 쓸 때만 자신의 실제 선호를 표현한다. 투표자로서 그들이 원하는 것, 또는 그림자 가격 조사에 그들이 답하는 것은 믿을 만하지 못하며, 그것은 주로 다른 사람들의 돈을 쓰는 경우이기 때문이라는 것이다. 그러나 이러한 주장은 방금 제시한 기본적인 경제적 이유에서 간단히 틀린 주장이다. 예를 들어 수많은 시민이 매번 공립학교를 위해 더 많은 세금을 내는 쪽으로 투표를 한다. 자신들이 그 학교에 다니지 않고 앞으로도 다니지 않으며, 또 가족 중에 다닐 사람이 없는 데도 말이다. 그들이 시민으로서 교육세를 지지하는 것은 공동체를 위해 그것이 좋고, 공동체의 행복과 그들의 운명이 연결되어 있기 때문이다. 같은 액수의 돈을 학교 시스템을 위해 자발적으로 기부하지는 않을 테지만, 그들은 세금을 증액하는 쪽으로 투표할 것이다. 기부할 경우 지역의 학교에 약간의 개선을 가져올 뿐이고, 이익은 기부자만이 아니라 전체 공동체에게 돌아간다. 그러나 시민으로서 개인이 세금을 올리는 쪽으로 투표를 한다면, 다른 사람들 역시 세금을 낼 것이고, 개인에게 돌아가는 이익은 훨씬 더 커진다.

경제학은 부를 계산할 때 공적 지출까지 포함시킨다. 총합계에는 세금 납

부자들이 집단적으로 상품과 서비스를 구매한 금액까지 포함된다. 그러나 역시 주된 측정 방법은 개인으로서 사람들이 원하는 것에 중심을 둔다. 그것은 집단적으로 사람들에게 무엇이 좋은지 묻지 않으며, 모든 것을 고려하는 규범적 검증을 통해 공동체 자체의 전체적인 조건을 측정하지 않는다. 공장이 문을 닫고 주변 지역이 쇠락하고 주거 가치가 떨어지고 공적 사회 기반 시설이 망가지는 것도 경제적 계산을 하는 사람들은 달리 본다. 탄광이 수로를 산성화하고 수질을 엉망으로 만드는 것에도 그들은 눈길을 주지 않는다. 이러한 비용은 개인의 시장 거래와 관련이 없기 때문이다. 그래서 그런 것들은 무시되며, 경제에 대한 객관적 견해에 따르면 그 결과는 경제와 관련이 없고, 따라서 전체적인 부와도 상관이 없을 수밖에 없다.

　대중적이고 공적인 경제사상의 궁극적인 한계는 공동선 자체에 대해 말하기 위한 적절한 수단 내지는 언어를 제공하지 못한다는 것이다. 그것은 우리가 원하는 사회 형태에 대해서, 그리고 어떻게 하면 건강한 공동체를 만들어 갈 수 있는지에 대해서 질문할 공간을 제공하지 못한다. 대체로 그것은 가능한 한 많이 가지고 싶어 하는 시장 참여자 개인에 대해서, 그리고 공유 없이 개인적으로 향유할 수 있는 상품과 서비스에 대해서만 말할 뿐이다. 그러나 유익한 재화 중 많은 것이 다른 사람과 공유할 수밖에 없는 것들이다. 그리고 많은 것이 집단적 행동을 통해서만, 때로는 자발적인 조직을 통해서, 그리고 종종 정부를 통해서만 얻을 수 있는 것들이다.

　중립성의 가면을 쓴 —자신의 규범적 경향을 감추고 있는— 대중적 경제학은, 마치 효율성이 사회가 추구해야 할 총체적인 가치이거나 목표인 것처럼, 효율성을 이야기하는 것으로 축소된다. 그러나 효율성은 의미 있는 목표가 아니며, 목적도 아니다. 그런 게 아니라 효율성은 목적에 이르기 위해 사용된 수단의 특징이나 성격을 말하며, 종종 바람직하지만 때로는 그렇지 않다. 많은 경우 효율성에 대한 요구는 수단과 목적을 뒤섞어서 둘 다에 대해 명료하게 생각하지 못하게 한다.

도덕에 관한 생각들의 단편성

앞서 언급했던 규범적 사상과 틀들을 한데 끌어모으면, 가치와 목표에 대한 공적 토론의 틀을 형성할 수 있는 합리적 도구들을 얻을 수 있으리라고 생각할 수도 있겠다. 우리는 인간을 특별히 도덕적 존재로 인식하며, 이것은 공적 토론을 위한 틀을 세우는 데 한 조각 단단한 벽돌이 될 것이다. 또한 우리는 서로 해를 끼치지 않는 한 개인의 자유와 평등을 강조하며, 개인이 소유한 다양한 인권에 대해서도 알고 있다. 그리고 우리는 경제적으로 가장 효과적인 방식으로 개인의 선호를 충족시키는 것이 좋다고 생각한다. 그러나 이것들 하나하나를 비판적으로 봤을 때. 그것들은 생각만큼 대단치 않다. 그것들은 모두 단편적이며, 더 큰 도덕 질서로 어우러질 때만 의미가 있다. 또한 그것들을 한데 모아 놓고 보면 그 간격이 드러난다. 특히 땅의 공동체의 일원으로서 우리의 역할과 욕구와 관련해서 보면 더욱 그렇다.

인간 생명의 특별함은 인간의 존엄성을 높이는 가치이지만, 우리가 자연을 대하는 문제 앞에서는 별 도움이 되지 않는다. 오히려 인간에 대한 도덕적 강조는 다른 생명 형태는 별 가치가 없거나 전혀 없다는 식으로 이해될 수 있다.

앞서 살펴봤듯이, 모든 형태의 자유는 거의 제로섬 게임과 같아서 한 가지 자유가 더 많다는 것은 대개 다른 자유가 덜하다는 것을 의미한다. 오늘날 우리는 자유의 균형에 대해 명료하게 사고하는 데 어려움을 겪고 있으며, 그렇게 할 수 있는 좋은 방도를 가지고 있지 못하다. 또한 우리는 개인의 소극적 자유를 ─이 자유는 범죄자의 자유라고도 부른다─ 강조함으로 인해 생태계 파괴를 불러오기 쉬운 종류의 자유에 우선권을 주고 있다. 흔히 돈벌이에는 법적으로 허용된 파괴라는 부산물이 따라다니기 때문이다.

평등 역시 중요하기는 하지만 단편적인 이상이다. 그것은 차이를 무시하게 만든다. 평등 역시 자연에 대해 생각하는 데 별 도움이 되지 않는다. 평등은 자연의 풍부한 다양성으로부터 —똑같은 땅은 하나도 없다— 눈을 돌려 사람에게로(흔히 토지 소유자에게로) 초점을 옮기고, 모두를 동등하게 취급해야 한다는 요구에 집중한다는 점에서 실제로는 자연에 대한 명료한 사고를 방해한다.

마지막으로 선호 충족을 향상시켜야 한다는 경제 영역의 요구는 사람들이 자연을 잘 돌보는 한에서만 도움이 된다. 사람들은 시장 참여자보다는 시민으로서 그런 선호를 표현할 가능성이 높다. 대중적인 경제사상은 전자의 역할을 더 우선시한다. 특히 (흔히 그러듯이) 반정부적 감정을 섞고 시장의 효율성을 과도하게 강조할 때 그렇다. 경제적 총합은 우리가 집단적으로, 특히 자연에 대해서 어떻게 행동하고 있는가를 알려 주는 지표로서 그다지 좋은 것이 못 된다. 우리는 경제적 측정이 지니는 한계에 대해 더 명확히 알아야 한다.

우리가 인류 역사의 가장 오래된 과제를 이해하는 데 어려움을 겪는 것은 오늘날 시배적인 이 세 가지 가치 및 사고 형대의 혼합과 그 한계, 그것들 사이의 커다란 간격과 밀접한 관련이 있다. 우리에게는 권리와 자유와 평등이 최고이다. 사회의 소외된 사람들을 곤경으로부터 구하고 경제성장을 도모하는 것이 전부이다. 이것이 우리 시대의 언어이다. 이 언어가 지니는 힘이 우리의 힘이고, 이 언어의 약점이 우리의 약점이다.

제5장

생태계의 기초

19세기 전반 미국 법정에서는 종종 근거가 되는 법 원칙을 판결에서 언급하는 경향이 있었다. 이 원칙은 그 자체로서 구속력이 있는 선례는 아니었지만, 법의 구성과 적용의 핵심 요소가 무엇인지 유용하고도 간명하게 밝혀 주었다. 라틴어 문구로 이뤄진 두 가지 원칙이 흔히 토지 사용과 관련한 분규에서, 그리고 토지 소유주가 토지 사용 규정이 자신들의 권리를 침해한다고 주장했을 때 인용되었다. 하나는 *salus populi supreme lex est*, 즉 "사람들의 건강 또는 행복이 최고의 법이다"라는 원칙으로, 법 역사학자 윌리엄 노박 (William Novak)에 따르면 이것은 우월한 원칙이다. 두 번째 원칙은 좀 더 구체적인 것으로, *sic utere tuo ut alienum non laedas*, 즉 "다른 사람의 것(소유)에 해를 입히지 않는 방식으로 너 자신의 것(소유)을 사용하라"는 원칙이다. 물론 두 번째 원칙은 자유주의 사상가인 존 로크와 존 스튜어트 밀에게서 두드러지게 나타났던 사상을 변형시킨 것이다. 개인은 해를 끼치지 않는 한 자유를 누릴 수 있어야 한다는 것이다. 이것은 다양한 적용이 가능한 막연한 원칙이다. 즉, 지역의 상황과 지배적 감성에 따라 달리 적용될 수 있다.

법원은 토지 소유자의 권리가 침해당했다는 주장에 이러한 언어로 대응했다. 때로는 토지 소유자가 재판에서 이겼고, 때로는 그렇지 못했다. 당시 재산권은 대단히 중요하게 여겨졌다. 이에 대해서는 의문의 여지가 없다. 그러나 개인의 권리는 더 큰 법적·도덕적 틀 안에 존재했다. 당시의 주 법원 판사는 개인의 권리는 지역공동체의 유사한 권리와 나란히 비교 평가될 필요가 있다고 설명했다. 레뮤얼 쇼(Lemuel Shaw) 판사는 그것을 이렇게 표현했다.

> 모든 재산 소유자가 재산을 사용할 때 암묵적으로 다음과 같은 규제를 받는다는 것은 질서 있는 시민사회의 원칙으로 잘 자리 잡고 있다. 즉, 자신의 소유를 누릴 다른 사람의 동등한 권리를 침해해서는 안 되며, 공동체의 권리를 침해해서도 안 된다는 것이다. 연방국의 모든 부는 … 직간접적으로 정부로부터 나온 것이며, 공익과 전체 부에 필수적인 일반적인 규제하에 있다.[1]

쇼의 이 논리를 예진에 미국 대법관 로지 도니(Roger Taney)가 판결에서 사용했다. 해당 분규는 보스턴 부근 찰스강의 유료 다리를 운영하던 기업의 독점권을 허용한 조항이 이른바 신성불가침인지에 관한 것이었다. 사적 소유권이 중요하다는 것은 의심할 여지가 없지만, 그러한 권리 역시 더 큰 공적 이익에 종속되어야 한다는 것이었다.

> 사적 소유권은 신성하게 보호되어야 하지만, 공동체 역시 권리를 지니며, 모든 시민의 행복과 번영이 그것을 충실하게 보전하는 데 달려 있다는 점 역시 잊어서는 안 된다.[2]

19세기 전체에 걸쳐 이러한 유형의 언어는 법정 의견에서 점점 줄어든다. 특히 *salus populi*(사람들의 건강 또는 행복이 최고의 법이다) 원칙은 판결에서 자주 인용되다가 19세기 말에 이르면 급격히 그 인용 빈도가 떨어진다. 이와 비슷하게 법원이 공동체가 소유한 권리에 대해 언급할 기회도 점점 줄어들었다. 20세기 초가 되면 권리란 원래 개인이나 법인에게만 부여되는 것처럼 정의되기에 이른다. *sic utere tuo*(다른 사람의 것에 해를 입히지 않는 방식으로 너 자신의 것을 사용하라) 원칙의 경우 계속 인용되기는 했지만, 전국적인 산업화와 도시화로 인해 그 적용 방식이 바뀌었다. 문자적으로 적용했을 때 해를 끼치지 말라는 원칙은 주변 소유주들에게 비용을 부담시키면서 경제적 이익을 발생시키는 집약적 활동을 멈출 수 있었다. 토지 사용과 관련한 갈등은 나중에 온 토지 사용자가 시작한 활동으로 인해서만 생긴다고 가정하고, 해를 끼치지 말라는 원칙은 종종 그 지역의 최초 토지 소유자, 즉 농부에게 유리한 방식으로 작동하는 경향이 있었다. 법정은 나중에 온 행위자가 갈등의 원인이라고 봤다.

그러나 수십 년이 흐르면서 법정은 하나의 일반적 원칙으로서 *sic utere tuo* 원칙에 주의를 덜 기울였다. 대신 법정은 공적·사적 불법 방해 행위의 원인에 구체적인 법 규정을 적용하는 문제에 집중했다. 새로운 집약적 토지 사용으로 인해 해를 입은 개인 소유주나 공동체는 그것이 불법 방해 행위에 해당할 때에만 손해를 입히는 토지 사용을 중단시킬 수 있었다. 법원은 이를 약간 바꿔서 사소한 해가 아니라 중대한 해를 끼쳤을 경우에만 보호하는 쪽으로 불법 방해 행위 금지법을 수정했다. 그리고 법정은 점점 더 노골적으로 피고인 토지 사용자 역시 권리가 있다는 점을 환기시켰다. 다시 말해 보통의 합리적인 방식으로 행동하는 한, 토지 사용자 역시 자신의 토지를 자유롭게 이용할 권리가 있다고 이제 법정은 드러내 놓고 말했다. 만일 토지 소유자가 그렇게 행동했다면, 즉 그들의 행동이 산업 시대 다른 토지 소유자의 토지 사용 방식과 유사하다면, 소유자는 방해 행위를 한 것이 아니다. 따라서 그 결과 발생한 해는 용인 가능한 범위 안에 있으며, 해를 입은 이웃들은 간단히 그 결과를 감내해야 한다. 다시 말해 해를 끼치지 말라는 원칙은 특수한 법 규정 같은 것이 되었고, 그것도 모든 해, 심지어 **눈에 보이는 모든** 해에 적용되지도 않았다. 이제 그 원칙은 심각한 해를 끼쳐서는 안 된다는 의미가 되었고, 그마저도 이 시대의 성장주의적 감성에서 볼 때 비합리적이라고 여겨질 정도로 심각한 해를 끼쳐서는 안 된다는 의미였다.

오늘날 전반적인 추세는 집약적인 토지 사용, 대개는 산업적이고 도시적인 토지 사용을 더욱더 허용하는 방향이라는 것을 우리는 쉽게 확인할 수 있다. 이것은 조용한 토지 사용자, 다시 말해 소란스럽고 오염시키는 방식으로 토지를 사용하는 새로운 이웃으로 인해 방해를 받는 조용한 토지 사용자에 대해 법적 보호가 약해졌다는 것을 의미할 수밖에 없다. 또한 이것은 공동체에 비해 개인에게 더 큰 의미가 부여되었음을 의미한다. 공적 방해 행위 금지법은 여전히 존재하며, 그것은 공공 보건과 안전을 보장하는 기능을 하고 있다. 그러나 이것 역시 점점 더 다른 법과 나란히 존재하는 개별 법 중 하나가 되었다. 특수한 경우를 제외하면, 개별 시민은 사적 방해 행위보다 공적 방해 행위로서의 토지 사용에 맞서는 데 실질적으로 더 어려움을 겪었다. 그런 경우 소송을 제기하는 것이 행정 당국의 할 일이라고 법원은 말했다. 그러나 이때 행정 당국이 (흔히 그러듯이) 새로운 산업적 토지 소유자의 편에 서고자 한다면, 공적 방해 행위는 성립하지 않으며, 해를 끼치는 행위를 계속할 수 있게 된다.

이처럼 재산법이 산업주의 옹호 방향으로 변해 가면서 공적 행복은 중요할 뿐만 아니라 최고의 가치를 지닌다는 널리 퍼져 있던 개념이 점차 퇴조해 갔다. 또한 공동체 자체가 법적 권리를 가진다는 생각, 법인체는 아니더라도 공동체는 법 안에 존재한다는 생각 역시 점차 사라져 갔다. 도덕과 관련해서 말하자면, 칸트 학파의 의무론적 사상과 공리주의자들의 도덕철학에서 그랬듯이 이제 법에서도 개인이 최고의 지위에 올랐다. 그 뒤 수십 년에 걸쳐 권리에 기초한 사상은 미국 법체계 안에서 더욱 확고한 기반을 다지게 되었다. 자율적 존재로서 개인은 권리를 가진다. 그리고 이때 권리는 사회적 상황으로부터 분리된 권리라는 점이 더욱 강조되었다. 법의 눈으로 보면, 개인은 공동체 자체의 행복을 소중히 여기고 존중하는 공동의 도덕 질서에, 적어도 명시적으로는, 뿌리박고 있지 않았다.

개인주의의 지배

여러 가지 모습으로 가장하지만, 토지 사용법과 공적 도덕에서 드러나는 개인주의적 관점이야말로 오늘 우리가 살아가고 있는 세계의 민낯을 보여 준다. 도덕 질서는 권리를 지닌 개별 인간들을 주인공으로 한다. 그들은 어디를 가건 자신의 권리를 지니고 다닌다. 그들이 어디에 사느냐는 것은 아무런 도덕적 결과를 수반하지 않으며, 마찬가지로 공동체적 뿌리 역시 도덕적 의미가 없다. 사회적 공동체는 도덕적·법적 중요성을 상실했다. 자연 공동체는 한 번도 큰 비중을 차지해 본 적이 없다.(물론 자연 공동체의 일부 중요한 부분은 확실히 큰 비중을 차지하지만 말이다.) 도덕의 초점은 현재에 있으며, 대체로 미래 세대를 무시한다. 다른 생명 형태들은 오로지 사적 소유로만 가치를 지니며, 그 가치는, 적어도 법적인 차원에서는, 주로 시장에 의해 측정된다. 정부가 하는 주요 역할은 공적 질서를 유지해서 개인이 자기 생각대로 권리를 행사할 수 있게 하는 것이다.

이러한 오늘날의 개인 중심적인 문화적 관점에서 사람들이 원하는 다양한 물건들은 흔히 시장의 상품, 즉 개인이자 가족으로서 사람들이 사서 소비하는 시장 상품으로 여겨진다. 특정한 상품이나 서비스를 원하는 사람은 그것을 얻기 위해 시장으로 향한다. 아이를 위한 좋은 학교는 돈 있는 부모가 살 수 있는 상품이다. 공원과 산책로, 공적 서비스가 있는 안전한 지역 역시 그곳으로 이주할 능력이 있는 사람들에게 팔린다. 이러한 상품을 원하는 사람에게 주는 지배적인 메시지는 아주 분명하다. 돈을 벌라. 그리고 시장에 가서 상품을 사라.

이런 논리가 환경 분야에 어떻게 적용될 수 있는지를 연구한 책이 앤드류 사스(Andrew Szasz)의 『안전을 쇼핑하다: 어떻게 우리는 환경보호로부터 우리 자신을 보호하는 길로 갈아탔나?(Shopping Our Way to Safety: How We Changed from Protecting the Environment to Protecting Ourselves?)』이다. 이 책은 통찰력이 넘치면서도 충격적이다. 중산층 이상의 사람들에게는 시장에 의지해서 자신의 주변 환경을 개선하려는 경향이 있다고 사스는 쓰고 있다. 돈 있는 사람들은 공동선을 위해 동료 시민들과 함께 노력하는 대신 간단히 자기만 환경 위험으로부터 벗어나려는 경향이 있다는 것이다. 그들은 대기오염과 독성의 위험을 멀리한다. 또한 수도 시설에 필터를 설치하고 생수를 사 먹으며, 유기농 식품점에서 쇼핑을 한다. 간단히 말해 그들은 환경 위험을 막기 위해 함께 싸우기보다는 자기 혼자 환경 위험을 피하려 한다. 그들 중 많은 사람이 환경을 보호하고 보다 건강한 식품 체계를 만들기 위한 규제에 적대감을 드러낸다. 그러한 규제는 개인의 수입을 발생시키는 경제 기계의 작동을 방해한다고 비평가들은 (종종 잘못) 주장한다. 또한 규제는 정부의 적절하고 중립적인 역할을 넘어서는 것이고, 개인의 자유를 제한한다고 주장한다.

사스는 이것을 역-격리(reverse-quarantine) 방식이라고 불렀다. 돈 있는 사람들은 퇴락해 가는 풍경 안에 자신들의 안전한 주거지와 건강한 공급망을 구축한다. 공장과 광산, 에너지 생산은 멀리, 가능하면 해외로 보내 버린다. 고소비 폐기물도 보내 버린다. 안전한 거주지에 사는 동안에는 광부와 공장 직공, 그리고 폐기물 위에서, 또는 폐기물 가까이에서 살아가는 사람들의 곤경을 무시하기 쉽다. 빈민가에서 폐전자 제품을 분해하고 재활용품을 수거하면서 살아가는 저임금 노동자들을 무시하기도 쉽다. 오히려 오늘날 시장 시대의 세계관에 따르면, 계약 상대방의 행동에 대해서는 책임질 필요가 없고, 자신의 행동에 대해서만 책임지면 된다. 소비자는 상품이나 에너지 생산에 수반되는 해악에 대해 책임질 필요가 없고, 누군가에게 돈을 지불해서 치우게만 하면, 자신이 발생시킨 쓰레기가 어떻게 처리되는지에 대해서도 책임질 필요가 없다. 사스의 보고를 요약하자면, 많은 사람에게 깨끗한 환경은 돈을 지불할 능력이 있는 사람에게 가격과 이윤에 따라 할당되는 또 하나의 시장 상품이 되었다. 좋은 시민으로서 환경 파괴에 대처하는 길은 그것과 맞서 싸우는 것이다. 그러나 영리한 소비자로서 환경 파괴에 대처하는 길은 도망칠 방도를 돈 주고 사는 것이다.

환경문제는 우리가 자연을 남용하기 때문에 생긴다. 우리가 할 수 있는 행동은 사용 가능한 기술과 그 외 다른 물질적 요인들에 의해 결정될 것이다. 인간 역시 여기서 결정적인 역할을 한다. 그러나 우리는 중요한 부분들에서 앞서 언급한 문화적·인지적 요인들에 따라 행동하며, 자연에 대해서도 마찬가지로 행동한다. 우리의 행동은 우리가 세계를 어떻게 보고 세계 안에서 우리의 위치를 어떻게 이해하는지를 반영한다. 그것은 우리가 가진 도덕 틀과 우리가 인식하는 짧은 시간 지평, 그리고 존재에 대한 우리의 감각, 즉 본질적으로 권리를 가진 자율적 개인이라는 자기의식에 의해 영향을 받는다. 앞서 언급했듯이 오늘날 우리가 탁월한 가치로 여기는 개인의 자유와 평등이 결정적인 역할을 한다. 우리는 오랫동안 공동체적 의무의 구속으로부터 벗어나 있었고, 이것 또한 그러한 경향과 아주 잘 들어맞는다. 매일매일의 우리의 삶은 시장에 중심을 두고 있고, 주로 생산자(취업자)와 소비자로서의 역할에 의해 우리 자신을 규정하며, 다른 사람들 역시 우리를 그렇게 본다. 공적 영역에서 말과 행동은 객관성에 대한 요구로 인해 구속받으며, 이것은 과학과 과학적 방법론을 과도하게 사용하는 것으로 이어진다. 자연은 사적인 부분들로 구획되고, 상품으로 파편화되었다. 자연은 소유주의 통제를 받고 시장 과정에 의해 가치가 평가되는 단순한 물리적 실체일 뿐이다. 사회적·자연적 공동체는 그 자체로서는 특별한 가치가 없다. 그리고 다른 생명 형태에 가치가 있다면,

그것은 오직 인간의 행복에 직접적이고도 가시적으로 기여할 때뿐이다.

우리가 사는 세상을 돌아보면 우리는 여전히 자연을 지배하고, 쥐어짜며, 개선하라는 집단적인 요구를 받고 있다. 마치 자연의 길에는 아무런 지혜도 내장되어 있지 않은 듯이 말이다. 우리는 이성의 언어를 구사하며 우리가 하는 말을 스스로 믿었다. 그래서 우리는 감각으로 느끼는 명백한 증거들을 영리하게 부정했고, 명백한 파괴가 어떤 식으로든 좋은 것이라고 영리하게 주장했으며, 어떤 식으로든 악덕이 미덕이라고 영리하게 주장해 왔다. 미국에서는 열심히 찾기만 한다면 자연 자원은 본질적으로 무한하다는 생각이 아직도 남아 있기 때문에 이 모든 것이 더욱 악화되었다. 이 점에서 미국 문화는 식민지 시대를 배경으로 형성되었다. 그 시대에는 자연이, 설사 무한한 것은 아니라 해도, 풍성하며, 언제나 지평선 너머에는 새로운 땅이 있다고 여겨졌다. 이런 풍요는 소비하고 파괴하고 계속해서 앞으로 나가는 것을 특징으로 하는 문화를 탄생시켰다. 오늘날 이 문화는 시장에 의해 움직여지며, 실체적 진실은 전혀 다르다는 것을 우리가 안다 해도 여전히 뚜렷하게 남아 있다.

오늘날 엄청난 공적 비용을 들여 대학과 연구소에서 이뤄지고 있는 대규모 환경 관련 연구들은 과학과 기술에 집중되어 있다. 다른 모든 학문과 마찬가지로 과학 부분은 새로운 사실적 지식을 얻기 위해 연구한다. 기술 공학 부분은 새로운 녹색 기술을 만들어 내는 것을 목표로 한다. 이러한 연구 활동이 전제하고 있는 것은 환경문제는 사실들과 훌륭한 기술이 부족해서 야기되었거나 아니면 더 많은 사실들과 더 나은 기술에 의해 해결될 수 있다는 것이다. 그러나 우리는 이미 가지고 있는 정보와 기술도 거의 사용하고 있지 못하며, 더 많은 사실들과 더 나은 기술이 커다란 변화를 가져오리라는 데 대해 의심을 품을 합당한 이유가 있다. 사실들과 기술은 사용될 때에만 이익을 가져다 줄 수 있다. 대부분의 환경문제의 경우 이미 확보한 기술만으로도 상당한 개선을 이룰 수 있다는 것을 우리는 잘 알고 있다. 그리고 아직도 많은 기술이 창고 안에 잠자고 있다. 대체로 우리는 우리가 알고 있는 것을 적용해 볼 기회를 놓치고 있다.

대학의 환경 관련 프로그램들이 거의 항상 과학자들에 의해 운영되고, 대체로 자연을 연구하는 과학자들이 책임을 맡고 있다는 사실은 많은 것을 말해 준다. 그것은 우리의 문제가 자연에 있거나 해결책이 자연 안에서 발견되리라는 기대를 반영한다. 그러나 우리의 문제는 거기 있지 않다. 문제는 사람들 안에, 그리고 사람들 가운데 있다. 인간의 행동이 원인이다. 행동의 변화가 해결책이다. 나쁜 행위는 무지와 사용할 도구가 없는 데서 기인할 수 있다. 그러나 우리는 문화적인 존재이며, 세계관의 영향을 받고, 가치관에 의해 규정된다. 지배적인 문화가 변하지 않는다면, 즉 우리가 세계를 보고 평가하고 세계 안에서 우리 자신의 위치를 이해하는 방식이 의미 있게 변하지 않는다면, 우리는 세계를 다른 방식으로 사용하지 않을 것이다. 더 나은 길을 가고자 한다면, 우리가 자연을 사용하는 방식을 개선하고자 한다면, 먼저 우리의 문화적 자아를 바꿔야 한다.

대지의 공동체의 건강

문화의 재구성 작업은 자연을 살펴보고 자연의 근본적 진실과 대면하며 자연에 대한 우리의 의존성을 상기하는 데서 출발할 수 있다.

자연은 대단히 복잡하게 서로 얽혀 있는 시스템이며, 수백만의 다양한 종들과 현란할 정도로 많은 지구물리학적 요소들로 이뤄져 있다. 이 요소들은 물리적 원칙과 생물학적 과정에 따라 상호작용한다. 이 생물학적 과정은 획일적이면서 동시에 혼란스러운 다양한 과정이며, 생명의 다양성과 복잡성을 증대시키고 지구 전체의 생산성을 높이는 방향으로 오랜 시간에 걸쳐 불규칙하게 진화해 왔다.

자연의 생산성은 생태계의 시스템적 기능과 직접 연결되어 있다. 우리의 지속성과 생존은 자연의 생산성에 달려 있다. 우리가 아는 한(예를 들어 유엔 밀레니엄 평가에 따르면), 인간은 자연의 생산성을 심각할 정도로 과도하게 이용하고 있으며, 지구의 기능을 저하시키고 있다. 자주 사용되는 문구로 말하자면, 인간의 생태 발자국은 이미 지구 자체보다 커졌다.

자연에 대한 우리의 지식은 엄청나지만 여전히 끔찍할 정도로 불완전하며, 감각과 이성, 기술을 사용해서 지식을 얻는 우리의 능력은 제한되어 있다. 컴퓨터를 사용하더라도 이해 가능하게 정리할 수 있는 우리의 능력에 비해 자연에 관한 데이터들은 압도적으로 많다.

인간으로서 우리는 자유의지를 지닌 개인일 뿐만 아니라 사회와 자연 공동체의 일원이다. 우리는 분리된 존재로 정의되는 것 못지않게 우리 자신의 공동체적 역할에 의해, 그리고 주변 세계와 연결된 상호 의존성의 망에 의해 정의되어야 한다.

도덕과 규범적 가치 일반으로 말하자면, 자유의지의 한계 안에서 우리는 스스로 좋다고 생각하는 대로 자유롭게 도덕과 규범적 가치를 부여하거나 창조할 수 있다. 그러나 가치는 포장된 채로 세계 안에서 우리가 발견해 주기를 기다리고 있지 않으며, 인간의 권리도 마찬가지다. 이 모든 것은 세계 안에서 우리가 개인적으로나 집단적으로 길을 찾도록 도와주는 지적인 도구들이다.

만일 우리가 자연 안에서 오래도록 잘 살아가고자 한다면, 우리의 도덕적 가치와 규범적 평가 역시 그렇게 할 수 있도록 돕는 것이어야 한다. 그것은 자연의 방식과 자연에 대한 우리의 의존성을 정확하게 성찰하는 것이어야 하고, 우리가 가진 지식의 한계와 자연의 역동성을 고려하는 것이어야 하며, 건강한 공동체의 중요성을 인식하는 것이어야 한다. 그러므로 문화적 가치를 우리 좋을 대로 자유롭게 선택할 수 있다는 말은 문자적으로는 맞을지 몰라도 틀린 말이다. 대체로 우리가 자유롭게 선택한다는 말은 맞다. 그러나 상이한 선택은 사람에게나 자연에게나 매우 상이한 결과를 가져온다.

문화의 재활성화를 위해 제일 먼저 필요한 일은 자연을 통전적인 생명 공동체로 이해하는 것이다. 수십 년 전에 알도 레오폴드는 이것을 "대지의 공동체", 즉 바위와 토양과 물, 식물, 동물, 그리고 사람들로 이뤄진 공동체라고 칭했다. 대지는 공동체이고 우리는 그 일부분이다. 우리는 땅에 뿌리박고 살아가며, 궁극적으로 땅에 의존한다. 이것은 반드시 필요한 출발점이다. 자연은 단순히 자원들이 쌓여 있는 창고도 아니고, 일부는 가치 있고 대부분은 쓸모없는 것들로 이뤄진 부분들의 집합도 아니다. 또한 자연은 단순히 경제 시스템에 투입할 자원을 끌어오는 곳도 아니다. 자연은 우리가 살아가는 커다란 맥락이며, 우리가 하는 모든 일은 그 안에서 분별 있게 잘 들어맞아야 한다. 경제는 이러한 대지의 공동체의 하위 시스템이어야 하며, 자연의 건강한 기능과 일치되게 작동해야 한다.

대지의 공동체에 속한 부분들이 서로 **협력**한다는 말은 아마도 정확하지 않을 것이다. 협력은 의도와 의지를 전제하는데, 자연에 속한 부분들 중에는 의지를 가진 것이 별로 없기 때문이다. 그러나 자연에 속한 부분들이 오랜 시간에 걸쳐 지속할 수 있게 하고 시스템 전체가 작동하고 유지될 수 있게 진화해 온 상호작용의 형태를 표현하는 데 협력이라는 말만큼 적절한 말도 없을 것이다. 생태학자 윌리엄 오펄스(William Ophuls)가 말했듯이, "만일 자연에게 에토스가 있다면, 그것은 상호주의일 것이다. 다시 말해 전체의 보다 큰 선을 위한 조화로운 협력일 것이다. 동시에 전체는 부분의 필요를 위해 일한다." 진화는 "풍성한 상호 공생을 향해" 움직인다고 그는 말했다. 그 결과 자연에는 "개체 생명 같은 것은 없다. 유기체는 그 자신만으로는 생명을 유지할 수 없기 때문이다. 유기체는 자신을 유지하기 위해 철저하게 전체 시스템에 의존한다."[3]

인간 생명에 대해 말하자면, 다른 생명 형태와 자연적 과정에 대한 인간의 의존성은 우리의 신체에 나타난다. 우리 몸은 피부와 입과 소화기관이 수백 수천 가지 다양한 미생물의 서식처가 된다. 우리의 건강은 이러한 미생물의 존재에 크게 의존하고 있다. 미생물 없이 우리는 살 수 없고, 많은 경우 미생물도 우리 없이 살 수 없다. 단 하나의 인간 신체 안에도 엄청나게 다양한 생명 형태들이 존재하기 때문에 환경 철학자 J. 베어드 캘리콧은 한 사람의 개인을 가리켜 초유기체(superorganism)라고 말했다. 인간 존재는 다양한 생명체들이 고도로 통합된 공동체이다. 이 생명체들은 주변 생명이나 물리적 요소들과 복잡하게 연결되어 있고, 거기에 의존하지만 하나의 단위로 움직인다.

그렇다면 문화의 개혁은 존재의 본질에 대한 새로운 이해, 즉 새로운 존재론에서 시작할 필요가 있다. 우리를 상호 의존성의 연결망 안에 뿌리내리게 하는 근본적인 도덕적 이해가 필요하다. 즉, 자율적 개인으로서 인간 존재의 도덕적 중요성 못지않게 상호 의존성의 연결망과 새롭게 등장하는 공동체적 성격을 두드러지게 강조하는 도덕적 이해 말이다. 말하자면 개인을 고향인 자연으로 다시 돌려보내는 데서 시작할 필요가 있다. 개인에 대한 감각을 잃지 않으면서도 개인을 구분하는 선들을 좀 더 흐리게 하고 내시의 공동체 사체에 더 많은 가치를 부여할 필요가 있다.

인간이 뿌리내리고 있는 대지의 공동체는 그 생태적 기능이나 스트레스와 재난을 견디는 능력과 관련해서 어느 정도 건강할 수 있다. 대지의 공동체가 건강할 수 있다는 주장은 기본적으로 규범적인 주장이다. 다시 말해 다른 모든 규범적 주장이 그렇듯이, 자연에 관한 사실적 진실에 근거하지만 그것을 넘어서는 가치에 관한 주장이라는 것이다. 따라서 대지의 건강은 단순히 자연에 관한 **기술**이 아니다. 이렇게 이야기하면 당연히 과학자들이 반대할 것이다. 그러나 앞서 말한 이유들로 인해 이 주장은 타당하다. 즉, 그것은 규범적 선언이고, 규범적 가치는 언제나 과학을 넘어서기 때문이다. 대지의 건강은 생태계에 근거한 가치에 대한 주장이다. 그리고 그것이 무엇보다도 중요한 가치 주장, 제퍼슨이 말한 자명한 진리보다 더 중요한 가치 주장이라는 것을 뒷받침하는 강력한 증거들이 있다.

대지의 건강에 기초한 규범적 선은 건강한 땅으로부터 우리가 얻는 많은 이익을 반영한다. 그것은 잘 작동하는 에코 시스템이 우리에게 보다 가치 있으며, 잘 작동하지 못하는 에코 시스템에 비해 많은 (요즘 쓰는 대중적인 언어로 말하자면) 유익한 서비스를 제공한다는 것을 여러 가지 방식으로 보여 준다. 그러나 건강한 대지의 공동체가 지니는 규범적 가치는 단순히 인간에게 주는 직접적인 이익만이 아니다. 그것은 공동체의 행복 자체와 관련된다. 건강한 대지는 인간을 비롯한 공동체 전체에 유익하다고 말하는 것이 아마도 더 나을 것이다. 이렇게 보면 하나의 종으로서 우리의 행복은 우리를 넘어서며 동시에 우리를 포괄하는 더 큰 행복의 구성 요소, 내지는 파생물이라고 할 수 있다.

대지의 공동체의 건강, 또는 행복은 보다 큰 일차적 생산성, 상호 의존성의 증대, 영양소 사용과 재사용의 효율성 증진을 향한 전반적인 진화의 궤적과 관련해서 이해할 때 가장 잘 정의할 수 있다. 다른 생명체들은 이러한 생태적 진화의 과정 속에서 복잡한 방식으로 제 역할을 한다. 따라서 대지의 건강을 유지하기 위해서는 공동체의 중요한 구성원인 우리 안에, 그리고 우리 가운데 이러한 생명체들의 존재가 필요하다.

물론 대지의 공동체가 이러한 기능적 특징들과 진화의 경향을 문자 그대로 높이 평가한다고 말할 수는 없다. 대지의 공동체가 의식이 있는 것도 아니고, 평가를 하는 존재도 아니기 때문이다. 그러나 대지의 공동체가 기능하는 이러한 특징들은 우리 인간이 만들어 내는 것이 아니다. 그것은 자연이 기능하는 물리적 방식과 관련이 있으며, 수백만 년이 넘게 기능해 온 것이다. 그것은 직접적으로 모든 생명을 유지하는 방식으로 기능한다. 가치 평가를 하는 존재로서, 세계 안의 모든 도덕적 가치를 부여하는 존재로서 우리는 이러한 사실들에 도덕적 의미를 부여해야 한다. 우리의 도덕적 사고 안에 이 대지의 공동체를 하나의 유기적 전체로 받아들이고 그 자체의 가치를 인정하는 것이 맞다. 우리는 이 공동체의 건강을 우리를 이끄는 선(善)의 한 가지 기준으로 받아들일 수 있다. 인간의 건강을 선이라고 보는 것과 똑같이 말이다.

이러한 이유 때문에 대지의 공동체의 건강한 생태적 기능은 —간단히 말하자면 대지의 건강은— 우리 문화의 최고 가치가 되어야 한다. 우리는 그것을 규범적 목표로 선택하고 끊임없이 추구해야 한다. 대지의 건강을 유지하는 것이 정부가 하는 노력의 핵심에 있어야 한다. 이 점에서 정부는 단순히 중립적이어서는 안 된다. 대지의 공동체를 중요시할지 여부를 개인이 결정하도록 내버려 둬서는 안 된다. 따라서 보전은 정당한 공적 정책이 아니라는 체니 전 부통령의 주장을 우리는 강력하게 거부해야 한다.

생태적 기초를 세우는 과정에서 다음번 핵심 요소는 우리의 무지에 대한 인식이다. 그러나 이 주제를 끌어들이기 전에 전체적인 목표로서 대지의 건강이 어떻게 재생 불가능한 자연 자원의 사용과 관련이 있는지에 대해 간략하게 살펴보는 것이 좋을 것이다. 재생 불가능한 자원은 우리가 소중히 여기는 자연의 일부이며, 공급이 제한되어 있고, 자연에 의해 생성되며, 시간적으로 보면 이제 없는 것이나 다름없고, 양적으로 보면 우리가 사용하는 양에 훨씬 못 미친다. 미래 세대를 위해서도 똑같이 소중하게 지구를 유지해야 한다는 관점에서 볼 때, 재생 불가능한 자원 문제는 우리에게 심각한 도전이 된다. 재생 불가능한 자원은 일단 사용하고 나면 재활용할 수 있는 것 외에는 사라진다. 현재 사용하는 것은 불가피하게 미래에 사용 가능한 것을 축소시킨다. 그러므로 그런 자원을 사용해야 한다면 반드시 균형이 필요하다. 그냥 무한히 쓸 수는 없다. 그렇다면 우리는 대지의 건강을 최우선의 목표로 삼고 미래 세대를 위한 정의를 비롯하여 사회정의를 정당하게 배려하면서 어떻게 이러한 균형을 이룰 수 있는가?

우선 재생 불가능한 자원들은 땅 밑에 묻혀 있으면서 —예를 들어 구리— 생태적 기능을 별로 하지 않는 지구의 구성 요소라고 할 수도 있다. 구리가 땅

속에 묻혀 있거나 없거나 (여기서처럼) 기능적으로 정의된 대지의 건강에는 별 차이가 없다. 대지의 건강에 막대한 영향을 끼치는 것은 생태적 기능에 결정적으로 중요한 자연의 부분들, —무엇보다도 표토— 자연이 만들어 내는 데 너무나 오랜 시간이 걸리는 부분들이다. 그러나 이러한 자원들은 파괴하거나 없애 버리지 않으면서 사용할 수 있는 것들이고, 그렇게 하는 것이 우리의 분명한 목표가 되어야 한다.(특히 표토는 일반적으로 남용되어 왔다.) 그렇다면 대지의 건강을 위해 무엇을 해야 하는지 우리는 알고 있다.

사회정의에 대한 요구는 쉽게 충족되지 않는다. 오늘 자원을 사용하는 것은 미래의 사용자들이 사용할 수 없게 하는 것이다. 그러나 자원 사용에 있어서 현재와 미래의 균형은 우리가 처음 생각하는 것만큼 —또는 대지의 건강을 소중히 여기는 문화에서는— 일반적이거나 중요하지는 않은 것 같다. 재생 불가능한 자원들은 많은 경우 그것을 추출해서 사용할 경우 생태적으로 심각한 해를 가져온다. 석탄과 석유가 대표적인 예라고 할 수 있다. 따라서 우리가 그런 자원들을 사용하는 것은 대지의 건강을 해친다. 미래 세대를 위해 그것을 남겨 두어야 한다는 도덕적 의무를 끌어다 댈 필요 없이, 이러한 이유만으로도 우리는 그러한 것들을 사용하기를 중단해야 한다. 그러나 여전히 우리는 재생 불가능한 일부 자원들에 의존할 수밖에 없다. 이 경우 가장 좋은 접근법은 간단하다. 아껴 쓰고, 충분히 재활용하고, 대체물을, 특히 재생 가능한 대체물을 발견하기 위해 열심히 노력하는 것이다.

무지와 자연의 방식

대지의 공동체에 대한 우리의 이해는 —예를 들어 다양한 종들이 하는 기능적 역할에 대한 이해— 어쩔 수 없이 제한되어 있고, 앞으로도 그럴 것이다. 우리는 종종 불확실한데도 결정을 해야 할 때가 있다고 이야기한다. 그러나 더 정확하고 정직한 태도는 아예 드러내 놓고 무지를 고백하는 것이다. 그렇다. 우리가 알 수 있는 것들이 있기는 하지만, 밑바닥에 깔린 사실들에 대해 확실히 우리는 알지 못한다. 그러나 많은 경우 우리의 지식은 그 정도도 못 된다. 우리는 거의 알지 못할 때가 많으며, 무지의 깊이를 가늠조차 할 수 없다.

무지(정확히 말하자면 무지에 대한 인식)는 오늘날 문화적 가치로서 중요한 역할을 해야 한다. 그렇게 된다면, 우리는 자연을 좀 더 주의 깊게 대하고, 경이로움에 대한 기대와 궤도 수정의 가능성을 넓게 열어 두고 느리고 신중하게 행동할 수 있을 것이다. 무지를 고백할 때 우리는 잃어서는 안 되는 것을 걸고 도박을 하는 행동을 피하게 될 것이다. 또한 그것은 있을 수 있는 해를 평가하는 데 있어서 새로운 입증의 부담을 지는 것, 즉 보다 만전을 기하는 것을 의미한다. 앞서 살펴봤듯이, 입증의 부담을 지는 것은 중요한 규범적 문제이며, 사려 깊게 이뤄져야 한다. 그리고 자연을 다룰 때 그것은 철저히 공적인 문제이다. 위험에 대한 주장들을 평가할 때 듣고 검토해야 하는 증거들에 대해서도 똑같이 말할 수 있다.

보전에 관한 글 중에는 우리의 지식이 어쩔 수 없이 지니게 되는 불완전성과 또 우리가 그것을 어떻게 받아들일 것인지에 대해 이야기하는 것들이 많다. 농업 분야 선구자인 웨스 잭슨(Wes Jackson)은 "무지(무지에 대한 인식)에 근거해서" 교육과 행동, 관리를 할 때 얻게 되는 이익에 대해 탐구했다. 우리는 아는 것에 비해 모르는 것이 너무나 많으니, 우리의 강점을 활용해야 하지 않겠느냐고 그는 장난스럽게 말한다. 주어진 상황에서 자연이 기능하는 방식에 집중하고 그로부터 무언가를 배우려 하는 것이 곧 무지가 활동하게 하는 것이라고 잭슨은 말한다. 주어진 조건, 즉 특정한 기후와 물 상황, 지형, 토양 안에서 자연은 어떻게 진화해 왔는가? 특정한 지역 조건 아래서, 그리고 해당 지역의 재난들을 겪으면서 생명 형태들은 어떻게 진화하고 번성했는가? 우리의 삶의 형태가 토착종들의 삶의 형태에 가까워질수록 자연에 내장된 지혜를 이용할 가능성이 높아진다. 설사 우리가 그 지혜를 정말로 인식하지는 못하더라도 말이다.

자연을 척도로 사용하는 것이 우리를 이끄는 원칙이 되어야 한다고 잭슨은 주장한다. 우리는 지역의 진화와 생태적 움직임을 통해 배워야 하고 거기서 얻은 가르침을 사용해야 한다. 우리가 자연의 선택에 더 가까이 머물수록 – 지역의 종들을 사용하고 최대한 지역의 다양성을 유지하며, 자연의 수문(水文) 시스템을 존중할수록– 지역의 환경 속에서 우리의 삶의 방식은 더 오래 지속될 것이다. 자주 인용되는 잭슨의 글은 새로운 작물을 비롯해서 새로운 농경 방식에 대한 연구들이다. 그와 그의 동료들은 이전에 키 큰 풀들로 가득했던 초원에서 이전 초원의 기능적 구성을 모방하는 방식으로 곡물을 재배하여 식량을 생산하려고 했다. 이것은 실제로는 일년생보다 다년생 식물을 재배하고 단일 작물보다는 혼합 재배를 하며, 토양 속에 질소 함량을 유지시켜 주는 종들을 심어 그렇지 못한 종들을 보충하는 것을 의미했다.

자연을 척도로 삼는 것은 일종의 문화적 원칙으로 널리 유용하게 적용할 수 있다. 이 원칙은 중요하다. 삼림 관리를 할 때도 자연의 숲을 모방해서 선택적 벌목을 하고 수종을 혼합하는 한편 기능적으로 중요한 토착종들을(흔히 초식동물 수를 유지하는 포식자들) 유지하기 위한 단계를 밟을 수 있다. 마찬가지로 반건조 지역의 초지를 자연이 사용하는 방식 역시 모방할 만하다. 이 경우 자연의 방식을 따라 방목 패턴을 유지하고, 수로를 훼손하지 않고 포식자와 해충으로부터 특별히 보호할 필요가 없는 방목 동물을 선택하게 된다. 땅은 물질적인 변화를 가하지 않고 생태적으로 잘 조화될 수 있는 방식으로 사용해야 한다. 이것은 개인 토지 소유자의 소위 개발권이라는 것에 중대한 변화를 요구한다.(이 주제는 다음 장에서 다룰 것이다.) 우리에게는 많은 사람이 살 장소로 도시가 반드시 필요하다. 사실 시골 지역의 인구수를 경감시켜 준다면 큰 도시들은 생태적으로 좋은 기능을 할 수 있다. 도시 지역에 대해서는 결코 생태적으로 건강하다고 말할 수 없다. 그러나 도시 지역이 생태적 과정에 끼치는 영향은 ―특히 물 흐름과 관련해서― 계획하고 개선할 수 있다.

새롭고도 생태적인 문화에서 핵심적인 것은 장기적인 관점이다. 즉, 미래 세대의 필요를 예상하고, 그들의 선택지를 줄이거나 부담을 더 늘리지 않는 것이 도덕적 가치를 지닌다는 사실을 인식하는 것이다. 지속 가능성이라는 대중적 개념이 여기에 끼어들 수 있다. 그러나 일반적으로 지속 가능성은 우리가 자연을 사용하는 방식에 ―예를 들어 도시가 시골 지역으로 뻗어 나가는 것에― 분명한 한계를 설정하지 않는다. 대신 보다 주의 깊고 계획적인 팽창을 요구할 뿐이다. 무엇으로도 대체할 수 없는 자연을 단지 좀 더 천천히 소비하자는 것만으로는 부족하다. 어느 지점엔가는 분명히 한계가 설정되어야 하고, 그 선은 분명해야 하며, 존중되어야 한다. 이제 그 선이 그어져야 하고, 그것도 빨리 그어져야 한다.

야생과 보전

지금까지 자연 존중에 관해 이야기하면서 기능적인 측면에서 대지의 공동체의 건강에 대해 말했다. 생태적 건강은 우리의 장소 사용 방식을 결정하고 제한하는 총체적인 규범이다. 다시 말해 우리가 거주하고 먹을 것과 자원을 얻는 장소를 사용하는 방식은 생태적 건강에 근거해서 결정되고 제한되어야 한다. 현명하게도 우리는 여러 합당한 이유에서 특정 지역의 땅을 훨씬 덜 사용하며, 자연 상황과 아주 비슷하게 유지하자는 관리 목표를 세운다. 또한 여기저기 ―잘 선택한― 특정 장소들을 야생지와 같은 상태로 유지한다. 비록 우리가 적어도 약간씩은, 그리고 간접적으로는 지구의 거의 모든 장소를 바꿨지만 말이다.

비판적인 사람들은 야생지란 인위적인 구성물이며, 인간의 상상력의 산물이거나 아니면 밖에 나가 땅에 허리 굽혀 일할 필요가 없는 부유한 사람들의 오만일 뿐이라고 비판할 것이다. 이런 주장에 깔려 있는 논리는 분명하다. 돈 많고 잘 살면 땅을 건드리지 않고 내버려 두자고 쉽게 말할 수 있다는 것이다. 그렇다 해도 야생지 보존에 대한 이러한 비판은 그 목표가 완전히 빗나갔다. 물론 "야생지"라는 말과 거기 깔려 있는 관념 역시 인간의 창작물이다. 또한 옛 부족 시대 자연 속에서 살아가던 사람들은 인간의 손길이 닿지 않은 자연 속의 장소를 가리키는 단어를 갖고 있지 않았을 것이다.(그러나 영적인 의미에서 그러한 장소를 가리키는 단어는 있었을 것이다.) 그러나 이것은 초점에서 벗어난 이야기이다. 사실 모든 단어와 개념이 인간에 의한 구성물이다. 우리 앞에 놓여 있는 곤경을 생각할 때, 광범위하게 변형된 땅에 대해 이야기할 방법이 필요한 것과 똑같이, 인간의 영향을 아주 적게 받은 땅에 대해 이야기할 수 있는 언어와 방법 역시 절실하게 필요하다.

야생의 조건을 유지하고 있는 지역은 ─우리가 그것을 무엇이라 부르건─ 땅 위에서 잘 살고자 하는 장기적인 노력을 위해 대단히 중요하다. 그것이 주는 이익에 대해서는 여러 사람이 입이 닳도록 말해 왔다. 그중 중요한 혜택은 종 다양성을 유지하는 것과 관련이 있다. 다른 혜택으로는 자연의 기능을 연구할 수 있는 장소로, 즉 우리가 다른 곳들을 어떻게 바꿨으며 그 결과는 무엇인지 알게 해 주는 생태적 검증대로서 야생지의 가치를 들 수 있다. 알도 레오폴드는 야생지에 관해 쓴 그의 유명한 마지막 에세이에서 오래된 과제를 감당하려는 현대 미국의 시도는, 특히 반건조 지역과 그 외 생태적으로 어려운 지역들에서, 좋지 않게 끝날 것이라는 어두운 전망을 했다. 그것은 과거 환경적으로 민감한 지역에서 견디고자 했던 인간의 노력들이 실패했듯이 안 좋게 끝날 것이다. 그렇게 되면 "보다 오래 지속되는 가치"를 찾아 야생지로부터 배워야 할 것이라고 레오폴드는 말했다. 그가 말하고자 했던 것은 야생지에 대한 면밀한 연구로부터 얻은 가치 체계, 즉 주어진 장소에서 자연이 기능하는 방식을 인식하고 존중하는 가치 체계였다.

야생의 땅은 진화를 거듭해 온 자연의 지혜의 보고이다. 그곳은 사람들 속에서, 그리고 사람들 가운데서 살 수 없는 생명 형태들에게 서식처를 제공한다. 따로 떨어진 서식지이지만, 야생의 땅은 생태적 과정을 유지하여 인간이 거주하는 주변 지역을 이롭게 한다. 또 우연찮게 야생지는 인간에게 휴식과 각성을 위한 장소를 제공한다. 레오폴드가 말하는 야생지의 가치는 무엇보다도 사회가 덕성을 함양하는 데, 특히 겸양과 절제의 미덕을 함양하는 데 반드시 필요하다. 야생지의 보존은 문화적 변화를 가져오는 데 핵심적인 역할을 한다. 레오폴드는 문화적 변화를 이루는 데 야생지의 역할이 핵심적이라고 봤다. 그래서 그는 그러한 변화를 핵심 목표로 삼지 않는 땅 보호 운동을 의심하기까지 했다.

야생 지역 보호에 관한 문헌들은 많은 경우 과학자들이 썼고, 잘하면 그것은 야생 지역 관리를 위한 기준을 만드는 데 유용할 것이다. 여기서는 그 결론만 언급하고자 한다. 거기 나타나는 일반적인 성서는, 야생 시역을 최내한 잘 관리해서 과거 언젠가, 아마도 산업화 이전, 유럽 이주민이 오기 이전, 아니 그보다 훨씬 더 전에 그 땅에 살았던 종들 전체를 보호하자는 것이다. 시점을 언제로 잡건 간에 기본적으로 이 주장은 그 당시 서식했던 종들을 최대한 보호하고, 수적으로 당시 개체 수에 근접하게 유지해야 한다는 것이다. 이러한 규범적 목표는 종종 대지의 원초적 **보전(Integrity)**이라고 이야기된다. 이것은 땅의 생태적 기능보다는 생물학적 구성에 ―어떤 종들이 얼마나 많이 살고 있는가에― 초점을 둔 목표이다. 이것은 대지의 건강이라는 목표가 집중하는 것과는 다르다. 그러나 종의 구성과 생태적 기능은 서로 긴밀하게 관련되어 있다. 특정 장소에서 당시 지배적이었던 생태적 기능과 거의 같은 상태를 유지하지 않으면서 종의 집합을 충분히 유지하는 것은 불가능하다. 마찬가지로 보전이라는 목표 역시 단순히 개별 종을 보호하는 것이 아니라 생명 공동체 자체를 보호하는 것이어야 한다. 간단히 말해 보전은 특정 시기의 자연조건에서 가능했을 상태를 유지하는 동시에 인간의 존재 없이도 전개되었을 역동적 변화를 고려하는 것이다. 목표 가치로서 보전이 단순히 과학적 서술이 아니라 규범적 선택이어야 한다는 것은 두말할 필요도 없다.

그렇다면 대지의 공동체 전체를 고려했을 때 타당한 전반적인 목표는 다음과 같은 것이다. 즉, 기능적 측면에서 모든 땅의 생태적 건강(대지의 건강)을 유지하고, 나아가서 곳곳에 야생지를 지정해서 최대한 그것을 보전해야 한다는 것이다. 물론 이 두 가지 목표에 대해서는 여기서 한 것보다 더 상세한 설명과 탐구가 있어야 한다. 또한 관련 과학에 대한 우리의 지식 역시 한계가 있다. 그러나 대지의 건강과 보전은 중요하며, 유용한 목표로 삼아야 한다. 이 두 가지는 공동의 규범적 이상이 되기에 충분하며, 희망하기로는, 새로운 자명한 진리가 될 것이다.

다른 종들

대지의 건강과 보전에 대해 이야기하다 보면 800만이 넘을 것으로 추정되는 다른 생명 형태들의 역할에 주의를 기울이게 된다. 얼마 전만 해도 종의 수에 대한 식자들의 추측은 적게는 300만에서 많게는 3000만 종에 이르렀고, 소수는 1억 종에 이른다고 추측했다. 현재까지 분류학자들이 밝히고 명칭을 부여한 것이 이 중 200만 종 정도이고, 계속되는 수집 노력에 의해 매번 새로운 종이 등장한다. 전체 종의 수는 어떻든 추정일 뿐이다. 종이 무엇을 의미하는지, 그리고 어떠한 생명 형태를 계산에 넣을지 결정하는 데 자의성이 개입되기 때문에 종의 수를 계산하는 일은 더욱 어려워진다. 종 다양성을 추정할 때 대체로 박테리아나 그 외 단세포 형태의 생명체들은 제외한다. 인간의 몸 위에, 그리고 인간의 몸 안에 사는 박테리아들을 범주화하고 그 수를 세는 것만 해도 대단히 어려운 연구이다. 인간 생물군계를 밝히는 작업만으로도 앞으로 수년이 더 걸릴 것으로 보인다. 바닷가에서 숟가락으로 모래를 퍼서 그 안에 있는 미생물 종류를 밝히는 데만도 엄청난 연구가 필요하다.

앞으로 (말 그대로) 문화의 재활성화를 기대하면서 우리는 다른 생명 형태들을 지금까지보다 훨씬 더 존중해야 한다. 여기까지는 분명하다. 그러나 무슨 이유에서, 그리고 어느 정도로 그렇게 해야 하는가?

전체 종 중에 소수는 직접적으로 우리에게 소중하고, 그래서 당연히 우리는 그것들을 존중한다. 그보다 훨씬 더 많은 종들은 생태적 과정을 유지하고 대지의 건강을 유지하는 데 도움을 주기 때문에 소중하다. 그것들로부터 얻는 이익은 간접적이지만 반드시 필요한 것이다. 무엇이 소중한지와 관련해서 우리가 알고 있는 내용은 오랫동안 연구해 온 자연환경의 경우라 해도 매우 불완전하다. 아닌 경우도 있겠지만, 높은 개연성을 가지고 말하기는 어렵다. 그러므로 우리는 앞으로 언제 어떤 종이 소중해질지 모르기 때문에 주변의 모든 종을 소중하게 지켜야 한다고 말하는 것이 상식적이고 일반적일 것이다. 실제로 앞으로 종에 대해 새로운 지식을 얻게 될 수도 있고, 상황이 바뀔 수도 있기 때문에 언제 어떤 종이 소중해질지 우리는 모른다. 많은 종들이 미래의 식물이나 동물 번식에 유용한 유전적 재료를 제공할 수도 있다. 이 외에도 동물원이든 야생이든 단순히 그것이 우리 주변에 있는 것을 보는 것만으로도 유익한 종들도 있다. 직접적으로든 간접적으로든 우리가 얻는 이익은 크다.

동물 개체든 종이든 그들로부터 우리가 얻는 이익과 무관하게 존중해야 할 고유한 가치가 다른 생명 형태들에게 있는지, 또는 그들에게 그러한 고유한 가치를 부여해야 하는지는 오랫동안 환경 철학의 핵심적인 질문 중 하나였다. 그것들은 우리에게 어떤 영향을 끼치는가와 상관없이 자체 안에, 그리고 그 자체로서 가치를 지니며, 또 지녀야 한다.

(앞서 언급했듯이) 고유한 가치란 인간의 행복에 기여하는지 여부와 상관없

이 (우리가 미덕이라고 여기는 것에 어떠한 기여를 하느냐와 상관없이) 우리가 무언가에 부여하는 가치를 뜻한다. 이렇게 볼 때 위에서 말한 규범적 주장은 이해하기가 쉬워진다. 그러나 이것은 인간의 인식이나 가치 부여와 동떨어져서 존재하는 어떤 가치를 의미하지 않는다. 확실히 그러한 것을 의미할 필요는 없다. 이 고유한 가치를 많은 사람들이 받아들였으며, 지금도 그렇다. 그들은 자연이 지니는 가치는 인간이 등장하기 이전부터 존재했고, 인간이 사라진 이후에도 계속해서 존재할 것이라는 생각을 받아들인다. 이러한 논리는 여러 종교적 개념 틀과(사람들이 아니라 신이 부여한 가치) 잘 들어맞는다. 이러한 사고 방식을 터무니없는 것이라고 거부할 수는 없다. 이 고유한 가치는 인간의 선택에 의해 생겨나는 것이 아니지만, 실제 현실에서는 여전히 인간이 그것을 밝히고 특정한 방식으로 정당화해야 한다. 이 고유한 가치를 고려하려면, 어떤 방식으로든 그것이 우리의 의식 안으로 들어와야 한다. 따라서 인간은 자신들이 스스로 가치를 창조한다고 생각하건(철학의 일반적인 입장) 아니면 자신들과 독립적으로 그러한 가치가 존재한다고 믿건(종교의 일반적인 입장) 구체적인 피조물, 또는 종이 가치를 지닌다고 의식적으로 결정할 필요가 있다. 항상 인간의 결정이 필요하며, 이 두 가지 종류의 결정은 —가치를 부여하는 것과 이미 존재하는 가치를 인정하는 것— 사실 그렇게 많이 다르지 않다.

종이나 생명 공동체, 또는 에코 시스템 같은 범주나 무형의 것에 고유한 가치가 존재할 수 있다는 생각에 많은 철학자들이 반대했다. 그들이 반대하는 이유는 종이나 공동체가 독립된 물리적 실체가 아니기 때문이다. 그들은 특정한 사물, 아마도 살아 있는 사물에만 가치를 부여할 수 있다고 마치 자명한 듯이 주장한다. 그러나 어째서 물리적 실체성을 결여하고 있다는 것이 고유한 가치를 인정하지 않을 이유가 되는지는 분명치 않다. 우리는 구체적으로 구현되었느냐와 상관없이 사상이나 지식은 가치 있다고 여긴다. 윌리엄 셰익스피어의 희곡은 인쇄 여부와 상관없이 문학작품으로 소중하다. 허구적 인물이라 할지라도 많은 사람들에게 해리 포터는 소중하다. 종은 인간이 만들어 낸 범주이고 정신 안에만 존재하는 개념일 수 있다. 그러나 그것은 신체를 가진 생물 가운데 존재하는 실제 형태를 가리키는 개념이다. 중력이 실제적인 물리적 힘이듯이, 그것은 세계 안에 실재하는 물리적 차이들에 대해 말하는 한 가지 방식이다. 생명 공동체 역시 살아 있는 생명체들과 물리적 요소들이 특별한 방식으로 상호작용하며 독특하게 결합한 것이라는 점에서 실제 존재한다. 생명 공동체가 살아 있는 그 구성 요소들과 독립해서 그 자체로서 가치를 지닌다는 사실을 부정하는 것은 위대한 그림이 그것을 만들기 위해 사용한 유화 물감과 캔버스로부터 독립된 가치를 지니지 못한다고 말하는 것이나 다름없다.

따라서 종과 생명 공동체 자체에 가치를 부여하는 것은 지극히 타당하다. 그것은 다른 생명체들과 자연 안의 구체적인 물리적 장소와 특징들에 가치를 부여하는 것이 합당한 것과 마찬가지로 합당하다. 모든 생명 형태를 보호하려는 진지하고도 십난석인 살방은 여러 가시 섬에서 노닉석으로 가치 있으며, 존중할 만하다. 그것은 인간 지식의 한계, 특히 써서 없애도 좋은 것들과 가치 있는 생명 형태를 구분하는 우리의 능력에 한계가 있다는 것을 아는 도덕적 태도이다. 또한 그것은 기꺼이 사려 깊게 행동하는 덕스러운 태도를 보여 주며, 불가피하게 우리가 저지르는 실수를 교정할 여지를 남겨 둔다. 자연 풍경 속에서 종이 사라지는 것은 (항상 그런 것은 아니더라도) 생태적 변화를 나타내는 신호이며, 종종 그것은 자연의 기능이 줄어들고 따라서 도덕적으로도 어려움을 제기하는 신호이다. 종의 상실은 변화가 일어나고 있으며, 따라서 그 자연 풍경이 적어도 한 가지 생명 형태에게는 덜 적합한 환경이 되고 있다는 사실을 알려준다. 종교적 관점에서 보면 모든 생명 형태는 신적 기원으로부터 나오는 가치를 지니며, 그러한 이유에서 고귀하다. 또한 종들과 공동체들을 보호하고, 그렇게 함으로써 미래의 인간 세대도 그것을 향유할 수 있게 하는 것은 중요하다. 종들과 공동체들에 가치를 부여하는 것은 이 사실을 강조하기 위한 한 가지 방법이기도 하다. 간단히 말해 모든 종을 보호할 이유는 넘쳐나며, 몇 가지 이유들은 정말로 절실하다.

개별 생명체들

살아 있는 개별 생명체, 특히 고도의 지적 능력을 지닌 포유류는 우리와 다른 생명 형태이지만 도덕적 가치를 지니며, 사람들은 이 점에 대해 쉽게 공감한다. 중요한 것은, 구체적인 에코 시스템 안에서 그들이 하는 도구적 기능이나 우리에게 주는 이익이 아니라 개별적인 존재 그 자체이다. 이러한 도덕 추론은 대부분 동물을 대상으로 하며, 개별 식물을 대상으로 하는 경우는 드물다. 동물 중에서도 두드러진 것은 일반적으로 야생에서 사는 동물이 아니라, 반려동물, 동물원 동물 등 일반적으로 가축화된 동물들이다. 사람들은 이런 동물들을 원래 그들이 살던 자연으로부터 옮겨 와서 번식시키거나 길렀다. 그래서 많은 경우 그런 동물들은 야생에서 생존하지 못한다. 그 동물들로부터 야생에서 살 기회를 빼앗은 후 우리는 그들의 운명에 대해 책임진다.

전반적인 생태계 파괴에 대한 염려와는 별도로 동물 복지에 대한 의식은 매우 높아졌다. 환경 파괴에 대한 염려와 동물 복지에 대한 염려는 종종 별개로 존재한다. 얼핏 보기에 이 두 가지 염려는, 서로 겹치지는 않는다 해도, 매우 긴밀하게 관련되어 있는 것으로 보이며, 실제로 그렇다. 그러나 개별 동물 자체에 대한 관심은 생태계 시스템에 대한 관심과 충돌할 수 있으며, 이에 대해서는 이해가 필요하다.

대지의 공동체의 건강이 유지되기 위해서는 여러 종들이 섞여서 건강하게 상호작용해야 하며, 서식하고 있는 종들의 수가 기능적으로 합리적인 수준으로 제한되어야 한다.(너무 많거나 너무 적지 않아야 한다.) 그동안 어디서나 그래

왔듯이 자연 시스템에 인간이 개입한다는 것은 이러한 종의 혼합과 개체 수에 변화의 방아쇠를 당긴다는 것을 의미한다. 인간의 개입으로 인해 종종 특정 종의 개체 수가 원래대로 내버려 두었을 때에 비해 훨씬 늘어나게 된다. 그러한 종들은 그들이 사는 지역에 변화를 가져와 다른 많은 종들이 ―마찬가지로 가치 있는 다른 생명 형태들이― 쇠퇴하고 생산성과 기능 역시 줄어들게 만든다는 점에서 독소로 작용할 수 있다. 이처럼 한 줌도 안 되는 종들의 개체 수가 폭발적으로 늘어날 때 우리는 어떻게 반응해야 하는가? 대지의 공동체 자체의 건강을 생각해야 하는가, 아니면(대신, 또는 덧붙여서) 개별 동물의 가치와 복지를 중요하게 보아야 하는가?

이 질문에 대해서는 서로 다른 규범적 입장에 근거한 다양한 답변이 있다. 특히 지나치게 개체 수가 많은 종을 사냥이나 그 밖의 치명적인 방법을 동원해 도태시켜야 한다는 요구가 나올 때 서로 다른 관점들이 날카롭게 충돌한다. 의도적인 살해는 죽임을 당하는 생명체에 대한 온건한 도덕적 관심과 일치하지 않는다. 반면 특정 동물 개체 수가 폭발적으로 늘어나서 다른 종들과 대지의 기능에 해를 입히게 된 데 인간이 간접적 원인을 제공했다면, 사람들이 해를 입힌 것이고, 거기에 대해 도덕적 책임을 느껴야 한다. 이렇게 보면 한 종의 개체 수를 (사냥, 덫, 독극물, 또는 포식자 투입을 통해) 조절하는 것은 실제로는 다른 종들에게 간접적으로 입혔던 해를 줄이는 것이다. 그러므로 지나치게 개체 수가 많은 종을 사냥하는 것은 인간이 자연에 끼친 전반적인 영향을 확장하는 것이 아니라 줄이는 것이다.

인간이 아닌 개별 동물들도 마땅히 도덕적 가치를 지니며, 그들을 (데카르트의 말로 잘 알려진) 바위보다 높은 위치에 올려야 한다는 주장은 오랫동안 강력한 역풍을 맞았다. 한 가지 이유는 이런 방식으로 가치를 부여한다는 것이 어떤 의미를 지니는지에 대한 염려였다. 일반적으로 동물 옹호자들은 한 가지 특별한 추론 방식을 사용해서 동물에게까지 도덕 가치를 확장했다. 그들이 사용한 논증 방식은 개인주의적 서구 도덕 사상에서 끌어온 것이다. 동물 옹호 논증의 출발점은 인간은 그가 소유한 몇몇 특징, 또는 능력 때문에 도덕적으로 가치 있다는 것이다. 만일 그렇다면, 인간이 아닌 생명체들이 동일한 가치 창조 능력, 내지는 특징을 가질 때 그들도 도덕 가치를 지닌다고 결론 내리는 것이 논리적으로 타당하다는(평등의 원리와 일치한다는) 것이다. 형식상 이 논증은 연역적이다. A라는 특징, 또는 능력은 도덕 가치의 근원이다(일반적인 규범적 주장). 인간이 아닌 어떤 동물도 인간과 마찬가지로 A를 가지고 있다(구체적인 사실 주장). 이것은 이 다른 생명체 역시 도덕 가치를 지녀야 한다는 것을 의미한다(연역적 결론). 이 논리는 타당하며, 따라서 핵심적인 규범적 전제가 ㅡ도덕 가치는 A로부터 나온다ㅡ 맞는 한 결론 역시 타당하다. 전부는 아니더라도 대부분의 동물 복지 옹호자들은 동물에게 강한 친밀성을 느끼며, 그러한 감정에 의해 움직인다. 그러나 그들이 자신의 논리를 (특히 학문적으로) 펼 때는 감정과 편향성을 멀리하고 공적 객관성을 숭배하는 태도를 취한다.

예상대로 이러한 추론은 도덕 가치를 탄생시킨다고 전제된 절대적으로 중요한 특징, 내지는 능력 A에 대한 끝없는 논란과 사변으로 귀결했다. 인간을 도덕적으로 특별하게 만드는 것은 무엇인가? 오래된 유대-기독교의 답변에 따르면, 인간은 하느님의 형상에 따라 창조되었기 때문에 특별하다. 다른 종들은 단지 사람들이 어떻게 살아야 하는지, 또 어떻게 살아서는 안 되는지 예를 보여 주기 위해 창조되었고, 어떤 방식으로든 인간의 필요에 복무하기 위해서 창조되었다고 생각했다. 중세에는 흔히 인간은 종교를 가지고 있기 때문에, 또는 말할 수 있고 합리적인 추론을 할 수 있기 때문에 다르다고 여겨졌다. 17세기에 이르면 영혼의 존재에 논리의 초점을 맞추게 된다. 그것이 바로 인간을 정의하는 특징이라는 것이다. 다른 종들은 영혼이 없기 때문에 도덕적으로는 복잡하고 시끄러운 소리를 내는 기계와 다르지 않다는 것이다.

이 오래된 주제를 다루는 최근의 문헌들은 이전의 종교적 추론이나 영혼에 대한 언급을 무시하고 대신 신경 기능에 초점을 맞추는 경향이 있다. 한 가지 견해에 따르면, 가치를 창조하는 핵심적인 특징은 단순히 고통을 느끼고 고통을 겪는 능력에 있다. 제레미 벤담이 이 견해를 받아들였는데, 그의 도덕 추론은 쾌락과 고통에 탁월한 위치를 부여했다. 다른 저자들은 의식이나 그에 필적할 만한 고도의 정신적 기능을 핵심적 특징으로 봤다. 좀 더 협소하게, 도덕 가치는 자기의식과 미래를 예측하는 능력, 삶의 경로를 그릴 수 있는 능력에 있다고 주장하는 사람들도 있었다. 도덕을 가진 존재와 가지지 못한 존재 사이에 하나의 단일한 선을 그어서는 안 된다고 주장한 저자들도 소수 있었다. 그들에 따르면 도덕 가치는 여러 가지 구체적인 능력에 근거해서 단계적으로 생겨나며, 따라서 뚜렷하게 구분되는 두 개의 도덕 범주가(도덕을 가진 존재와 가지지 못한 존재) 아니라 여러 단계의 도덕 가치를 지닌 존재들이 생겨난다. 그러나 이러한 추론들이 모두 전제하고 있는 관념은 도덕성을 부여하는 특징에 대해 일단 합의가 되면, 같은 특징을 지닌 다른 생명체들도 도덕적 존재라고 볼 수 있다는 것이다.

분명히 말해 두지만, 이러한 추론은 오늘날 도덕과 그 근거를 혼동하고 있는 현상의 한 표현일 가능성이 높다. 또한 그것은 공적 사안에서 규범적 문제를 밀어내고 객관적 언어로 말하려고 하는 근대의 경향을 반영한다. 만일 도덕 가치에 대한 일치된 근원에서 시작한다면, 특정 동물을 옹호하는 객관적인 논증이 가능하리라고 생각하는 것이다. 이 때문에 도덕 가치를 부여하는 특징이나 능력이 무엇보다 중요해지고, 그것을 찾아 나서게 되는 것이다. 그러나 동물을 옹호하기 위한 논증이 반드시 도덕의 새로운 근원을 찾는 데서 출발할 필요는 없다. 거기에는 주관성이 개입될 수밖에 없다.

오늘날 우리의 도덕적 세계관에 대한 훨씬 더 나은 설명은, 인간이 도덕적 가치를 지니는 것은 무슨 찾기 힘든 (뇌의 기능이나 그 외 다른 것에 기초한) A라는 특성 때문이 아니라, 단순히 우리가 인간이라는 이유 때문이라는 것이다.

다시 말해 우리가 가치 있는 것은 우리 스스로 가치 있다고 생각하고 말하기 때문에, 인간은 가치 있다고 결정했기 때문에 그렇다. 그것은 규범적인 도덕적 공리, 자명한 진리로 우리가 받아들인 입장이지, 사실들과 귀납적인 추론을 통해 도달한 결론이 아니다.[고도의 정신적 기능이(사실) 도덕 가치를 만들어 낸다는(규범적 입장) 주장은 어쨌든 실제에서 벗어난 비약으로 보이며, 문제가 있다.]

잘 알려져 있듯이 천 년이 넘는 기간 동안 사람들은 제한된 다른 공리를 받아들였다. 일반적으로 사람들은 자신과 동류의 사람들, 또는 자기 집단 내의 사람들만으로 도덕 가치를 한정했다. 다른 사람들이 아니라 "우리" 사람들, 또는 선택받은 사람들만 도덕 가치를 지닌다는 것이다. 이 도덕 공리는 천천히 고통스러운 과정을 거치면서 모든 인간은 가치를 지닌다는 새로운 공리에 자리를 내주었다. 동물 복지 옹호자들이 종의 구분선을 넘어 공동체를 확장하려는 것은 이처럼 도덕 공동체를 확장해 온 역사의 연장선상에 있다. 그러나 인간과 그 외 다른 종들 사이에 존재하는 많은 차이를 고려할 때 이것이 실제로 가능할지는 분명치 않다. 더 중요한 것은 이런 논증이 필요한지 아니면 그것이 전략적으로 현명한지가 분명치 않다는 사실이다.

모든 인간에게로 도덕 가치를 확대해 온 오랜 역사를 추동했던 힘은 인종이나 종교, 민족, 성, 국적 등 사람들 사이의 차이는 도덕적으로 중요하지 않다는 주장이었다. 인간은 가치를 지닌다. 이것은 기본적인 도덕적 견해이다. 그리고 이것은 인위적으로 제한된 일부 사람만이 아니라 모든 인간이 가치를 지닌다는 것을 의미한다. 도덕 가치의 확장은 실제로 일어났고, 도덕적으로 가치 있는 사람의 수는 늘어났다. 그러나 이 확장의 역사 속에서 인간이 지닌 특정 능력이나 인간과 다른 종들 사이의 특수한 차이 때문에(오직 그러한 이유 때문에) 인간이 가치를 지니게 된다는 생각이 부각되지는 않았다. 그보다는 사람들 사이에서 도덕적으로 유의미한 어떠한 차이도 발견할 수 없었기 때문에 역사가 그렇게 전개될 수 있었다. 오래전 기독교 경전이 선언했듯이, 사람들은 단지 사람이라는 그 이유 하나 때문에 (예전에는 작은 공동체였지만, 지금은 전 지구적인) 도덕 공동체에 속한다.

동물 복지를 주장하는 사람들은 어떤 의미에서 이 공리를 던져 버리고 새로운 공리로 대체하고 싶어 한다. 그것은 모든 인간은 도덕 가치를 지닌다는 공리에서 출발하는 것이 아니라, 어떤 특별한 요인에 근거한 좀 더 큰 생명체 집단이 가치를 지닌다는 주장으로부터 출발한다. 이러한 접근 방식에는 전혀 잘못이 없다. 그러나 거기서 선택한 추론 방식은 도덕 원칙에 대한 오늘날의 혼란, 즉 그 원칙이 어디서 유래했으며 또 무엇이 그것을 정당화하는지에 대한 혼란을 반영한다. 이 주제에 대해서는 앞서 제3장에서 충분히 다뤘다. 앞서 살펴본 대로 도덕 가치는 심층적인 도덕 감정으로부터 나오며, 그것은 그 형성 단계에서 세계에 대한 사실들과 우리의 추론 능력과 함께 뒤섞인다. 오늘날 우리의 도덕 감정에 따르면, 인간은 도덕적 가치를 지니며, 그러한 감정에 따라 행동한다. 그렇다면 우리는 이와 똑같이 다른 생명체들 역시 도덕 가치를 지닌다는 입장을 취할 수 있다. 우리는 단순히 그렇게 느끼기 때문에, 오래전 다윈이 이야기했듯이 인간이라고 그렇게 다른 것은 아니라는 생각이 우리 마음속 깊이 자리 잡고 있기 때문에 그런 입장을 취할 수 있다. 그렇게 하는 데 사실들과 논리가 도움이 될 수 있을 것이다. 그러나 그런 것들이 정말로 필요하지는 않다. 직접적으로든 정서적으로든 동물을 옹호하는 도덕적 입장을 고수하고 다른 사람들도 그런 입장을 취하도록 초대하는 것은 전적으로 타당하다. 반복해서 말하지만, 우리는 가치를 창조하는 존재이기 때문이다.

아무리 봐도 동물 복지를 호소하는 입장은 대개가 감정에 기초해 있다. 그렇기 때문에 엄격한 논리와 사실에 근거해서 논증을 펴는 것은 혼동을 일으키거나 아니면 주의를 흐트러뜨린다. 그러한 논증은 도덕의 기초가 감정에 있다는 사실을 무시한다. 실제로 그것은 암묵적으로 그러한 감정의 정당성을 흔든다. 그러한 논증이 전제하고 있는 것은 사실과 이성에 의해 입증되거나 적어도 뒷받침될 때에만 도덕이 성립한다는 것이다. 그러나 간단히 그것은 틀린 이야기이다. 더욱이 그것은 살아 있는 다른 생명체들을 향해서든 종이나 전체 생명 공동체를 향해서든 도덕 가치를 확대하는 데 대해 매우 적대적이다. 논리에 근거한 논증은 고도의 기능을 갖춘 영장류에게 도덕 가치를 부여하려는 경우 많은 사람을 설득할 수 있다. 아마도 그러한 동물들은 사람과 비슷해서 그러한 논증이 설득력을 얻을 수 있을 것이다. 그러나 그것은 자연의 강과 특별한 자연환경을 비롯해서 생명 공동체 전체에 도덕 가치를 부여하는 데는 별 효과가 없다. 그런 것들은 모두 인간과 너무 다르기 때문에 도덕 가치를 확장하려는 어떠한 노력에도 논리에 근거한 논증이 별 도움이 되지 않는다. 한편 동물 복지 옹호자들은 그 찾기 힘든 특성 A를 찾아가는 과정에서 서로 의견이 일치하지 않고 저마다 다른 말을 하기 때문에, 그 모든 지적 노력이 자의적이거나 아니면 결론이 나지 않는 것으로 보이게 된다. 어째서 도덕 가치는 저 능력이 아니라 이 능력에 근거해야 하는가? 또 저 사실이 아니라 이 사실에 근거해야 하는가? 이 질문에는 적절한 답이 없다. 왜냐하면 우리가 알고 있듯이 도덕은 사실들만으로 생겨나는 것이 아니기 때문이다. 수많은 특성 중에 이성 하나만을 택하는 것은 적절치 않다. 그리고 인간만을 도덕적 존재로 보는 것은 오류임을 입증하려는 것 역시 실은 적절치 않다.

우리가 분명히 알아야 할 것은 가치란 일련의 집단적 선택을 통해 생겨난다는 것이다. 감정은 그러한 선택을 하는 데 핵심적인, 아마도 가장 중요한 요인일 것이다. 일단 우리가 이 점을 이해하면, 다른 살아 있는 생명체들에게 부여하는 가치가 인간의 가치와 똑같을 필요가 없다는 것도 쉽게 이해할 수 있다. 종이나 생명 공동체에 부여하는 도덕 가치가 전혀 다를 수 있듯이, 그것은 다른 종류의 도덕 가치일 수 있다. 그러므로 (때때로 비평가들이 주장하듯이) 만일 동물이 도덕 가치를(심지어 권리를) 지닌다면 그들도 인간과 같은 층위에 있다고 보아야 한다는 주장은 잘못된 것이다. 결코 그렇지 않다. 마찬가지로 논리적으로 입증되지 않았기 때문에, 또는 탄탄한 논리에 근거하지 않았기 때문에 동물 복지에 대한 주장이 틀렸다고 말하는 것도 잘못이다. 증거와 논리는 그것과 아무 관련이 없다. 도덕 감정이 중요하다.

앞서 언급했듯이 우리가 직접적으로 얻는 이익과 무관하게 개별 야생 생명체들을 존중해야 하는 이유가 무엇인지는 간단히 말할 수 있다. 그것은 종들과 생명 공동체를 보호해야 하는 이유와 중첩된다. 때로 우리가 잘 이해하지 못하는 것이라 할지라도 다른 생명체들은 중요한 생태적 역할을 한다. 또한 우리에게 다른 생명체들을 존중할 의사가 있는지 여부와 관계없이 그들을 더욱 존중해야 할 문화적 이유가 있다. 다른 생명체들을 보호하기 위한 노력은 절제와 겸양이라는 문화적 가치를 꽃피우는 데 보탬이 된다. 그것은 우리가 자연을 더욱 조심스럽게 변화시킬 수 있게 하며, 더 많은 이익을 낳을 수 있게 한다. 이 밖에도 그러한 노력은 자연에 대해서, 그리고 다른 생명체들이 지닌 능력에 대해서 경외감을 가질 수 있게 하며, 우리가 다른 모든 생명 형태의 면진적이며 보다 큰 생명 공동체의 참여자라는 의식을 높이는 데 도움이 된다.

자연에 뿌리내린 문화

이 장에서 제시한 출발점들은 모두 서구 문화의 흐름을 의미 있게 전환할 것을 요구한다. 특히 그것은 모든 정치적 스펙트럼에 걸쳐 정치적으로 위장하고 있는 자유주의적 개인주의의 지배에 도전한다. 이 장에서 제시하는 올바른 삶의 형태는 자유주의적이 아니라 본질적으로 공동체적이다. 하나의 도덕적 입장으로서 그것은 진실한 기질, 진화와 조화를 이루는 번성, 특히 사회적 존재로서 인간의 신체적 필요 같은 것과 잘 어울린다. 아마도 개인 혼자서는 앞서갈 수도 있고, 공격적이고 자기중심적인 경쟁을 통해 번성할 수도 있을 것이다. 그러나 종 전체는 그럴 수 없다.

더 나은 토대에 근거한 문화는 대지의 공동체가 전면에, 중심에 자리 잡은 문화이다. 그것은 하나의 큰 그림이며, 다른 모든 것은 거기 속한 부분이다. 또한 대지의 공동체는 우리의 지속성의 근원이며, 벗어날 수 없는 집이다. 800만이 넘는 종들로 이뤄진 이 대지의 공동체는 우리의 이해를 넘어설 만큼 복잡하며, 대지의 공동체의 생산성은 이러한 복잡성에 달려 있다. 복잡성이란 단순히 생명 형태들의 광범위한 다양성이 아니라 그것들이 상호작용하면서 진화해 온 방식, 즉 고립된 부분들이 지니는 능력보다 훨씬 크고 또 전혀 다른 능력들을 탄생시킨 진화의 방식을 말한다. 만일 자연이 완전히 파편화된다면, 즉 자원들의 창고 같은 것이 되어 버린다면, 우리가 아는 생명은 서서히 멈춰 버리고 말 것이다.

자연은 자원 저장소가 아니다. 자연은 자원의 흐름이나(20세기 초의 견해) 에코 시스템 서비스의 흐름으로(21세기에 수정된 견해) 이해할 수 없다. 자연은 온전한 생명 공동체이며, 우리는 그것의 일부이다. 또한 자연은 전체이며, 거기 속한 요소들은 전체를 떠나서는 이해될 수 없다. 잘 돌본 자연은 인간 생명이 살기에 좋은 장소이다. 다시 말해 잘 정돈된 자연은 진화의 과정을 통해 우리가 살도록 마련된 자연의 집 같은 것이다. 이 대지의 공동체는 어느 정도 건강하게 기능할 수 있다. 특정 풍경 역시 어느 정도 온전함을 유지할 수 있다. 가장 오래된 우리의 과제를 성공적으로 감당하기 위해서는 이 전체적인 건강을 유지할 필요가 있다. 또한 수 세기 전의 상태에 가깝게 온전함을 보전한 다양한 풍경을 여기저기 유지할 필요가 있다. 어느 모로 보나 이러한 목표는 결국 우리의 행동에 중대한 변화를 요구하며, 근본적으로 그것은 근대 문명의 중대한 변화를 의미한다.

근대 자유주의 문화(특히 서구 문화)의 특징은 수많은 구분선을 긋는 것이었다고 할 수 있다. 새로운 생태적 문화를 받아들이는 것은 이미 그은 많은 선들을 흐리게 하는 것이며, 이곳저곳에 있는 선들을 지우는 것이기도 하다. 일반적으로 근대성은 시간과 삶이 순환적이 아니라 선형적으로 진보한다고 이해하는 세계관이며, 과거와 현재, 미래 사이에 선을 긋는 세계관이다. 르네상스 인본주의는 계몽주의 사상에 의해 확대되었고, 인간에게 더 큰 도덕적 가치를 부여했으며, 인간을 다른 생명체들로부터 더욱 분명하게 구분했고, 인간이 지니는 독특한 능력을 찬미했다. 인간과 다른 생명을 나눴던 예리한 선은 얼마 지나지 않아 개인들을 구분하는 선으로 이어졌고, 개인으로서 인간 자체를 유례없이 강조하게 만들었다. 정신은 물질로부터 분리되었고, 이성은 감정과 분리되었으며, 논리는 직관으로부터 분리되었다. 어떤 경우든 완전히 분리된 것은 아니었지만 이론상으로 분리되었고, 그리고 실천적으로도 여러 가지 방식으로 분리되었다. 세계의 물리적 요소는 영적인 영역과 분리되었다. 신성은 점점 더 초월적이 되었고, 더 이상 내재적으로 이해되지 않았다. 사람들의 삶에서 사적 영역은 공적 영역으로부터 제외되었고, 그렇게 해서 또 하나의 잘못된 선이 그어졌다. 공적 안전과 몇 가지 핵심적인 공공 서비스와 관련된 문제를 제외하면, 종교적·도덕적 가치는 그러한 구분선의 한쪽으로, 즉 사적인 영역으로 밀려났다. 반면 다른 한쪽은 점점 더 객관성이 지배하게 되었고, 과학과 과학의 옷을 입은 경제학의 지배를 받게 되었다.

이 모든 선 긋기는 많은 이익을 가져다주었지만, 동시에 비싼 대가를 치러야 했다. 우리는 이 점을 분명히 알아야 한다. 앞으로 최대한 이익을 유지하되 관련 비용을 줄이는 노력을 해야 할 것이다. 그것은 그동안 그었던 모든 선을 흐리게 만드는 개혁일 수밖에 없다. 이 개혁은 전면적으로 이뤄질 수도 없지만, 그렇다고 아무렇게나 할 수 있는 것도 아니다. 지금 우리에게 필요한 것은 건전한 생태적 지식과 일종의 심층적 감정에 근거해서 선을 흐리게 하는 것이다. 그러한 지식과 감정은 도덕에 대한 새로운 이해를 탄생시킬 수 있으며, 사회적·생태적 공동체의 일원으로서 우리의 삶을 반영하는 도덕 질서를 탄생시킬 수 있다. 그리고 그것은 더 높은 도덕적 차원에서 다른 생명과 미래 세대를 대할 것을 요구한다.

오래된 이야기에 따르면 인간은 에덴 동산의 사과를 먹고 선악에 대한 특별한 지식, 또는 선악에 대한 모종의 지배력을 얻었다. 이 이야기는 지상에서 우리가 겪는 곤경을 잘 드러내므로 심각하게 받아들일 필요가 있다. 어떤 의미에서 우리에게는 정말로 옳고 그름, 선과 악을 정의할 수 있는 능력이 있다. 그러나 우리의 선택에는 결과가 뒤따르고, 우리는 그 결과와 함께, 그리고 그 결과에 대해 책임을 지며 살아야 한다.

제6장

사회정의

    자연의 이용과 남용을 구분하는 선은 자연에 대한 견실한 이해와 자연에 대한 우리의 의존성, 그리고 인간 지식의 한계에 대한 인식을 반영하는 것이어야 한다. 이러한 지적 선 긋기는 우리 실존의 인간적이고 사회적인 측면, 우리가 인간 삶의 공동체에 뿌리내리고 있다는 사실과 깊은 관련이 있다. 말할 것도 없이 사회정의는 중요한 주제이다. 사회정의는 대체로 자연과 별 관련이 없다. 그러나 사회적 문제의 상당한 부분이 자연과 관련이 있으며, 자연의 이용 및 남용과 관련이 있다. 서로를 공정하게 대하지 않으면서 땅 위에서 집단적으로 잘 사는 사람들을 상상하기 어렵다. 따라서 사회정의는 건강한 대지의 공동체를 이루는 데 도구적인 측면에서 중요하다. 그러나 그 이상이다. 왜냐하면 사회정의는 땅을 잘 사용하고자 하는 목적 자체를 어떻게 정의하느냐는 문제와 관련이 있기 때문이다.

    가령 지구와 지구 자원을 영토 및 상대적 소비율과 관련해서 어떻게 나눌 것인지 논의할 때 정의 문제가 개입된다. 오염과 그 밖의 쓰레기들은 어떻게 할 것인가, 결국에는 누가 황폐해진 환경에서 살게 될 것인가 하는 문제도 정의와 관련이 있다. 또한 정의는 통치 권력과 관련이 있으며, 지역민들이 장기적인 건강을 고려하고 도덕적 갈망을 반영하면서 가정을 꾸릴 수 있는 가능성에도 정의 문제가 개입된다.

정의와 관련해서 마지막으로 중요하게 언급할 것은 사적 소유권의 문제이다. 사회정의는 자연과 관련해서 첨예한 사적 소유권의 문제를 ─무엇보다도 자연의 관리 운영을 맡는 힘을 규정하는 법적 문제를─ 제기한다. 우리는 사적 소유권을 당연시하지만 그래서는 안 된다. 땅과 자연의 희소성이 커지면서 부는 점점 더 사적 소유권을 주장하는 사람들에게로 귀속되었고, 이 제도는 점점 더 정당성을 잃게 되었다. 사적 소유권은 도덕적으로 복잡한 사회제도이며, 국가가 뒷받침하는 강제에 기초해 있다. 사적 소유권 제도가 제대로 운영될 때에는 큰 장점이 있으며, 많은 사람에게로 소유권이 확대될 수 있다. 그러나 그것이 잘못 운영되거나 시대에 뒤떨어지면, 과거에 종종 그래 왔고 지금도 여러 곳에서 그렇듯이, 사회적 지배와 착취의 도구가 되고, 책임 있게 행동하라는 호소에 등을 돌리는 방패막이가 될 수 있다.

미국에서 나온 환경 정의에 대한 저술들은 일반적으로 이 주제를 너무 협소하게 규정하고 있으며, 예상대로 지나치게 제한된 범위의 공적·규범적 논의만을 반영하고 있다. 일반적으로 환경 정의는 원치 않는 토지 사용이 이뤄지고 있는 지역 가까이(대표적으로 오염원 근처에) 사는 개인들과 그러한 토지 사용으로 인해 피해에 노출된 개인들의 인종적·민족적 특징과 관련해서 주로 논의된다. 이렇게 제한하면 환경 정의 문제는 기본적으로 불평등의 문제가 된다. 그러나 우선적이면서도 가장 중요한 문제는 자연의 좋은 부분, 즉 생산성이 높은 농장의 토지, 수원, 숲, 어장, 광업 자원에 대한 접근성의 문제이다. 그것은 자연을 관리하는 권력의 문제이며, 농업, 임업, 광산업으로부터 어떻게 수입을 발생시키고, 또 그것을 어떻게 분배할 것인가에 대한 문제이다. 그리고 그것은 본래 공유적 성격을 지닌 자원, 무엇보다도 바다와 대기의 제한된 (기후변화를 일으키는 가스) 흡수 능력에 대한 접근성을 어떻게 나눌 것인가에 관한 문제이다.

여덟 가지 관찰

이 장의 주제는 매우 광범위하기 때문에 개략적으로 다룰 수밖에 없다. 그러나 개괄적으로 다루는 것만으로도 이 분야에 대해 —가장 오래된 과제에서 이 부분에 해당하는 것에 대해— 어느 정도 감을 잡기에 충분하며, 좋은 토지 사용과 관련해서 사회정의라는 요소가 자연 안에서 올바로 살아가는 사람들의 더 큰 비전과 어떻게 어울릴 수 있는지 조명해 줄 수 있다. 본격적으로 사회정의의 핵심 원칙들을 다루기 전에 유용한 틀을 제공해줄 여덟 가지 정도 예비적인 관찰을 하는 것으로 시작하려고 한다.

첫째, 정의와 관련된 주제를 제대로 다루려면 미래 세대와 비인간 생명에 관한 논의도 포함해야 한다. 그렇게 해야 좋은 토지 사용을 정의할 때 사회정의와 관련된 주제가 핵심적으로 부각된다. 사실 인간과 자연에 관해서 글을 쓴 많은 뛰어난 철학자들이 미래 세대를 위해 자연을 돌봐야 한다는 의무감이나 다른 생명의 도덕적 가치를 존중해야 한다는 의무감 위에 전체 규범의 구조를 세웠다. 그러나 여기서 그런 문제는 일단 미뤄 두기로 한다. 인간이 아닌 생명에 대해서는 앞 장에서 다뤘고, 미래 세대의 도덕적 위치는 여러 차례 다뤘고, 또 앞으로 결론 부분에서 다시 다루게 될 것이다.

둘째, 세계의 자연조건은 그 특징과 구성 요소, 인간 삶을 지탱할 수 있는 능력 등에서 매우 다양하다. 좋은 기후는 매우 중요하며, 고도와 지형, 강우 (강우량, 강우 시기, 강우 신뢰도), 표토, 통제되지 않는 주요 질병의 유무도 마찬가지로 중요하다. 공정하게 땅을 나누기 위해서는 단순히 일인당 토지 면적을 살펴보는 것만으로는 충분치 않다. 공정한 토지 할당 시스템은 앞서 열거한 차이점들을 고려해야 한다. 살기 적합한 장소가 부족한 사람들은 집약적 점유가 매우 힘든 장소에서 살아가게 되고, 이처럼 실질적 대안이 없는 상황에서 그들은 오로지 생존을 위해 그 장소를 황폐화하게 된다.

이와 관련해서 현실적으로는 한 가지 상식적인 진리가 통한다. 특정인이 특정 자연환경을 점유하고 있다는 것은 다른 사람들이 그것을 사용할 수 없다는 것을 의미한다. 그리고 이 단순한 사실에 더해서 특정 장소에서의 자연 사용은 쉽게 다른 사람들에게 영향을 끼칠 수 있다. 특정 장소에서 다양한 형태의 토지와 자원 사용은 결과를 수반하며, 그것은 광범위하게 확대될 수 있다. 대기오염은 경계와 국경을 넘으며, 때로는 수천 마일을 퍼져 나가기도 한다. 기후변화를 일으키는 가스는 어느 한곳에서 방출될 수 있지만, 지구상의 모든 곳에 영향을 끼친다. 하천 통로는 특히 그렇다. 댐은 자연적인 물 흐름을 바꾸며, 따라서 수량과 수질, 물이 하류로 흐르는 시기를 바꾸고, 침니 형태를 급격히 변경시키며, 수중 종들의 이주를 막는다. 수질오염은 심각한 영향을 끼친다. 수질오염은 부영양화를 통해 하천 어귀에 물이 흐르지 않는 지역을 만들며, 사람들과 가축, 농경지에 오염된 물을 공급하게 만든다. 배수 관행(예를 들어 지하 포장)과 제방 건설 역시 비슷한 생태적 영향을 끼친다. 그것은 종종 홍수를 악화시키고, 인위적 가뭄을 증가시키며, 수중 공동체(특히 생애 주요 사건을 위해 홍수로 인한 범람원을 사용하는 종들)를 파괴한다. 이 밖에도 자연적 교란을 방해하는 예는 더 열거할 수 있다. 마찬가지로 야생동물의 이동을 방해하는 경우도 얼마든지 예를 들 수 있다.

셋째, 자연에 대한 상대적 접근성과 수입 및 부의 정도와 관련해서 개인 간, 국가 간 불평등은 너무나 심하다. 많은 경우 불평등은 자연과 관련이 있다. 비옥하고 자원이 풍부한 땅에 사는 사람들은 그렇지 못한 지역에 사는 사람들보다 수입이 많고 부자가 되기 쉽다. 이 점에 대해서는 재러드 다이아몬드(Jared Diamond)의 대중적인 저서 『총, 균, 쇠(Guns, Germs, and Steel)』에서 잘 설명하고 있다. 사회적으로나 국가적으로 토지와 자원에 대한 사적 소유권을 주장하는 사람들은 일반적으로 자신들의 권리를 사용해서 수입이 자신들에게 흘러 들어오도록 하며, 그것도 해를 거듭해 가면서 손가락 하나 움직일 필요 없이 그렇게 하는 경우가 많다.[지속적인 자본축적 과정에서 그렇게 하며, 이것은 더욱 심한 불평등으로 이어진다. 이에 대해서는 토마 피케티(Thomas Piketty)의 베스트셀러 『21세기 자본(Capital in the Twenty-First Century)』에서 도표로 보여 주고 있다.] 불평등은 세계 여러 곳에서 악화하고 있지만, 특히 경제가 발전한 국가들에서 더 그렇다. 국민소득의 성장은 대부분 이미 고소득자인 최고 부유층의 몫으로 돌아간다. 국가들 간의, 민족 간의 불평등은 더욱 심하다.

수입과 부에 있어서 불평등의 확대는 중요한 의미를 지닌다. 생존을 위해 고투하는 가난한 사람들은 종종 살기 위해 자연을 남용하도록, 즉 토양과 물, 야생동물을 남용하고 아니면 기본적 필요를 충족시키기 위해 자연을 착취할 수밖에 없는 상황으로 내몰린다. 장기적 전망과 윤리적 인내는 가난한 사람들에게 허락되지 않은 호사에 지나지 않는다. 그러므로 그런 일이 일어났을 때 부자들도 함께 비난받아야 한다. 불평등이 계속해서 더욱 심해지고 있다는 사실은 단순히 국가 경제를 성장시키는 것만으로는 경제 발전의 목표를 달성할 수 없다는 것을 말해 준다. 이것은 특히 경제성장이 이미 많은 것을 소유한 사람들에게 더 많은 것을 가져다주는 발전된 경제에서 그렇다. 부유한 나라들에서 빈곤층을 끌어올리려는 목표와 관련해서도 마찬가지다. 이 경우에도 국가적인 부와 전반적인 소비 증가는 별 도움이 되지 않는다. 주요 해결책은 국가 총수입의 증가가 아니라, 그것을 어떻게 달리 분배하는가에 달려 있다. 이 점을 인식하는 것은 세계 여러 곳에서 개발의 목표와 환경 보전이 일반적으로 생각하는 만큼 갈등을 일으키지 않는다는 사실을 깨닫는 것이기도 하다. 만일 불평등에 대한 유일한 실질적 해결책이 더 많은 나눔이라면, 더 빠른 속도로 자연을 황폐화할 이유가 없다.

넷째, 종종 간과하고 있는 사실이 한 가지 있는데, 그것은 자연에 대한 통제는 생존과 번영을 위해 자연을 필요로 하는 사람들에 대한 통제로까지 이어진다는 것이다. 이것은 오래된 진리이다. C. S. 루이스가 반세기 전에 말했듯이, "자연에 대한 인간의 지배는 자연을 도구로 삼아 특정인들이 다른 사람들을 지배하게 되는 것을 의미한다."[1] 건조한 지역에서 물을 통제하는 사람들은 물을 필요로 하는 사람들에 대한 지배력을 가진다. 비옥한 토지를 지배하는 사람들은 설사 정치적으로나 사회적으로, 또는 그 밖의 다른 방식으로 자신들에게 존경을 표하라고 요구하지는 않더라도, 임차인들에게 자신과 수입을 나눠야 한다고 주장할 수 있다. 세계사는 권력을 가진 사람들이 자연의 쓸모 있는 부분을 차지하고 기존의 사용자들을 지배하거나 쫓아 버린 예들로 가득 차 있다. 권력을 가진 사람들이 좋은 곳을 차지하고 나면 패배자들은 살기 힘든 곳으로, 질병이 창궐하는 늪지나 범람원으로, 혹독한 기후와 척박한 토양이 기다리는 건조한 땅으로, 쓰레기 더미와 오염 지대로 이주한다.

자연이 지배와 착취의 도구가 될 수 있다는 이 네 번째 관찰은 또 다른 현실과 긴밀하게 관련된다. 즉, 자연을 사용하고 지배할 수 있는 법적 권한은 ―사적 소유권의 형태든, 아니면 영토주권의 형태든― 특정 지배 권력으로부터 지원을 받을 때만 존재한다는 것이다. 출입 금지 표지판이나 경계 울타리를 세우고, 그것을 무시하는 사람을 체포하는 것은 다른 사람들의 자유를 제한하기 위해 집단적 권력(경찰력이나 심지어 군대)을 사용하는 것이다. 앞 장에서 언급했듯이, 토지에 대한 사적 권리를 인식한 소유자가 얻은 자유는 동일한 땅을 사용하고 싶어 하는 다른 사람들이 자유를 상실하는 것을 의미한다. 미국에서는 사적 소유를 국가와 독립해서 존재하는 사적 권력의 한 형태로 이해하는 것이 일반적이다. 또 국가의 역할은 재산을 보호하는 것, 즉 법과 국가권력으로부터 독립한 다른 힘에 의해 생겨나고 지속되는 재산을 존중하고 보호하는 데 있다고 가정한다. 그러나 실은 반대로 사적 소유는 특정 형태의(성문법이건 관습법이건, 공식적인 법이건 비공식적인 법이건) 강제적인 법의 산물이다. 토지 소유자들은 국가가 멀리 떨어져 있기를 바라지 않는다. 그들은 국가가 가까이 있기를 바라며, 경찰이 가까이 있다가 누구든 자신의 소유권을 침범하는 사람이 있으면 잡아가 주기를 바란다.

개인의 자유를 높이 평가하는 도덕 질서에서 사적 소유는 사실상 큰 문제가 된다. 사적 소유권은 소유자의 자유를 확장하지만, 다른 사람의 자유를 제한하는 행위를 통해서만 그렇게 한다. 정치적 단위의 영토상 경계에 대해서도 똑같이 말할 수 있다. 영토 경계 안에 있는 사람들은 자신들의 국경 안에서 강력한 지배력을 가질 수 있지만, 그들의 땅과 자원을 공유할 외부인들의 자유를 제한함으로써 그러한 지배력을 얻는다. 현실적으로 이러한 특성 때문에 재산권과 영토 지배의 문제는 환경 정의 영역 안으로 들어오게 된다. 자연과 관련해서 정의를 말하려면 이런 경계들과 재산권 주장을 살펴볼 필요가 있다. 오늘날 소유권과 주권에 대한 주장들은 사회정의와 생태적 영향력과 관련해서 볼 때 도덕적으로 중립적인 것과는 거리가 멀다. 변화는 이뤄시고 있다.

환경 정의를 탐구하기 위한 여섯 번째 관찰은 시장에 관한 것이다. 보다 책임적인 자연 사용에 대한 요구를 물리치기 위해 (재산권이나 주권 경계와 마찬가지로) 흔히 시장을 근거나 이유로 내세우는 경우가 있다. 시장의 신화에도 불구하고, 사실 시장은 시장 참여자가 자연을 잘 돌보도록 적절한 자극을 주지 못한다. 많은 이유가 "시장 결함"이라는 것과 ―예를 들어 외부의 해를 내부화하는 데 법 제도가 실패하는 것― 관련이 있다. 그러나 그 외에도 이유는 많다. 시장은 소유자들이 미래를 얕잡아 보도록 부추긴다. 특정 상황에서(공기업) 시장은 소유자들이 미래를 얕잡아 보고 땅을 남용하도록 몰아간다. 게다가 자연을 잘라서 부분으로 나누어 팔기만 해도 돈이 된다. 자연을 손대지 않고 건강하게 그대로 두었을 때에 비해 그렇게 했을 때, 적어도 소유주에게는, 더 많은 돈이 들어온다.

그러므로 건강한 개혁 의제는 시장 활동에 대한 의미 있는 제한과 보다 확대된 경제민주주의를 요구한다.(이에 대해서는 다음 장에서 다룰 것이다.) 여기서는 시장은 제도와 법체계 안에서 작동하며, 매우 광범위하고 다양한 제도와 체계 안에서 번성할 수 있다는 사실에 대해 논의할 것이다. 시장의 환경적 결과는 제도와 체계의 차이에 따라 매우 다를 수 있으며, 환경 정의와 관련된 결과 역시 다를 수 있다. 시장을 통제하는 법규가 잘못 입안되고 책정될 경우, 시장은 사회정의를 무너뜨리는 방식으로 땅과 자원을 사용하도록 부추기게 되고, 그로 인해 자연을 더욱 남용하게 만들 수 있다. 자연에 대해 확실한 권리를 가진 사람들이 그 권리를 잘 사용하도록, 즉 우리의 오래된 과제를 성공적으로 수행하도록 시장 세력이 반드시 촉구하리라는 것은 간단히 사실이 아니며, 사실 근처에 있지도 않다.(1913년 미국 최초로 나온 환경 경제에 관한 논문은 어째서 그런지 그 이유에 대한 연구이다.) 시장이 그 비슷하게라도 할 수 있는지 여부는 시장이 작동하는 구체적인 제도와 법체계에 달려 있다. 이러한 제도들은 인간이 만든 구성물이며, 변할 수밖에 없다. 환경 개선을 위한 노력은 법과 제도의 변화를 포함해야 한다.

일곱 번째로 언급할 것은 지역에 대한 지식과 지역적 유대에 대한 것이며, 나아가서 한 장소에 거주하는 사람들이 지역의 자원을 남용하라는 압력에 굴하지 않고 책임 있게 사용할 수 있어야 한다는 것이다. 자연을 잘 사용하기 위해서는 지역의 자연에 대한 지식과 역사적으로 인간이 자연을 사용해 온 방식에 대한 상당한 지식이 필요하다. 켄터키의 작가이자 농부인 웬델 베리(Wendell Berry)가 종종 말했듯이, 한 장소에, 특히 생태적으로 예민한 땅에 사는 사람들이 지역의 땅을 장기적으로 비옥하게 유지하기 위해 어떻게 그 땅을 사용할 것인지 잘 알게 되는 데에는, 여러 세대는 아니더라도, 수십 년의 세월이 걸린다. 땅을 잘못 사용하기는 쉬우며, 때로 비싼 대가를 치러야 한다. 가령 토양이 유실되거나 가축이 식물 공동체를 황폐하게 만들었을 때가 그렇다.

책에서 배우는 것 역시 소중하지만, 구체적인 생태 시스템의 특징들을 직접 경험하면서 힘들게 얻은 가르침을 책에서 얻은 지식이 대체할 수는 없다.

땅을 잘 사용하기 위해서는 스스로 확실한 권리를 가질 필요가 있다. 어떤 식으로든, 가령 법적으로나 정치적으로나, 또는 경제적으로나 사용권이 불확실한 상황에서 장기적으로 비옥한 땅을 유지하도록 돌보기는 어렵다. 장기적인 사용권이 보장되고, 또 후세에게 땅을 물려줄 수 있으리라는 합리적 희망이 있을 때 땅을 사용하는 사람은 자기 집 주변의 장소에 일종의 정서적 애착을 느끼게 되고, 그렇게 해서 땅을 잘 사용하게 된다. 어쨌든 땅을 잘 사용하는 것이 법적·경제적으로 실행 가능한 선택이 될 필요가 있다. 지역에서 결정하고 통제한다 해서 땅을 잘 사용하리라는 보장은 없다. 그러나 지역의 통제가 없으면, 장기적인 사용권이 없는 경우와 마찬가지로, 땅을 잘 사용하는 길에서 훨씬 더 멀어진다.

대략 서술했지만, 이러한 현실은 사람들 사이에서 권력과 토지사용권의 분배가 어떻게 이뤄지느냐가 땅 자체와 생태 시스템, 생명 공동체들에 중요한 영향을 끼친다는 것을 말해 준다. 왜냐하면 그러한 것들은 자연이 어떻게 사용될지에 영향을 끼치기 때문이다. 말하자면 공정한 나눔과 존중에 근거한 정의로운 사회적 관계는 땅과 자연 자원을 적절한 수준에서 사용하고 남용을 막기 위해 반드시 필요하다고 할 수 있다. 일부 견해에 따르면, 사적 소유권은 거의 필수적이다. 반드시 사적 소유권이 있어야만 사용자는 땅에 정서적으로, 지적으로 자신을 투입할 수 있고, 땅을 잘 사용할 수 있다는 것이다. 그러나 이것이 언제나 맞는 말은 아니다. 확실히 그보다 더 맞는 말은 자연을 사용하기로 결정한 사람은 반드시 땅을 잘 사용하겠다는 명확한 비전을 가져야 하며, 그 비전을 이룰 수 있는 능력과 지식과 기회를 가져야 한다는 것이다. 따라서 지역공동체에 위험한 폐기물과 오염 시설을 떠안기고 그곳을 생태적으로 황폐하게 만드는 외부 권력은 그곳에 살고 있는 인종이나 민족을 전혀 배려하지 않은 채 불의한 행동을 하는 것이다. 만일 부당한 차별까지 있다면, 불의는 더하다. 그러나 지역 사람들이 자신의 땅을 잘 사용할 능력을 점차 잃고 지역의 통제권을 빼앗긴다면, 그것 자체가 불의이다. 이러한 형태의 불의를 비롯해서 어떤 형태든 불의는 좋은 일을 하려는 지역 사람들의 노력을 수포로 돌아가게 하거나 빗나가게 만든다.

오늘날 특히 개발이 덜 된 국가들에서 토지와 자연에 대한 통제 시스템은 커다란 압력을 받고 있다. 이 점은 중요하며, 마지막 여덟 번째로 따로 다룰 필요가 있다. 지역의 건전한 통제는 해당 지역 자연의 특징과 능력, 그리고 그 땅에 거주하는 사람들의 필요와 갈망 둘 다를 반영해야 한다. 철두철미 민주적으로 실행할 필요는 없다. (예를 들어 문화적, 또는 사회적으로) 적절한 제한이 이뤄지는 한, 통제는 보다 위계적인 형태를 띨 수도 있다. 그러나 실제로는 단기 이익을 위해 지역의 자원에 접근하는 외부인들이 자원에 대한 결정을 내리는 경우가 너무나 많다. 그들은 석유와 물, 광물, 목재, 희귀종, 또는 단순히 표토와 햇빛을 얻고자 접근한다. 그들은 대다수 지역민이 바라고 필요로 하는 것이 무엇인지 전혀 개의치 않고 기꺼이 회유하고 뇌물을 주거나 아니면 거칠게 압력을 가한다.

이러한 움직임 배후에는 전 지구적 시장이라는 현실과 한 장소에서 뽑아낸 자원을 쉽게 다른 장소에서 팔아서 이윤을 낼 수 있다는 생각이 자리 잡고 있다. 또한 그러한 행동 배후에는 자원의 희소성이 존재한다. 일반적으로 절대적 희소성이 아니라 공급 부족이라는 현실이 존재한다. 이것은 가격을 상승시키고 어느 곳이든 값비싼 자원에 대한 통제권을 확보하고자 하는 동기를 발생시킨다. 이렇게 해서 오늘날 지배적인 투자 펀드나 글로벌 기업, 부유한 개인들은 지속적으로 "땅을 움켜쥐고" "물을 움켜쥐려고" 안간힘을 쓰며, 그들은 지역민이 처한 곤경과 지역 땅의 장기적인 생태적 건강에 대한 배려보다는 이윤 추구 동기에 따라 움직인다. 지역민의 관점에서 보면 대체로 문제는 그들을 밀어내는 외부의 부에 있고, 외부 세력을 비난해야 한다. 외부인의 관점에서 보자면, 문제는 지역의 타락과 나쁜 정부, 즉 지역 수준에서 나타나는 지배 권력의 남용으로 보일 수 있다. 그러나 어느 쪽이든 생태적으로는 결국 지역의 땅과 자원이 진다. 그리고 지역민들 역시 진다. 어떻게 평가하든, 그들은 지속적으로 부당한 대접을 받아 왔다.

마지막에 언급한 요점과 마찬가지로 여기서 기본적으로 말하고자 하는 것은 이런 것이다. 즉, 권력과 통치 시스템, 그리고 시스템을 괴롭히는 병폐는 사회정의와 직접 관련이 있으며, 땅을 잘 사용할 가능성과도 직접적인 관련이 있다는 것이다. 논쟁은 이른바 "자연 자원의 저주"를 중심으로 계속 맴돈다. "자원의 저주"란 값비싼 자원이 많은 국가가(흔히 저개발 국가들) 그로 인해 부패와 억압, 전쟁이 만연하게 되고 고통받게 되는 것을 가리킨다. 이것은 너무나 흔하게 나타나는 패턴이다. 그러나 여기서 그러한 병폐의 원인을 확실히 규명할 필요는 없다. 단지 사회적 불의가 만연해 있으며, 그것은 자연의 남용과 매우 밀접한 관련이 있다고 결론 내리는 것으로 충분하다. 불의가 줄어들기 전에는 결코 땅을 잘 사용할 수 없다.

규범적 입장들

위의 여덟 가지에 대한 설명을 기초로 이제 주요 규범적 입장들을 소개할 차례이다. 어떤 형태건 규범적 입장들은 땅을 잘 사용하고 전반적인 규범적 비전의 의미를 구체화하는 데 반드시 필요하다.

공정한 나눔: 17세기 후반 존 로크의 자유주의 이론은 당시 영국 스튜어트 왕가의 주장을 옹호하는 이론들에 대한 대응으로 출발했다. 당시 왕실의 견해에 따르면, 영국의 땅은 모두 왕실에 속하고, 모든 소유자의 사적 권리는 왕실의 지속적인 동의에 기초해 있었다. 이를 뒷받침하기 위해 이론가들은(특히

로버트 필머(Robert Filmer)] 하느님이 노아의 아들들에게 땅을 주었다는 창세기 구절을 인용했다. 이 아들들은 개인 소유자가 아니라 일종의 왕으로서 광대한 땅의 소유권을 갖게 되었고, 그들의 지배권은 시간이 흐르면서 세대에서 세대로, 당시 왕조에까지 내려왔다고 필머는 주장했다. 이렇게 스튜어트 왕조는 로마 교황의 사도적 계승과 유사한 땅 소유권을 통해 영국을 지배했다.

이와 대조적으로 로크의 주장에 따르면, 땅은 모든 사람에게 공통적으로, 일종의 공유재산으로 주어졌다. 누구나 공동소유자이다. 이 출발점은 땅 소유권에 대한 왕실의 주장을 무력화했지만, 사실상 답하기 쉽지 않은 새로운 문제를 제기했다. 새롭게 제기되는 문제란, 개인이 땅 일부에 대한 통제권을 얻고 그것을 어떻게든 사유재산으로 바꿀 때 일어나는 현상은, 정직하게 말하자면, 공유재산인 땅을 훔치는 행위라는 것이다. 어떻게 그런 도둑질을 도덕적으로 정당하다고 할 수 있는가? 어째서 땅을 공동소유하고 있는 다른 사람들은 그것을 내버려 두는가? 앞서 제4장에서 언급했듯이, 로크의 답변은 땅에 자신의 노동력을 투입한 사람은 그렇게 함으로써 가치를 창조한 것이고, 그는 자신이 창조한 가치를 소유해 마땅하다는 것이다. 그리고 땅이 넘쳐나서 누구든 땅에 자신의 노동력을 투입하고자 하는 사람마다 얼마든지 그렇게 할 수 있다면, 누군가 특정 땅에 대한 통제권을 주장한다고 해서 그것이 다른 개인이 나가서 똑같이 행동할 기회를 제한하지는 않는다. 희소성의 세계에서 —로크가 살았던 세계도 그렇고, 지금은 더하다— 이러한 주장은 현실성이 없다. 그러나 어쨌든 이 주장은 받아들여졌는데, 기본적으로 그것은 사람들이 듣고 싶어 했던 말이었기 때문이다. 즉, 토지소유권을 왕권으로부터 독립한 다른 어떤 근원에 귀속시키는 것이었기 때문이다.

로크의 추론과 논증은 어느 한 부분도 새롭다고 할 만한 것이 없다. 토지에 노동력을 투입해서 실제 가치를 창조하지 않는 한 땅 한 뙈기도 실질적으로 소유할 수 없다는(문자적으로 이해하면 이것은 개발되지 않은 땅은 소유할 수 없다는 의미가 된다) 생각을 비롯해서 그의 논증에 속하는 각 요소는 모두 예전에 이미 사용되었던 것이다. 마찬가지로 모든 사람이 땅을 공동소유했던 자연 상태에 관한 이야기도 로크 이전에 이미 나왔었다. 그것은 매력적인 비전이었다. 그것은 왕실의 지배권에 도전하고자 했던 사람들만이 아니라 귀족들이 엄청난 토지를 소유하고 있는 것에 의문을 제기했던(로크는 이에 대해서는 의문을 제기하지 않았다) 사람들에게도 솔깃한 말로 들렸다. 만일 모든 사람이 땅을 공유하고, 필요한 땅의 열매를 향유할 권리를 가진다면, 귀족들이(그리고 교회가) 막대한 토지를 보유하고 있는 것은 부당하다고 여겨졌다. 농지 제도에 의문을 제기했던 사람 중 선봉에 섰던 사람이 스위스의 작가 장-자크 루소였다. 그는 경제적 불평등에 대해 비판적 질문을 하면서 구질서를 몰아붙였다.

> 땅 일부에 울타리를 두르고 "이 땅은 내 것이다"라고 말하고 다른 사람들이 그 말을 믿을 만큼 단순하다고 생각한 최초의 인간은 문명사회의 진정한 창시자이다. 말뚝을 뽑아 버리고 도랑을 메우면서 동료 인간들을 향해 "저런 사기꾼 말을 듣지 마시오. 땅의 열매는 모든 사람의 것이고, 땅은 그 누구의 소유도 아니라는 사실을 잊는다면 당신들은 파멸할 것이오!"라고 외친 사람이 있었다면, 인류는 그로 인해 얼마나 많은 범죄와 전쟁과 살인, 그리고 얼마나 많은 비참과 공포를 면할 수 있었을 것인가?[2]

루소의 논리는 토지 귀족에 저항한 프랑스의 봉기에 기름을 부었지만 그 당시나 지금이나 사적 소유 시스템을 없애고자 하는 사람은 거의 없다. 그들이 원했던 것은 땅 없는 사람이 토지에 좀 더 쉽게 접근할 수 있게 되고, 토지를 좀 더 광범위하고 공정하게 분배해야 한다는 것이었다. 토머스 제퍼슨은 이에 동의한 사람 중 하나였지만 강제적 재분배를 위해 대규모 토지 소유자의 땅을 몰수하는 데는 반대했다. 그는 정부가 가능한 모든 수단을 동원해서 토지 소유(소규모 농장의 소유를 의미했다)를 용이하게 하거나 적어도 그에 비견할 만한 경제적 고용을 가능하게 해야 한다고 주장했고, 그럼으로써 모든 사람에게 자기 몫의 땅이 돌아가도록 해야 한다는 도덕적 주장을 승인했다.

어느 나라든 개발되지 않은 땅과 가난한 실업자가 있다면, 재산권과 관련한 법이 자연적 권리를 파괴할 정도로 확대된 것임이 틀림없다. 땅은 많은 사람이 노동하고 살도록 주어진 공유재산이다. 만일 산업을 장려하기 위해 땅을 전유하도록 허락한다면, 땅을 전유하지 못한 사람들에게 반드시 다른 고용 기회를 제공해야 한다. 만일 땅의 전유를 허락하지 않는다면, 땅에서 노동할 근본적인 권리는 실업자에게 돌아간다.[3]

제퍼슨의 논리는 분명히 이전 자연권에 대한 주장을 담고 있다. 특히 개인은 그가 필요로 하고 사용할 수 있는 정도를 넘어서는 것을 소유하고 통제해서는 안 된다는 원칙이 그렇다. 토마스 아퀴나스가 말했듯이, "무엇이든 지나치게 많이 소유한 것은 원래 자연적 권리에 따라 가난한 사람이 생존을 위해 가진 것에 빚진 것이다."[4] 훗날 제퍼슨도 마찬가지였지만, 특히 토머스 모어(Thomas More)에게 문제로 느껴졌던 것은 대규모 토지를 놀려두고 있는 지주였다. 모어의 『유토피아』(1516)에 등장하는 주민들에게 "전쟁의 가장 정당한 명분으로 여겨졌던 것은 사람들이 땅을 사용하지 않고 놀려두면서도 자연의 법칙상 마땅히 그 땅을 사용해서 삶을 유지해야 할 다른 사람들이 그것을 사용하거나 소유하는 것을 금하는 경우였다".[5]

18세기에 이르러 원래의 공동소유 개념이 발전하자 모든 사람이 각자의 몫을 가지는 세계에 대한 비전은 개인의 재산권이라는 모호한 이상으로 변했다. 물론 소유권의 안정성에 대해 그러한 방식으로 이야기하기는 했지만, 대체로 이 권리는 시장에서 땅을 사서 그것을 안전하게 가지고 있을 수 있는 권리를 말하는 것이 아니었다. 그런 게 아니라 이 권리는 쉽게 땅에 대한 접근성을 얻을 수 있는 기회를 의미했다. 즉, 독립적인 소유자가 되기 위해 노동을 할 수 있는 실질적인 기회를 의미했다. 제퍼슨은 이 주장을 높이 평가해서 자신이 속한 버지니아주 헌법에 그만한 땅을 과거에 가진 적도 없고 현재도 가지고 있지 않은 "자유 연령의 모든 개인"에게 50에이커의 땅을 주도록 해야 한다는 규정을 집어넣고자 했다. (버지니아주는 이 안을 채택하지 않았고, 조지아주가 채택했다.) 특히 이 재산권은 주 정부와 연방 정부가 정착자들에게 쉽게 땅이 돌아갈 수 있도록 노력하게 만들었다. 종종 그것은 당시의 수많은 공유지 불하 법을 통해 이뤄졌다. 1790년대 중반에는 연로한 토머스 페인(Thomas Paine)이 이 논의에 끼어들어 땅은 처음에 "인류의 공동재산"으로 출발했고, 각각의 거주자는 원래 땅의 "종신 공동소유자"였다는 데 열렬히 동의했다. 그는 자기 시대의 사적 소유권이 이러한 공동소유를 불가능하게 했다고 봤다. 그러나 도덕적 권리는 유지되었다. 그가 제안한 해결책은 국가가 자금을 조성해서 "그 돈으로 그, 또는 그녀가 원래 자연석으로 물려받았으나 토지 소유제의 노입으로 인해 잃어버린 데 대한 부분적 보상으로 누구나 21세가 되면 영화 15파운드에 해당하는 금액을 지불하자는 것이었다".[6]

토지의 공동소유와 각 사람이 자기 몫의 땅을 소유할 도덕적 권리를 지닌다는 이러한 초기 견해들은 오늘날 쉽게, 또는 정당하게 물리칠 수 있는 것이 아니다. 부의 집중을 옹호하는 사람들은 수년에 걸쳐 이러한 자연 상태, 공동소유권에 대한 이야기에 도전했다. 그들은 원래 상태에서는 아무것도 소유되지 않았고, 단순히 땅을 자기 것으로 삼은 사람이(노동과 가치가 투입될 필요가 있다는 이야기는 잊어 버리시라) 세계 안의 다른 사람들보다 우월한 권리를 취득한 것이라고 주장했다.[미국에서는 소수파 리버테리언의 고전으로 1985년에 나온 리처드 엡스타인(Richard Epstein)의 *Takings*에서 이러한 견해를 피력했다.] 자연 상태에서는 소유가 없었다는 이 견해는 경제적 불평등에 만족하는 사람들에게 호소력을 지녔다. 그러나 그것은 일찍이 존 로크와 루소가 제기했던 다음과 같은 질문에 도덕적으로 만족할 만한 답변을 제시하지 못한다. 어째서 다른 사람들은 자신의 자유가 제한될 것인데도 뒤로 물러나서 그런 일이 일어나도록 내버려 두었는가? 그리고 어째서 나중에 나타난 사람들은 먼저 온 사람들이 자연을 모두 소유하는데도 가만히 있었는가? 맨 처음 이러한 질문들이 제기된 이후, 인간 생명은 그 어느 때보다도 중대한 도덕적 가치를 지니게 되었고, 어느 곳에 있든 모든 개인은 최소한 자신의 생명을 유지할 기본적인 것들을 소유할 자격이 있으며, 도덕적으로 가치 있는 존재라는 생각이 더욱 널리 확산되었다. 다시 말해 근대 인권 사상은 땅의 공동소유에 대한 초기 자연법 관련 저술들과 잘 맞아떨어진다. 세부 사항을 차치하고 보면, 핵심적인 주제는 땅을 공유함으로써 모든 사람이 집을 가지게 되고, 또 모든 사람의 필요가 공정하게 충족될 수 있다는 것이다. 자연의 좋은 부분, 특히 먹을 것을 공급할 수 있는 토지와 물의 공유는 명백히 필요하다. 또한 상호 존중의 원칙에 입각해서 본다면 사람들이 살아가면서 생기게 되는 부담까지도 함께 져야 한다. 즉, 나쁜 영향들, 공해와 오염 같은 짐을 끝까지 함께 져야 한다. 그러므로 가장 일차적이고 중요한 환경 정의는 땅을 —땅의 생산성과 폐기물을 처리하는 능력을— 공정한 방식으로 공유하는 것이다.

만일 모든 사람이 합당하게 자연을 사용하고자 한다면, 공정한 공유는 실천적으로 반드시 필요하다. 앞서 언급했듯이 가난한 사람은 생존을 위해 필요하다면 무슨 일이건 한다. 시장은 자연을 남용해서라도 생산성을 높이고 비용을 줄이라고 생산자에게 압력을 가하며, 따라서 그러한 시장 안에서 경쟁하는 사람들 역시 가난한 사람들과 똑같이 행동할 것이다. 이것은 모든 사람의 기본적 욕구는 자연의 남용을 확대하지 않는 방식으로 충족되어야 하며, 시장 세력을 약화시켜 단순한 생존을 위해 자연을 파괴하는 일이 없어야 한다는 것을 의미한다. 그리고 전쟁과 자원을 둘러싼 갈등을 줄이기 위해 국제적 차원의 공유가 요구된다는 것은 두말할 필요도 없다. 전쟁은 탐욕에 의해, 심지어(특히?) 이미 자신의 몫 이상을 가지고 있는 자들에 의해 일어날 수 있다. 그러나 전쟁은 일부 사람들이 너무 많이 가지려고 한다는 생각이 불러일으키는 분노 때문에 일어날 수도 있다.

나아가서 좋은 토지 사용을 위해서는 장소에 애착을 느끼고 지역의 법과 소유관계를 지지하는 토지 사용자와 거주자들의 공동체가 필요하다. 즉, 오랜 기간에 걸쳐 그 장소에 속해 있다고 느끼고 그곳의 번영을 위해 노력할 수 있는 토지 사용자와 거주자들의 공동체가 필요하다. 토지사용권의 할당은, 설사 불평등하다 할지라도, 그들에게 규범적 의미를 지니는 것이어야 한다. 토지 사용 방식은 장기적인 안정감을 줄 수 있는 것이어야 하며, 되도록 후세대에까지 땅을 전해 줄 수 있다는 확신을 주는 것이어야 한다. 또한 그들은 땅과 자원의 사용을 제한해서 자연을 건강하게 유지하고, 강제하지는 못하더라도, 사람들이 올바르게 행동하기를 기대하는 법적·문화적 틀을 지지해야 한다. 전체 시스템이 공정하다고 여겨지지 않으면, 그러한 규정들에 대한 지지는 이뤄질 수 없다.(이것은 공유재산제에 대한 연구를 통해, 즉 여러 세대에 걸쳐 공유재산에 대한 집단적 통제가 잘 이뤄지도록 하기 위해서는 제도 안에, 그리고 토지를 사용하는 사람들 가운데 어떠한 요소들이 반드시 있어야 하는지에 대한 최근의 학문적 연구를 통해 매우 분명해졌다.)

그렇다면 공정한 분배는 어떤 것인가? 다양한 공간 층위에서 그것은 어떻게 작동하는가? 그리고 어떤 토지는 다른 토지보다 훨씬 더 살기 좋고 생산성이 높다는 점을 고려할 때(고려해야만 할 때) 공정한 분배는 실제로 어떻게 실현될 수 있는가?

이것은 어려운 질문이다. 또한 이 질문들은 도덕적으로 피할 수 없는 질문이기도 하다. 이 질문들은, 거기에 답할 수만 있다면(어떠한 답도 최종적일 수 없다는 점을 감안할 때, 잠정적으로라도 답할 수 있다면), 좋은 토지 사용의 비전을 위한 핵심적인 요소들을 제시할 수 있다. 좋은 토지 사용은 어떤 것인가? 그것은 사람들이 합리적으로 공정하게 토지 할당이 이뤄졌다고 여기고, 자연에 대해 누가 무엇을 할 수 있을지를 제한하는 규정들과 규범들을 지지하며, 오랜 기간에 걸쳐 한 장소에 속해 있다고 느끼며 살아가는 것을 의미한다. 또한 모든 사람의 기본적인 욕구가 충족되어 빈곤으로 인한 사회적·정치적 긴장을 피하고, 자연의 훼손을 초래할 필사적인 생존 수단 추구를 미연에 방지할 수 있어야 한다.

이러한 공유의 비전을 실현하기 위해서는 자원 사용 권리를 할당하는 데 있어서 시장의 역할에 유의미한 제한을 둘 필요가 있으며, 이윤을 추구하는 시장 참여자들이 사용하는 수단 역시 제한할 필요가 있다. 개인의 권리와 평화 유지를 위해 정부는 그냥 가만히 있고, 시장만이 공정한 분배가 이뤄지게 할 수 있다는 기대는 접는 것이 좋다. 절대 그렇지 않다. 시장 경쟁자들이 지역 토지 사용자들의 자율성과 장기적인 안정성을 존중해 주리라는 기대하에 공정한 분배가 그냥 저절로 이뤄지도록 내버려 두어서도 안 된다.

시장적 분배 방식은 가정이나 부족 집단 모델과 대비되며, 모든 사람을 포함하고 또 모든 사람의 기본적 욕구를 충족시켜 주는 상황과도 대비된다. 시장적 분배 방식과 대비되는 후자는 욕구의 변화에 따라 사용권이 다양하게 변하는 상황이라고 할 수 있다. 부족 상황에서는 흔히 부족의 연장자가 누가 무엇을 얼마 동안 사용할지 결정한다. 부족사회에서는 과거에 그렇게 했고, 지금도 그렇게 하고 있는 예들이 있지만, 그 경우 연장자에게 모든 사람의 욕구를 충족시킬 의무가 있는 상황에서 그렇게 한다. 일반적으로 완전한 경제적 평등 같은 것은 필요치 않았던 것으로 보인다. 그러나 시스템은 그 안에 있는 사람들이 공정하다고 여기는 것이어야 했다. 시스템은 사람들의 동의와 협력을 얻어야만 했다.

오늘날 사람들이 지구가 감당할 수 있는 능력을 넘어서까지 지구 자원을 남용하고, 국민총생산의 증가는 과도하게 부유한 사람들의 몫으로 돌아간다는 사실을 고려할 때, 좋은 토지 사용을 위해서는 공정한 분배를 가능하게 하는 개인의 소비 윤리가 요구된다. 이것은 좋은 토지 사용을 위한 전체적인 비전의 필수적인 한 부분이다. 부유한 사람들은 특히 자연 자원의 소비와 관련해서 욕구를 자제해야 한다. 우리의 생태 발자국은 더 작아질 필요가 있다. 그리고 이 행성의 가난한 사람들이 이 행성이 생산하는 것에서 좀 더 많은 몫을 가져갈 수 있어야 한다. 기술적 효율성의 증대는 물론 도움이 될 수 있고, 자원을 재사용하고 리사이클할 수 있다. 그러나 부자 역시 물질 사용과 소비를 줄여야 한다.

지역에 대한 애착과 통제: 땅과 깊은 애착 관계를 가지고 장소와 친밀하며 여러 세대에 걸쳐 좋은 토지 사용을 공동체 자체에 대한 의무로 여기는 토지 사용자들. 그러한 토지 사용자들로 이뤄진 지역공동체에 뿌리박고 있을 때, 개인은 좋은 토지 사용을 위해 훨씬 더 노력할 수 있다. 말하자면 개인은 스스로 최선을 다할 수 있게 하는 사회질서에 뿌리박을 필요가 있다. 그는 자신이 속한 지역의 땅을 착취하는 것이 아니라 살아갈 장소로 여겨야 한다. 또한 어떻게 하면 지역의 땅을 잘 사용할 수 있는지 알려 주는, 전해진 지식의 보고에 연결될 필요가 있다. 말하자면 공동체 의식과 소속감을 반영하는 공유 지식망의 일부가 되어야 한다.

좋은 토지 사용은 종종 상당히 넓은 범위의 공간에서 서로 협력해서 토지를 사용할 것을 요구한다. 흔히 장기적인 관개시설에서 이러한 종류의 협력이 이뤄진다. 누구든 강 유역 토지 소유자 개인이 강을 잘 돌볼 수는 없다. 이일은 반드시 모든 사람이 함께해야 한다. 어떠한 토지 소유자도 혼자서는 야생 동식물, 특히 이동하는 종의 필요를 충족시킬 수 없다. 해안 방벽 섬들과 범람원의 보호를 위해서는 조직화된 노력이 필요하다. 간단히 말해 대규모로 이뤄지는 좋은 토지 사용은 독립적으로 행동하는 개인이 감당할 수 없다. 거기에는 오케스트라처럼 종합적으로 이뤄지는 노력이 필요하다. 그리고 그것은 조직화된 노력을 용이하게 하고 개인이 쉽게 거기 참여할 수 있도록 격려하는 사회질서와 법 제도, 또는 규범들을 요구한다. 또한 외부의 방해를 받지 않을 충분한 자율성 역시 필요하다. 다시 말해 시장을 비롯한 외부 세력이 조직화된 집단적 보전 노력을 좌절시키지 못하도록 자율성을 지녀야 한다.

지역의 토지 사용자들이 자율성을 지녀야 한다는 것은 모든 외부인이 물러나 있어야 한다는 뜻이 아니다. 그런 게 아니라 외부인들은 지역에서 내리는 결정을 존중하고 그것을 방해해서는 안 된다는 뜻이다. 또한 그것은 다른 곳에서 이뤄지는 좋은 토지 사용에 방해가 되는 결과를 가져올 행동을 외부인이 자기가 사는 곳에서 해서는 안 된다는 것을 의미한다. 가령 오염이나 부적절하게 물길을 가로막는 행동을 해서는 안 된다. 지역 사람들은 좋은 토지 사용의 기술을 실천할 자유와 능력을 가져야 하며, 외부인들은 그들이 그렇게 할수 있게 해 주어야 한다. 이것이 기본적인 지침이다.

이를 위해서는 시장의 운행에 유의미한 제한을 가할 필요가 있다. 예를 들어 부재지주와 부재 자원 소유자에게 제한을 가하고, 돈 있는 외부인이 지역의 결정을 왜곡할 가능성을 차단할 필요가 있다. 또한 문화적 변화 역시 필요하다. 좋은 토지 사용을 위해서는 생각의 변화도 필요하다. 가령 돈 있는 사람은 원하는 것을 살 수 있고, 시장에서 공정한 절차를 거쳐 산 것은 산 사람의 것이고, 그는 정당하게 소유하고 사용할 권한을 가진다는 생각을 바꿔야 한다. 이 규범적인 주장은 대체로 받아들여지지만, 여러 가지 이유에서 좀 더 정리해서 말할 필요가 있다. 제한은 이미 이뤄지고 있다. 예를 들어 위기 종의 산물을 사는 데는 제한이 있다. 미국 서부 여러 곳에서는 물 배분에 제한이 있고, 외부인이 집수층(catchment basin)이나 대수층(aquifer)에 들어가서 물을 가져다가 멀리 다른 곳에서 사용하는 것이 금지되어 있다. 오래전부터 국가는 외국인의 토지 소유를 제한하는 법을 시행하고 있다. 그러나 지역의 토지 사용 공동체들의 독립성과 응집력을 지지하고 보호하기 위해서는 이러한 법률보다 훨씬 더 강력한 것이 필요하다.

좀 더 일반화해서 말하자면, 지역의 통제와 자율성을 존중하기 위해서는 당연히 받을 것을 받는다는 기본 개념과 개인의 자유 개념에 변화가 필요하다. 이 변화는 근대 자유주의 문화의 뿌리를 흔든다. 특히 최근 수십 년에 걸쳐 시장적 사고와 신고전파 경제학에 의해 다듬어지고 강화된 문화의 뿌리를 흔든다. 이러한 변화를 위해서는 시장 활동을 통해 취득한 것은 무엇이든 마땅히 가질 수 있고, 생산과 취득을 가능하게 한 과거와 현재 다른 사람들이 살아온 방식을 전혀 배려하지 않아도 된다는 생각이 바뀌어야 한다. 또한 '해' 개념 역시 새롭게 이해해야 한다. 즉, 다른 사람이나 공동체에 해를 끼치지 않는 한 자유로울 수 있다는 자유주의의 일반적 (토지 사용) 원칙이 바뀌어야 한다. 아마도 가장 중요한 것은 자연 자체에 대한 이해의 변화가 요구된다는 점일 것이다. 특히 자연을 인간이 사용해 주기를 기다리는 상품 창고 같은 것으로 이해해 왔던 것에서 벗어나야 한다. 더 나은 생태적 견해에 따르면, 어디서나 자연의 부분들은 생태 시스템에 뿌리를 두고 있으며, 그 시스템의 기능과 생산성을 유지하는 역할을 한다. 생태적 관점에서는 본래 자산과 추가 수입을 구분하는 것, 즉 가져다 써도 무방한 땅의 생산물과 생태계의 본래 자산을 까먹는 것을 구분하는 일이 매우 중요하다.

책임 의식의 확대: 환경 정의와 관련해서 중요한 세 번째 요소는 좀 더 간략하게 다루려 한다. 그것은 상호 연결성에 대한 기본적 이해를 규범적으로 적용하는 것이다. 물리적 세계 안에서는 어떠한 행동도 고립된 채 이뤄지지 않으며, 모든 행위는 수많은 연결 고리를 통해 다른 사건들과 연결된다. 이 점을 명확히 인식하고 그것을 규범적으로 적용하는 것이 환경 정의와 관련된 세 번째 요소이다.

오늘날 사람들은 일반적으로 생태계의 파괴와 자신을 분리해서 생각하는 데, 그것은 어떻게든 시장이 물리적 상품과 쓰레기 둘 다를 치워 주리라고 가정하기 때문이다. 이런 논리는 우리에게 익숙하다. 값을 치르고 물건을 사면, 산 사람은 그 물건의 역사, 즉 그것이 어떻게 만들어지고 운송되었으며, 누가 만들었고, 생산 비용이 얼마나 되느냐는 문제와 도덕적으로 관련이 없다. 마찬가지로 쓰레기 수거자에게 쓰레기를 넘기고 나면, 쓰레기를 배출한 사람은 쓰레기 처리와 아무런 도덕적 관련이 없고, 그 쓰레기로 인해 영향을 받게 될 땅이나 사람들과도 아무 관련이 없다. 내 눈앞에 보이지만 않으면 된다는 논리가 부분적으로 이 현상을 설명해 준다. 또한 여기에는 그렇게 행동하는 것이 소비자가 다른 시장 참여자들의 자율성과 결정권을 존중하는 것이라는 생각 역시 작용하고 있다. 시장이 해결해 준다. 이것이 그러한 행동 근저에 깔린 기본적인 생각이다. 상품은 단지 깔끔하게 포장되어 진열대 위에 놓이는 것만이 아니라 생산과 분배 과정에서 있었던 모든 해악마저 깨끗하게 처리한 후 우리에게 도달한다. 거대한 화물선이 내는 낮은 진동 소리로 인해 바다 포유류의 소통이 방해받는다는 이야기를 누가 듣고 싶어 하겠는가? 광물 채굴에 사용되는 화학물질의 침출로 인해 긴 강을 따라 물고기가 다 죽어 버렸다는 이야기를 누가 듣고 싶어 하겠는가?

이 문제는 간단치 않다. 소비자가 자신이 사는 모든 물건의 역사를 알기를 기대하기는 어렵다. 그러나 도덕적 책임은 단순히 개인이 구매 결정을 바꾸는 것을 의미하지 않는다. 오히려 그러한 역할은 부차적이다. 개인이 관련 정보를 얻는 것은 힘들지만 사람들이 함께하면 덜 힘들다. 제품을 인증하는 기관들은 어떤 제품이 더 나은(무엇이 "더 나은지" 결정하려면, 공정한 규범적 기준을 사용해야 한다) 역사를 거쳐 왔는지 밝히는 데 도움을 줄 수 있다. 나아가서 정부는 더 적극적으로 생산물을 걸러 내서 명백하게 해를 끼치는 행위자와 관행을 몰아내야 한다. 개인은 그러한 법적 규칙을 지지하고 더 나은 규칙을 요구함으로써 책임적인 태도를 보여 주어야 한다. 이것은 개인이 해야 할 중요한 역할이며, 매우 필요한 역할이다. 쓰레기 문제를 다루고 처리하는 것과 관련해서도 기본적으로 같은 말을 할 수 있다.

시장이 문제를 해결하지 못하는 핵심적인 이유는, 시장은 경쟁적이고 그 안의 참여자들은 비용을 줄이라는 압박을 받기 때문이다. 이것은 우연한 결과가 아니라 시장이 작동하는 방식 자체가 그렇다. 비용 절감은 흔히 환경 파괴(와 노동 착취를 비롯해 그 밖의 다른 폐해)를 의미한다. 비용 절감의 방편으로 경쟁자들에게 환경 파괴를 허용하는 것은 그들의 선택권을 존중하는 것이 아니다. 또한 이윤과 건강한 땅, 이 둘 사이에서 경쟁자들이 마음대로 절충하는 것은 생산자가 속한 장소의 정부 주권을 존중하지 않는 것이다. 이에 대해서는 좀 더 언급할 것이 있다. 일부 생산 관행은 간단히 그 자체를 받아들일 수 없는 것들이다. 가령 생태적 의미에서 노예노동에 해당하는 것이 그렇다. 자연의 남용에 근거해서 간신히 경제적으로 생존하고 있는 공동체가 그들 스스로 남용을 멈추기를 기대해서는 안 된다. 남용은 시스템 안에 내장되어 있으며, 시장 참여자들은 거기 속박되어 있다.(또는 그런 방식으로 세계를 본다.) 남용을 끝내기 위해서는 시스템을 바꿔야 한다. 이것은 분명하다. 이러한 변화에 대한 지지가 더욱 확산되어야 하며, 특히 그러한 남용으로 인해 이익을 얻는 소비자들이나 제품 사용자들 가운데서 지지가 확산되어야 한다. 그리고 그러한 지지는 새로운 법과 공적 정책에 대한 요구로 나타나야 한다.

지역 주권자에게로 결정을 미루는 것은 —지역민들이 생계와 파괴 사이에서 스스로 절충해야 한다는 주장은— 바람직하지 못하다. 이것은 특히 지역 사람들이 너무 가난해서 자신들의 곤궁에 근거해서 행동할 수밖에 없거나 부패한 관료나 제도가 그들을 위해 결정을 대신할 때 특히 그렇다. 빈곤은 그 자체가 전 지구적 시장과 나쁜 정부의 부산물이다. 나쁜 정부는, 물론 여러 가지 이유가 있기는 하지만, 거의 항상 전 지구적 시장과 관계가 있다. 특히 자원의 저주(풍부한 천연자원을 가진 나라가 더 가난하고 사회 정치적으로 불안한 현상을 일컫는다.

―옮긴이 주)와 관련이 있다. 나쁜 정부는 대부분 강력한 외압의 영향을 받는다. 그들은 협상 테이블 아래에서만이 아니라 협상 테이블 위에서, 그리고 기업만이 아니라 국제조직들로부터도 외압을 받는다. 제3세계 국가들은 오랫동안 지역민들이 아껴 사용해 온 열대우림을 글로벌 기업들이 남벌하도록 허용하고 있으며, 진정한 지역 주권을 반영하는 결정을 내리지 못한다. 그렇지 않다고 말한다면 정직하지 못하다. 여러 정부가, 뇌물은 차치하더라도, 채무 상환 때문에 지속적으로 황폐화하는 악순환의 고리 안에 갇혀 있다. 문제는 국제적인 상황만으로 한정되지 않는다. 미국 중서부의 농부들은 그 지역의 대표적인 수질오염자이다. 일부 주(일리노이주)에서는 전체 수질오염의 반 이상이 그들 책임이다. 농부들은 (종종 고액의 임대료를 현금으로 지불하기 위해) 어쩔 수 없다고 생각하기 때문에 오염을 유발하는 관행을 계속 유지한다. 주 정부는 농업 관련 기업의 정치적 힘이 너무나 크기 때문에 별로 할 수 있는 일이 없다. 이론상 주권자인 시민은 무관심하고, 결정을 내리는 데 별 역할을 하지 못한다.

상대적으로 더 부유한 사람들이 소비 윤리를 받아들일 필요가 있듯이, 모든 소비자는 자신이 누리는 상품과 서비스, 자신이 발생시키는 쓰레기에 대해 도덕적 관련이 있다는 사실을 인정해야 한다. 시장은 단지 부분적으로만 그러한 관련성을 줄여 줄 뿐이다. 다른 주권 행위자에게 선택을 미룸으로써 자신의 책임을 부정하는 것은 제한적으로만 타당하다.

이주자와 공간 제공: 오늘날 언론에서 말하듯이 기후변화는 세계 곳곳의 많은 사람이 고향을 떠나 다른 곳으로 이주하도록 강요한다. 그들의 고향이 더 이상 살 수 없는 장소가 되었기 때문이다. 이러한 이주자들은 기후변화와 그외 생태계의 위기 때문에 이주할 수밖에 없는 수많은 사람 중 일부일 뿐이다.

가령 오늘날 많은 강이 건강하지 못하며, 그것은 물리적으로 하천 관리 방식을 바꾸고(예를 들어 자연 범람원에 물이 유입되지 못하게 막는 제방을 부수고), 하천 집수구역에서 토지를 사용하는 장소와 형태를 바꿔야만 건강하게 되돌릴 수 있다. 습지와 방파제 구실을 하는 보초도(barrier islands), 해안 지대는 거주를 금지하거나 집약적인 사용을 금해야 한다. 그곳에 사는 사람들은 거주지를 옮겨야 한다. 또한 야생동물 통로를 건설하고 보호해야 하며, 이것은 더 많은 사람이 이주해야 한다는 것을 의미한다. 물 공급이 부족하고 관개시설은 수질을 오염시키고 토양을 악화시키기 때문에, 관개농업은 많은 부분 중단해야 한다. 이것 역시 이주 요인이 된다.

시장 세력에 의해 사람들이 이주하도록 내몰릴 때, 즉 일자리가 사라지고 기업이 망해서 이주할 수밖에 없게 되었을 때, 흔히 우리는 상황을 달리 이해한다. 그런 경우 우리는 필시 전체적으로는 이익을 가져다줄 경쟁의 대가라고 여긴다. 이러한 설명은 문제가 있다. 경쟁의 효율성을 평가할 때는 반드시 그러한 막대한 비용 역시 계산에 넣어야 한다. 그러나 환경 파괴로 인해(예를 들어 해수면 상승이나 바닷물의 유입으로 인해), 또는 토지 사용의 대규모 변화를 꾀하기 위해 이뤄지는 이주의 경우 ―예를 들어 상시간에 걸쳐 평원이 생태적 기능을 하도록 범람원으로부터 사람들을 이주시키는 경우― 이를 부정할 명분은 없다. 이러한 변화는 모두의 선을 위해 반드시 이뤄져야 하며, 대부분 빠를수록 좋다. 그러나 우리 모두 책임이 있으니 우리 모두 문제를 해결하는 데 협력해야 한다는 인식을 함께하지 않으면, 그러한 변화를 이루기 어렵다.

이 간단한 결론이 지니는 의미는 크다. 문화적으로 이것은 그동안 우리가 사적 소유권과 주권적 힘에 근거해서 경계와 영토상의 권리에 대해 생각해 왔던 것을 재고할 것을 요구한다. 미국에서는 현재 공용수용권(토지수용권)을 사용하여 손실에 대한 정당한 대가를 지불하고 사람들을 강제 이주시키는 데 대해 적대감이 만연해 있는데, 이러한 대중적 감정은 바뀔 필요가 있다. 오늘날 토지 강제수용에 대해 보이는 이러한 적대감은 ―이것은 여러 주를 관통하는 고속도로를 건설할 때 보여 주는 일반적인 태도와 전혀 다르다― 변화가 필요한 문화적 요소가 어떤 것인지 상징적으로 보여 주며, 무엇보다도 과도한 개인주의와 공동체에 대한 부정을 드러낸다. 나아가서 정당한 이유로 집단적으로 이주하고자 하는 사람들을 위해서는 특별히 공간을 마련해 줄 필요가 있다. 분명히 여기에는 비용이 들며, 그 비용은 균등하게 분담해야 한다.

사적 소유권과 개인의 권리에 대한 확고한 개념들은 위의 정책들을 좌절시키려 할 것이고, 우리는 거기에 정면으로 도전해야 한다. 어디서나 사람들은 주권적 경계를 지나치게 엄격하게 생각하는 경향이 있다. 그러나 땅은 공유재라는 도덕적 주장을 고려한다면, 경계를 유연하게 하는 것이(다시 말해 좀 더 침투 가능하게 하는 것이) 맞고 심지어 그것은 반드시 필요하다. 그런데도 사람들은 이 점을 인정하려 하지 않는다. 이것은 실로 다루기 힘든 문제이다. 자연적 이유로 인해, 또는 조직적 계획 때문에 어쩔 수 없이 고향을 떠나야 하는 사람들은 새로운 거주 장소가 필요하며, 이것은 다른 곳에 사는 사람들이 경계를 열고 그들을 받아들여야 한다는 것을 의미한다. 이것은 특히 부자 나라들에게 더 해당한다. 그들은 전 지구적 생태계 파괴에 훨씬 더 큰 책임이 있으며, 경제적으로 도울 능력이 더 있기 때문이다.

책임적인 토지 소유자

미국 환경 운동의 결정적인 약점은 자연과 관련해서 사적 소유권 제도를 진지하게 성찰하고 그것을 새롭게 형성하는 길을 제시하는 데 실패했다는 것이다. 수박 겉핥기 식으로라도 토지 사용과 관련한 환경 논쟁에 끼어들면 곧바로 치료책에 대한 저항에 직면하게 된다. 그런 치료책들은 개인의 권리를 침해한다는 것이다. 특히 습지와 위기 종들의 서식지와 관련해서 연방 차원에서 대책이 수립되면 저항이 더욱 커지고, 사적 소유에 대한 철저히 리버테리언적인 비전이 등장해서 확산되기 시작한다. 규제 반대자들이 소유권이라는 깃발을 흔들어대면, 환경주의자들은 대체로 침묵하고 규제에는 그만한 가치가 있다고 기죽은 목소리로 웅얼거릴 따름이다.

여기서 부족한 것은 토지소유권에 대한 사려 깊고도 잘 구성된 비전이다. 다시 말해 토지 소유자가 토지의 건강을 고려하면서 행동하고, 자신이 소유한 자연의 독특한 특징과 생태적 맥락을 고려하면서 자연에 대한 사용권을 행사하게 만드는 비전을 결여하고 있다는 것이다. 환경 운동은 개인 재산을 옹호하는 입장에 서야 하고, 그 반대라는 인상을 주어서는 안 된다. 환경 운동은 책임 있는 토지 소유자를 옹호하며, 환경 운동에 반대하는 측은 무책임한 소유자를 지지한다는 식으로 논리를 구성할 필요가 있다.

사적 소유를 개혁하기 위한 노력은 재산 소유권이 두 가지 형태로 존재한다는 사실을 인식하는 데서 출발할 필요가 있다. 기술적으로 보면 재산 소유권은 법에 의해 권리로 정해진 법적 제도이다. 두 세기 전에 제레미 벤담은 다음과 같이 이 점을 잘 표현했다. "소유와 법은 같이 태어났고 같이 죽는다. 법이 생겨나기 전에는 소유권도 없었다. 법이 없어지면 소유권도 사라진다." 그러나 소유권은 특히 미국에서 나름의 문화적 특징을 지닌다. 그것은 대중의 상상 안에 존재하며, 자유와 기회의 땅이라는 미국의 자기 이미지와도 연관되어 있다. 사람들은 상당히 복잡한 법체계에 대해 의견 표명하기를 주저하면서도 소유권이 무엇을 의미하는지에 대해 발언하는 데는 거침이 없다. 이러한 문화적 경향은 일반적으로 소유권을 정부나 법과는 분리되어 존재하는 개인의 권리로 언론의 자유처럼 독립된 기원을 가진 것으로 보는 데서 기인한다. 그러나 소유권은 그런 것이 아니다. (대법원이 여러 차례 언급했듯이) 헌법은 모종의 비헌법적 법 아래서 발생한 권리를 사적 소유권으로 보호할 뿐이다. 그러나 소유권에 대한 대중적 이미지는 큰 힘을 발휘한다. 따라서 개혁을 위한 노력은 법적 개혁만이 아니라 문화적 산물로서 소유권을 대상으로 할 필요가 있다.

자연에 대한 통제권을 갖는다는 것은 다른 사람이 자연에 접근하고 자연을 공유할 수 있는 능력을 제한한다는 점에서 결국 다른 사람에 대한 통제로 이어지기 때문에, 소유권 개혁은 환경 정의 이슈라고 할 수 있다. 정의롭지 못한 소유권 제도는 좋은 토지 사용을 위해 반드시 필요한 것, 가령 공동체의 협력 관계와 한 장소에 장기간 헌신하는 것을 어렵게 만든다.

그러나 사회정의를 넘어서는 이유들 때문에도 소유권 개혁은 결정적으로 중요하다. 하나의 제도로서 사적 소유권은 자연에 대한 지배력이 한 개인에게 위임되는 경로이며, 상호 연결된 현실 속에서 그 개인은 사적 소유권에 근거해서 토지와 자원 사용에 관한 결정을 내리고 그럼으로써 다른 사람들에게도 영향을 끼친다. 땅을 소중하게 여기고 오랜 기간에 걸쳐 그 땅에 애착을 느끼는 소유자 없이 좋은 토지 사용은 가능하지 않다. 그러나 모든 소유자가 그럴 수는 없다. 설사 땅을 소중히 여기는 소유자라 할지라도 지속적으로 땅을 건강하게 유지하는 대신 단기간에 걸쳐 생산량을 향상시키라는 강력한 압력에 직면한다. 선의의 소유자라 할지라도 자신이 해를 끼친다는 사실을 의식하지 못하거나 경제적인 측면에서 시장에서의 경쟁 때문에 피치 못해 해를 끼칠 수 있다. 그렇다면 더 큰 규모에서 이뤄지는 총체적인 토지 사용의 변화에 대해 생각해 볼 수 있을 것이다. 토지 소유자가 특정한 방식으로 행동하도록 지배 권력이 요구함으로써 가능해지는 토지 사용의 변화 말이다.

소유권 관련 법을 개혁하는 문제는 큰 주제이다. 이에 대해서는 많은 이야기를 할 수 있다.(그리고 많은 이야기를 해 왔다.) 여기서는 네 가지 주요 사항을 언급하고자 한다.

첫째, 토지와 그 외 자연의 일부를 소유한 사람은 생태적으로 건강한 방식으로만 사용하도록 그 사용권을 제한해야 한다. 즉, 합당한 토지 사용의 전체적 비전과 일치하는 방식으로만 사용해야 한다. 소유자는 "어떻게 하면 여기서 최대한 돈을 벌 수 있는가?"만이 아니라, "내 땅의 생태적 특징과 속성을 고려할 때 여기서 안전하게 할 수 있는 일은 무엇인가?"를 물어야 한다. 소유권은 흔히 법 이론가들이 생각하듯이 추상적으로 정의할 수 있는 것이 아니다. 그들은 구체적인 생태적 특징이나 상황을 결여한 가설적인 땅을 상정하고 소유권에 관해 쓴다. 그런 게 아니라 소유권은 장소의 특성에 맞추어 지역에 따라 정해져야 하며, 그렇게 해서 소유자가 전체 자연의 좋은 사용과 일치하는 방식으로 자신의 행동을 제한하게 만들어야 한다.

둘째, 소유권을 그렇게 규정하는 한 가지 방법은 토지 사용의 폐해에 관한 장기적인 개념을 형성하는 것이다. 즉, 소유자가 자신의 땅(과 물과 그 밖의 것들)을 사용할 수 있지만, 반드시 그러한 해를 피하는 방식으로 사용해야 한다는 원칙을 세우는 것이다. 해는 이웃에게 끼치는 것일 수 있다. 주변 공동체들이나 바람이 부는 방향, 하류에 사는 사람들에게 해를 끼칠 수 있다. 또 어떤 식으로든 그 땅을 사용할 미래 세대나 그 땅을 서식처로 삼는 다른 생명 형태들이 해를 입을 수 있다. 이 특별한 개혁(해 개념의 재규정)은 다른 방법보다 쉬울 수 있다. 해를 끼치지 않아야 한다는 규칙은 익숙하고 이미 확립되어 있기 때문이다. 문제는 널리 받아들여질 수 있는 해 개념의 새로운 정의를 제시하는 데 있다.

한두 사람이 아니라 아주 많은 토지 소유자가 연루된 유해 행위의 경우 이 과제가 어려워진다. 영구적인 덮개가 제거된 집수구역이나 과도하게 배수된 토지, 너무 많은 화학물질이 유출되는 경우를 예로 들 수 있을 것이다. 이 예들은 토지가 지탱할 수 있는 능력을 넘어서 토지 소유자가 집단적으로 특정 행동을 하는 경우들이므로, 그것은 수용력에 해를 끼치는 경우라고 할 수 있을 것이다. 그런데 이러한 해는 사람들이 알기 어려울 수 있다. 각각 따로 놓고 보면 무해한 행동이 ―다시 말해 그 자연환경에 소수만 거주할 때는 전혀 문제가 되지 않는 행동이― 문제가 되는 경우가 종종 있기 때문에, 그런 경우는 당연히 알기 어렵다. 이럴 때는 사람들에게 자기 몫이나 자기 본분을 다하라고 호소하는 것이(공감할 수 있는 도덕적 주장을 하는 것이), 즉 해를 끼치는 행동을 바꾸는 데 협력하고 또 거기 필요한 행동을 하라고 호소하는 것이 가장 좋은 방법이다.

셋째로 과거에 이미 많은 사람이 인식했듯이, 자연의 주요 핵심적인 부분은 공적 소유로 유지하고 직접적으로 공적 이익을 지킬 수 있는 집단적 수단을 통해 관리하는 것이 오늘날 대단히 중요하다. 미국에서는 물과 야생동물, 항해 가능한 강, 해안을 일반적으로 공적 재산으로, 즉 국가가 신탁 관리자의 역할을 하고 국민이 직접 소유한 공적 재산으로 간주하는 것을 영구적인 법적 원칙으로 하고 있다. 원래 자리에 고정된 자연의 요소들은 일종의 공적 신탁으로 여겨지며, 따라서 그것과 관련된 결정을 내릴 때는 그 자원의 특수한 역할들을 물질적으로 방해하지 않도록 확실하고 세밀한 검토가 이뤄진다. 자연의 이 핵심적인 부분들은 앞으로도 계속해서 이러한 범주로 유지하고, 정부 각 기관이 나서서 부적절하게 사용되거나 파괴되지 않도록 보호해야 한다.

법학 교수 메리 우드(Mary Wood)를 비롯한 뛰어난 학자들이 언급했듯이, 이러한 핵심 자원들을 공적 신탁으로 하기 위해 제시되었던 논리는 자연의 다른 부분들에 대해서도 쉽게 적용할 수 있다. 오늘날 그렇게 할 필요성은 매우 절실하다. 여러 생태학자가 모든 자연 자원 가운데서 가장 중요한 것으로 표토를 꼽는다. 표토는 지구상 거의 모든 생산성과 생명의 원천이다. 말할 것도 없이 표토는 비옥하게 유지되어야 하고, 제자리에 있어야 하며, 황폐하게 되거나 침식되어서는 안 된다. 이보다 더 급박한 것은 대기이고, 우리는 오염으로부터, 그리고 무엇보다도 기후변화를 일으키는 가스들로부터 대기를 보호해야 한다. 우드는 유해 배출물을 줄여 이 공유 자원을 보호하도록 미국 정부를 압박하는 일에 아이들을 대신해서 앞장섰다.

두 가지 혼동

이 장을 마치기 전에 두 가지 주제를 더 언급할 필요가 있다. 오늘날 전 지구적 차원에서 환경 정의를 이야기할 때는 대체로 기후변화, 그리고 대기와 해양의 온실가스 흡수 능력의 한계에 초점을 맞추는 경향이 있다. 앞서 언급했듯이, 대기(와 해양)는 특수한, 공적 신탁재산이 되어야 하고 더 이상 소유자가 없는 것으로 취급되어서는 안 될 타당한 이유들이 있다. 기후변화 문제는 생태적으로 모든 것이 서로 연결되어 있으며, 어째서 우리가 자신의 삶의 방식이 다른 곳에 사는 사람에게 끼치는 영향에 대해 도덕적 책임을 느껴야 하는지 보여 준다. 여기서 문제가 되는 핵심적인 도덕적 이슈는 ─사용과 남용을 합당하게 구분해야 할 필요성은 차치하고─ 일단 대기의 수용 능력이 어디까지인지 결정한 다음 우리가 그것을 어떻게 분담할 것인가 하는 문제이다.

미국의 통상적인 ─다른 입장은 거의 들리지조차 않을 정도로 강력한─ 입장은 기후변화와 싸우기 위한 국제적인 합의는 현재의 배출 수준에서 출발해야 하고, 세계 모든 사람이 동일한 비율로 줄여 나가야 한다는 것이다. 당연히 이 접근 방식은 오늘날 배출 수준에서의 엄청난 차이를 고려하지 않은 것이다. 또한 몇몇 소수 오염 국가들에 훨씬 더 집중되었던 과거의 배출 수준도 고려하지 않았다. 마지막으로 그것은 현재의 선진국들이 지나온 길을 따라 경제를 발전시키고자 하는 세계 여러 나라 사람들의 욕구를 무시하고 있다.

이러한 접근 방식은 ─오늘날의 배출 수준을 출발점으로 삼는 접근 방식─ 도덕적 의미에서 장점이 거의 없다. 시간적으로 먼저 오염시켰다는 사실이 지니는 도덕적 의미를 부정한다면 도덕적 의미에서 장점이 없다는 것이다. 더 나은 출발점은 대기의 수용 능력을, 로크나 페인, 그리고 그 밖의 학자들이 주장했듯이, 각자가 동등한 사용권을 지니는 모든 사람의 공유재산으로 보는 것이다. 이러한 도덕적 입장은 엄격하게 인구에 근거해서 오염권을 할당하는 것으로 보인다. 미국 같은 나라는 국가적으로 배출량 축소분을 줄이려 할 것이 아니라, 현재의 배출 할당량에 맞춰 배출량을 대폭 줄여야 한다. 게다가 도덕적으로 말하자면, 배출의 역사를 엄격히 따져서 과거에 이미 배출한 국가들에 거기 해당하는 책임을 물어야 하는 것은 물론이다. 이런 식으로 계산하면 미국이나 영국, 독일 같은 산업국가는 과거 그들이 얼마나 많이 오염시켰는가를 감안해서 미래의 배출량을 훨씬 더 많이 줄여야 한다.

후자의 접근 방식은 실행 가능하지 않다. 게다가 이 접근 방식은 여러 세대 전에 이뤄진 대기오염에 대해 개인적으로 책임이 없는 오늘날 선진국에 사는 사람들에게 불공평하다. 그러나 미국의 지배적인 입장 역시 도덕적으로 보면 똑같이 얄팍하며, 미국인들은 그 점을 알아야 한다.

탄소 배출량이 높은 삶을 사는 사람들은 세계 전역의 사람들에게 해를 끼치고 있다. 해를 끼쳐서는 안 된다는 합리적 자유주의의 기준에 근거해서 보더라도 그런 행동은 잘못된 것이다. 그렇기는 하지만, 이 문제는 모든 사람과 관련되고, 그에 대한 해결책은 특히 에너지가 생산되고 공급되는 방식과 관련해서 무엇보다도 집단적인 행동을 요구한다. 가장 필요한 것은, 설사 적절한 변화라 할지라도, 개인 차원에서의 변화가 아니다. 중요한 것은 사람들이 법과 정책, 제도의 즉각적인 변화를 집단적으로 지지하고 주장하는 것이다.

두 번째로 미국에서 환경 정의의 시범적 케이스로 자주 이야기되는 것에 대해 좀 더 말할 필요가 있다. 그것은 소수자들(어떤 경우에는 가난한 사람들)에게 유난히 큰 피해를 입히는 장소에 위험한 쓰레기를 매립하거나 그곳을 오염시키고 그들이 원하지 않는 방식으로 사용하는 경우들이다. 이 경우 기본적으로 인종주의가 문제가 된다. 그것은 "환경 인종주의"라고 부를 수 있다.

인종주의는 원래 나쁘며, 우리는 인종주의 자체를 비판할 수 있다. 그러나 그러한 시범적인 경우들이 실제로 어느 정도로 인종주의의 문제를 드러내는가? 만일 특정 지역이나 국가의 평균적인 인종 구성비와 일치하는 인종 구성비를 보이는 장소에 쓰레기 매립을 해서 그로 인한 영향이 인종과 관련해서 불균형하지 않게 나온다면 괜찮은가? 이 경우 인종주의는 문제가 안 되겠지만, 환경문제는 어떻게 될까? 쓰레기 매립지를 옮기면 문제가 해결될까?

답은 분명하다. 원하지 않는 토지 사용으로 인해 지역민들이 피해를 입었다는 것이 문제이다. 인종주의가 사라지면 **사회적** 폐해는 달라지고 덜할 것이다. 그러나 **환경적** 폐해는 그대로일 것이다. 똑같이 많은 사람이 위협을 받고, 똑같이 자연이 훼손될 것이다. 이것은 문제가 되는 상황의 인종주의적 측면에 초점을 맞추게 되면 실질적 대가를 치르게 된다는 것을 의미한다. 왜냐하면 그 경우 상황의 다른 어려운 측면들로부터 주의를 돌리게 되기 때문이다.

문제가 되는 상황의 환경적 측면은 인종과 상관없이 쓰레기 매립 자체로 인해 주변 자연과 지역민에게 발생하는 위험과 해를 뜻한다. 또 이 문제는 지역의 통제권과 관련이 있으며, 자신들의 땅이 좋은 토지 사용 방식에 따라 사용되어야 한다고 —서로에게, 그리고 외부인들에게— 집단적으로 주장할 수 있는 지역민의 능력과도 관련이 있다. 이 이야기는 (본론 주요 세부 사항들에 대해서는 말하지 않았지만) 제국주의 문제와도 관련이 있으며, 자연을 착취의 도구로 사용해 온 역사와도 관련이 있다. 그것은 이런 방식의 토지 사용을 허용하는 사적 소유 제도의 도덕적 정당성에 의문을 제기하며, 시장 세력의 힘과 그 영역에 대해서도 문제를 제기한다. 그렇게 처리되는 쓰레기를 발생시킨 사람들은 그 쓰레기들과 자신과의 도덕적 연관성에 대해 적절한 인식을 보여 주었는가? 그리고 공유 신탁재산에 대한 영향은 어떠한가?

환경과 관련된 이러한 염려들은 모두 이야기의 한 부분을 이룬다. 인종 문제는 말할 것도 없이 중요하지만, 이러한 환경문제를 인식하기 어렵게 만들 수 있다.

덕과 공동체 구성원

마이클 샌델(Michael Sandel)은 정의에 접근하는 다양한 방식에 대해 유용한 연구를 했다. 그에 따르면 정의에 대한 옛 접근 방식은 —고대 그리스 로마 세계의 접근 방식과 그것을 일부 수정한 중세 서구의 접근 방식— 주로 개인의 품성이나 덕에 기초했다. 아리스토텔레스가 말했듯이 우리는 자신이 하는 일에서 도덕적 수월성을 추구해야 하며, 명예롭게 살기 위해 노력해야 한다. 이와 대조적으로 정의에 대한 근대의 주요 접근 방식은 개인의 자유에 대한 이상에서 출발하며, 한 사람의 행동이 다른 사람의 자유를 방해할 수 있다는 사실을 인식하고 모든 사람을 위해 자유를 함양하고자 노력한다. 이러한 사회적 상호 관련성을 고려한다면, 개인의 자유는 절대적일 수 없다. (앞서 살펴봤듯이) 근대적 사고를 하는 우리는 행동의 결과를(우리 자신과 다른 사람들의 유용성에 대한 영향) 살펴야 하며, 유익보다 해를 더 많이 낳는 행동은 피해야 한다. 앞서 살펴본 또 다른 대중적 견해에 따르면 우리는 모두 권리를 가진 개인이며, 다른 사람의 권리를 존중하면서 행동해야 한다. 물론 정의에 대해 글을 쓴 여러 저자들은 이러한 범주들을 뒤섞거나 넘어서기도 했다. 그러나 그들은 정의에 대한 관념이 어떻게 개인주의와 인간 예외주의, 자유, 자율성을 강조하는 근대 서구 문화의 중심적 요소들을 반영하는지 정확하게 밝혀 주었다. 도덕규범이 사회적 관습으로부터 독립해서 객관적으로 (정말 그런지는 모르지만) 존재하는 것으로 되면서 그것은 오늘날 지배적인 그러한 문화적 요소들을 반영하게 되었고, (다른 생명 형태가 아니라) 개인에게 권리를 부여한다.

그러나 좋은 토지 사용을 격려하는 개혁적 문화를 이루기 위해 우리는 정의와 관련해서 전혀 다른 태도를 취할 필요가 있다. 아마도 우리는 (샌델이 추천했듯이) 덕에 기초해서 정의에 접근하는 더 오래된 태도로 돌아가되 새로운 토대를 개척해야 할 것이다.

사회정의에 대해 성찰할 때는 자연에 대해 성찰할 때와 마찬가지로 서로 연결되어 의존하는 생명 공동체로서 땅에서부터 시작해야 한다. 그리고 인간 개인을 단순히 (보존되어야 할 최소 요소로서) 자율적 존재가 아니라 대지의 공동체의 일원으로, 그리고 사회질서의 일원으로 보아야 한다. 우리는 가족으로부터 시작해서 외부로 확장되는 다양한 공동체들의 일원이다. 사회정의는 – 철학자 J. 베어드 캘리콧이 설명하듯이– 이러한 공동체적 역할, 즉 그가 말한 "감성적 공동체주의(sentimental communitarianism)"에 기초해야 한다. 다시 말해 우리가 속한 공동체들에 대해서, 그리고 어떻게 하면 우리가 그 공동체들을 지지할 수 있는지에 대해서 사실과 유전적 영향, 합리성에 기초한 의식을 토대로 삼아야 한다. 이러한 접근 방식은 덕에 기초한 오래된 접근 방식과 닮은 데가 있다. 그러나 오래된 접근 방식 역시 인간을 개인적 존재로, 즉 자율적 존재에서 출발해서 도덕 가치의 유일한 담지자로 다루는 것처럼 해석될 수 있다.(사실 그동안 그렇게 해석되어 왔다.) 다시 말해 덕에 기초한 접근 방식 역시 정의에 대한 나른 이론들과 똑같이 결함이 있을 수 있다.

우리는 다양하고 서로 중첩되는 공동체적 맥락 안에서 옳고 그름에 대한 우리의 감각을 새롭게 형성해 갈 필요가 있다. 반복해서 말했듯이, 이 일은 땅의 공동체와 땅의 건강, 그리고 땅의 올바른 사용에 대한 규범적 입장에서 출발해야 한다. 이것은 자연의 핵심적인 부분들을 —아마도 자연의 대부분, 또는 전부— 모든 사람의 공유재산으로, 공적 신탁재산으로 보고, 장기적인 공적 이익이 존중되는 한에서만 개인은 그것을 사용할 수 있다는 생각을 어떤 식으로든 확장하는 것을 의미한다. 자연의 공정한 공유는 개인과(소비 윤리와 집단행동을 하라는 부름) 정치적 실체(국경 개념을 좀 더 유연하게 하고 과거 행위들에 대한 집단적 책임을 받아들일 용의) 둘 다에게 커다란 의미를 지니는 핵심적이고 규범적인 원칙이며, 정의로워야 한다. 또한 자연과 관련한 모든 사적 권리를 재구성해서 도덕적으로 합당하게 만들어야 하며, 결과적으로 그런 권리가 지배와 약탈의 도구가 되거나 자연을 훼손할 수 있는 힘을 소유자에게 부여하지 않도록 해야 한다. 그런 권리는 공동체의 통제 시스템 안에 뿌리내려야 한다. 즉, 지역민들이 공정하다고 느끼고, 부적절한 외부의 방해로부터 자유로우며, 윤리적 이상에 맞는 토지 사용을 하도록 사람들을 초대하는 공동체적 통제 시스템 안에 뿌리내려야 한다. 확실히 이 희망은 기대치가 높다.

이러한 접근 방식은 오늘날 국제적인 차원에서 말하는 지속 가능한 발전 개념과 단지 피상적으로만 닮아 보일 뿐이다. 지속 가능성 개념의 다른 형태와 마찬가지로 지속 가능한 발전 개념 역시 막연한 규범적 기준이기 때문에, 그것은 환경적 결과를 별로 고려하지 않는 글로벌 자본주의의 확장을 비롯해 모든 종류의 이익 추구를 위해 넓은 텐트를 제공한다. 여기서 제시한 전혀 다른 규범적 비전에 따르면, 좋은 토지 사용이 규범 리스트의 맨 꼭대기에 위치하며, 다른 것들은 모두 거기 근거해서 판단된다. 시장생산을 확대하려는 욕망과 뒤섞음으로써 이 목표를 훼손해서는 안 된다. 일반적으로 지속 가능한 발전은 (이 용어가 통용되기 시작한 지 얼마 지나지 않아 역사가 도널드 워스터가 언급했듯이) 커다란 내적 모순을 포함한다. 그것은 서로 다른 방향으로 달리고 싶어 하는 두 마리 말을 한데 매어 놓은 것과 같다. 그리고 지속적인 파괴를 정당화하는 너무나 쉬운 길을 목표로 제시하고 있다. 이 개념은 지역민들의 애착과 통제, 그리고 도덕적으로 건강한 사적 소유권을 비롯해서 사회정의와 관련된 대부분의 이슈를 결여하고 있다. 그리고 무엇보다도 그것은 지구 전체의 파이를 키우는 방식으로, 다시 말해 불가피하게 자연을 더 착취하는 방식으로 빈곤 문제에 접근한다.

좋은 토지 사용은 그 자체가 독립적인 목표로 유지될 필요가 있으며, 다른 것과 뒤섞어서는 안 된다. 설사 이 목표에 도달하기 위해 다른 목표와 관련해서 실질적인 성장이 반드시 필요하더라도 그렇다. 다른 목표들 역시 있을 수 있으며, 있어야 한다. 그러한 목표들 사이의 균형과 타협 역시 필요하다. 그러나 타협은 명시적으로 이뤄져야 하며, 알아볼 수 있는 방식으로 이뤄져야 한다. 생태계 파괴가 더 심화하고 있는데도 전반적으로 발전하고 있다고 주장하는 지속 가능한 발전 보고서의 세부 사항 안에 타협 내용들이 묻혀 버려서는 안 된다.

제7장

자본주의 시장

플라톤이 말한 "현재의 독재"로부터 벗어나기 위해서는 자본주의 시장과 그것이 지니는 잠재적 의미를 이해하려는 노력이 무엇보다도 중요하다. 다시 말해 자본주의 시장이 우리의 세계 인식과 평가 방식을 실제로 어떻게 반영하며 형성하고 강화하는지 반드시 알아야 한다. 근본적으로는 땅이 파괴되는 원인을 밝히고 가능한 개선 방안을 찾기 위해서도 반드시 시장 자본주의를 비판적으로 살펴볼 필요가 있다. 시장은 소유주들이 토지의 생산성을 지속적으로 유지하게 만드는 동인이기도 하지만, 다른 한편으로 시장 유인책은 다양한 방식으로 자연의 남용을 부추긴다. 이에 대해서는 시장 비평가들이 수년간 지적해 왔다. 이와 관련한 연구들을 간단히 살펴볼 필요가 있다. 시장과 시장적 사고가 어떻게 세계에 대한 우리의 이해 틀을 형성하는지에 대해서는 연구가 비교적 덜 이뤄졌다. 시장과 시장적 사고는 우리가 자연을 보는 방식만이 아니라 우리 자신을 보는 방식, 그리고 자신과 그 외 다른 사람의 행동을 판단하는 방식에도 영향을 끼친다. 또 집단적으로 함께 일하고자 하는 우리의 의향에도 영향을 끼친다. 오늘날 국가의 복지 수준은 대체로 시장 거래의 규모에 의해 측정되며, 시장의 크기만큼 우리는 잘산다고 생각한다. 우리가 아는 세계에서 시장은 그 무엇보다도 크게 다가온다.

이 장에서는 자본주의에 대해 살펴볼 것이다. 여기서는 자본주의에 대한 고전적 정의를 받아들여 생산 자산(자본)의 소유자가 그것을 사용하여 이윤을 발생시키고 그 이윤을 계속해서 자본 자산에 투입하여 미래에 더 큰 이윤을 발생시키게 하는 시스템으로 자본주의를 규정했다. 또 이 장에서는 시장도 살펴볼 것인데, 자연 사용권을 비롯해서 상품과 서비스를 사고파는 사회적 영역으로 시장을 이해했다. 자본주의는 시장의 역할이 상대적으로 미약한 상황, 즉 생산과 분배에 대한 결정이 거의 관료적으로 이뤄지는 상황에서도 존재할 수 있다.(아마도 옛 소련 시스템은 관료주의적 국가자본주의라고 보는 것이 가장 적절할 것이고, 또 그 가능성을 잘 보여 준다.) 모든 경제 시스템이 다른 분배 수단을(예를 들어 공립학교와 경찰, 소방서, 고속도로 건설, 많은 의료 서비스와 그 외 공익 시설들) 상당한 정도로 사용하지만, 미국에서 지배적인 것은 시장 자본주의이다. 다른 곳 역시 정도는 달라도 시장 자본주의가 지배적이다. 마지막으로 이 상에서는 시장 자본주의를 정당화하는 여러 가지 경제 논리와 그 근저에 깔린 사적 소유 제도를 다룰 것이다. 이러한 요소들이 —자본주의, 시장 배분, 경제 논리, 사적 소유 제도— 결합해서 우리의 세계관의 틀을 형성하고, 가장 오래된 과제를 수행하는 방식에 영향력을 행사한다.

앞으로 보게 되겠지만, 상품과 서비스의 교환 통로로서 시장 자체가 좋은 토지 사용을 막는 결정적 장애물인 것은 아니다. 사유재산도 그 자체가 문제인 것은 아니다. 오히려 잘 만들어진 사적 소유제는 많은 이점을 가져다줄 수 있다. 문제는 표면 아래, 자본주의 시장을 뒷받침하는 가치들과 이해, 자극, 판단에 있다. 간단히 말해 국가권력 위에 등극하는 오늘날의 자본주의 시장은 근대 문화에 내장된 오류의 구현이자 그 온상이다. 가치 체계로서, 자연을 보는 렌즈로서 그것은 결함이 있으며, 사람들을 연결하고 인간 행동을 조직하는 방식으로서 그것은 적절한 한계에서 벗어나 있다.

인식과 가치들

사적 소유 제도(와 국가가 운영하는 그 대안들)는 자연을 여러 구획으로 나누고, 법으로 규정된 여러 가지 자연 사용권으로(예를 들어 물 사용권) 나누는 데서 출발한다. 다음에는 이렇게 조각조각 나뉜 것들에 대한 관리 권한을 부분적으로 사적·공적 소유자들에게 넘긴다. 권한의 위임은 부분적으로만 이뤄진다. 자연의 부분을 사용할 권리는 법에 의해 상당한 정도로 제한되기 때문이다. 시간이 흐르면서 정부는 재산 사용을 규제하거나 소유권 행사를 제한하는 힘을 보유하게 된다. 그런데 시장이 발전하면서 자연의 부분들을 소유자 마음대로 사고팔고, 다양한 방식으로 사용하고 소비하고 보존하게 되었다. 시장에서 교환되는 물품은 교환가치, 또는 시장가치를 형성한다. 그것은 때로는 자유로운 매매 활동에 근거해서 이뤄지기도 하고, 때로는 교환가격을 지배하는 어느 한쪽의 힘에 의해 이뤄지기도 한다. 물론 이 모든 것은 너무나 익숙해서 주요 요소들에 대해 별로 언급조차 되지 않는다.

자연과 자연의 가치에 대한 중요하고 복잡한 개념들은 이러한 시장 질서에 의해 형성되지는 않았지만 확실히 그와 관련이 있다. 종종 지적되듯이, 시장 자본주의는 생태적으로 고도로 통합된 자연 질서를 분할하고 파편화하는 효과를 가져온다. 그 결과 생겨난 조각과 부분들을 개인과 집단이 소유하고 사고판다. 그런 조각과 부분이 시장가격을 지니게 되고 또 가격과 관련하여 평가된다. 구체적인 사물은 ―예를 들어 일정 구획의 토지는― 결코 그 주변과 무관하지 않다. 가령 호수를 앞에 둔 집은 호수에 면해 있기 때문에 더 가치가 있다. 부동산 업자들이 말하듯이 가치란 첫째도, 둘째도, 셋째도 위치이다. 말하자면 다른 토지 용도와 편의 시설과의 근접성이 그 토지의 가치를 결정한다.

그럼에도 자연의 부분들은 대체로 구체적인 층위들과 물리적 특징을 지닌 별개의 사물, 또는 자원으로 여겨진다. 그러한 방식으로 가격이 형성되고 교환된다.

사람들은 시장적 접근 방식에 따라 자연을 파편화해서 생각하는 것을 쉽고 당연하게 여긴다. 가치는 더 큰 공동체나 자연 전체의 차원에서 측정되지 않는다. 왜냐하면 통합된 전체는 시장화가 불가능하기 때문이다. 마찬가지로 자연의 부분은 전체에 대해 어떠한 기능을 하는가와 관련해서 평가되지 않는다. 그리고 시장가치가 너무나 중요하게 평가되기 때문에 다른 방식의 가치 평가에 대해서는 생각조차 할 수 없다. 가령 습지는 침니와 오염물을 제거하고 수생생물을 위해 양분을 제공하는 기능을 하는데, 그런 것은 전혀 고려되지 않는다.

대체로 구매자는 소유하고 사용했을 때(궁극적으로는 소유권과 사용권을 다른 사람에게 팔았을 때) 얻는 이익에 근거해서 자연의 부분이 지니는 가치를 평가한다. 얻게 될 이익은 소유자가 개인적으로 얻을 수 있는 이익일 뿐이다. 자연의 이 부분이 전체에게 얼마나 이익을 발생시킬 수 있는가는 구매자의 관심사가 아니다. 그의 관심사는 내가 자연의 이 일부로부터 지금, 또는 가까운 미래에 얼마나 많은 이익을 얻을 수 있는가이다. 다른 장소의 다른 사람에게, 미래에 어떤 이익이 발생하는가는 그의 관심사가 아니다. 다른 사람들은 —대개는 이웃이지만 때로는 멀리 떨어져 있는 사람들일 수도 있다— 가격을 지불하지 않기 때문에 그들에게 돌아갈 이익은 간단히 무시된다. 다른 한편으로 토지나 자원의 사용이 이웃에게 가할 수 있는 외적 피해 역시 자산 가치를 계산할 때 무시된다. 피해를 발생시킨 소유자가 위해를 입은 사람들에게 보상할 필요가 없을 때 흔히 그렇다. 일반적으로 말하자면, 자산평가에서 토지 사용의 외부 효과는 긍정적이건 부정적이건 무시된다.

시장에 근거해서 자연을 이해하고 평가하는 이 익숙한 방식은 특정한 메시지를 포함하며, 동시에 그것을 강조한다. 한때 위세를 떨쳤지만, 이 메시지들은 이미 도전받고 있다.

- 파편화된 자연은 부분으로 구획된 것들의 집합이자 자원이며, 마트 선반 위에 놓인 물건들처럼 사고팔 수 있는 것으로 여겨진다. 자연의 일부는 가치 있지만, 나머지 많은 부분은 기본적으로 가치가 없다.
- 도덕적으로 말하자면, 오늘날 인간은(쓸 돈이 있는 사람) 행위자이다. 자연의 부분들은 단순한 객체이고, 도덕적으로 텅 빈 상품이며, 사람들이 그것을 사기 위해 돈을 쓰는 한에서만 가치를 지닐 수 있다.
- 인간은 정복자이며 소유주이고, 자연은 지배받고 소비되는 물질이다.
- 자연은 상호 연결된 전체로 온전히 인식되지 않으며, 자연의 연관성, 과정, 상호 의존성 역시 인식되지 않는다.
- 시장에서는 인간 환경의 질을 미학적 관점에서 평가하지 않으며, 건전성, 편의 성과 관련해서 평가하지도 않는다. 다만 인간 환경의 질이 부분들의 시장가격에 영향을 끼치고 부분들의 소유자가 인간 환경을 개선하면 돈이 된다고 볼 때만 예외적으로 주목받고 평가된다.
- 마찬가지로 미래 세대의 인간 역시 아무 가치가 없으며, 존재하지 않는 것이나 다름없다. 왜냐하면 그들은 상품도 아니고 쓸 돈이 있는 행위자도 아니기 때문이다.

이처럼 시장에 근거해서 세계를 이해할 때는 경제가 전부이다. 다른 모든 것은 —자연과 인간— 경제에 비해 부차적이며, 경제성에 의해 규정된다. 사람들은 그 역할에 따라 생산자(대개의 경우 노동을 파는 사람)와 상품 소비자로 범주화된다. 현재는 미래에 비해 더 가치 있는 것으로 평가되며, 따라서 미래의 비용과 이익은 가치 평가에서 작은 역할밖에 하지 못한다. 그 역할은 시간이 지남에 따라 빠른 속도로 줄어들어 50년이나 80년이 지나면 아무 의미가 없다고 간주된다. 달리 말하자면 시장은 가치 평가에 있어서 단기적 태도를 취할 것을 요구까지는 않더라도 권장한다.

전체적으로 보면 시장경제의 건강은 시장 활동과 관련해서, 즉 일정 기간에 여러 손을 거치면서 상품과 서비스가 취득하는 시장가격(또는 이와 유사한 측정가)의 총합으로 평가된다. 시장 거래의 총합계(GDP)는 교환되는 상품과 서비스의 질이나 유형에는 별다른 주의를 기울이지 않는다. 규범적으로 평가했을 때 유익한지 여부와 상관없이 그냥 모든 것이 합계에 들어간다. 그런 계산에서 외부 효과는 무시된다. 가령 소유주가 사용함으로 인해 자연의 일부가 소진되어 버린다면 환경에 위해를 가하는 것인데, 그런 것은 무시된다.

사회질서와 관련해서 보자면, 시장적 사고는 사람들을 노동과 상품의 구매자이자 판매자로, 자율적 개인으로 이해한다. 자본주의 법적 시스템 안에서는 부를 소유한 사람이 일반적으로 쉽게 자원을 모으고 (예를 들어 동업자나 법인으로) 집단적으로 행동할 수 있나. 반내로 노동사는 노동 사원을 모으고 난체 행동을 하는 데 많은 어려움을 겪는다. (다른 곳보다도) 미국에서 노동이 직면하는 어려움은 대규모 사업체가 노동조합에 대해 갖는 지속적인 적대감과 깊은 관련이 있으며, 그러한 적대감은 친기업적인 노동법에 반영되어 있다. 반노동조합 레토릭은 노동조합이 개인의 자율성을 약화시킨다는 점을 중요하게 부각시키고, (소극적·개인적) 자유의 탁월성을 강하게 부각시킨다. 다시 말해 반노동조합 레토릭은 사람들을 고립된 개인으로 보며, 그 점에서 시장의 경향을 드러낸다. 시장은 사회적·생태적 공동체 안에서 하는 다양한 역할과 관련해서 인간을 이해하지 않는다. 나아가서 반노동조합 레토릭은 개인적 선호에 따라, 즉 집단적 선의 비전이 아니라 개인적 부를 확대하기 위해 노력하라고 격려하며, 이것 역시 시장의 경향을 반영한다.

앞서 언급했듯이, 시장적 세계 이해는 시민으로서의 개인을 도외시한다.

다시 말해 전체의 행복을 생각하고 시민적 수단을 통해 전체의 행복을 추구하는 시민으로서의 개인을 도외시한다. 마찬가지로 사고파는 개인적 결정을 내릴 때를 제외하면, 대지의 공동체의 구성원으로서의 개인도 전혀 고려하지 않는다. 인간 공동체, 내지 사회는 원하는 대로 관계를 맺거나 맺지 않을 수 있는 개인들의 집합으로만 존재한다. 사람들은 그들의 의지에 반해서 (사회적, 또는 자연적) 공동체의 구성원이 되지 않는다. 그들은 (존재론적으로) 중요한 부분에 있어서 자신이 선택하지 않은 어떠한 상호 관련성에 의해서도 규정되지 않는다. 또 미래 세대는 도덕적 행위자로 취급되지 않으며, 죽어서 없는 사람들도 마찬가지다. 다른 생명 형태들과 마찬가지로 그들은 현재의 시장 참여자가 하는 결정에 반영될 때만 행위자로 취급된다.

규범적 판단과 책임

위에서는 자연에 대한 시장의 평가를 다뤘고, 그것은 규범적 판단 능력에 대한 시장의 영향이라는 보다 큰 주제와 연결된다. 이 주제는 공동선에 관한 문제를 포함하며, 토지 사용에 대한 평가 문제도 포함하지만, 그것만이 아니다. 이 주제는 우리 자신과 다른 사람들의 행동을 평가하는 우리의 능력에 대한 문제로까지 확대된다. 우리는 언제, 어떻게 행위를 판단하며, 자신이 초래한 결과들에 대해 언제 어떠한 이유로 책임을 지는가?

어떠한 정치적 견해를 가졌느냐와 상관없이 시장에 대해 제기되는 가장 흔한 도덕적 불만은 아마도 시장이 물건의 취득을 지나치게 강조하고 결핍감을 계속 확장시킨다는 데 있을 것이다. 시장은 이미 우리가 가지고 있는 것에 대한 불만족감을 끝없이 확대하고, 더 새롭고 더 많은 것을 갈망하게 만든다. 웬델 베리(Wendell Berry)는 이러한 불만을 다음과 같이 요약했다.

만족감의 결여로 인해 상품은 사실상 상품의 무한한 연속이 된다. 언제나 새로운 상품이 낡은 상품보다 더 큰 만족감을 준다고 약속된다. 그러므로 산업 경제의 가장 두드러진 상품은 만족감이며, 반복해서 약속되고 구매되고 지불되지만 이 상품은 결코 실제로 전달되지는 않는다.[1]

광고 전문가들은 주도면밀하게 불만족감을 확대하며, 교묘하게 오래된 것을 뒤떨어진 것으로 보이게 만들고 끊임없이 새로운 것을 소리쳐 알린다.

이러한 탄식이 나오는 것은 당연하고, 이와 동시에 극단적으로 경쟁적인 개인주의를 추구하는 자본주의 시장이 신뢰와 명예, 직업의식 등 시장 자체의 효율적 작동을 위해 필수적인 윤리적 가치들을 저하시키고 있다는 우려가 지속적으로 표명되었다. 이 우려는 한 세기 전 막스 베버(Max Weber)가 명확하게 표명했고, 후에 칼 폴라니(Karl Polanyi)와 리처드 위버, 다니엘 벨(Daniel Bell) 같은 사람들이 새로운 형태로 표현했다. 앞서 언급했듯이, 애덤 스미스는 자유 시상을 옹호하면서도 시상 참여자들이 계속해서 기독교 윤리의 영향 아래 있을 것이라고 전제했다. 그보다 한 세기 전에 존 로크가 자유주의적 저작을 쓸 때 그랬고, 한 세기 후 존 스튜어트 밀이 (덜 확신에 차서) 그랬듯이 말이다. 오늘날 뉴스 헤드라인에 오르는 금융 기업 사기들을 떠올려 보면 이러한 불만은 타당하게 들린다. 그리고 오늘날 주요 시장 행위자들이 공적 법 제정을 방해하고 필수적인 규제들을 없애며 법 집행을 가로막는 정책들을 강력하게 추진하고 실행하는 것을 떠올려 보더라도 그러한 불만은 타당하다. 부도덕한 시장 행위자들에게 법과 도덕은 쉽게 위반할 수 있는 규율이다. 들킬 가능성이 별로 없거나 법 집행이 제대로 되지 않아서 징벌을 사업 비용 안에 흡수할 수 있을 때 그들은 주저 없이 그렇게 한다. 그리고 흔히 시장은 도덕적 방종에 대해 보상해 준다.

앞서 언급했듯이, 시장은 미래를 평가절하하고 미래에 대한 염려로부터 관심을 돌리게 만들며, 특이하게 현재를 지향한다. 오직 현재 살아가는 사람만이 (쓸 돈이 있는 만큼) 도덕적으로 가치 있는 행위자이다. 다른 모든 것은 시장 행위자가 고려하는 한에서만 시장가치를 지닌다. 마찬가지로 다른 생명 형태들에게도 불안정한 도덕적 위치가 부여된다. 그것들 역시 상품으로만, 아니면 시장 행위자들이 주의를 기울일 때만 시장적 사고 안에 들어온다. 물론 시장이 미래 세대와 다른 생명 형태들과 약자들의 도덕적 가치에 대한 인식 자체를 불가능하게 하는 것은 아니다. 단지 시장은 그러한 가치를 개인적 선호에 따라 행동하는 시장 참여자의 선택 사항으로 만들고, 오로지 그 선호가 유지되는 동안에만 가치를 유지할 수 있게 만든다. 시장이 할 수 있는 최선은 사람들이 원하는 것을, 그것이 좋은지 나쁜지 판단하지 않은 채, 낮은 가격에 줄 수 있다는 것이다. 비시장적인 법이 선택과 시장의 작동을 제한하지 않는 한 그렇다. 시장이 중심에 자리를 잡게 되면, 규범적 선택은 대체로 개인에게로 미뤄지고, 공적 논의는 사실들과 이성에 입각해서 이뤄진다. 그래서 시장은 객관성 숭배를 더욱 강조한다. 시장이 마르고 닳도록 내세우는 미덕은 효율성이다. 물론 효율성은 목표가 아니라 목표에 도달하기 위해 사용된 수단의 특징이다. 그것은 어떤 경우에는 바람직하지만, 대부분의 경우 그렇지 않다.

대체로 시장은 쓸 돈이 있는 개인들의 규범적 선택을 받아들이며, 팔기 위해 나와 있는 상품들을 받아들인다. 그러나 누가 만들었는지, 만드는 데 환경적 비용이 얼마나 들었는지에는 별 관심을 기울이지 않는다. 이렇게 함으로써 암묵적으로 시장은 그러한 규범적 선택과 생산과정을 정당화한다. 이러한 기능을 통해 시장은 문화적 형태의 사적 소유권과 협력한다. 다시 말해 다른 사람에게 해를 끼치지만 않는다면 소유자의 행위는 개인적 사안이라고 간주하는 문화적 형태의 사적 소유권과 협력한다. 돈이 있는 사람은 원하는 대로 자유롭게 돈을 쓸 수 있으며, 소비를 이끄는 선호는 그들 각자의 문제일 뿐이다. 마찬가지로 땅을 사용하는 사람도 각자의 규범적 선택에 따라 자기 좋을 대로 자유롭게 땅을 사용할 수 있다. 그것이 직접적으로 다른 사람들을 괴롭히지만 않는다면 말이다. 법에 따라 돈을 버는 행위는 그것이 아무리 낭비이고 몰취미이고 도덕적으로 비난받을 만한 일이라 할지라도 암묵적으로 정당하다고 간주된다. 그것은 다른 사람이 비판할 일이 아니라는 것이다.

이처럼 시장은 다른 시장 참여자의 행동을 판단하지 않을 것을 권장하며, 이것은 쉽게 자신의 행동에 대한 판단을 유보하는 것으로 옮겨 갈 수 있다. 만일 다른 사람의 특정 행동이 도덕적 검증의 대상이 아니라면, 내가 똑같은 행동을 하는 것이 어째서 잘못인가? 시장의 중립성을 전제할 때, 만일 다른 사람들이 우리가 한 행동에 대해 가혹하게 판단하지 않는다면, 무엇 때문에 우리가 우리 자신에 대해 그렇게 심하게 할 필요가 있는가? 왜 하면 안 되는가? 비슷한 논리로 시장은 상품과 서비스의 골치 아픈 부분들을 말끔히 해소해 줄 수 있다. 상품이 무엇을 대가로, 어떻게 생산되는지는 생산자가 결정할 문제이며, 생산자의 행동은 다른 시장 참여자가 판단할 문제가 아니라는 것이다. 마찬가지로 폐기물 처리 업자는 독립적인 시장 참여자이며, 일단 그들이 폐기물을 실어 가고 나면, 그것을 가지고 그들이 무엇을 하건 그들의 일이다. 폐기물을 발생시키는 사람과 폐기물을 처리하는 사람은 오직 시장에서의 거래를 통해서만 서로 연결되며, 시장은 도덕과는 상관없이(amoral) 만나는 곳이다. 어느 쪽에 대해서도 질문이 제기되지 않으며, 책임성이 논의되지도 않는다. 이것이 산업주의 문화이며, 웬델 베리는 그것을 하룻밤 섹스에 비유했다.

"어젯밤 좋았어요. 하지만 내 이름은 묻지 말아 주세요"라고 산업주의 연인(in-dustrial lover)이 말한다. 산업주의 식사자(industrial eater)가 날씬한 산업주의 수퇘지(industrial hog)에게 똑같이 말한다. "우리 아침 식사 같이해요. 하지만 그 전에 당신을 만나고 싶지는 않아요. 그리고 그 후에도 당신을 기억하지는 않을 거예요."[2]

시장과 시장적 사고는 이런 방식으로 문화적 응집력과 공동의 도덕 판단을 약화시킨다. 그것은 공동체 의식을 약화시킨다. 그리고 개인의 소극적 자유에 대한 이상을 최고로 끌어올린다. 마찬가지로 그것은 우리의 주의력을 산만하게 해서 땅이 황폐해지는 근본 원인이 무엇인지 밝히지 못하게 하거나 헷갈리게 한다. 시장 참여자들을 직접 비난하기 어려운 것을 보면, 어떤 의미에서 그들은 무고한 행위자들이라고 할 수 있다. 그들이 단지 개인적 선호를 추구하거나 소극적 자유를 행사할 뿐이라면, 비난할 수 없다. 따라서 어떤 문제든 문제의 근원은 확실히 다른 데 있다. 만일 사적 행위자가 자신이 소유한 땅을 남용한다면, 문제는 토지 소유자가 더 좋은 방향으로 행동하도록 유도할 좋은 법이나 (더 낫게는) 경제적 유인책이 없기 때문일 것이다. 비난받을 수 있고 또 비난받아 마땅한 행동을 한 소유자들 자신에게 문제가 있는 것이 아니다. 만일 개인 사용자들이 너무나 많은 것을 취해서 공유재산이 비극을 겪고 있다면, 문제는 더 나은 제도적 감독 체계가 없기 때문이다. 비극이 일어나는 것은 공유재가 제대로 관리되지 않기 때문이지, 개인적으로 그것을 남용하는 사람들의 단기적이고 이기적인 개인주의 때문이 아니다. 따라서 이기적 개인주의의 비극이 아니라 공유재의 비극이다.

사용과 남용을 위한 유인책들

지금까지는 이제부터 할 이야기의 배경에 대해 이야기했다. 이제 시장이 가져오는 구체적인 결과 중 첫 번째로 꼽을 수 있는 것에 대해 이야기하겠다. 그것은 시장은 돈을 벌기 위해 자연을 파괴하게 만들며, 자연을 남용하도록 자극한다는 것이다.

자주 언급되는 시장의 특징 중 하나는 무슨 수를 써서라도 생산자가 최대한 비용을 절감하게 만든다는 것이다. 다른 수단에 비해 비용이 덜 드는 생산

과정은 바로 그 한 가지 이유 때문에 선호된다. 저비용 수단이 외부인에게 해를 끼치거나 생산자가 소유한 재산에 손상을 준다 해도 그렇다. 실제로 비용 절감을 위한 노력은 피해를 외부화해서 생산을 용이하게 할 방법을 찾는다. 미래의 비용과 이익을 평가절하한다면, 현재 소유하고 있는 것을 훼손하거나 소비해서 그 결과 얻게 될 이익을 고수익을 낼 수 있는 다른 곳에 투자하는 것이 경제적으로 더 낫다. 이익의 유혹과 경쟁적인 시장의 압력 둘 다 자연에 대한 총체적인 착취로 이어지며, 전적으로 상품생산에만 집중하게 한다. 그래서 농부는 오래된 울타리를 뽑아 버리고 습지를 배수해서 한 뼘의 땅이라도 더 곡물 생산에 이용하려고 한다. 마찬가지로 토지 개발 업자 역시 야생동물의 서식지나 자연적인 수문 시스템을 무시한 채 최대한 많은 땅을 팔아서 돈을 쥐어 짜내려고 한다. 이들을 이끄는 비전은 토지와 주변 자연환경의 장기적인 건강이 아니다. 이들을 이끄는 것은 자산평가액과 수익 흐름의 극대화이다. 이익을 극대화하는 과정에서 기업은 일반적으로 기회와 위험 요인을 감수하도록 권장된다. 많은 경우 신중함은 미덕이 아니다. 시장은 나쁜 종류의 성품을 띤다. 도박사, 선수를 잘 치는 사람, 민첩하게 행동하고 위험신호는 무시하는 사람, 자연과 인간을 조작 대상으로 대하는 사람을 선호한다. 그런 사람들은 공동체의 행복을 위해 여러 선택지를 놓고 신중하게 고민하는 사람들이 아니다.

시장 자본주의가 자연의 남용을 부추기는 것은 사실이지만, 시장 자본주의와 그것을 용이하게 하는 사적 소유권이 좋은 토지 사용을 촉진하는 데 무용지물인 것은 아니다. 시장 자본주의의 옹호자들 역시 재빨리 이 점을 지적하고 나섰다. 시장 자본주의는 사람들이 토지의 생산성을 유지하게 할 수 있다. 시장 자본주의의 긍정적 효과는 종종 개방된 공유지의 비극에 관한 고전적 이야기에 빗대어 설명된다. 이 비극은 사람들이 아무 제한을 받지 않고 경쟁적으로 장소를 사용할 때, 즉 각자 자연 자원을 더 많이 사용해서 이익을 얻으려고 할 때 생기는 비극이다. 말하자면 자연을 과도하게 사용함으로 인한 비극이다. 각자 자연 자원을 [생물학자 개릿 하딘(Garrett Hardin)이 말한 유명한 이야기에서는 공유 초지] 더 많이 사용하게 되면서 자원은 점점 더 남용되고 그 질과 생산성이 저하된다. 그러나 공유지가 분할되고 각기 분할 소유되면, 개별 초지 소유자는 각자 자기 몫의 땅을 남용하지 않을 더 큰 유인 요소를 갖게 된다는 것이다. 만일 남용하게 되면, 그로 인한 피해를 그들 자신이 직접 감당해야 하기 때문이다. 개인이 각자 자기 몫을 가질 때 자연 자원이 더 건강하게 보전될 가능성이 높다는 것이다.

여기까지 보면 위의 주장은 장점이 있고, 오늘날 세계 여러 곳에서 행해지고 있는 자연의 사유화는 (세부 사항에 따라 달라지지만) 땅의 남용을 줄이는 방법이 될 수 있다. 그러나 이 과정은 좋은 토지 사용을 보장하지 않으며, 경우에 따라서는 정반대 방향으로의 진행을 가속화할 수 있다. 공동의 자원을 개별화된 경계 지분으로 나누는 것은 외부화에 의해 문제(시장 결함)를 더 크게 만드는 것이다. 그렇게 하면 각 소유자는 비용을 다른 사람들에게 떠넘기는 방식으로 자연을 사용하여 이익을 얻을 수 있다. 또한 자연의 일부를 안정적이고 배타적으로 사용할 수 있는 권리를 얻음으로써 소유자는 값비싼 장비와 기술을 끌어들여 불안정한 사용권을 가졌을 때보다 더 빨리 자연을 착취할 수 있게 된다. 전에는 관리되지 않는 숲을 소규모로 벌채했지만, 사유화가 이뤄지고 나면 산업적 규모로 싹쓸이 남벌을 하게 된다. 앞서 언급했듯이 오래전부터 알려진 이유들로 인해 사유재산제는 대지의 건강을 유지할 수 없다. 사유재산제가 얼마나 땅을 잘 보호할 수 있는지는 소유자의 재산 사용에 대해 법이 소유권을 구체적으로 어떻게 정하느냐에 달려 있다. 그리고 이 법적 요소는 입법자의 덕과 법 집행의 효율성에 의존한다.

자주 지적되듯이, 잘 기능하는 시장은 생산자를 보다 효율적으로 만들며, 효율적인 참여자에게 보상한다. 효율성은 흔히 시장의 미덕이라고들 한다.

이 주장은 확실히 일리가 있다. 그러나 때로는 이익을 얻을 수 있는지가 분명치 않으며, 심지어 총 이윤과 비용을 계산하고 나면, 즉 경쟁에서 이긴 생산자가 치른 낮은 비용(이것이 효율성의 정의이다)만이 아니라 경쟁자들과 외부자들을 잃음으로 인해 야기된 비용까지 계산하고 나면 남는 게 없는 경우도 있다. 한 도시에서 다른 도시로 공장을 이전해서 비용을 절감하면, 원래 공장이 있던 도시는 일자리 상실로 인한 경제 침체와 자산 가치의 하락, 사업 실패 등 어려움을 겪게 된다. 이러한 비용은 공장 운영 밖에서 치러지는 것이고, 일반적으로 효율성을 치켜세울 때는 무시된다. 새로운 할인점이 시장에 진입해서 경쟁자들을 따돌리고 사업이 번창하면 더 낮은 비용으로 더 나은 가치를 고객들에게 제공할 수 있다. 그러나 폐업한 경쟁 기업들과 거기 투자되었던 돈은 어떻게 되는가? 거리에 길게 늘어선 텅 빈 상점들과 이웃한 토지 가치의 하락은 어떻게 할 것인가? 최후 승자가 된 새 가게에 가기 위해 텅 빈 상점들을 지나 멀리 운전해 가야 하는 고객들은 또 어떤가? 비슷한 예로, 한 교차로에 수많은 주유소나 약국이 들어서는 낭비는 또 어떻게 할 것인가? —국가 소유의 기업이 많고 계획이 잘 이뤄지는 나라들에서는 이러한 종류의 낭비를 쉽게 피할 수 있다.

경쟁의 비효율성은 지금까지 알려진 것보다 더 널리 알려져야 한다. 주유소를 필요로 하는 도시는 사실 그 자체가 하나의 개방된 공유재이며, 그 경우 경쟁은 낭비를 낳는다. 가령 어업이나 유전 사업에 규제가 이뤄지지 않으면 다른 사람이 오기 전에 먼저 자원을 차지하려고 경쟁자들이 몰려들어 선박과 설비에 과잉투자가 이뤄지고 과도하게 시추가 이뤄진다. 이러한 공유재 문제의 해결을 위해서는 행동의 협의가 이뤄져야 한다. 어로권을 계획하고 할당해서 어선 수를 줄여야 하며, 유전과 관련한 계획을 짜서 합리적인 수준의 석유 채굴에 필요한 최소한의 수준으로 유정 수를 줄여야 한다. 또한 시 차원에서 계획을 해서 (학군마다 적절한 수의 학교를 건설하듯이) 정유소나 약국의 수를 줄여야 한다. 하나의 쓰레기 처리 회사가 일하는 곳에서는 트럭 한 대가 매주 길을 다니며 쓰레기 처리를 할 수 있다. 그러나 사설 쓰레기 업체가 일하면 각 도시 구역마다 여러 경쟁사의 트럭들이 누비고 다니며 소음을 일으키고 가스를 낭비한다. 물론 계획을 할 경우 일이 잘못될 수도 있고, 부패가 일어날 수도 있다. 그러나 잘되면, 공동의 선을 위해 일하는 사람들이 맡아서 하면, 흔히 그렇게 하는 것이 더 효율적이고 환경적으로도 좋다.

최근 수십 년 특별히 더 부각되는 시장 자본주의에 대한 우려가 있다. 그것은 오래전부터 알려진 것으로, 자본주의경제가 침체를 피하기 위해서는 계속해서 성장하고 팽창해야만 한다는 것이다. 자본축적의 핵심은, 이윤을 발생시키고 다시 그것을 투자하여 더 큰 자본 자산을 만들고, 그렇게 하여 더 많은 이윤을 발생시키는 것이다. 물론 더 큰 이익에 대한 기대는 종종 좌절되고, 자본이 이익을 산출하는 과정도 종종 중단된다. 그러나 시스템 전체는 그러한 방식으로 작동하며, 그런 방식으로 작동할 수밖에 없는 것으로 보인다. 한 평가에 따르면, 사적 소유 자본에 토대를 둔 시장 시스템은 최소 연 2% 성장을 해야 침체를 면할 수 있다. 침체는 시장 경쟁자들이 노동비용을 줄일 때 —전형적으로는 비숙련 일자리로 바꾸고 기계화함으로써— 일어난다. 이때 노동자 집단은 소비할 돈이 줄어들게 된다. 이것은 상품과 서비스에 대한 전체 수요가 줄어든다는 것을 의미한다. 수요가 줄어들어도 한동안은 필요 노동력을 줄여주는 사업 장비를 계속해서 사들이는 것으로 벌충할 수 있다. 그러나 수요가 계속해서 줄어들면, 그렇게 벌충하는 데도 한계가 있다. 정부가 개입해서 전반적인 수요를 받쳐 주지 않으면, 실업률과 빈곤은 계속 심해지고, 그에 따라 수요는 더 줄어든다.

경제성장은 환경에 좋지 않을 수 있고, 실제로 종종 그랬지만, 경제성장이 원래 환경에 나쁜 것은 아니라는 점 역시 강조해야 한다. 환경을 위해 성장을 멈추자는 —성장 없는 경제로(또는 오늘날 몇몇 사람들이 주장하듯이 탈성장 경제로)

바꾸자는— 요구가 맨 처음 나왔을 때 그 말을 들은 많은 사람이 강하게 거부했다. 성장에 한계를 두어야 한다고 주장했던 학자들[대표적으로 도넬라 메도즈(Donella Meadows)와 허먼 달리(Herman Daly)]은 그들의 저서에서 경제성장(growth)과 경제 발전(development)을 명확히 구분했다. 그들의 구분에 따르면, 성장은 직접 자연에서 취하는 자원의 소비가 지속적으로 증가하고 지구를 향한 인간의 폐기물 처리 요구가 증가하는 것을 의미한다. 그들에 따르면 방향 전환을 하고 끝내야 하는 것은 바로 이 성장이다. 그들이 반대하지 않는 것, 오히려 강력하게 지지하는 것은 경제활동의 질적인 변화를 통해(보다 효과적인 자원 투입을 통해, 더 많은 재활용과 리사이클링을 통해, 재생 에너지 전환과 자가용을 대중교통으로 대체하는 것 등을 통해) 상품과 서비스를 향상시키면서도 원자재 투입은 감소시키는 것이다. 이러한 종류의 팽창을 그들은 경제 발전이라고 부르고 그것은 좋다고 했다. 발전은 지속해야 하지만 성장은 멈추어야 한다.

수십 년이 지나 성장을 멈추어야 한다는 주장은 반대자들을 격앙시켰다. 그들은 그 말을 이해하지 못했거나 아니면 오해하는 것이 도움이 된다고 생각했다. 그동안 성장과 발전을 개념적으로 구분하자는 제안은 별 인기를 끌지 못했다. 경제를 부양하고 고용을 유지해야 한다는 요구는 계속해서 생태 파괴를 확대하는(성장) 방책과 생태 파괴를 하지 않는(발전) 방책을 한데 뒤섞게 만들었다. 외부로부터의 제한이 없다면, 시장은 계속해서 자연의 소비를 확대할 것이고, 그것은 기본적으로 시장 작동의 뗄 수 없는 일부이다. 그래서 더 많은 습지가 사라져 간척지가 될 것이며, 더 많은 초지가 갈아 엎어질 것이고, 더 많고 더 새로운 화학약품을 수로에 퍼부을 것이다. 대수층에서 더 많은 물이 빠질 것이고, 더 많은 종이 밀려나고, 더 많은 숲이 목재 농장으로 바뀌며, 더 많은 온실가스가 배출될 것이다. 게다가 시장이 퍼뜨린 잘못된 관점과 가치관으로 인해 사람들은 무슨 일이 일어나고 있는지 점점 더 깨닫기 어려워질 것이다. 무슨 일이 일어나고 있는지 평가하는 것도, 그러한 근본 원인이 무엇인지 파악하는 것도, 변화를 위해 집단행동을 취하는 것도 점점 더 어려워질 것이다.

공동체적 힘의 약화

위에서 언급한 이유들로 인해 사적 소유에 토대를 둔 자본주의 시장은 생산자와 소비자의 선택을 공적으로 평가하지 못하게 한다. 또한 그것은 객관성 숭배를 강화하며, 도덕 가치에 대한 질문을 사적 영역으로 밀어낸다. 공적 차원에서 이미 오래전부터 받아들여 왔던 가치들만이(대체로 인간의 삶과 결부된 도덕 가치들과 자유와 평등의 이상, 공적 안전과 경제성장의 이익) 예외라고 할 수 있다. 시장 자본주의의 이러한 특징들은 공동체 의식을 약화시킨다. 그것은 새로운 가치를 창출하기 위한 집단행동의 의지를 약화시킨다. 시장 자본주의의 다른 측면들도 마찬가지로 공동체적 연대감을 약화시키고, 민주주의의 힘을 무력화한다.

시장적 사고에 의해 형성된 근대정신은 좋은 토지 사용의 비전을 갖기 어려우며, 따라서 현재 이뤄지고 있는 토지 사용을 평가하기도 어렵다. 마찬가지로 시장에 의해 형성된 정신은 공동체의 행복, 또는 공동선에 대한 실제적인 의식을 갖기 어려우며, 따라서 그런 것들에 대해 이야기하는 데도 매우 더디다. 문제가 많은 토지 사용은 대개 개인 생산자에 의해 개인 땅에서 이뤄진다. 시장은 그들의 생산방식을 엄격히 검증하지 못하게 방어한다. 이것은 개인 소유 재산에 관한 문화적 관념 덕분에 이웃에게 해를 끼치지만 않는다면 소유자가 마음대로 자기 땅을 사용할 수 있었던 것과 똑같다. 개인의 토지 사용은 소유자가 알아서 할 일이고, 공적 부문이 나설 일이 아니다. 한편 시장은 저임금과 시기, 탐욕을 확산시키는 동시에 단기적으로 더 높은 성장에 대한 수요를 만들어 낸다. 이 모든 것은 다 같이 힘을 합해 장기적이고 합리적이며 민주적인 계획에 저항한다.

자신은 시장에서 단독으로 행동하고, 또 단독으로 행동해야 하는 분리된 존재라고 여기는 사람이 많아질수록 민주적 활동의 가능성은 줄어든다. 앞서 언급한 이유들로 인해 규범적 가치들이 사적 소비의 영역으로 밀려남에 따라 민주적 활동은 축소된다. 개인으로서 시장 참여자들의 행동은 '작은 결정들의 독재'라고 하는 것에 종속되어 있다. 그것은 각 개인은 자신에게 합리적이라고 생각하고 선택하지만 많은 사람이 그렇게 선택할 경우 집단 전체가 나쁜 결과를 얻게 되는 것을 말한다. 농부 한 사람이 관개를 하는 것은 합리적일 수 있다. 그러나 너무 많은 사람이 그렇게 하면 대수층에 물이 고갈된다. 소량의 질소가 물에 유입되는 것은 그다지 해가 되지 않지만, 많은 양이 유입될 경우 방대한 사각지대가 형성된다. 아파트를 몇 채 더 짓는 것은 주변에 별 영향을 끼치지 않는다. 그러나 수십 명의 개발 업자가 몰려와서 다 같이 아파트를 짓는다면 도시 기반 시설에 엄청난 과부하가 걸릴 수 있다.

시장적 세계관에서 본다면, 개인이 무언가를 취득하는 길은 돈을 벌어서 그것을 사는 것이지 정부를 통해 무언가를 하는 것이 아니다. 이 관점에서 보면 끝없는 발전을 싫어하는 사람은 비슷한 생각을 가진 사람끼리 모여서 보존 지역권을 사면 된다. 동물을 소중하게 여기는 사람은 동물 보호소가 동물을 잘 돌보도록 기부를 하면 된다. 깨끗한 공기를 중요하게 여기는 사람은 공기가 깨끗한 곳으로 이사 가면 된다. 시장적 관점에서 보면 모든 욕구가 시장에 의해 해결 가능한 소비자의 선호 문제일 뿐이다. 그러므로 세상을 바꾸려는 사람은 다른 소비자들도 자신과 같은 선호를 가지도록 설득하여 그들의 구매력을 통해 원하는 바가 이뤄지게 하라고 충고받는다. 이러한 시장의 메시지는 너무나 강력하며, 따라서 사람들이 무슨 일을 할 수 있는지 물을 때, 그것은 소비자로서 무엇을 할 수 있는지 묻는 것이며, 또 혼자서든, 친구들과 함께든, 개인으로서 무엇을 할 수 있는지 묻는 것이다.

여기서 문제의 핵심은, 시장적 세계관에 따르면, 사람들은 도덕과 무관한 (amoral) 시장 참여자로서 하나로 묶여 있고, 개인으로서 자유롭게 자신의 선호에 따라 행동할 수 있다는 것이다. 그들은 지역과 주, 국가적인 몸의 정치학의 구성원으로서 하나의 단일체를 구성하지 못하며, 정부 수단을 통해 집단적으로 행동할 수 있는 시민이 아니다. 흔히 시민으로서의 역할과 소비자로서의 역할은 너무나 다르며, 개인의 선호는 그가 어떤 역할을 맡는가에 따라, 즉 가능한 선택지에 따라 매우 다양하다. 시민으로서 우리는 공동선에 대해, 그리고 그것을 실현할 법과 정책에 대해 생각하라고 요청받는다. 여기서 가능한 선택지에는 공동 행동도 포함된다. 이와 대조적으로 소비자로서 우리는 이기적으로 생각하라고 요구받는다. 시민으로서 우리는 보다 큰 어떤 것의 일부분이며, 함께 행동한다. 소비자로서 우리는 혼자서 행동하는 자율적 행위자이다. 시장이 더 강력하게 지배할수록, 우리는 소비자 역할을 하라는 압력을 받으며, 민주주의는 약화된다.

시장에 뿌리를 둔 이러한 특징과 이미지는 시장의 막강한 힘에 대한 신화에 의해 뒷받침될 때(실제로 그렇게 되고 있다) 훨씬 더 강력해진다. 시장 세력이 대단히 영리한 제도들을 고안해 낸 것은 확실하다. 시장은 돈이 되는 일이거나 규제 기관이 요구하는 일이라면, 기술적 문제들에 대한 해결책을 찾아내는 데 탁월한 능력을 보여 주었다. 이렇게 과거 시장이 보여 준 인상적인 능력 때문에, 사람들은 자신이 부닥치는 온갖 종류의 문제들을 시장이 해결해 주리라고 믿고, 시장의 능력에 커다란 신뢰를 보인다. 이렇게 되면 다른 영역에서 근본적인 변화를 추구할 필요가 없어진다. 과거 시장이 보여 준 눈부신 업적을 생각한다면, 생태계 파괴로 인해 발생한 새로운 문제들에 대한 해결책을 찾는 일도 시장에 맡겨 두면 되지 않겠는가? 시장의 힘에 의해 움직이는 과학자가 대기에서 온실가스를 제거하는 방법을 언젠가 찾아내리라고 믿고, 우리는 온실가스가 더 나오더라도 그냥 계속 밀고 나가면 안 되는가? 식량을 생산할 다른 방법을 찾아내리라고 믿고 그냥 토질을 악화시키면 안 되는가? 또 언젠가 양어장이 생겨나서 해결하리라고 생각하고 야생 어류를 포획하면 안 되는가?

시장의 영리함에 대한 믿음은 생태계 문제의 해결을 위해 민주적 절차에 따라 만들어진 공적 법과 정책에 저항할 명분을 제공한다. 그것은 행동하지 않도록 사람들을 잠재운다. 또한 그것은 시장이 존중하는 개인의 자유는 환경적으로 좋은 결과와 양립할 수 있다고 사람들을 설득한다. 마찬가지로 시장이 자연을 상품화하는 것도 문제가 안 되며, 개인 소유자의 권리가 확대되는 것도 문제가 안 된다고 한다. 그런 건 모두 문제가 안 된다. 왜냐하면 그것은 모두 시장 시스템에 확고하게 뿌리박고 있고, 시장은 문제에 대한 해결책을 스스로 찾아낼 것이기 때문이다. 이것이 바로 대중적 견해이며, 그것은 민주적 수단을 통한 집단행동을 가로막는다. 동시에 그것은 토지 남용의 근본 원인을 찾아내려는 노력 역시 방해한다.

마지막으로, 시장에서 발생하는 부의 집중은 정치와 입법 과정에 너무나 많은 영향력을 발휘한다. 오늘날 공직에 나서는 후보자들은 부유한 기부자들로부터 많은 도움을 받으며, 기부자들은 점점 더 자신의 사업에 도움이 되는가를 기준으로 후보자를 선택한다. 워싱턴에는 기업의 후원을 받아 입법자들에게 영향력을 행사하고자 하는 로비스트들의 수가 입법자들의 수보다 훨씬 더 많다. 규제 담당자들은 로비스트와 로비스트들이 고용한 변호사들에게 시달린다. 기업은 자신들의 사업에 제한을 가하려는 데 대해 강력하게 저항하며, 법적 제한을 오히려 독점적 이윤을 얻기 위한 기회로 바꿀 수 있는 경우가 아니라면, 법 집행 예산을 삭감하려고 밀어붙인다. 또한 기업은 가능하기만 하다면, 공유 자산을 취득해서 사적 재산으로 바꾸려는 경향이 있다. (예를 들어 공적 연구 기금을 통해 얻은 결과물을 지적재산권으로 취득하려고 한다.) 정부는 점점 더 지역의 기업을 옹호하는 역할을 자임하고 나선다. 정부는 글로벌 시장에서 지역의 기업이 경쟁력을 유지하도록 도우며, 지역의 일자리를 유지하도록 유인책을 제공한다. 이러한 기업 옹호 정책은 —기업 편을 들고 기업을 돕는 데 정부의 힘을 사용함으로 인해— 부의 집중에 균형을 잡는 정부 본연의 역할과 긴장 관계에 있으며, 부정적인 시장 활동과 경쟁을 억제하는 역할과도 긴장 관계에 있다. 또한 많은 시장 행위자들이 대중의 이해를 왜곡하고 핵심 주제들에 대한 공적 토론을 가로막는 데 집중된 부를 사용하려 하며, 실제로 그들은 그럴 능력이 있다. 석유 회사들이 기후변화를 부정하는 학자들에게 돈을 대고 있는 것은 그 구체적인 예이다. 유전자 조작과 고농도 화학물질을 토지에 사용하는 것이 건강에 아무 위협도 되지 않는다고 주장하는 농업 관련 기업들 역시 마찬가지다.

시장이 주는 여러 가지 메시지와 시장을 둘러싼 신화, 정부를 조종하려는 기업의 용의주도한 시도들. 이것들은 각각, 그리고 한데 합쳐져서 집단적으로 문제를 제기하려는 시민들의 노력을 약화시킨다. 민주주의의 관점에서 보면, 그리고 정부를 움직여서 세계를 더 나은 곳으로 만들려는 시민의 입장에서 보면, 시장이라는 적은 거대하며, 갈수록 더 거대해지고 있다.

이처럼 모든 것을 왜곡시키는 힘이 어떠한 결과를 가져오는지에 대해 최근 프린스턴 대학의 마틴 길렌스(Martin Gilens)와 노스웨스턴 대학의 벤자민 페이지(Benjamin I. Page), 두 정치학자가 연구했다. 그들은, 자신들과 여러 학자들의 연구에 근거해서, 연방 정부 차원에서 미국 정책을 수립하는 데 일반 시민들이 얼마나 영향력을 발휘하는지 살펴봤다. 그들의 연구 결과는 놀라웠다. 평균적인 시민들은 그들이 선호하는 것에 대해 경제 엘리트의 지지를 얻을 수 있을 때만, 기업의 이익을 대변하는 조직화된 집단의 지지를 얻을 수 있을 때만 뜻을 이룰 수 있었다. 평균적인 미국 시민이 엘리트와 기업집단이 반대하는 공적 정책을 지지할 때, 그들이 선호하는 것은 "미미하고 거의 제로에 가깝고 통계적으로 아무 의미 없는 영향을 공적 정책에 미치는 것으로 보인다". 환경 운동 집단을 비롯해서 대중적 시민운동 집단 역시 경제 엘리트와 기업의 이익에 반하는 입장을 취할 경우 공적 정책에 거의 영향력이 없는 것으로 보였다. 이들에 비해 "기업집단은 훨씬 더 수가 많고 적극적이다. 그들은 훨씬 더 많은 돈을 쓰고 자신들이 바라는 것을 얻는다". 길렌스와 페이지의 최종 결론은 우려스럽다.

시민 대다수가 경제 엘리트와/또는 조직화된 이익집단과 일치하지 않을 때 대체로 시민이 진다. 게다가 미국 정치체제에 깊이 뿌리박힌 기존 질서 옹호 경향 때문에 절대다수의 미국인이 정책 변화를 원한다 해도 일반적으로 그 뜻을 이루지 못한다.[3]

말할 것도 없이 이 모든 것은 민주적 통치를 위해서도, 집단행동을 위해서도 좋지 않다. 그것은 소비자 역할을 벗고 시민의 역할을 자임하고 나선 사람들에게도 좋지 않다. 여기서 결함들은 나쁜 정치 탓일 수 있으며, 실제로 나쁜 정치와 관련이 있다. 그러나 그 시스템 전체는 그것을 뒷받침하고 지속시키는 문화적 질서 위에 있으며, 또 그러한 질서로부터 생겨났다. 그것은 개인과 자유를 추켜세우는 질서이며, 정치보다 시장과 시장의 공정성을 더 믿는 질서이다. 그것은 세계를 파편화해서 보는 문화이며, 공격적인 경쟁을 기대하고 관용하는 문화이고, 흔히 협동보다 경쟁을 옹호하며, 승자와 패자 둘로 나누는 것에 만족하는 문화이다. 자연은 단순히 원자재를 공급하여 시장을 유지하는 기능을 할 뿐이고, 재료가 떨어지면 시장은 다른 대체재를 구하리라고 기대한다. 사회 공동체건, 자연 공동체건 공동체는 별로 중요하지 않으며, 생겼다 사라졌다 하는 것으로 여긴다.

최근 수십 년 간 민주주의는 후퇴했으며, 조직화된 시민의 힘 역시 퇴조했다. 많은 부분 그것은 문화적 가치와 세계를 보는 지배적인 방식 때문이고, 또 그 안에서 개인의 위치를 설정하는 방식 때문이다. 그러한 가치들과 세계를 보는 방식이 시장과 시장 중심적 세계관에 뿌리박고 있다는 것은 결코 우연이 아니다. 동일한 가치와 관점이 토지 남용의 근본적인 원인들에도 나타난다. 시장은 그러한 원인들이 증식하는 온상이다. 근본적인 차원에서 이러한 문제들 중 하나를 해결하는 데 성공한다면, 다른 문제를 해결하는 데도 도움이 될 것이다.

임시변통 대 문화적 변혁

오늘날 환경 운동에서는 경제 시스템의 변화와 새로운 경제를 요구하는 목소리가 점점 더 커지고 있다. 보다 온건한 목소리를 내는 사람들은 금융 개혁 캠페인을 하기도 하고, 기업 활동으로 인한 생태계의 피해를 더 엄격하게 규제할 방책을 요구하기도 한다. 한편 보다 강력한 목소리는 기업 자체를 목표로 하며, 기업 내에서 변화가 일어나기를 기대한다. 이 경우 기업 활동의 투명성을 좀 더 강화하거나 아니면 기업 경영에 공동체와 노동을 위한 직접적인 목소리를 반영하기를 기대한다. 단순히 시장 거래의 크기만이 아니라 훨씬 더 많은 것을 배려하는 기준을 마련해서 우리 경제와 국가의 건강을 측정하는 새로운 방법을 찾기를 거의 모두가 원한다. 자주 이야기되듯이, 만일 경제지표가 환경 피해까지 고려한다면 아마도 우리는 환경 피해에 대해 더 잘 알게 될 것이다. 많은 사람이 미국 대법원을 공격하며, 기업권력과 기업의 헌법적 권리를 강화하는 대법원 판결을 직접적인 공격 대상으로 여긴다. 한편으로는 집중된 부가 정부의 공적 업무를 넘겨받고 있으며, 다른 한편으로는 대법원이 정부의 기업 규제 능력을 약화시키고 있다. 시민 민주주의는 이러한 강력한 움직임에 포획당했다. 전국적 차원에서나 주 차원에서 정부의 활동 대부분이 기업의 지배를 받게 되는 데는 여러 해가 걸리지 않을 것이다. 두 가지 형태의 권력은 짝짜꿍이 되어 서로 보조를 맞추며 활동하게 될 것이다.

오래전부터 개혁가들은 자연을 남용하게 만드는 시장 유인책들을 축소시킬 실질적인 방법에 대해 이야기해 왔다. 그들은 과세 방식의 총체적인 변화를 요구했다. 가령 수입과 노동에 과세하기보다는 오염과 원자재 소비에 과세하는 방법을 제안했다. 기업 활동의 외부 효과를 내부화할 새로운 규제들도 계속 요구하고 있다. 예를 들어 수십 년 동안 공장이 그래 왔듯이, 토지 사용자들도(농부들, 개발업자들) 자기 땅에 흐르는 물의 수질오염에 책임을 지게 하자는 것이다.

이러한 변화는 현재의 폐해를 완화할 수 있을 것이다. 그러나 정말로 그것이 실질적인 개선을 이룰 수 있는가? 바꿔 질문하자면, 그것은 시장으로 인해 발생하는 문제의 진정한 핵심을 겨냥하고 있는가?

시장 옹호자들이 때때로 말하듯이, 시장은 여러 가지 방식으로 우리 자신을 반영한다. 시장은 우리가 원하는 것을 우리에게 제공하기 위해 작동한다. 만일 우리가 자연 세계가 파괴되어야만 충족될 수 있는 것을 선호한다면, 비난받아야 할 존재는 우리 자신이다. 만일 우리가 다른 것을 원하기만 한다면, 다른 상품과 서비스를 구하기만 한다면, 시장은 더 나은 결과물을 가져다줄 것이다. 시장을 비난하지 말라고 시장 옹호자들은 말한다. 시장은 단순히 도구일 뿐이고, 전반적인 경제적 부를 증진시키기 위해 우리가 가질 수 있는 최선이라는 것이다.

위의 방어 논리에는 장점이 있다. 그것은 개인의 선호를 말한다는 점에서도 장점이 있고, 또 땅의 건강과 일치하는 목표를 비롯해 다양한 목표에 도달하는 데 시장이 어떻게 도움이 될 수 있는지 알려 준다는 점에서도 장점이 있다. 그러나 위의 논리에는 심각한 결함이 있다. 이 논리에 암묵적으로 전제된 주요 결함은 시장을 사람들과 독립된 것으로, 마치 플러그를 꽂듯이 우리 자신(생산자와 소비자)과 자연(천연자원의 창고이자 쓰레기를 처리하는 용기)을 거기 투입할 수 있는 일종의 중립적인 메커니즘으로 생각한다는 것이다. 그것은 마치 시장과 독립해서 선호가 형성되는 것처럼(경제학자들 말로 하자면, 외인성인 것처럼), 사람들의 선호가 시장에 의해 자극되지도, 형성되지도, 억제되지도 않는 것처럼 말한다. 그리고 위의 논리는 시민으로서 사람들의 능력에 시장이 어떠한 영향을 끼치는지에 대해서는 말하지 않으려 한다. 마찬가지로 이 논리는 어떻게 해서 그렇게 많은 행위자가 —공동체들 자체와 환경 전체, 미래 세대, 다른 생명 형태들— 시장 참여자가 아닐 수 있느냐는 질문도 무시한다. 오로지 쓸 돈이 있거나 제공할 서비스가 있는 개인들만이 시장의 게임에 참여하도록 허락받는다. 그것은 다른 결과가 아니라 특정한 결과를 훨씬 선호하는 게임이며, 다른 특성이 아니라 특정한 특성에 보상하는 게임이고, 다른 방식이 아니라 특정한 방식으로 사물을 보고 생각하도록 사람들을 밀어붙이는 게임이다.

시장의 근본 문제는 —더 정확하게 말하자면 그 핵심에 있는 커다란 문제들의 집합은— 그것이 구현하고, 실행하며, 강화하고, 새로운 세대에게 전하고, 필연성의 분위기로 포장하는 그 세계관에 있다. 다시 말해 시장의 주요 효과는 직접적으로 땅 자체와 자연과 자연의 기능에 대한 것이 아니라, 사람들의 정신과 마음에 대한 것이다. 그렇다. 시장은 우리 자신이다. 그러나 일단 만들어지고 나자 시장은 그 자체의 생을 가지게 되었다. 시장은 단순히 오늘을 살아가는 인간들이 만들어 낸 수동적 산물이 아니며, 우리 자신과 우리가 원하는 것의 결과인 것만도 아니다. 시장은 그런 것보다 훨씬 크다. 그것은 악착같이 대안들을 밀어내 버리는 세계관이다. 일단 새로운 기술이 개발되면 새로운 방식으로 —우리의 생각과 느낌을 규정하는 방식으로— 그것을 사용하도록 강요하듯이, 시장 역시 살아서 모든 곳에서 작동하게 되면, 우리가 무엇을 보고 우리 자신을 어떻게 이해할지, 또 무엇을 가치 있게 여기고 원해야 할지 등에 지대한 영향을 끼친다.

이러한 이유로 인해 시장은 대부분의 신경제(new-economy) 옹호자들이 생각하는 것처럼 단순히 부분적인 땜질만으로는 근본적으로 바뀌지 않는다. 한 가지 이유는 시장은 그러한 개혁에 얼마든지 저항할 수 있을 만큼 강력하기 때문이다. 시장이 제시하는 세계관 안에서, 오늘날 강력하게 지배하고 있는 세계관 안에서 살아가는 사람들에게 그러한 개혁은 합리적으로 보이지 않을 것이다. 개혁가들이 지적하는 문제들은 ─그중에서도 생태적 파괴는─ 잘 보이지 않는다. 똑같은 이유 때문에, 즉 헤게모니를 장악하고 있는 시장적 관점 때문에 그것들은 보이지 않는다. 시장적 관점에서 볼 때 개혁은 지나치게 비용이 많이 든다. 즉, 개인의 자유를 높이 평가하고, 선호를 사적 영역으로 밀어내며, 단기적 관점에서 세계를 보고, 기꺼이 도박을 할 용의가 있는 관점에서 볼 때 그렇다는 것이다.

대체로 우리는 우리 문화의 결함들 때문에 가장 오래된 과제를 수행하는 데 실패한다. 그 결함들은 우리에게 직접적인 영향을 끼친다. 아마도 그것들은 시장 안에 견고하게 자리 잡고 그 자체의 생을 가지게 되었기 때문에, 우리에게 더 큰 영향을 끼치게 되었을 것이다. 반복이 되더라도 이 강력한 이데올로기의 핵심적 요소들을 다음과 같이 정리하는 것은 도움이 될 것이다.

- 인간은 종적으로 다른 모든 생명 형태와 다르며, 지구상에서 지배적인 위치를 차지하는 것이 당연하다.
- 자연은 물리적 실체이며, 우리가 마음대로 사용할 수 있는 객체로 존재한다.
- 자연은 파편화된 조각들과 부분들로 우리 앞에 존재한다. 상호 연관성과 기능적 과정은 유기적 전체성과 마찬가지로 별 중요성을 지니지 못한다.
- 사람들은 기본적으로 자율적 개인이며, 독립적 행위자이고, 공동체적(사회적, 또는 자연적) 역할은 무엇이든 선택 가능한 것이다.
- 사람들은 시민이 아니라 무엇보다도 시장 소비자이자 생산자(서비스 제공자)이며, 투표할 때도 주로 소비자로 기능한다.

- 미래 세대와 다른 생명 형태들은 자연 풍경 및 에코 시스템과 마찬가지로 직접적인 역할을 하지 못한다. 그런 것들은 개인이 그것을 포함시키기로 선택했을 때만 사고와 정책의 범위 안에 들어온다.
- 공적 영역은 사실과 이성을 사용하는 도구적 이성의 지배를 받는다. 가치와 규범, 미학적·종교적 선호는 사적 영역으로 밀려나며, 다른 사람들이 문제를 제기할 수 없는 개인의 선택 사안이 된다.
- 시장 행위자는 돈을 벌기 위해서라면 윤리적 문제는 일단 제쳐 두고 무슨 일이든 자유롭게 할 수 있다. 다만 법적 제한만 지키면 된다. 법적 제한은 엄격하게 집행되지만, 그것을 지키는 것이 경제적으로 합리적이다.
- 무언가를 취득하는 것은 그것을 구매하거나 시장 요소들을 조작하여 취득하는 것이지, 시민으로서의 활동을 통해 얻을 수 있는 것이 아니다.
- 적절한 시간 지평은 단기간이고, 망설이고 걱정하는 사람이 아니라 위험을 감수하고 밀어붙이는 사람에게 보상이 주어진다.
- 시장이 인간의 영리함을 이용하고 정말로 필요할 때 문제를 해결하리라는 점에 대해서는 신뢰할 수 있다.
- 돈을 벌기 위한 행위, 개인 토지 소유자가 자기 땅에 한 행위는 효과적이지 않고 바람직하지 않다 해도 받아들일 수 있다. 설사 그 행위가 생태계에 해를 끼친다 해도, 해를 끼친다는 주장은 ―틀린 것은 아니더라도― 적어도 오해의 소지가 있다. 왜냐하면 시장은 외견상 악으로 보이는 것도 미덕으로 바꿀 수 있기 때문이다. 수입을 발생시키는 활동은 전체의 복지에 기여하며, 환경 개선 운동에 재정적으로 도움을 줄 수 있다.

우리가 자주 듣는 시장의 창조적인 힘과 그 증거에 대한 이야기들은 마케팅 담당자들에 의해 일 년 365일 귀에 못이 박힐 정도로 반복된다. 시장이 사람들과 땅, 공적 영역에 끼치는 부정적 영향은 감춰지고 보이지 않는다. 때로는 그것이 멀리 떨어져 있기 때문이기도 하고, 때로는 피해의 증거가 보통의 상식으로는 잘 보이지 않기 때문이기도 하다. 그리고 흔히는 불명료하고 잘못된 규범적 사고로 인해 합리적으로 평가할 능력을 상실했기 때문이다. 그러나 실업과 빈곤, 총체적 불평등으로 인해 눈에 띄게 피해가 커지면, 흔히 시장적 사고가 작동하고 시장 옹호자들이 개입한다. 그들은 분노와 좌절이 정부를 향하게 만들며, 시민이 이끄는 개혁의 가능성을 차단한다. 수 세대에 걸쳐 시장의 유일한 경쟁자, 시장을 억누를 수 있는 유일한 힘은 정부였다. 정부에 대한 지지를 약화시키고, 정부의 힘을 약화시키는 것은 오로지 시장에게만 활동의 장을 열어 주는 것이다.

경제개혁은 그것만 따로 놓고는 제대로 이해할 수 없다. 그것은 지배 문화에 변화를 가져오려는 더 큰 노력의 일부가 되어야 한다. 다시 말해 경제개혁은, 시장이 현재처럼 기능할 수 있게 하는 문화적 요소들, 근대 세계관에 대해 시장이 헤게모니적 지배력을 보유할 수 있게 하는 문화적 요소들에 변화를 가져오려는 노력의 일환이어야 한다는 것이다. 이러한 이유 때문에 그러한 세계관에 직접 도전하지 않는 한, 목표인 개혁은 실질적으로는 어디서도 일어나지 않는다. 개혁이 실제로 이뤄지기 위해서는 사람들이 세계를 다른 방식으로 보고 평가해야 하며, 다른 방식으로 생각하고 평가하는 법에 대해 반복해서 들어야 한다. 시장적 관점에 뿌리박은 가정들과 충돌을 일으키는 새로운 틀을 사람들에게 거듭 제시해야 한다. 단순히 구체적인 개별 아이디어를 제시하는 것만으로는 충분치 않다. 가령 개인 소유 토지를 비롯해서 자연의 더 많은 부분을 공적 신탁에 맡겨야 한다든가, 공동체가 기업 이사회에서 더 큰 목소리를 낼 수 있어야 한다는 주장 같은 것들이 그렇다. 이런 아이디어들은 좋기는 하지만, 그것만 따로 제시하는 것은 마치 기관총을 가진 적을 앞에 두고 달랑 병사 한 명을 보내는 것과 같다. 용기도 좋고 명분도 좋지만, 결국에는 기관총을 가진 적이 이긴다.

근본적인 문화적 변혁을 이루기 위해서는 잘 만들어진 총체적 전략이 필요하다. 즉, 개혁이 필요한 부분들 하나하나를 규명하고 다시 그것들을 질서 있게 모으는 총체적인 전략이 필요하다. 그렇게 해서 한 부분에서의 진전이 다음 부분의 진전을 돕게 되며, 어느 하나도 건너뛸 수 없다.

시민권을 넘어서

환경에 관한 주제로 토론을 하다 보면 환경 운동은 시민운동으로부터, 특히 최근에는 동성애자의 권리와 동성 결혼을 위한 운동으로부터 배우라는 요구와 자주 마주한다. 이 운동은 강한 역풍에도 불구하고 괄목할 만한 성장을 이뤘다. 그렇다면 거기서 사용한 것과 똑같은 방법을 가져다가 환경 운동에서도 사용하면 안 될까? 이것은 좋은 질문이고 이에 답하는 것도 유익하리라고 본다.

동성애자 인권 운동은 강력한 시장과 싸울 필요가 없으며, 시장이나 시장적 세계관의 주요 요소들에 대해 변화를 요구하지도 않아왔다. 오히려 동성애자의 인권은 시장과 전적으로 양립 가능하다. 왜냐하면 그것은, 시장의 용어로 말하자면, 개인의 선호를 달리 배치하자는 것일 뿐이고, 그것은 시장이 기꺼이 해 줄 수 있는 것이기 때문이다. 시장판 평등은 단순하다. 누군가의 돈은 다른 사람의 돈과 마찬가지로 좋다는 것이다. 동성애자를 차별하는 시장 참여자는 단지 돈을 벌 수 있는 기회를 놓치고 있을 뿐이다. 그러면 다른 공급자가 기꺼이 사업을 대신할 것이다.

게다가 동성애자 인권 운동 배후에 존재하는 핵심적인 도덕적 주장은 많은 부분에서 시장에 뿌리박은 가치들과 일맥상통한다. 시장은 인간 예외주의, 자율성, 소극적 자유를 중심으로 돌아간다. 시장은 사람들이 각자 규범적 선택을 하도록 하며, 평화를 유지하고 시장 기능을 보호하기 위한 경우가 아니라면, 도덕 가치를 공적 영역으로부터 멀리하게 만든다. 동성애자 인권은 자연과 아무 관련이 없으며, 우리가 자연을 어떻게 인식하고 어떻게 평가하는가와도 아무 관련이 없다. 그것은 어떠한 종류의 공동체 유지도 주장하지 않으며, 사회나 세계에 대한 유기적 견해도 주장하지 않는다. 마이클 샌델의 언어로 말하자면, 그것은 덕이 아니라 자유에 기초한 도덕이다. 확실히 몇몇 동성애자 인권 운동의 레토릭은 공동체주의적 목표를 가지고 있다. 그러나 이 운동의 기본은 동성애자도 자신이 원하는 대로 살 수 있어야 하며, 자신이 선택한 대로 인연을 맺을 수 있어야 한다는 것이다. 시장은 이러한 생각을 전적으로 환영한다.

더 일반화해서 말하자면, 동성애자 인권 운동이 내세우는 명분은 많은 부분 자유주의적 개인주의 전통 안에 있다. 그것은 이미 견고하게 확립된 가치들을 기반으로 해서 약간 다른 상황에 적용하자는 것일 뿐이다. 그것은 누구의 희생도 요구하지 않으며, 누구에게도 경제적 비용을 부과하지 않는다. 그것은 사적 재산권을 위협하지 않으며, 독점적 이윤을 거머쥐고자 하는 시도들을 방해하지도 않는다. 또한 경제 엘리트가 대법원을 위시해 정부를 강력하게 장악하고 있어도 그것을 약화시키기 위한 노력을 하지 않는다.

요약하자면, 동성애자 인권 운동은 좋은 토지 사용을 지향하는 노력과 실제로 닮은 데가 없다. 동성애자 인권 운동이 직면해 왔고, 또 현재 직면해 있는 장애물은 꽤 크기는 하지만, 환경 운동이 직면해 있는 것에 비하면 대단치 않다. 그리고 대체로 단일 주체가 ―각각의 주 정부가― 동성애 옹호자들에게 그들이 원하는 것, 즉 법적 인정을 해 줄 수 있다는 점에서도 더 쉽다. 물론 이 운동은 사회적 관용 역시 요구해 왔고, 그것은 다른 종류의, 더 높은 장애물이다. 환경론자들이 그들에게서 배울 게 있다면 바로 이 부분, 즉 공적 이해를 바꾸려는 그들의 노력으로부터 배움을 얻을 수 있을 것이다. 그러나 이 배움은 상대적으로 작은 자리를 차지해야 한다. 환경 개혁을 위한 노력은 (모든 형태의 시민운동이 그렇듯이) 쉽게 전달할 수 있는 단일한 메시지가 아니라, 많은 요소로 이뤄진 새로운 세계관을 제시해야 하기 때문이다. 메시지를 단순화하려는 시도는 —예를 들어 "자연에게 친절하자", "어머니 지구를 사랑하라", 또는 "미래 세대를 생각하자" 같은 문구들로 단순화하려는 시도들— 지난 사반세기 동안 여러 운동이 겪었던 것과 똑같은 좌절과 실패를 겪을 것이다.

기존의 어떠한 시민운동의 명분도 넘어서는 근본적인 문화적 변혁이 필요하다. 이러한 종류의 변화는 이전에 단 두 가지 선례가 있었을 뿐이다. 1만여 년 전 수렵 채취 문화에서 정착 농경문화로 변화했던 것이 한 가지 예이고, 다른 하나는 17, 18세기에 자유주의적 개인주의와 결합해서 산업주의적·시장적 세계관으로 변화한 것이 또 한 가지 예이다. 이제 우리 정신과 감성에서 그러한 변화에 비견할 만한 급진적 변화가 절박하게 요구된다.

제8장

가야 할 길

우리가 자연을 남용하는 것은 정보가 부족해서가 아니다. 자연에 대해서건 자연을 바꾸는 방식에 대해서건 정보가 부족해서가 아니다. 녹색 기술이 부속해서도 아니다. 물론 더 나은 사실늘이 도움이 되듯이 더 나은 기술도 도움이 되기는 한다. 인구 증가 역시 지구 시스템에 부담을 주는 것이 사실이다. 그러나 인구는 주된 문제가 아니며(인구보다는 일인당 소비 상승률이 더 문제이다), 많은 지역에서 인구는 안정되어 있다. 주범, 즉 우리가 하는 잘못된 행동의 핵심 원인은 넓은 의미에서 근대 문화이다. 앞서 살펴봤듯이, 문화는 우리가 자연을 인식하고 의미 있게 구성하는 방식, 우리가 본 것을 평가하고 자연 질서 안에서 우리의 위치를 이해하는 방식을 의미한다. 그것은 우리의 도덕 질서, 시간 이해의 틀, 우리가 영리하다는 확신과 관련이 있다. 우리의 문화적 궤적이 우리를 현재 상태로 이끌었고, 그것은 오늘날 목도하고 있는 환경의 황폐화에 별다른 주의를 기울이지 않으면서 발전해 왔다. 이것은 결코 놀랄 일이 아니다. 살아 있는 존재로서 우리는 그러한 환경 파괴에 적응하도록 진화해 오지 않았다. 그동안에는 그럴 필요가 없었기 때문이다. 우리가 그동안 발전시켜 온 도덕적 이상 역시 그러한 문제들을 포괄하지 못했고, 그럴 필요도 없었다. 대체로 도덕은 느리게 발전한 반면 환경 파괴는 비교적 최근에 일어났기 때문이다. 그러나 도덕 질서는 진화하며, 문화도 변화해 왔고, 지금도 변하고 있다.

땅을 더 존중하는 문화는 실제로 가능하며, 자연을 건강하게 보고 평가하는 방법 역시 가능하다. 게다가 그 방향으로 이끄는 길은, 사람들이 볼 수만 있다면, 우리를 설득할 만한 많은 것을 제시할 것이다. 그러나 앞으로 나아가기 위해서는 중심적인 개혁 운동, 다름 아닌 우리 문화의 궤도를 수정하는 운동이 필요하다. 이것은 오늘날 잘 알려진 시민운동들과는 전혀 다르며, 그보다 훨씬 더 큰 것을 포함한다. 먼저 우리는 우리 앞에 놓여 있는 중차대한 일의 본질과 범위를 인식할 필요가 있다. 우리는 아직 그것을 인식하지 못했고, 그 때문에 개혁을 위한 노력은 좌절하고는 했다.

프린스턴 대학의 역사학자 다니엘 로저스는 최근에 나온 통찰력 넘치는 책, 『균열의 시대(The Age of Fracture)』에서 제2차 세계대전 이후 미국 사회가 더 파편화하고 개인주의화한 다양한 경로를 추적했다. 이 시대에 미국 사회는 사회적 연결과 맥락, 공동의 관심사에 점점 더 주목하지 않게 되었고, 대신 유동적 정체성, 시장과 경쟁이 지배하는 세계관에 훨씬 더 몰두했다. 로저스는 "사회에 대한 강력한 은유가 더 약한 은유로 대체되었다"라고 썼다. "맥락과 사회적 상황, 제도, 역사 같은 것들로 꽉 차 있던 인간 본성에 대한 이해는 … 선택, 대리, 수행, 욕망 같은 것들을 강조하는 인간 본성에 대한 이해에 자리를 내주었다." 무엇보다 눈에 띄게 바뀐 것은 "인간 삶의 총체적 측면, 즉 더 작고 유동적이며 개인적인 측면과 대비되는 삶의 총체적 측면에 초점을 맞출 수 있게 해 주는 개념들과 은유들"[1]이라고 로저스는 주장했다.

이처럼 문화적 초점이 변한 것은 카터 시대와 레이건 중·후기 사이 대통령의 레토릭이 변한 데서 분명하게 나타난다. 대통령 재임 당시 카터는 "겸손과 자비, 정의, 영, 신뢰, 지혜, 공동체, '공동의 목표'에 대해 쉽게 말할 수 있었다". 카터가 이렇게 말했을 때 그는 자신의 선임자들이 종종 사용했던 언어를 사용한 것이다. "국가가 당신에게 무언가를 해 주기 요구하기 전에…" 운운하는 존 F. 케네디의 경고도 있었고, "자신보다 더 큰 대의의 일부가 되기 전에는 아무도 진정으로 온전하지 못하다"라는 닉슨 대통령의 주장도 있었다. 닉슨은 첫 취임사에서 "앞으로 나간다는 것은 … 함께 가는 것"이라고 말했다. 레이건 대통령 취임 후 좀 더 자기중심적인 수사로 바뀌었다. 그는 개인들에게 자기실현을 추구하고, 각자 얼마나 앞으로 나갈 수 있는지 상상해 보라고 했다. 로저스는 이렇게 기록하고 있다. "레이건의 말을 통해 그려지는 사람들의 모습은 결코 함께 일하며 열정과 재능을 합하여 공동 행동을 하는 모습이 아니다." 레이건은 역경을 극복하고 때로는 사회와 정부에 맞서는 개인을 이야기한 사람들의 선구자 격이었다. "레이건은 국민을 찬양했지만, 국민을 나타내는 복수형 명사는 빠져나갔고, 단수형을 향해 숨 가쁘게 달려 나갔다."[2] 환경 개선을 위한 올바른 노력은 그와는 다른 방향에서 공동의 사고와 문화를 추구할 필요가 있다.

우리 문화의 결함

오늘날 공적 문화는 —심미적 부분과 종족적 충성심은 논외로 하고— 세 가지 주요 문화적 요소가 한데 뒤섞여 있다. 세 요소 모두 앞서 다뤘지만, 여기서 다시 한번 다뤄서 그것들이 어떻게 함께 작동하는지 살펴보고, 어떻게 그 한계가 근대 문화의 결함으로 이어지며, 또 그 결함을 설명해 주는지 밝힐 것이다.

아마도 오늘날 문화의 가장 중요한 토대는 오랫동안 기독교에 뿌리박고 교회와 기독교 저자들에 의해 서구 사회에 퍼진 윤리적 가치들과 이해들일 것이다. 옥스퍼드 대학의 역사가 래리 시덴톱(Larry Siedentop)은 그의 탁월한 저서

『개인의 발명(Inventing the Individual)』에서 개인으로서 인간을 하느님의 형상에 따라 창조된 도덕적으로 가치 있는 존재로 높인 것은 ―고대 그리스 문화로부터 개념들을 차용한― 기독교라고 정확하게 썼다. 잘 알려져 있듯이 기독교는 인간을 가족과 씨족, 부족 안에서의 위치에 근거해 이해했던 이전의 도덕 질서에 도전했다. 이 옛 도덕 질서는 인간을 유기적 질서의 일부로 이해했으며, 그 질서 자체가 가치의 주요 원천이었다. 수 세기에 걸쳐 느린 속도로 기독교는 그러한 유기적 질서와 위계, 그리고 그것이 승인했던 다양한 신분 차별에 문제를 제기했다. 이 새로운 종교에 함축되어 있었던 것은 평등의 이상이었고, 그것은 모든 개인의 근본적인 도덕적 중요성을 나타내는 것이었다. 개인 자체가 중요하다고 교회는 말했다. 이것은 곧 ―이전에 생각했던 것과 반대로― 개인 자체가 고유한 도덕적 주체로 받아들여진다는 것을 의미했다. 개인이 가족으로부터 걸어 나가 십자가를 질 수 있다. 개인이 스스로 집을 떠나 수도원에 들어갈 수 있다. 심판과 구원 역시 유일무이한 개인의 영혼에 초점을 맞춘다. 자비와 존중이 새로운 이념으로 등장했다. 가족 자체는 훨씬 덜 중요해졌다. 도덕적 정체성은 시민으로서의 정체성이나 소속과 무관해졌다.

기독교 사회윤리에는 확실히 큰 장점이 있었다. 그러나 기독교가 제시하는 모든 도덕 가치는 사람들을 거의 일대일 대응 관계에서만 본다는 점에서 전체적으로 매우 제한되어 있었다. 우리는 이 사실에 주목할 필요가 있다. 기독교 도덕은 올바르고 지속성 있는 사회, 또는 거기 근접한 사회에 대한 비전을 제시하지 못했다. 기독교 도덕은 사회가 개인과 개인의 평등한 도덕 가치를 존중해야 한다고 강조한 것 말고는 공동선에 대해 직접적으로 말한 것이 없다. 자연은 아예 안중에 없고, 더 이상 자연 안에 영들이 내재한다고 여기지도 않았다. 오직 인간만이 도덕적 가치를 지닌다는 것은 암묵적인 전제였다. 인간은 무엇보다도 자율적 개인으로 이해되었고, 미래 세대는 그다지 고려되지 않았다. 확실히 기독교는 개인이 자신의 부를 가난한 사람들과 나누고 그들을 돕도록 권장했지만, 개인이 자기 자신과 자신의 미래를 추구하라고 권장하기도 했다. 그것은 끝없이 자기 자신에 대해 염려하고 열심히 일하며 부를 추구하는 문화로 가는 길을 활짝 열었다.

이러한 기독교적 사회질서는 오늘날 공적 문화가 포함하는 두 번째 주요 요소의 기원이며, 종교적으로나 (점점 더) 세속적으로나 핵심적 역할을 해 왔다. 말하자면 기독교적 사회질서는 정치적 권리와 개인적 권리 전반과 관련해서 핵심적 역할을 했다. 인권 개념은 보통 생각하는 것보다 훨씬 이른 시기로 거슬러 올라간다. 시덴톱은 인권 개념이 중세 절정기에 교회 학자들이 자연법과 후에는 자연적 권리에 대해 쓴 글들에 뿌리를 두고 있다고 본다. 앞서 살펴봤듯이 권리에 기초한 세속적 형태의 사상은 주로 18, 19세기 정치 영역에서 확립되었다. 특히 미국 권리장전과 관련 법들에 표현된 개인의 권리는 어떻게 개인이 정치적 몸의 일부일 수 있는지와 관련이 있었다. 새로운 대중 통치 시스템에서의 역할로 미뤄 볼 때 권리는 무엇보다도 절차적인 것이었다. 그 목표는 억압을 피하고, 가능하다면 공동선(미국 헌법이 표현하는 바에 따르면 "전체의 행복")에 기여할 정치적 엔진을 만들어 내는 것이었다. 이러한 권리 사상은 공동선에 대한 어떠한 구체적 비전도 제시하지 못했다. 기독교 사회윤리와 마찬가지로 그것은 건전한 공동체에 대한 이미지나 계획을 포함하지 못했다. 권리에 대한 사상 역시 자연과, 인간이 자연을 어떻게 대해야 하는지에 대해 아무 말이 없었다. 그것 역시 지금 살아 있는 인간에 대해서만 도덕적 가치를 인정했고, 그들을 자율적 존재로 제시했다. 간단히 말해 권리 레토릭은 새로운 도덕적·문화적 질서의 한 단편으로, 그 시대의 정치적 위기에 대한 매우 협소한 해결책으로 제시되었다.

수 세대에 걸쳐 기독교 사회윤리와 정치적 권리에 대한 언어는 서로 협력해 왔다. 이 둘은 사회의 지속적인 작동을 위한 유용한 도구였다. 특히 전해받은 ─오래된 세속적 기원으로부터 벗어난─ 개인적 미덕(정직, 진실성)에 의해 강화되었을 때 그 둘은 더욱 유용했다. 과연 이 두 가지 문화적 요소는 사회 정치 개혁가들이 사용할 수 있는 인상적인 지적·도덕적 도구를 제공했고, 특히 시민운동 영역에서 두드러졌다. 형식상 공적 영역이 더욱 세속적으로 되고, 사회윤리의 기독교적 기원이 감춰지거나 잊혀도 이 두 가지 요소는 계속 그런 기능을 할 수 있었다.

이제 우리는 근대 공적 도덕의 중심이라고 할 수 있는 이 두 가지 문화적 유산이 문제적 가정에 근거해 있고, 둘 사이에는 커다란 격차가 있다는 사실을 알 수 있으며, 또 알아야 한다. 확실히 그것들은 인간 중심적이고, 다른 생명 형태들과 공동체들이 공유하고 있는 도덕 가치를 인식하지 못한다. 유대 성서 ―기독교의 구약성서― 는 하느님의 창조를 찬미하는 내용을 포함하고 있지만, 핵심적인 기독교 가르침들은 거기에 별 관심을 기울이지 않았다. 이 두 도덕 질서 모두 현재에만 집중하며, 독립적인 도덕 주체로서 개인을 강조했다. 만일 정치적 권리가 적절한 수준에 ―좋은 정부를 유지하기 위한 확고한 안전망― 머물렀다면, 한 세기 안에 그렇게 큰 영향력을 얻지는 못했을 것이다. 그러나 경제 엘리트들이 정부의 통제에 반대하고, 권리의 보호가 통치의 절차적 요소인 것만이 아니라 좋은 정부의 주요 목표라고 주장하기 시작하면서 정치적 권리는 그 영역을 확대해 갔다. 말하자면 공동선은 점점 더 개인의 권리, 특히 자유와 사유재산권의 존중과 관련해서 규정되었다.

다음에 사회윤리와 정치적 권리는 다양한 시민운동과 개인들을 돕는 활동의 동력이 되었다. 그러나 지적·도덕적 개혁의 도구로서 이 둘의 결합은 다가오는 환경 재난을 해석하고 치유하는 데 전혀 도움이 되지 못했다. 게다가 더 안 좋은 것은 사회윤리와 정치적 권리가 공적 영역을 지배하게 되면서 ―20세기 후반에 이르면 확실히 이 둘이 지배적으로 된다― 다른 도덕적 이상이 끼어들 여지가 없어졌다는 점이다. 도덕 가치는 살아 있는 인간 개인에 한정되는 것으로 보였다. 정치적 측면에서는 개인의 자유를 점점 더 강조하게 되면서 건강과 안전 관련 규정들이 심각하게 문제시되었다. 사실 다양한 형태의(특히 사유재산의) 자유를 존중하는 것은 건강한 자연환경과 공동선을 지키기 위해 정부가 취할 수 있는 대부분의 대책들에 대해 의문을 제기하는 것을 의미했다. 마찬가지로 자유를 강조하는 경향은 인간의 무지와 자연의 복잡성을 대하는 태도에도 큰 영향을 끼쳤다. 덕에 기초한 접근 방식은 겸허하고 조심스러운 태도를 권장했고, 결과가 불투명할 때는 자연을 바꾸는 행동을 최소한으로 제한할 것을 권장했다. 이와 대조적으로 자유에 기초한 접근 방식은 전혀 다른 태도를 고수했다. 자유를 앞세울 경우, 개인은 —기업가, 자산가, 부유한 소비자— 비판적인 사람들이 명백한 피해의 증거를 제시하지 못하는 한, 무슨 일이든 자기 마음대로 밀고 나갈 수 있다. 대개는 권리가 덕을 이겼다. 인간이 알지 못한다는 사실은 황색이나 적색 신호가 아니라 그냥 밀어붙이라는 녹색 신호를 의미했다.

당연히 사람들은 사회윤리와 정치적 권리를 옹호했고, 이 둘은 존중받았나. 둘 나 중요한 진리와 가치를 딤고 있었고, 인상적인 궤적을 남겼기 때문이다. 그러나 이를 인정한다고 해서 사회윤리와 정치적 권리가 집단적 도덕 질서에서 지배적 위치를 차지함으로 인해 치르게 된 비싼 대가를 부정할 수는 없다. 앞서 상세하게 검토했듯이, 그것은 자연의 남용과 정당한 사용을 구분할 적절한 도구를 제공하지 못했다. 또한 우리의 고향인 자연과 좋은 삶에 대한 논의를 제한하고, 그 공적 정당성에 의문을 제기하며, 그것을 개인의 선택영역으로 밀어내 버렸다. 완전히 밀어내는 데 성공하지는 못했어도 상당한 효과를 거둔 것만은 확실하다. 동시에 이 두 가지 지배적인 분위기로 인해 토지 남용의 근본적인 문화적 요인이 무엇인지 발견하기가 더 어려워졌다. 문화적 결함들에 대해서는 어느 정도 지적하고 나면 금세 잊혀졌다. 흔히 보이는 한 가지 방어적 태도는 비판적인 사람들이 내세우는 가치들은(예를 들어 다른 종들의 도덕적 가치) 단지 개인적 선택의 문제, 즉 사적인 삶에서 받아들일지 말지 개인이 선택할 문제라고 주장하는 것이다. 이 주장이 통하지 않으면, 칼을 휘두르기 시작한다. 비판적인 사람들은 도덕적으로 비난받았다. 인간 혐오자, 사회주의자, 정부 측 프락치 등 온갖 말로 비난을 받았다.

간단히 말해 사회윤리와 정치적 권리는 단순히 공적 도덕 영역을 지배한 것만이 아니다. 그것은 새로운 방식의 도덕적 사고에 저항했다. 새로운 도덕적 사고가 지배하는 것을 질투했다고 말할 수도 있을 것이다.

이 두 가지 문화적 요소와 함께 세 번째 요소가 있다. 도덕에 대한 그 영향력을 감추고 있지만, 세 번째 요소인 자본주의 시장은 어느 모로 보나 중요하다. 여러 세대를 지나면서 자본주의 시장은 전면에 나섰고, 특히 우리가 자연을 인식하고 평가하는 방식을 구성함으로써 사회윤리와 정치적 권리가 감당하지 못하는 간격들을 매웠다. 중요한 것은 그렇게 함으로써 자본주의 시장은 사회윤리와 정치적 권리 둘 다를 밀어붙여 그 영역과 힘을 지속적으로 확장시켜 나갔다는 것이다. 그 둘과 협력하여 자본주의 시장은 오늘날 녹색 가치와 그 외 도덕 개혁가들이 직면한 어려움들을 가중시켰다.

자본주의 시장의 도덕적 토대는 앞서 기술한 사회윤리와 정치적 권리의 핵심적인 요소들과 상당 부분 겹친다. 앞서 살펴봤듯이, 자본주의 시장의 도덕적 토대 역시 소비자이자 노동자로서 개인 자체를 중요시한다. 그것은 기독교의 도덕적 평등이나 권리장전의 정치적 평등이 아니라, 일체 상관없이 오로지 돈과 기술을 내놓을 수 있느냐에 근거해서 누구나 기꺼이 받아들이는 시장의 특성을 높이 평가했다. 개인이 중시되고 ―경제적 힘에 있어서의 심각한 불평등은 제쳐둔 채― 자유에는 거의 아무런 제한이 없다. 자본주의 시장이 더 깊숙이 들어가기 위해서는 자연을 파편화된 상품들의 창고로 생각하게 만들어야 한다. 또한 시장은 매일매일 측정되는 총 경제활동을 강조함으로써 공동선과 "전체의 행복"에 내용을 부여한다. 그리고 이론상 시장 활동은 개인의 선호를 만족시키며, 각종 도덕 취향은 개인의 선호에 기인하는 것으로 설명된다. 이렇게 보면 시장은 대안적인 도덕 가치와 비전을 가로막을 강력한 도구를 자체 안에 가지고 있다. 시장은 도덕 가치와 비전을 모두 개인적 선호의 범주 안에 밀어 넣어 버리며, 그 안에서 그것들은 별 저항을 하지 못한다. 시장 옹호자의 관점에서 보면, 시장은 민주주의와 일치할 뿐만 아니라 민주주의의 극치이다. 물론 경제적 자원에 있어서의 불평등에 대해서는 언급을 회피한다. 그리고 만일 정부가 정도에서 벗어나면, 시장이 개인의 자유를 고양시킬 수 있다고 한다.

경제적 생산성이 공동선의 중심에 있으면, 비판적 환경주의자들이 (개인이 아니라) 집단을 위해 대안적 도덕 비전을 제시하기가 더 어려워진다. 또한 개인적 선호가 아닌 다른 언어로 집단적 가치와 목표에 대해 말하는 것 역시 더 힘들어진다. 이런 방식으로 시장은 개인의 도덕 가치와 평등, 정치적 권리의 우월성을 옹호하고 공고히 한다. 그러나 핵심적인 도덕 가치를 존중하는 듯이 보일 때도 시장은 조용히, 그러나 끈질기게 거기 개입한다. 시장은 탐욕을 숭배하며, 악덕을 미덕으로 바꿀 수 있다고 주장한다. 그리고 탐욕과 도박성을 비판해 온 오랜 도덕적 전통을 약화시킨다. 따라서 사회윤리 영역은 줄어든다. 시장은 자유로운 선택을 치켜세웠고, 그렇게 함으로써 암묵적으로는 특히 부자들의 선택에 대해 도덕적으로 비판해 온 오랜 전통을 문제 삼았다. 만일 자유와 평등이 사람들 스스로 선택할 수 있게 하는 것을 의미한다면, 사람들이 내린 선택에 대해 누가 왈가왈부할 수 있겠는가? 그리고 공적 선이 고도의 경제활동과 동일시된다면, 생산과 소비를 많이 할수록 존경받는 시장 참여자가 된다. 그런 사람은 도덕적 비판을 면하지는 못하더라도 든든한 보호막을 가진 셈이다.

이 외에도 시장은 깔끔하다는 메시지가 덧붙여진다. 시장 참여자들은 거리를 유지한 채 거래하며, 개인적 선택에 대해, 오직 자신이 한 선택에 대해서만 책임을 진다. 그러므로 소비자는 상품을 생산하기 위해 사용된 비용이나 수단에 대해, 폐기물 처리로 인한 부정적 영향에 대해서도 걱정할 필요가 없다. 다른 한편으로 시장의 힘에 반응할 뿐인 —다른 생산자가 하는 일을 자신도 하고 있을 뿐인— 생산자도 책임이 면제된다. 기독교적 나눔 역시 개인적 선호의 영역으로 밀려난다. 그것은 더 이상 공적 영역의 행동을 이끄는 도덕 원칙이 되지 못한다. 일단 개인적 선호의 문제로 밀려나자 기독교적 나눔은 공적 도덕 비판의 토대가 되지 못했다. 개인의 행동은 보호받았다. 심지어 개인의 이기적인 행동도 개인의 자유, 개인 존중이라는 일반화된 규범에 의해 보호받았다. 물론 한 푼도 나눌 줄 모르는 거부들이 온갖 비판으로부터 완전히 자유로운 것은 아니다. 기독교 성서와 마찬가지로 미덕은 여전히 소중하다. 그러나 자유로운 선택이라는 원칙 때문에 도덕적 비판은 면제된다. 마찬가지로 토지의 남용 역시 자유와 평등, 사적 소유의 이념 덕택에 도덕적 비판을 면한다.

이러한 방식으로 시장은 사회윤리와 덕의 영역을 침범한다. 그리고 똑같은 방식으로 개인의 정치적 권리를 실천하는 영역에도 개입해 들어온다. 가장 분명하게 알 수 있는 것은 (앞 장에서 언급했듯이) 경제 엘리트가 서서히 정부를 압도하고 자신들의 이익에 유리하게 정부를 조종한다는 것이다. 헌법으로 보호받는 사적 소유권은 오래전부터 공적 영역을 축소시키기 위한 수단으로 사용되었다. 예를 들어 시내의 공공장소는 예전에는 자유로운 발언을 위한 고전적 장소였지만, (언론 종교 집회의 자유를 위한) 헌법 수정 제1조가 적용되지 않는 개인 쇼핑몰로 대체되었다. 최근에는 부자들의 종교적 자유가 타인의 권리를 침해하는 사적 관행을(예를 들어 차별적 고용) 보호하는 역할을 하기도 했다.

그러므로 시장과 시장에 뿌리박은 세계관은 공적 영역 안에서 단계적으로 입지를 넓혀 간 것으로 보인다. 그것은 사회윤리와 정치적 권리 둘 다를 밀어내고 있으며, 그로 인해 새로운 도덕 질서의 옹호자들이 사람들을 설득해 내기가 점점 더 어려워졌다.

이러한 전반적인 도덕적 풍경이 어떠한 약점을 지니는지 위의 세 요소와 관련해서 간략히 요약하고자 한다.

- 반복해서 언급했듯이, 오늘날 전반적인 도덕 질서는 현재 살아 있는 개별 인간에게 초점을 맞추고 있으며, 자신이 처한 상황에서 개인이 인정하는 경우 외에는, 세계 안에 존재하는 광의의 도덕성에 대한 인식을 결여하고 있다.
- 국민총생산을 숭배하는 시장만이 (공적 안전을 제외한) 공동선에 대한 유일한 실질적 척도를 제공하며, 우리가 자연을 어떻게 인식하고 평가해야 하는지에 대해서도 시장만이 유일한 척도를 제시한다.
- 사고팔 수 없는 대규모 자연 풍경(예를 들어 미시시피강 유역)과 마찬가지로 생태적 상호 연관성과 상호 의존성 역시 관심 사항이 아니다.
- 도덕적 요소들을 샅샅이 뒤져도 개인적 선호와 경제적 효율성이라는 서질고 부박한 언어 말고 토지 남용과 토지 사용을 구분할 적절한 도구를 얻을 수 없다.
- 미래 세대와 다른 생명 형태들은 겨우 끌어들이기는 하지만, 형편없이 다룬다.
- 자유와 사적 소유권에 관한 언어들로 무장한 토지 남용자들은 유해 행위 혐의를 받더라도 방대하고 불확실한 과학적 증거들로부터 도움을 받을 수 있고, 덕은 내팽개쳐 버린다.
- 이처럼 제한된 도덕 질서 안에서는 자연의 역동성을 제대로 이해하기가 어려워진다. 만일 자연 자체가 변한다면, 어떻게 녹색 집단은 인간이 야기한 변화로 인해 도덕 질서가 흔들린다고 주장할 수 있겠는가?
- 문제가 생기더라도 인간의 영리함을 이용할 줄 아는 시장이 해결해 주리라고들 주장하며, 그러한 주장에 대응하는 일 역시 어려워진다. 그러한 주장에 맞서는 것은 부정적이고 두려운 과제를 스스로 제안하고 입증하는 것이다.

위의 약점들로 인해 무엇보다 두 가지 문제가 발생한다. 하나는 오늘날에는 자연과 관련해서도 그렇고 경제적 문제들을 해결하는 데 있어서도 경쟁이 사회적 상호작용을 위한 적절할 도구라고 믿는 경향이 있다는 것이다. 시장은 자연을 원자재이자 도구로 보며, 경쟁과 자기 추구적 행위를 끌어들이고 거기에 대해 보상한다. 정치적 자유는 이러한 행동에 대한 제동 장치가 되지 못한다. 사회윤리로는 제어가 가능하지만, 대개의 경우 사회윤리는 개인적 선택이라는 사적 영역으로 제한되었기 때문에 별 영향력이 없다. 이처럼 경쟁을 치켜세움으로써 집단적 결정을 위한 다른 방법들은 무력해진다. 그것은 개인을 시장 참여자로서의 —시민보다는 소비자로서의— 역할 안에 가두고, 그럼으로써 비판적이고 집단적인 선택의 가능성을 차단한다.

이러한 모든 요인들 꼭대기에 있는 것이 자연의 한계라는 문제이다. 우리가 사는 행성은 매일 에너지에 노출되어 있지만, 크기와 물리적 자원이 제한되어 있으며, 전체 수량(水量)과 폐기물 처리 능력도 제한되어 있고, 생태적 과정이 작동하는 방식도 제한되어 있으며, 지구의 생명 형태들도 제한되어 있다. 이것은 우리가 사는 지구의 사실적 한계이다. 그러나 시장은 이러한 한계를 인정하지 않는다. 시장은 이윤이 발생한다 싶으면 무조건 소비하고 소진시켜 버린다. 사적 소유권은 흥청망청 쓰고 내빼는 심리 상태를 제어하기도 하지만, 단지 부분적으로 제어할 뿐이며, 그것도 소유자가 잘 행동하기로 선택했을 경우만 그렇다. 도덕 질서의 다른 두 요소, 즉 사회윤리와 정치적 권리는 자연의 한계 문제에 대해서는 더 말이 없다. 사회윤리는 그냥 현재 우리가 가지고 있는 것을 나누자고 한다. 장기적인 돌봄과 청지기직에 대한 종교적 언어가 최근 더해졌는데, 대체로 이것은 환경에 대한 염려보다 특별히 더 나을 것이 없다. 개인의 정치적 권리는 경쟁에 저항하기는커녕 빠른 속도로 자연을 착취하는 문화적·정치적 질서와 대체로 일치한다.

이것이 현재 우리가 처해 있는 상황이다. 이것이 우리가 바꿔야 할 공적 가치의 틀이며, 개혁을 위한 노력의 중심이자 초점이다. 개혁을 위해 중요한 첫 단계는 현재 도덕의 공동 지배자 행세를 하는 시장을 강등시켜 건전한 도덕과 생태 질서 안에 뿌리내리게 하는 것이다. 도덕의 결정권자 행세를 하는 시장을 강등시켜야 하며, 자연의 지배자 노릇을 하고 시민의 결정권을 빼앗고 수많은 도덕 가치를 사적 영역으로 몰아내 버린 시장을 바꿔야 한다. 사회윤리와 정치적 권리로 말하자면, 물론 그것들은 계속해서 중요한 역할을 할 필요가 있다. 그러나 이 도덕 요소들 역시 새로운 이해와 도덕적 비전을 공유하는 단계로 발전해야 한다.

이용과 남용

앞 장들에서는 자연의 합당한 이용과 남용을 구분하는 필수적인 작업과 관련해서 여러 가지 규범적 요인들을 꽤 길게 살펴봤다. 이 둘을 구분하는 선은 구체적인 풍경과 관련해서 늘 새롭게 다시 그려야 한다. 나시 말해 지역의 상황과 필요를 인식하고 지역민들이 받아들일 수 있는 최적의 규범적 사고를 끌어내야 한다. 앞서 언급한 이유들로 인해 관련 요인들은 다양한 공간 규모를 고려하고 거기 적용할 수 있어야 한다. 어느 한 지역의 들판이나 숲만 보고 자연을 잘 사용하는 것에 관한 최종 판단을 내릴 수 없다. 완전히 포장된 주차장이라도 대규모 공간 안에 적절하게 설계되고 실제로 중요한 인간의 필요를 충족시켜 주며 다른 가치들을 실현하는 데 방해가 되지 않는다면, 자연을 잘 사용한 것이라고 할 수 있다.

앞서 언급했듯이, 자연의 합당한 이용과 남용을 구분하는 선은 모든 것을 고려한 뒤에야 그을 수 있다. 좋은 토지 사용의 어느 한 가지 요인을 진작시킨다는 이유로, 나머지 다른 요소들을 배제하고 축소시키는데도 특정 토지 사용을 추켜세우는 것은 합리적이지도 유용하지도 않다. 그런데도 이러한 잘못을 저지르는 경우가 아주 흔하다. 예를 들어 식량은 으레 필요하려니 생각해서 일단 밭에 작물을 키우고 나중에 그것을 승인한다. 그러나 실은 그렇게 간단하지가 않다.

개혁가들은 이 선을 긋는 일이 집단적으로 결정해야 할 공적 사안이라는 점을 알아야 하고, 또 이 원칙을 지켜야 한다. 그래서 토지 소유자도 여러 건강한 선택지들 중에서 자유롭게 선택할 수 있게 해야 한다. 결국 자연은 우리 모두의 고향이다. 그리고 이 선을 긋는 일은 규범적 선택을 포함한다. 과학적 사실들 역시 중요하다. 그러나 앞 장들에서 말한 이유들로 인해, 과학만을 고려해서는 그 선을 제대로 그을 수 없으며, 아예 선을 그을 수조차 없을지도 모른다.

앞서 언급했듯이, 지속 가능성은 이 선을 긋는 일에서 아주 작은 발걸음을 하나 내딛는 것에 지나지 않는다. 이것을 첫걸음, 앳된 시도라고 부르면 어떨까? 더 성숙한 노력이 뒤따라야 할 앳된 시도 말이다. 생태계 서비스를 개선하자는 것은 그래도 좀 낫다. 아주 약간 말이다. 그것은 자연의 생산성을 유지해야 한다는 규범적 주장에 근거해 있으며, 딱 그 정도 선에서 좋고 건전하다. 그러나 이 경우 도덕적 내용이 어느새 과학 냄새를 풍기는 언어들로 도배되고, 그리고 나면 세밀한 과학적 탐구와 계량 경제에 종속된다. 그리고 이것은 결국 어째서 자연의 생산성을 계속 유지하는 것이 경제적인 의미에서, 그리고 GDP와 관련해서 현재 살아 있는 개인들에게 좋은지 보여 주려는, 숫자들로 가득 찬 보고서로 이어질 뿐이다. 생태계 서비스를 옹호하는 사람들은 잘 기능하는 생태계가 다른 생명 형태들을 돕기도 하고 미래 세대에게도 유익하다는 점을 잘 알고 있다. 그러나 때때로 이러한 점들은 그냥 감춰져 있는 것으로 보인다. 마치 그런 이점은 실제로는 아무 관련이 없지만 그와 무관하게 생태계 서비스 보호가 이뤄지면서 부수적으로 얻을 수 있는 이익인 것처럼 말이다. 여러 면에서 생태계 서비스 역시 지속 가능성 개념과 마찬가지로 이 진보의 시대에 넘쳐나는 지속 가능 관련 언어의 한 변형에 지나지 않는 것으로 보인다. 그것은 좀 더 나은 옷으로 치장한 구닥다리 개념에 불과하다. 그 근저에는 자연은 단지 우리의 욕구를 충족시키기 위해 존재할 뿐이며, 우리는 자연을 도구적으로 (그 자체로는 도덕적 가치가 없는 것으로) 이해할 수 있고, 우리의 무지에 대해서는 신경 쓸 필요 없이, 사실들과 이성에 근거해서 앞으로 밀고 나갈 수 있다는 생각이 깔려 있다.

생태계 서비스 개념의 주요 문제는 —설사 그것이 실제로 한 단계 진전한 개념이라 해도— 문화적 가치 자체에 대해서는 전혀 도전하지 않는다는 것이다. 그것은 자연을 다른 방식으로 보고 받아들일 필요가 있다고 단지 간접적으로 암시할 뿐이다. 그것은 세계 안에서 도덕적 가치가 약화하는 것에 대해서 근본적인 질문을 제기하지 않는다. 단지 신중한 언어로 좋은 아이디어를 제시할 뿐이고, 다른 신중한, 돈으로 측정 가능한 토지 사용의 대안들과 경쟁한다. 생태계 서비스 개념은 사회를 재형성하기 위해 요구되는 선진적이고 도덕적인 도전의 틀 안에 있지도 않으며, 그 안에 통합되지도 않는다. 그것은 자본수의 시장의 물질적 요소나 도덕적 메시지에 대해 어떠한 의문도 제기하지 않는다는 점에서, 딱 그만큼 나쁘다. 사실상 그것은 지속 가능성 개념에 약간의 생태적 내용을 은근슬쩍 얹은 것이며, 사회윤리와 정치적 자유, 시장 자본주의라는 삼위일체가 새로운 원리에 자리를 내주어야 한다고 요구하지도 않는다. 말하자면 그것은 대부분의 환경 관련 레토릭이 모자란 만큼 모자라다. 왜냐하면 그것은 지금 현재의 사람들에게 말하고 있기 때문이다. 다시 말해 지금 현재 사람들이 생각하는 것과 같은 언어로 말하고 있는 것이다.

환경 관련 개혁을 위해서는 무엇보다도 우리의 가장 오래된 과제를 성공적으로 수행해야 한다. 그리고 이 가장 오래된 과제는 어떻게 살 것인가에 대한 진지하고도 공적인 토론을 전개할 것을 요구한다. 이를 위해서는 여러 사람의 희망과 생각을 모을 필요가 있다. 그렇기 때문에 환경 운동가들이 모든 해 답을 가지고 있는 것처럼 전면에 나서는 것은 별 도움이 되지 않는다. 또한 특정 풍경 안에 사는 사람들이 어떻게 행동해야 하는지에 대해 세부적인 청사진을 들고 나서는 것도 도움이 되지 않는다. 대개의 풍경이 개인 소유라면 그런 위험성은 더욱 커진다.

필요한 것은 그런 것이 아니라 자연의 이용과 남용 사이에 선을 긋는 일에 관련된 요인들을 충분히 알려 주고 그것이 어째서 우리의 가장 오래된 과제와 관련이 있는지, 그리고 어째서 그것이 단순히 개인적인 사안이 아니라 공적 사안인지 잘 설명해 주는 것이다. 특정 상황에서는 풍경이 사용되는 방식에 대해 환경 집단들이 비판할 수 있을 것이다. 토지 이용 기획자들은 고만고만하게 구체적인 비전과 제안을 가지고 나타난다. 그러나 사람들에게 이러이러하게 살아야 한다고 강연이나 하며 돌아다니는 녹색 지식인들이 개혁의 중심 동력이 될 수는 없다. 그보다는 더 엄격한 언어가 필요하다. 그러나 그것은 어떻게 살아야 할지에 대한 지시 사항이 아니라, 더 큰 덕과 통찰을 보여 주라는 요청, 잘 돌보는 사람이 되고, 시간이 지나면 존경받을 만한 조상이 되라는 요청의 형태를 취해야 한다.

앞 장들에서 살펴봤듯이, 좋은 토지 사용의 첫 번째 단계는 자연의 생태적 기능을 존중하는 것, 땅을 비옥하게 유지하고 일차적인 생산성을 유지하는 기본 과정을 중시하는 것이다. 이 생산성은 생물 다양성과 복잡하게 연결되어 있으며, 어떻게 연결되어 있는지는 지금도 연구 대상이다. 생태계 기능의 이 기본적 규범을 지지하는 길은 인간에 의한 더 이상의 변화를 최소화하도록 관리하면서 야생 지역을 보호하고 회복시키는 일일 것이다. 앞서 언급했듯이 야생 지역들은 그 자체로서 독립적인 가치를 지니며, 더 큰 규모의 풍경이 건강을 유지하도록 기여할 수 있을 것이다. 좋은 토지 사용은 자연 안에, 즉 다른 종들과 개별 피조물 안에 어떠한 방식으로 도덕 가치가 존재하는지에 대해 사려 깊은 도덕적 판단을 할 수 있게 해 줄 것이며, 그러한 판단을 존중하게 해 줄 것이다. 또한 그것은 자연에 대한 우리 지식의 한계를 ―우리의 무지― 인식하고, 조심스럽게 자연에 뿌리내린 지혜를 받아들일 수 있게 해 줄 것이다. 그리고 앞서 제6장에서 살펴봤듯이, 좋은 토지 사용에는 사회정의라는 중요한 요소가 포함된다. 사회정의에 근거해서 우리는 한 장소의 좋은 토지 사용이 다른 장소의 파괴를 대가로 이뤄져서는 안 된다고 주장할 수 있다.

앞서 언급했듯이 무엇보다도 중요한 것은 더 많은 사람이 참여하는 주요 공적 논의에 이러한 생각을 끌어들여 그것이 대중적 도덕 논의의 대상이 되고 공적 사안이 되게 하는 것이다. 대중적 흥미를 자극하고 생산적 논의를 위해 여러 가지 예를 수집하고 더 나은 세련된 설명을 할 수도 있을 것이다. 그러나 토지 사용의 세밀한 그림을 그리는 것은 대개 아직은 시기상조이다.

아닌 것 쳐내기

여기서 제시한 개혁의 길은 현재 환경 운동 조직들의 활동과도 다르고 최근 거론되는 환경주의의 다양한 비판들과도 ―땅을 파괴하는 우리 시대의 문화에 뿌리를 두고 그것을 영속시킬 뿐인 비판들과도― 아주 다르다는 점을 분명히 해 둘 필요가 있다.(예를 들어 환경 운동 후원의 저변을 넓히자고 목청 높여 호소하는 것은 별 성과도 없는 일에 더욱 매진하자는 것이나 다름없으며, 또한 좀 더 세련된 레토릭을 구사하여 오히려 기존의 사고방식에 영합하자는 것이나 다름없다.)

한 세대나 그보다 전에 그렇게 강력하고 성공적이었던 미국의 환경 운동이 이제는 거의 좌초했다고 우리는 고백할 수밖에 없다. 한때 효과적이었던 환경 운동 방식이 더 이상 작동하지 않고 있다. 반세기에 걸쳐 활동을 했는데도 환경 운동 전반은 시민들에게 진정한 총체적 비전을 제시하지 못하고 있다. 많은 시민이 환경 운동은 밖에 나가 사람들로부터 자연을 보호하는 ―최대한 사람들을 자연으로부터 접근 금지시키는― 대신 사람들이 살아가고 일하는 장소들은 별로 돌보지 않는다고 생각하고 있다. 이런 생각은 빗나가도 한참 빗나간 것이지만, 그 반대가 사실이라는 분명한 증거가 없는 한 쉽게 퍼져 나간다. 반세기 전에는 대부분의 미국인이 어렵지 않게 주요 시민운동 지도자들의 이름을 떠올릴 수 있었다. 그런데 오늘날에는 대부분의 미국인이 단 한 명의 환경 운동 지도자 이름도 떠올리지 못한다. 다른 이유로 유명해진 사람이(영화배우나 정치가) 아니면 확실히 단 한 사람도 떠올리지 못한다. 좀 더 관심을 가진 사람들도 환경 운동이 조직의 신장을 위해 단기적으로 사용할 수 있는 것 말고 좀 더 진지한 사고나 언어를 발견하기 위해 노력한다는 인상을 받지 못한다. 자주 언급되듯이, 정치적 권리는 든든한 후원 기금을 받는 싱크 탱크들이 면밀하게 사상과 언어를 수집하고 연마하여 탄생한 결과이다. 이 인상 깊은 성과를 보면서도 환경 운동은 그 선례를 따르려는 노력을 거의 하지 않았다.

환경 운동이 현재 처한 상황과 고질병은 이제는 아주 익숙해진 북극곰 사진, 바다를 떠다니는 얼음 조각 위에 위태위태하게 앉아 있는 북극곰 사진에서 잘 드러난다. 환경 단체들은 그 사진을 본 사람들이 돈을 내거나 단체에 가입하기를 기대하며 그런 사진을 내보낸다. 아마도 북극곰 이미지는 다른 메시지들보다 약간 더 강력한 반응을 대중들로부터 끌어낼 수 있을 것이다. 그러나 환경주의는 자신과는 거리가 먼 엘리트들의 일이라고 생각하는 사람들에게 이 가슴 아픈 사진은 어떤 메시지를 전하는가? 북극곰이 사는 곳은 멀리 떨어져 있고, 따라서 환경주의는 멀리 떨어져 있는 곳의 자연을 구하는 일이라는 메시지를 받게 된다. 북극곰은 사람들로부터 멀리 떨어져서 살 공간이 필요하고, 그래서 이 운동은 사람들로부터 자연을 보호한다. 북극곰은 어떠한 인간의 필요도 충족시키지 않으며, 인간의 필요에 의존하지도 않는다. 그 사진은 인간 예외주의를 건드리지 않으며, 거기에 의문을 제기하지도 않는다. 또한 그것은 생태적·공동체적 가치를 진작시키지 않는다. 그것은 시장과 시장적 사고에 대해서, 또는 자유와 평등의 규범적 수월성에 대해서 어떠한 도전도 하지 않는다. 그 북극곰 사진은 대형 개별 포유류에 대한 관심을 촉구한다. 그런 감정은 그 자체로서는 좋은 것이지만, 좀 더 광범위한 환경문제에 대한 인식을 높이는 데는 별 도움이 되지 않는다.

환경 개선을 위한 전략으로 불쌍한 북극곰 사진을 써먹는 것을 재고할 필요가 있듯이, 건강한 환경권 같은 개인의 헌법적 권리에 대한 요구를 밀어붙이는 것도 재고해야 한다. 그렇게 요구하는 데는 만일 그러한 권리가 헌법에 뿌리내린다면, 중대한 변화를 이끌어 낼 수 있으리라는 생각이 깔려 있다. 그러나 정말 그럴까? 1970년 무렵부터 여러 주가 헌법을 수정하여 그러한 헌법적 권리를 선언하기 시작했고, 종종 그것을 건강한, 또는 건강에 좋은 환경에 대한 권리라고 명명했다. 이러한 권리를 확장하자는 소리는 지금도 들리지만, 명목상 그 권리를 인정하는 주들에서도 이뤄 낸 것은 별로 없다. 전 세계에서 권리에 기초한 전략은 더욱 확산되고 있다.

개혁을 위한 이러한 노력은 의도는 좋지만 심각한 한계가 있고, 그에 따른 대가 역시 크기 때문에, 석어노 선신국에서는 확실히 이 생각 전제를 일던 보류해야 한다. 그러한 권리 규정의 문제점은 우선 지나치게 막연하다는 것이다. 그것은 자연의 이용과 남용을 구분하는 선을 긋는 데 별 도움이 되지 않는다. 특히 법적 분쟁이 일어나는 경우는 대개 작은 공간 규모인데, 그 경우 별 도움이 되지 않는다. 그러한 권리 규정은 별다른 지침도 없이 구분선을 긋는 일을 법원에 맡기게 되는데, 법원은 그 지식이나 기질로 볼 때 그런 일을 하기에 적합한 곳이 아니다. 게다가 그러한 규정은 다른 헌법적 권리의 형식과 어울리지 않는다. 개인 권리의 전통은 시민과 국가 사이의 관계를 규제한다. 그것은 정부가 사람들의 삶에 언제, 어떻게 개입할 수 있는지 제한한다. 그것이 표준적인 형태이다.(노예제 금지는 훨씬 더 광범위한 형태를 띤다.) 그러나 환경 파괴는 정부가 아니라 사적 행위자에 의한 경우가 많다. 정부가 개입된 경우라 해도 잘못은 정부가 무언가를 해서가 아니라 하지 않았기 때문인 경우가 흔하다. 마지막으로 말 그대로 그 권리는 현재 살아 있는 개인들의 건강에 직접적인 위협이 되는 경우만, 주로(또는 전적으로) 공해나 오염으로 인해 위협이 되는 경우만 보호하는 경향이 있다. 그것은 대지의 공동체 자체, 생태적 과정, 다른 생명 형태들, 또는 미래 세대를 보호하는 권리가 아니다. 국제적인 차원에서 적극적인 개인의 권리는 —예를 들어 깨끗한 물에 대한 권리— 사회정의와 개발 목표에 기여하며, 각각의 구체적인 상황에 한해서 그렇다고 볼 수 있다. 그러나 그것은 환경 자체를 보호하는 데 좋은 수단은 아니다.

개인의 권리에 근거해서 환경보호 문제에 접근할 때 생기는 더 큰 문제는 그 경우 너무 쉽게 기존의 사고방식이나 말하는 방식에 영합한다는 점이다. 그것은 자연을 인식하고 평가하는 새로운 길을 찾을 것을 권장하지 않는다. 가치는 여전히 인간에게만, 권리를 소유한 자율적 개인으로서 인간에게만 있다. 여기서 치켜세우는 가치는 오래되고 익숙하며, 비용이 많이 드는 가치, 즉 개인의 소극적 자유이다. 오래전부터 알려져 있듯이, 권리 주장은 분열을 일으키며, 대립하는 권리 주장들과 충돌한다. 개인의 자유와 사적 소유가 그런 예라고 할 수 있다. 권리를 두고 다투는 것은 환경보호 반대자들에게 압도적으로 유리한 —인간 중심적이고 개인주의적이며 현재에 초점을 둔— 문화적 자장 안으로 싸움터를 옮기는 것이나 다름없다. 그러므로 권리의 신장은 전략으로서 결점이 너무 많다.

하나의 전략

환경 운동이 앞으로 나아가기 위해서는 근본적인 변화를 위한 장기적 전략을 세워야 한다. 장기간은 수개월이나 수년이 아니라 수십 년을 뜻한다. 근본적인 변화는 근대 문화의 주요 요소들의 변화, 즉 격돌하는 현재 현장에서의 변화를 의미한다. 전략은 개혁을 위한 모든 노력을 이끄는 계획으로 주의 깊게 세워야 하며, 그와 일치하지 않는 모든 프로그램을 —후원금 모금, 회원 모집 — 걸러 낼 수 있는 것이어야 한다. 소통은 환경 운동 조직의 보전 활동에 비해 부수적이거나 단순히 그것을 지원하는 것에 머물러서는 안 된다. 소통은 보전 활동의 중심적 요소가 되어야 한다.

어떤 환경 운동 조직이든 조직 혼자만의 힘으로 근대 문화를 새로운 방향으로 이끌 수는 없다. 그것은 선택지가 될 수 없다. 여러 단체가 함께하기로 결정했을 때, 그들이 수천 개의 작은 불빛으로 깜박거리는 것이 아니라, 하나의 강력한 빛줄기로 모아져서 주목을 끌 수 있을 때, 그때야말로 가능한 선택지가 될 것이다. 수시로 단체들이 모여 일시적인 연합 활동을 하는 것을 넘어 그와는 질적으로 다른 공동 행동을 하는 것이 대단히 중요하다. 단체들은 전체적인 개혁 전략에 따라 자신들의 활동을 정하고 공적 메시지를 전달해야 한다. 오늘날 이러한 가능성을 상상하기는 힘들겠지만, 이것만이 유일하게 실질적인 희망을 제시할 수 있다. 면밀한 연구에 토대를 둔 공동 행동은 한꺼번에 선번석으로 시작할 필요가 없다. 가령 책임 있는 사적 토지 소유에 대해 새로운 비전을 제시하기 위해 함께 노력할 수 있을 것이다. 그러나 현재의 노력들이 어떠한 결함을 지니는지 명료하게 성찰하고 토지 남용의 근본 원인이 무엇인지 면밀하게 연구하는 것으로 시작할 필요가 있다.

자연을 보고 말하기-새로운 존재론: 알도 레오폴드는 생애 말년에 보전에 관한 대화에서 청중을 새로운 방향으로 이끌기 위해 매번 자연과 자연 안에서 인간의 위치에 관해 새로운 이해를 제시하는 것으로 이야기를 시작했다. 땅은 생명 공동체, 즉 서로 연결되어 상호 의존하는 생명 요소들의 공동체이며, 사람도 포함된다. 오늘날 환경 개혁을 위한 노력은 이 동일한 메시지를 계속 밀고 나가야 한다. 우리는 자연과 연결되어 있고 자연에 의존한다는 메시지를 계속 강조할 필요가 있다. 건전한 메시지는 상호 연관성 자체, 즉 그 현실성과 중요성, 부분들 사이의 중요한 관계를 강조할 수 있다. 이것은 2015년

프란시스코 교황의 회칙 "찬미받으소서(Laudato si)"에서 주로 사용했던 접근 방식이다. 그러나 순전히 과학적인 주장이 아니라 규범적인 비전을 제시할 때에는 레오폴드가 그랬듯이 좀 더 개방적이고 공동체적인 언어를 사용할 수도 있을 것이다. 만일 우리가 좀 더 생태계에 토대를 둔 새로운 방식으로 자연을 보지 못한다면, 즉 자연을 시장에 투입할 원자재 창고로 보기를 그만두지 않는다면, 자연의 남용을 포기한다는 것은 생각하기 어려울 것이다.

도덕의 공유: 자연을 사용하는 것이 단순히 개인적 결심의 문제가 아니라 공적 관심, 정당한 공적 이익의 문제라는 점을 단계적으로 이해할 필요가 있다. 자연은 우리 모두의 고향이며, 우리 모두가 사는 곳이다. 그러므로 자연을 건강하고 생산적으로 유지하는 것은 대단히 중요하다. 우리는 자연을 아름답고 즐거운 곳, 인간의 삶과 희망이 꽃필 수 있는 장소로 만들어야 한다. 자연조건은 우리에게(모든 생명에게) 좀 더 좋을 수도 있고, 나쁠 수도 있다. 이것은 자연을 사용하는 것이 기본적으로 옳고 그름, 현명함과 어리석음, 아름다움과 추함과 관련된 규범적 문제라는 것을 의미한다. 이는 자연 안에서 이뤄지는 인간의 행동이 개인의 덕과 연관되어 있다는 뜻이다. 토지 사용을 모두의 관심사로 만들고 도덕적 언어로 규정한다는 것은 그것을 더 이상 개인적 선호의 문제로 다루는 것이 아니라 공동선의 구성 요소로 올바르게 다루게 되는 것을 의미한다. 또한 그것은 토지 사용을 시민으로서 자기 역할을 감당하기 위해 행동에 나서야 할 문제로 만드는 것이기도 하다.

총체적인 문화 변혁 전략의 한 요소로서 도덕적 요소를 전달하기 위해서는 상황과 청중의 변화에 따라 다양한 언어를 사용할 수 있으며, 종교적 언어도 그중 하나이다. 도덕적 주장은 다른 종들과 개별 피조물의 가치를 부각시킬 수 있다. 또한 미래 세대에게 중요성을 부여할 수 있고, 현재 살아 있는 세대에게도 중요성을 부여하여 후세대가 번성하게 할 수 있다. 데이비드 에렌펠드(David Ehrenfeld)의 표현으로는, 좋은 선조가 되라고 호소할 수 있게 된다.

권리에 대한 수사 ―종 권리, 동물 권리― 역시 적절할 수 있지만, 그것은 아주 조심스럽게 사용할 때만, 즉 공동체와 상호 의존성, 장기적인 인간의 번영을 더 강조할 때만 적절하다. 그보다는 덕에 토대를 둔 언어가 훨씬 더 효과적이다. ―책임과 좋은 성품, 훈련, 공동체성, 깨끗한 삶 같은 언어가 더 효과적일 것이다.

말할 것도 없이, 도덕적 언어는 메시지를 전달하는 데 가장 적절한 틀이 될 수 있다. 도덕적 언어는 사람들이 현재의 자신보다 좀 더 나은 사람이 되도록 초대하며, 좀 더 건강하고 풍성한 공동체를 전망하는 언어이고, 대개는 ―설사 수면 아래서는 비난이라 할지라도― 비난으로 들리지 않을 수 있다. 그러므로 사람들이 새로운 도덕을 받아들이고 그것을 사용하여 스스로 현재의 삶의 방식을 비판하게 해야 한다. 건강한 땅을 추구하는 공동체 차원의 목표와 오늘날 높이 평가되는 개인의 자유는 긴장을 일으킨다. 이 점을 분명하게 인식하는 것 역시 중요하다. 이런 긴장을 숨기는 것은 잘못이며, 부정하는 것도 분명 잘못이다. 또 둘 사이에 타협이 필요하다는 데 동의하지 않는 것 역시 잘못일 수 있다. 그러나 자유에는 다양한 형태가 있고, 장기적으로 중요한 자유는 공동체의 다른 구성원들과 함께 공동체의 집을 보호하고 향상시키는 적극적이고 집단적인 자유라는 점을 말할 수 있다. 환경 운동가는 열렬히 자유를 옹호할 수 있으며, 또 그래야 한다. (아래에서 다루겠지만, 사적 소유 문제와 마찬가지로) 이 문제와 관련해서 필요한 것은 대안적인 도덕적 비전이다. 이 경우 집단행동을 통해 선택지가 얼마나 넓어지는지, 그리고 사람들이 함께 행동함으로써 얼마나 많은 환경 목표들을 실현할 수 있는지 강조하는 도덕적 비전이 필요하다.

토지 사용과 공적 도덕에 관해서 이러한 메시지를 밀고 나갈 때, 개혁가들은 구체적인 정책 변화로 그 메시지를 번역해 내라는 요구를 물리쳐야 한다. 틀림없이 그들은 다음과 같은 질문의 압박을 받게 될 것이다. "자, 그러면 새로운 법이나 정책과 관련해서 그것은 무엇을 의미합니까?" 물론 이 질문은 타당하다. 그러나 이 질문에 답하다 보면 핵심 과제인 문화적 변화로부터 다른 데로 주의를 돌리게 된다. 그것은 공동체와 상호 연관성, 공적 사안, 공동의 도덕에 관한 대단히 중요한 언어를 단지 배경으로 변질시켜 정책 제안의 문제로 만들어 버리며, 결과적으로 청중은 낡고 익숙한 문화적 틀을 사용하고 있다는 인상을 받게 된다. 개혁 시도는 문화적 변화에 집중해서 말할 필요가 있다. 만일 우리 문화가 좋은 방향으로 변한다면, 우리가 자연을 사용하는 방식 역시 나아질 것이다.

선 긋기: 반복해서 말하지만, 좋은 개혁 전략은 자연의 이용과 남용의 구분을 공적이고 도덕적인 사안으로 강조해야 한다. 앞서 언급한 이유들 때문에, 토지 사용 전문가로서 사람들에게 어떻게 살아야 할지 말할 때는 청중보다 너무 앞서 나가지 않도록 주의해야 한다. 다음 세 가지 목표를 전면에 내세워야 할 것이다.

첫째, 우리 인간은 정당하게 자연을 변경할 수 있다. 이 점은 매우 중요하며, 강조해야 한다. 변화가 무조건 남용인 것은 아니다. 이 메시지는 분명해 보이지만, 대중은 의심을 품고 있으며, 암묵적으로는 적잖은 수의 환경 관련 저자들과 활동가들이 변화되지 않은 자연을 건강한 땅에 대한 기준으로 삼는 방식으로 되돌아가고 있다. 그동안 환경 운동은 자연을 위해 목소리를 내 왔고, 또 당연히 그래야 한다. 그러나 성공하려면 환경 운동은 좀 더 중심적인 역할을 해야 하며, 경쟁하는 관심들과 요인들을 종합해서 자연을 건강하게 지키고 인간의 번영을 도모하는 좋은 토지 사용에 대한 비전을 만들어 내도록 사람들을 격려해야 한다.

둘째, 효과적인 개혁을 위해서는 다음과 같은 큰 질문들에 대해 폭넓게 생각하도록 사람들을 자극해야 한다. 자연 안에서 우리는 어떻게 살아야 하는가? 현재와 미래의 생명 공동체를 가장 잘 지원할 수 있는 풍경은 어떤 것인가? 어떻게 하면 우리는 자연이라는 집을 우리 자신과 후손들을 위해 더 쾌적

한 곳으로 만들 수 있는가? 대다수 사람들에게 이 질문들은 새로운 질문일 것이다. 이 질문들이 정당한 공적 행동에 대한 문제를 제기한다는 점을 사람들이 알기만 한다면, 그것은 정당하고 가치 있는 질문이 될 것이다.

셋째, 이렇게 ―과학이나 경제문제만이 아니라― 규범적인 문제들을 제기하고 나면, 개혁 운동은 땅의 이용과 남용을 구분하는 선을 긋는 일 전반에 개입해서 논의에 활기를 불어넣을 필요가 있다. 동시에 중요한 것은 일단 선을 긋고 나면, 인간의 자연 사용을 평가하는 데, 즉 환경문제를 밝히는 데 항상 이 구분선을 사용해야 한다는 것이다. 제2장 첫 부분으로 돌아가서 말하자면, "어째서 강의 홍합에 관심을 가져야 하는가?"라는 질문에 대해서도 이용/남용을 구분하는 이 선을 근거로 답해야 한다. 즉, 토지와 물 사용 기준에서 볼 때, 우리가 강을 남용하고 있기 때문에 홍합은 죽어 가고 있다는 것이다. 이렇게 본다면 환경문제에 대한 경제적 연구들은 여러 관련 요인들을 고려하지 못한다는(경제적 연구는 늘 이 점에서 실패한다) 점에서 문제가 있다. 여러 결함을 지닌 경제적 연구에 도전하는 것은 방대한 작업이며, 끈기 있게 계속해야 하고, 많은 에너지를 쏟아야 한다.

이처럼 구분하는 선을 긋는/문화를 바꾸는 일을 할 때는 그로 인해 얻을 수 있는 선(善)에 집중하고, 우리가 살고 싶은 장소의 건강하고 풍요로운 모습을 제시하는 것이 대단히 중요하다. 적극적인 면을 강조해야 한다. 별 도움이 되지 않는 ―어쩌면 해로운― 것은 이 공적인 일을 주로 그 한계와 관련해서 기술하는 것이다. 물론 여러 가지 점에서 축소할 필요도 있고, 한계를 받아들일 필요도 있다. 그러나 한계를 중시하는 것의 요점은 미래에 좀 더 건강한 삶과 풍경을 유지하자는 것이어야 한다. 이렇게 보면 ―한계를 포함해서― 행동의 변화는 바른 방향으로 움직이기 위한 수단이다. 새로운 문화적 틀을 가지게 되면 우리는 낭비적이고 파괴적임을 깨닫게 된 습관들을 포기하게 될 것이다. 개혁을 위한 좋은 레토릭은 바로 이러한 빛에서 문제 상황을 기술할 것이다.

시민 행동과 좋은 정부: 앞서 언급했듯이 제대로 된 환경 운동은 소비자가 아니라 시민으로서의 역할을 더 자주, 더 열심히 하도록 사람들을 설득해야 한다. 다시 말해 좋은 토지 사용을 촉진하는 공적 정책들을 지지하게 만들어야 한다. 이를 위한 전략은 장기적인 것이어야 한다. 이것은 정부에 대한 많은 사람들의 부정적인 태도와 대면하고 그것을 수정하는 것을 의미한다. 다행인 것은 이러한 반감이 많은 부분 연방 정부를 향해 있고, 지역이나 주 정부에 대해서는 덜하다는 점이다. 물론 토지 사용에 대한 규제는 오랫동안 주로 지역의 관심사였고, 야생동물법은 주 차원에 머물렀다. 부정적인 태도를 바꾸는 좋은 방법은 좋은 정부가 가져다줄 수 있는 이익을 강조하고, 어떻게 하면 우리가 바라는 이익을 가져다줄 수 있도록 정부를 개선할 수 있을지 묻는 것이다. 현재의 정부를 옹호하는 것으로 출발할 이유는 딱히 없다. 정부가 성공한 예를 강조하는 것도 좋지만, 그것은 과하다. 바람직한 정부의 모습과 정부가 할 수 있는 일이 무엇인지 이야기하고 개선을 위한 요구를 하도록 하는 것이 더 나은 방법이다.

또한 개혁을 위한 노력은 실질적으로 경제 엘리트의 지배를 받고 있는 정부 시스템과 대결할 수밖에 없다. 경제 엘리트의 지배로 인한 대가는 엄청나며, 환경 파괴를 넘어선다. 환경 운동가들은 이 심대하고 점점 더 짙어지는 어둠에 함께 도전해야 한다. 동시에 이 암울한 경향 자체가 근대 문화가 지닌 커다란 결함의 표현이자 구현이라는 점을 인식해야 한다. 땅의 남용을 불러오고 그에 대한 비판을 가로막는 것도 바로 그 결함이다. 나아가서 시장의 이익이 정부를 접수했고, 그것은 서로 경쟁하는 규범적 비전들을 시장이 어떻게 밀어내 버리는지 보여 준다. 시장은 미국의 전반적인 경향에 따라, 즉 개인의 자유를 최우선시하고 도덕적 문제를 개인이 사적 삶에서 결정할 사안으로 미뤄 버리는 전반적인 경향에 따라 움직이고 있다. 이 점에서 권리를 중시하는 좌파 정치의 레토릭은 정부를 반대하는 우파 정치의 레토릭 못지않게 비난받아야 한다. 사실 도덕적 선택은 개인이 하는 것이고 자기 삶을 자기가 알아서 살아가도록 정부는 개인을 내버려 두어야 한다는 주장은 좌파가 더 많이 한다. 자본이 자기 입맛대로 정부를 조종하도록 길을 열어 주는 데 아마 이보다 더 효과적인 레토릭은 없을 것이다.

아마도 우리 문화의 결정적인 변화 없이는 우리가 처한 이 심각한 정치적 위기에 중대한 변화를 가져오기 힘들 것이다. 그리고 환경 개선에 도움이 될 수 있는 문화적 변화는 정부 쪽에도 변화를 가져올 수 있을 것이다. 좋은 정부는 시민들이 서로 연결되어 있고 서로 의존한다는 높은 의식이 있을 때 가능하다. 좋은 정부는 공동체에 대한 새로운 인식과 우리는 다르지 않고 같다는 의식을 한데 모으게 될 것이다. 그리고 사람들이 공동선을 공적 도덕의 문제로 이야기하고, 경쟁이 아니라 서로 협력해야 할 의무에 대해 더 많이 이야기하게 될 때, 좋은 정부는 더 큰 힘을 얻을 것이다.

자연을 소유하는 문제: 환경 개선을 가로막는 더 큰 장애물은 자연의 사유화와 거기에 사람들이 끈질기게 집착한다는 사실이다. 보통 사람들은 환경 운동가들의 반대와 밀어붙이기로 인해 환경 관련 법과 규제가 사적 소유권을 침해하고 있다고 생각한다. 미국인들이 더 나은 환경을 원하는 것은 사실이지만, 그들은 이 확고한 사유재산제도를 위축시키면서까지 좋은 환경을 만들 생각이 없다.

의문의 여지 없이 환경 운동의 가장 큰 실패 중 하나는 이 문제와 관련해서 거의 침묵을 지키고, 재산권 침해의 대가는 환경적 이익으로 벌충될 수 있다고 허구한 날 주장할 뿐, 일관된 대응을 하지 못해 왔다는 데 있다.

이 문제를 위해 노력하지 않는 한, 환경 개선을 위한 노력은 (예를 들어) 밭의 오염물 유출 같은 개인의 토지 사용 문제에 대해 어떠한 결론도 얻지 못할 것이다. 사적 소유권이 올바르게 입안된다면, 환경적으로 좋은 결과를 가져올 수 있으며, 다른 면에서도 여러 가지 이익을 가져다줄 수 있다. 환경 개선을 위해 사적 토지소유권을 공개적으로 지지할 수 있으며, 또 그럴 필요가 상당히 있는 것도 사실이다. 환경 개선을 위해 일관되게, 그리고 지속적으로 해야 할 일은 소유권이란 무엇이며, 어째서 소유권이 존재하는지에 대한 대안적인 비전을 제시하는 것이다. 현재 환경 운동은 사유재산과 충돌하고 있는 것으로 보이며, 재산은 환경 운동 반대편에 있는 것으로 보인다. 그러나 더 나은 타협의 틀은 환경 운동이 책임적인 토지소유권 쪽에 서고, 반대편을 무책임한 토지소유권 쪽에 세우는 것이다. 이 이분법은 지나치게 단순하고, 훨씬 더 많은 내용이 채워져야 한다. 그러나 미국의 법적 전통과 문화를 돌아보면, 소유권자가 공동체의 필요와 건강한 대지를 위해 행동하게 할 수 있는 자연 소유의 비전을 만들어 갈 여지는 매우 크다. 소유권에 대해 대안적이고 공동체적인 비전을 가질 수 있다면, 새로운 토지 사용을 위한 규정들은 훨씬 더 나은 의미를 지닐 수 있다. 소유권을 새롭게 이해한다면, 토지 소유자가 이용/남용을 구분하는 선에서 도덕적인 쪽에 서서 행동하도록 제한할 수 있다. 종종 좋은 토지 사용의 일차적인 수혜자는 다른 토지 소유자들이며, 이것은 일반적으로 도시 지역에서 다름 아닌 토지 소유자들이 누구보다도 토지 사용 규정을 열렬히 추진하는 이유이기도 하다. 환경 운동 집단 전체가 함께 이 문제를 연구하고 공동의 입장을 세울 수는 없을까?

다른 많은 문제와 마찬가지로 이 문제와 관련해서도 환경 운동 반대론자들은 능숙하게 논의의 장을 기울게 만들어 놓았다. 일반적으로 소유권 관련 문제는 큰 정부가 작은 사적 토지소유권자의 행동에 개입하여 그가 할 수 있는 것을 제한하려는 모양새로 전개된다. 이 장면에서는 다른 누구도, 이웃해 있는 토지 소유자나 지역공동체, 다른 생명체들, 미래 세대도 토지 사용과 관련한 드라마에 등장인물로 끼어들지 못한다. 그것은 도덕적인 문제로 보이지 않으며, 특별히 주목해야 할 문제로 보이지도 않는다. 문제의 토지 소유자는 정부만큼, 아니 정부보다 더 큰 힘을 발휘하는 거대 기업이 확실히 아니다. 사실 거의 항상 토지 소유 관련 규정은 경쟁하는 재산권자들 사이에서 벌어지는 토지와 자원 사용을 둘러싼 갈등을 조정해서 갈등하는 재산권자들 양측을 협상의 테이블로 끌어들이기 위한 것이다. 재산권과 관련해서 환경 운동이 취해야 할 사려 깊고 효과적인 입장은 물과 야생동물에 대한 대중들 자신의 소유권과 그 소유권의 의미를 강조하는 것이다.

사적 소유권과 관련한 토론에서 종종 논의의 중심은 특정 토지 소유자의 행동이 해로운가 해롭지 않은가에 모아진다. 토지 소유자들은, 내키지는 않더라도, 해를 끼쳐서는 안 된다는 점을 인정한다. 이 지점에서 환경 운동가들은 단순히 과학적 사실이나 경제적 계산의 문제로만 '해'에 접근해서는 안 되고, 좋은 토지 사용에 대한 잘 수립된 규범적 기준에 근거해서 평가하도록 요구할 수 있다. 어떤 형태로든 과학적 입증의 부담을 피하는 것이 매우 중요하다. 환경 운동가들은 이 문제를 최대한 가치와 덕의 문제로 제시해야 한다. 결과를 알지 못하면서 무조건 앞으로 계속 밀고 나가는 어리석음, 그리고 다른 생명의 신성과 아름다움을 해치는 것을 '해'로 제시해야 한다. 간단히 말해 반대자들이 늘 사용하는 틀에 말려들지 않는 것이 중요하다.

또한 환경 운동가들은 단호하게, 그러나 매우 조심스럽게 자연 전체는, 즉 자연 안에 있는 모든 것은 어떤 방식으로든 모든 사람이 공유하는 것이며, 자연에 대한 공적 주장이 무엇보다 중요하다는 생각을 확산시켜야 한다. 이것은 공적 소유권이 사적 소유권보다 우위에 있다는 말로 정식화할 수 있을 것이다. 익숙한 청지기 이미지도 이 방향이다. 여기서 한 가지 심각한 위험은 자칫하면 이러한 언어에는 사회주의라는 무시무시한 꼬리표가 따라붙을 수 있다는 것이다. 그러나 다른 한편으로 청지기직이라는 언어는 개인을 향해 그저 책임 있게 행동하도록 호소하는 것으로, 공동체와 상관없는 개인적 선택의 문제로 만들어 버리는 것처럼 들릴 수 있다. 법 제정과 관련해서 공적 신탁의 이상을 확대하자는 호소는 판례를 오용하고 있다는 격렬한 비난과 함께 사회주의 혐의가 있다는 저항에 부닥쳤다. 아마도 더 나은 접근법은 토지소유권이라는 이상은 건드리지 말고(토지소유권을 건드리지 않으면 개인 소유자가 따지고 나설 일이 없다) 법 제정 집단의 올바른 역할을 강조함으로써 좋은 행동을 이끌어 내는 것이라고 본다. 환경 운동은 토지 사용으로 인해 해가 발생해서는 안 된다는 오래된 금지 조항과 토지 소유자들이 다 같이 저지른 잘못을 해결하는 데 개별 토지 소유자도 각자 책임을 다해야 한다는 강력한 규범적 주장을 활용할 수 있다.

시장 자본주의 길들이기: 환경문제를 연구하는 학자들 사이에 설득력을 얻고 있는 한 가지 견해는 오늘날 환경 재해는 근대 자본주의와 뗄 수 없이 연결되어 있으며, 시장경제의 근본적인 변화 없이는 실질적으로 완화될 수 없다는 것이다. 물론 이 주장은 타당하다. 그러나 이 견해는 구체적인 경제적 관행에 지나치게 집중하고 근저에 깔린 문화적 문제들을 경시하거나 간과하는 경향이 있다. 제7장에서, 그리고 이 장에서 다시 다뤘듯이, 아마도 시장 자본주의는 가장 어려운 문제일 것이다. 시장 자본주의는 근대 세계관의 틀을 형성하고 또 그 동력을 부여하는 것이기 때문이다. 근대 세계관은 제도에 대해서는 합당한 대우를 하지만, 구조적 변화의 요구에 대해서는 합당한 대우를 하지 않는다. 전혀 다른 형태의 시장 자본주의는 전혀 다른 문화적 토대 위에서만 가능하다. 그러므로 시장 자본주의에 대한 도전은 ─비평가들이 말하듯이 시장 자본주의는 강력하게 도전받아야 한다─ 문화적 변화를 가져올 수 있는 가장 강력한 추동력이다.

아래 목록에 포함된 전략적 변화 대부분은, 우리가 알고 있듯이, 자본주의의 장악력을 약화시키는 데 도움이 될 것이다.

- 자연을 생태적으로 복잡한, 상호 연결된 전체로 보는 새로운 비전은 이와 매우 이질적인 시장의 견해에 의문을 제기한다. 자연은 단순히 원자재가 아니라, 우

리 모두의 고향이며, 자연 안에는 다양한 도덕 가치가 내재해 있다.

- 좋은 토지 사용에 대한 강력한 비전은 비용을 줄이고 돈을 벌 수만 있다면 시장 공급자들이 자기 멋대로 행동할 수 있다는 생각을 무력화할 수 있다. 그리고 공적 도덕을 논의하는 자리에서 개인의 소극적 자유가 차지하는 비중이 작아지면 작아질수록 현재의 시장적 견해 역시 약해질 것이다.

- 현재의 시장은 사적 토지 소유 개념에 근거해 있으며, 토지 사용을 규제하는 정부의 역할을 제한하는 입장에 있다. 이와 관련해서도 문화적 변화는 여러 시장 활동에 의문을 제기할 것이다.

- 시장적 견해에 따르면 개인은 생산자이자 소비자이다. 그러나 개인이 시민으로서 행동할 때 시장의 역할은 줄어든다.

- 허먼 달리와 그 외 사람들이 오래전부터 주장했듯이, 현재 지배적인 GDP 말고 국가의 전반적인 부를 측정하는 새로운 방법, 특히 환경의 건강과 연계된 측정 방법을 발전시킨다면, 그것은 국가에 큰 이익이 될 것이다.

- 또 다른 개혁으로는 수수 자본주의를 기업 성영의 이상으로 내세우는 경향에 도전하는 것이다. 이 경향은 비교적 최근에 지배적으로 나타났다. 현재 지배적인 이 견해에 따르면, 기업은 오로지 주주에게 돈을 벌어 주기 위해 존재한다. 그러나 오랫동안 지배했던 옛 견해에 따르면, 기업은 피고용인과 지역공동체를 포함하는 복수의 이해 당사자의 이익을 증진시키기 위해 존재한다. 여러 다른 문제들과 마찬가지로, 이 문제와 관련해서도 환경 운동가들은 심각한 해를 불러오는 이 변화로 인해 피해를 입은 집단들과 힘을 합쳐야 한다.

- 마지막으로, 만일 주 정부와 지역 정부가 자기 경계 안에서 활동하는 주 기업과 글로벌 기업에 대해 더 높은 환경기준을 쉽게 정할 수 있다면, 시장 자본주의의 힘은 줄어들 것이다. 물론 많은 지역에서 그렇게 하지 않겠지만, 일부는 확실히 그렇게 할 것이다. 법적으로는 헌법상의 휴면 통상 조항이 주와 지역의 힘을 지나치게 제한하고 있다. 환경 운동가들은 다른 사람들과 힘을 합해 거기 반대해

야 한다.

위와 같은 행동들과 그 외 다른 행동들을 통해 오늘날 시장 자본주의의 폐
해를 하나씩 물리칠 수 있을 것이다. 그러나, 반복해서 말하지만, 문화적인 문
제를 전면에, 그리고 중심에 두는 것은 대단히 중요하다. 시장은 일련의 가치
와 이해 위에 세워져 있다. 시장을 흔들려면, 그 토대를 건드려야 한다.

시장 자본주의의 변화를 위해서는 정상 상태 경제(steady-state economy)(원
래 일정 규모의 자산과 인구로 구성되어 시간이 지나도 성장하지 않는 경제를 지칭하는
말이었는데, 허먼 달리를 중심으로 한 생태 경제학자들은 생태계의 한계를 고려해서 일
정 수준으로 경제성장을 제한한 경제를 가리키는 말로 사용했다. ─옮긴이 주)를 유지하
거나, 심지어 탈성장 경제로 가야 한다는 요구가 오래전부터 있었다. 이러한
생각은 자연을 변경하고 소비하는 형태가 근본적으로 바뀌어야 한다는 점을
인식하고 있다는 점에서, 그리고 이를 표현하기 위해 현실을 충격적으로 드러
내는 언어를 선택했다는 점에서 타당성이 있다. 그러나 이러한 언어가 불필
요하게 부정적인 측면을 강조하는 것은 아닌지 생각해 볼 필요가 있다. 그것
은 얻을 수 있는 이익이 아니라 포기해야 할 것을 강조한다. 특히 현존하는 경
제체제 안에서 어떻게든 잘 살아 보려고 할 따름인 사람들을 비난하며, 대부
분의 사람들이 겨우겨우 살아가고 있는데 기회를 제한하라고 한다. 원하는
문화적·경제적 변화를 이루기 위해서는 훨씬 더 나은 레토릭과 포장을 사용
할 필요가 있다. 사실 경제적 자유를 주장하는 쪽은 나날이 세를 넓혀 가고 있
는데 환경 운동 측은 고전을 면치 못하는 것도 이러한 ─너무 부정적이고 위협적
인─ 언어와 관련이 있다. 변화를 원하는 것과 그것을 실현하기 위한 적절한
레토릭을 찾아내는 것은 다른 문제이다. 반환경 세력은 환경 관련 법에 반대
하는 형태로 자신들의 논리 틀을 구성하지 않는다. 대신 그들은 사적 소유와
개인의 자유, 경제적 기회 같은 좋은 것들을 보호하고 진작시키겠다고 나선

다. 환경 운동가들도 그들의 성공으로부터 배울 수 없을까?

환경주의적 입장에서 볼 때 근대사회는 문화적으로 그 뿌리에서부터 반환경적이다. 대다수 사람들은 과학 정보에 귀를 막고 있다. 경제 연구는 무시되거나 믿을 수 없을 정도로 조잡한 다른 연구들에 의해 반박된다. 기후변화 자체를 부정하지는 않지만, 기후변화에서 인간의 책임을 부정하는 공화당의 명청한 태도는 그 전형적인 예이며, 분통이 터지게 만든다.

그렇다면 이 동료 시민들, 즉 속으로는 대부분 우리가 처한 곤경에 대해 똑같이 걱정하고 더 나은 미래로 이끌 변화를 바라는 동료 시민들에게 다가가기 위해 어떠한 언어를 사용하는 것이 좋겠는가? 답은 간단하다. 그들의 도덕적 가치에서 출발하고, 그러한 가치에 근거한 레토릭을 사용하는 것이다.

- 이런 시민들은 대부분 공동체와 고향, 문화를 소중히 여기며, 그것을 지키고 싶어 한다. 그들이 자유를 좋아하는 것은 사실이지만, 미국 혁명가들 대부분이 그랬듯이 고향과 문화를 지키기 위한 방어적인 언어로 그 말을 받아들인다. 그들이 속한 공동체, 공동선과 관련된 언어로 녹색 메시지를 전달할 필요가 있다.
- 보수적인 사람들에게 덕과 좋은 성품은 여전히 중요하다. 그것은 진보적 자유주의자들보다 보수적인 사람들에게 훨씬 더 중요하다. 이 점을 인정해야 한다. 좋은 시민들, 특히 토지 소유자들은 책임 있게 행동하는 성실한 공동체 성원들이다. 덕 있는 사람은 다른 사람에게 해를 입히지 않는다. 덕 있는 사람은 미래 세대를 염려한다. 복잡하고 오염된 세계 안에서 명예와 품위를 유지하며 산다는 것은 무엇을 의미하는가?
- 공동의 문제를 해결하는 데 각자 자기 몫을 감당해야 한다는 것이 규범적 이상이라면, 이때 덕과 공동체 구성원됨은 함께 간다. 만일 건강한 땅을 보전하는 것이 공동선에 포함된다면, 땅과 물을 오염시키는 사람은 부도덕하게 행동하고 있다. 그들은 공동의 재산을 훔치고 있다.

- 보수적인 도덕적 견해에 따르면, 비옥하고 생산적인 것은 좋고, 황폐한 것은 나쁘다. 그리고 오염은 역겹다.
- 자유는 물론 좋은 것이지만, 지나치면 방종이 된다. 그리고 지역 사람들이 힘을 합해 공동체를 더 나은 방향으로 이끌고, 이웃들이 모여 잔치를 벌이는 옛 전통을 실천하는 것 역시 자유를 누리는 것이다.
- 사유재산제는 좋은 제도이며 소유자들이 좋은 성품을 드러낼 때 잘 작동한다. 책임적인 소유권 행사는 전적으로 미국적인 특징이다. 무책임한 소유권 행사는 비난받아야 한다. 책임 있는 소유자는 다른 소유자와 공동체나 미래 세대에게 해를 끼치지 않는다.

다가올 250년

오늘날 전 세계적으로 큰 영향을 끼치고 있는 미국의 규범적 세계관은 1776년 미국 혁명에 이르기까지 약 10여 년 사이에 형성되었다. 당시 도덕적 레토릭은 코뮤니테리언주의와 시민-공화주의 사상의 특징들을 나타냈으며, 유기적인 사회적 위계는 계속해서 힘을 발휘했다. 그러나 보다 개인주의적이고, 자유에 토대를 둔, 평등을 주장하는 새로운 비전이 등장했다. 시간이 흐르면서 개인과 개인의 권리를 중시하고, 의무론적 도덕을 중시하는 규범적 질서를 받아들이게 되었다. 이와 비슷하게 실용성 향상을 개인과 공동체의 목표로 삼게 되었고, 실용성은 개인의 필요에 얼마나 잘 부응하느냐에 따라 평가하게 되었다. 즉 실용주의, 또는 결과주의라 불리는 도덕이 타당하다고 여겨졌다. 기독교적 자비는 많은 개혁 운동, 심지어 개인의 권리 향상을 목표로 하는 개혁 운동에 동기를 부여하기도 했지만, 자비와 권리가 늘 잘 어울리는 것은 아니었다. 그것은 오늘날 의료 서비스를 제대로 받지 못하는 사람들을 위한 정부 보조 의료 서비스를 두고 벌어지는 소동에서 확인할 수 있다. 어떤 사람들에게 정부 보조 의료 서비스는 자비로운 것으로 여겨지지만, 어떤 사람들에게 그것은 자유의 침해, 특히 자기가 노력한 만큼만 가져갈 수 있다는 자유를 침해하는 것으로 여겨진다.

한때, 실은 지난 수십 년 간, 환경 운동은 예전의 시민 평등권 운동에 근거해 있고, 또 그것을 계승했다고 여겨졌다. 소수 인종, 여성, 장애인까지 포함하도록 도덕적 권리와 평등이 확대되었듯이, 다른 생명 형태들까지 포함하도록 도덕 집단을 확대할 수 있다. 그다음 단계로 환경보호로까지 확대할 수 있다는 것이다. 환경 윤리에 대한 유용한 비평서인『자연의 권리(The Rights of Nature)』에서 로드릭 내시(Roderick Nash)가 바로 이런 방식으로 이야기했다. 자연도 권리를 가질 때가 왔다는 것이다. 내시와 그 외 다른 학자들은 1949년에 나온 알도 레오폴드의 유명한 에세이「대지의 윤리(The Land Ethic)」의 인상적인 첫 단락을 자주 인용했다. 거기서 레오폴드는 잘못을 저지른 노예를 마음대로 목매달았던 고대 오디세우스의 시대부터 도덕적 관심은 확대되었다고 말했다. 도덕적 관심은 그때부터 확장되었다고 레오폴드는 봤다. 그는 이제 대지의 공동체를 포함하는 다음 단계로 넘어갈 때가 되었다고 말했다.

레오폴드가 구상했던 도덕 가치의 확대가 이전에 해 왔던 확대, 또는 훗날 동물 복지 옹호자들이 생각했던 종류의 확대와 뚜렷한 연관성을 갖지 않는다는 사실에 사람들은 별로 주목하지 않았다. 레오폴드는 현재 살아 있는 인간들로부터 상호 연결된 거대한 생명 공동체로 그냥 건너뛰었다. 그는 자율적 존재로 개인을 강조하는 경향은 그대로 내버려 둔 채, 지각할 줄 아는 개별 포유류를 도덕 집단에 하나씩 더하는 좀 더 논리적이고 단계적인 방식을 제안하지 않았다. 사실 레오폴드의 제안은 도덕 사상과 관련해서 볼 때 거대한 전체를 향해 있으며, 마찬가지로 인간과 인간의 자연적 고향을 이해할 때도 거대한 전체에 대한 조망에 근거해 있다. 레오폴드의 에세이는 널리 지지를 받았지만, 그의 논리적 비약에 좀 더 예민했던 철학자들은 대부분, 설사 그를 지지

했다 해도, 공동체 자체가 —설사 식별 가능하게 실제로 존재한다 해도— 도덕적 가치를 지닐 수 있다는 생각을 비웃었다.

내시의 주장은 당시 지배적이었던 사상과 일치했고, 다른 개혁가들에게도 유용한 도덕 담론을 끌어들여야 환경적 진보를 이룰 수 있다고 가정했다. 자연의 권리, 건강한 환경에 대한 개인의 헌법적 권리에 대해 이야기함으로써 환경적 진보를 이룰 수 있다는 것이다. 그래서 그는 공해와 오염에 대해 정확한 정보를 주고 동의를 얻지 않았다면, 그것은 그로 인해 피해를 입은 사람들의 권리를 침해한 것이라고 —레이철 카슨이 말했듯이— 말했고, 그렇게 이야기하는 것으로 진보를 이룰 수 있다고 생각했다.

이처럼 권리 레토릭을 수용한 개혁 운동가들은 19세기 후반 대규모 기업들이 정부의 여러 가지 규제에 저항하기 위해 자유와 사적 소유의 레토릭을 써먹기 시작했을 때 곤란해졌다. 그러나 진보주의자들은 재정비에 나서서 기독교 사회윤리로부터 보다 많은 것을 끌어왔고, 20세기 초까지 계속 그대로 밀고 나갔으며, 제2차 세계대전 이후에는 시민 평등권 운동으로 이어졌다. 도덕성, 정치적 권리에 대한 언어는 여전히 효력을 발휘하는 듯이 보였고, 심지어 보수 집단도 그러한 언어를 사용할 수 있는 방법을 점점 더 많이 알아 가는 것으로 보였다.

그러나 지난 40년간 분명히 해야 했던 것은 시민 평등권 형태의 도덕 틀이 더는 작동하지 않는다는 사실이다. 물론 결혼의 평등권을 위한 운동은 그러한 틀을 잘 활용해 왔고, 신체장애인을 위한 운동 역시 마찬가지였다. 그러나 그 예는 협소해졌다. 오히려 실패가 더 두드러져 보인다. 생태계의 파괴만이 아니라, 경제적 불의와 실질적인 대중 주권의 쇠퇴 같은 것이 그 예이다. 그리고 현재의 상황은 불길하다. 데이비드 오어(David Orr)의 말로 표현하자면, 지금 우리는 실패 모드로 가고 있다. 타이타닉호의 갑판 위에서 의자를 정리하고 있다기보다는, 그의 더 나은 은유를 빌려 말하자면, 남쪽으로 가는 열차 안에서 북쪽을 향해 걷고 있다. 예측컨대, 권리에 기초한 주장들은 (결혼 평등권과 장애인의 권익을 위한 운동이 대기업이 하는 일을 방해하지 않듯이) 대기업이 하는 일을 실질적으로 방해하지만 않는다면, 힘을 얻을 것이다. 환경 개선은 많은 사업에, 특히 신규 사업에 도움을 줄 것이다. 그러나 그것은 거기에 머무르지 않는다. 환경 개선은 일반적으로 기업과 충돌한다. 그것도 정면으로 충돌한다.

현재의 도덕 질서는 지금까지 미국에서 거의 250여 년간 존속해 왔다. 경로를 대폭 변경할 시간은 이미 지났다. 다음 250여 년간, 어쩌면 그 이상의 기간 동안 우리는 다른 길을 찾아야 한다. 1760년대에 시작된 궤도 변경은 시간이 걸렸지만, 노예제를 끝장낸 남북전쟁을 통해 다음 세기를 향한 탄력과 힘을 얻었다. 주위를 돌아보면 새로운 전환이 이미 시작되었다는 증거들이 있다. 잘 구성되고 서로 협력하는 강력한 환경 운동이 그러한 전환을 위한 생각과 가치, 방향, 그리고 큰 힘을 줄 수 있을 것이다.

감사의 글

이 책은 내가 30년 이상 연구해 온 내용을 총 정리한 것이라 저간에 알게 모르게 도움이 되어 주었던 수많은 사람을 일일이 언급하는 것은 사실상 불가능하다. 이 책 초고의 많은 부분을 2013년 가을 케임브리지 대학 법대 교수진의 환대를 받으면서, 또 트리니티 대학의 케빈 그레이(Kevin Gray)의 분에 넘치는 우정의 선물을 누리면서 썼다. 그에게는 정말 큰 신세를 졌다. 이 책 집필 초기 단계에는 남아프리카 공화국 스텔렌보시 고등과학원(Stellenbosch Institute for Advanced Study)에 방문 학자로 연장해서 머물 기회를 얻었다. 그곳은 사람들과 땅과 문화가 한데 뒤섞여 있었고, 그런 모습을 보면서 연구할 수 있는 특별한 장소였다. 나머지 작업은 주로 원래 내가 속해 있는 어바나 샴페인(Urbana-Champaign)의 일리노이 대학 법대에서 이뤄졌다. 일리노이 대학 법대는 지난 수년 간 여러 가지 따뜻한 지원을 해 주었다. 그곳은 지적 성취의 모범을 보여 주는 장소이며 서로 존중하고 지적 성취를 이루도록 격려하는 곳이기도 했다. 그리고 내 집은 집약적으로 단일 작물을 재배하는 농장들에 둘러싸여 있었기 때문에, 근대 문화와 자본주의 시장이 자연의 질서를 속속들이 얼마나 심하게 짓누르고 철저하게 단순화하는지 단 한순간도 잊을 수 없었다. 그것 역시 이 책을 쓰는 데 장점으로 작용했다.

이 책에서 제시한 생각들은 지난 7년간 매년 봄 학기 일리노이 대학 캠퍼스에서 학부 학생과 대학원생, 공개 대중을 위해 개설된 환경 관련 강의들에서 설명하고 제안했던 것들이다. 나는 이 강의들에서 처음부터 핵심적인 역할을 맡을 수 있었던 데 대해 감사하며, 특히 여러 학생과 동료 교수들, 그리고 내 생각을 더 단단하게 하는 데 여러 가지 방식으로 도움이 되었던 다른 연사들에게도 감사한다. 로버트 매킴(Robert Mckim) 교수는 처음부터 나와 함께했으며, 큰 도움이 되어 주었다. 그는 질문에 답해 주고, 여러 문제에 대해 의견을 말해 주었을 뿐만 아니라, 일급의 철학자만이 가질 수 있는 특별한 가치를 내게 보여 주었다. 마찬가지로 J. 마이클 스코빌(J. Michael Scoville)과 하이디 허드(Heidi Hurd), 알렉시스 디시칸트(Alexis Dyschkant), 롭 카(Rob Kar) 같은 철학자들과 귀중한 토론과 의견을 나눌 수 있었던 데 대해서도 감사한다. 롭 칸터(Rob Kanter)와 프랜 하티(Fran Harty)는 지역의 자연을 받아들이는 모범을 보여 주었고, 청중이 지역의 자연에 눈뜨게 하는 데 탁월을 능력을 발휘했다. 이들은 아무리 많은 풍경이 획일화되었다 해도 여전히 생물학적 풍요로움은 남아 있으며 경탄할 만하다는 사실을 내게 다시 한번 상기시켜 주었다. 톰 라이스(Tom Rice)는 일리노이에서의 학생 시절 내게 특별한 도움을 주었으며, 영감을 불어넣어 주었다. 토드 와일더머스(Todd Wildermuth)는 예전에 학생이었을 때도 그렇고 그 후로도 계속해서 귀중한 비평가이자 생각의 원천이 되어 주었다. 닉 프레고(Nick Fregeau)와 즈비코 카댐부카(Zviko Chadambuka)는 초고 전체를 읽고 논평을 해 주었다. 그들의 노고에 감사한다.

환경 운동과 그 운동의 성공과 실패와 관련된 모든 문제에 대해 ―그리고 과학과 기술에 관한 수많은 질문에 답을 구하기 위해― 나는 여러 해 동안 클라크 불라드(Clark Bullard)에게 의지했다. 그의 지식은 원래 전공 분야인 기계공학의 영역을 훨씬 넘어서는 것이었다. 또한 샴페인의 프레리강 연대(Prairie River Net-work in Champaign)에서 수 년간 함께 일한 여러 동료들로부터 많은 것을 배웠으며, 샴페인의 대학 교회 동료 신자들과 목사님들로부터, 특히 이 책을 쓰는 동안에는 크리스틴 라이트(Kristine Light) 목사님으로부터 도움을 받았다. 시카고 대학 출판부의 편집자 크리스티 헨리(Christy Henry)는 이 책과 또 다른 책에 대해 처음 말을 꺼냈던 순간부터 확고하게 지지해 주었다. 그녀에게 깊이 감사한다.

학자라면 누구나 자기 책을 쓰기 위해 다른 학자들의 글을 많이 끌어올 수밖에 없고, 나 역시 그렇다. 그러므로 내가 읽은 책의 저자들, 때로는 밑줄을 그어 가면서 여러 번 읽고 또 읽은 책의 저자들에게 나는 가장 많은 빚을 졌다. 주요 서적과 저자는 참고 문헌에 포함되어 있다. 특히 이 책을 쓰는 작업이 막바지에 이르렀을 때, 나는 오늘날 우리가 직면해 있는 문화적 도전은 수 세대에 걸쳐 다양한 형태로 우리 앞에 있었으나, 이 문제를 철저하게 다룬 책들은 최근에 나온 것이 아니라는 사실을 전보다 분명히 인식하게 되었다. 그래서 나는 조셉 우드 크러치와 알도 레오폴드, 루이스 멈퍼드(Lewis Mumford) 같은 사람들의 책을 반복해서 언급했다. 역사가 도널드 워스터는 많은 지적 영감을 주었고, 특히 이 책의 원고를 읽고 조언해 주었다. 그에게 특별한 감사의 마음을 전하고 싶다.

주

서론

1 Aldo Leopold, "Engineering and Conservation," *The River of the Mother of God and Other Essays by Aldo Leopold*, ed. Susan L. Flader and J. Baird Callicot (Madison: University of Wisconsin Press, 1991), 254.

2 Louis Menand, *The Metaphysical Club: A Story of Ideas in America* (New York: Farrar, Straus, Giroux, 2001), x.

3 Daniel T. Rodgers, *Age of Fracture* (Cambridge: Harvard University Press, 2011), 41.

4 Edward O. Wilson, *The Social Conquest of Nature* (New York: W.W. Norton, 2012), 243.

5 Richard M. Weaver, *Ideas Have Consequences* (Chicago: University of Chicago Press, 1948), 41.

제4장 자유주의의 파편들

1 Abraham Lincoln, "Address" at Sanitary Fair, Baltimore, Maryland (April 18, 1864), *Collected Works of Abraham Lincoln*, vol.7, ed. Roy P. Basler (New Brunswick, NJ: Rutgers University Press, 1953), 302.

제5장 생태계의 기초

1 *Commonwealth v. Alger*, 7 Cush. 53, 84~85 (Mass, 1851).

2 *Charles River Bridge v. Warren Bridge*, 36 U.S. (11 Pet.) 420, 548 (1837).

3 William Ophuls, Plato's Revenge: Politics in the Age of Ecology (Cambridge, MA: MIT Press, 2011), 34~35.

제6장 사회정의

1 C. S. Lewis, *That Hideous Strength* (New York: Macmillan, 1946), 178.

2 Jean-Jacques Rousseau, *Discourse on the Origin and Foundation of Inequality among Men* (New York: Bedford/St. Martins, 2011), 70.

3 Stanley N. Katz, "Thomas Jefferson and the Right to Property in Revolutionary America", *Journal of Law and Economics* 19 (1976): 480(1785년 10월 28일 자 네 통의 서신)에서 재인용.

4 John F. Hart, "Land Use Law in the Early Republic and the Original Meaning of the Takings Clause," *Northwestern Law Rev.* 94 (2001), 1126에서 재인용.

5 Thomas More, *Utopia* (New Haven, CT: Yale University Press, 1964), 76.

6 Thomas Paine, "Agrarian Justice," *The Thomas Paine Reader*, ed. Michael Foot and Isaac Kramnick (New York: Penguin Books, 1987), 476~478.

제7장 자본주의 시장

1 Wendell Berry, "The Whole Horse," *The Art of the Commonplace: The Agrarian Essays of Wendell Berry*, ed. Norman Wirzba (Washington, DC: Counterpoint Press, 2002), 236.

2 앞의 글.

3 Martin Gilens and Benjamin I. Page, "Testing Theories of American Politics: Elites, Interest Groups, and Average Citizens," *Perspectives on Politics* (Fall 2014).

제8장 가야 할 길

1 Rogers, *Age of Fracture*, 3, 6.

2 앞의 글, 19~20, 35~36.

참고문헌

Abbey, Edward. 1968. *Desert Solitaire: A Season in the Wilderness*. New York: McGraw-Hill.

Abrams, Richard M. 2006. *America Transformed: Sixty Years of Revolutionary Change, 1941-2001*. New York: Cambridge University Press.

Alperovitz, Gar. 2005. *America beyond Capitalism: Reclaiming Our Wealth, Our Liberty, and Our Democracy*. Hoboken, NJ: John Wiley and Sons.

Barber, Benjamin R. 2003. *Strong Democracy: Participatory Politics for a New Age*. 20th anniv. ed. Berkeley: University of California Press.

Becker, Carl L. 1932. *The Heavenly City of the Eighteenth-Century Philosophers*. New Haven, CT: Yale University Press.

Bell, Daniel. 1996. *The Cultural Contradictions of Capitalism*. 20th anniv. ed. New York: Basic Books.

Bellah, Robert N., et al. 1996. *Habits of the Heart: Individualism and Commitment in American Life*. Updated ed. Berkeley: University of California Press.

Berman, Morris. 2000. *The Twilight of American Culture*. New York: W. W. Norton.

Berry, Wendell. 1977. *The Unsettling of America: Culture and Agriculture*. San Francisco: Sierra Club Books.

Boehm, Christopher. 2012. *Moral Origins: The Evolution of Virtue, Altruism, and Shame*. New York: Basic Books.

Bollier, David. 2003. *Silent Theft: The Private Plunder of Our Common Wealth*. London: Routledge.

Brinkley, Alan. 1998. *Liberalism and Its Discontents*. Cambridge, MA: Harvard University Press.

Callicott, J. Baird. 1989. *In Defense of the Land Ethic: Essays in Environmental Philosophy*.

Albany: SUNY Press.

_____. 1999. *Beyond the Land Ethic: More Essays in Environmental Philosophy*. Albany: SUNY Press.

Chang, Ha-Joon. 2011. *23 Things They Don't Tell You about Capitalism*. New York: Bloomsbury.

Crunden, Robert M., ed. 1999. *The Superfluous Men: Conservative Critics of American Culture, 1900-1945*. Wilmington, DE: ISI Books.

Daly, Herman E., and John B. Cobb Jr. 1989. *For the Common Good: Redirecting the Economy toward Community, the Environment, and a Sustainable Future*. Boston: Beacon Press.

Delbanco, Andrew. 1999. *The Real American Dream: A Meditation on Hope*. Cambridge, MA: Harvard University Press.

Diamond, Jared. 1997. *Guns, Germs, and Steel: The Fates of Human Societies*. New York: W. W. Norton.

Eckersley, Robyn. 1992. *Environmentalism and Political Theory: Toward an Ecocentric Approach*. Albany, NY: SUNY Press.

_____. 2004. *The Green State: Rethinking Democracy and Sovereignty*. Cambridge, MA: MIT Press.

Ehrenfeld, David. 1978. *The Arrogance of Humanism*. New York: Oxford University Press.

Etzioni, Amitai. 1996. *The New Golden Rule: Community and Morality in a Democratic Society*. New York: Basic Books.

Evernden, Neil. 1985. *The Natural Alien: Humankind and Environment*. Toronto: University of Toronto Press.

Fawcett, Edmund. 2014. *Liberalism: The Life of an Idea*. Princeton, NJ: Princeton University Press.

Flader, Susan L., and J. Baird Callicott, eds. 1991. *The River of the Mother of God and Other Essays by Aldo Leopold*. Madison: University of Wisconsin Press.

Foster, John Bellamy. 2009. *The Ecological Revolution: Making Peace with the Planet*. New York: Monthly Review Press.

Fowler, Robert Booth. 1995. *The Greening of Protestant Thought*. Chapel Hill: University of North Carolina Press.

Frank, Robert H. 2011. *The Darwin Economy: Liberty, Competition, and the Common Good*.

Princeton, NJ: Princeton University Press. ▲

Genovese, Eugene D. 1994. *The Southern Tradition: The Achievement and Limitations of American Conservatism*. Cambridge, MA: Harvard University Press.

Gray, John. 1995. *Enlightenment's Wake*. London: Routledge.

Greenblatt, Stephen. 2011. *Swerve: How the Modern World Became Modern*. New York: W. W. Norton.

Hacker, Jacob S., and Paul Pierson. 2010. *Winner-Take-All Politics: How Washington Made the Rich Richer—and Turned Its Back on the Middle Class*. New York: Simon and Schuster.

Harari, Yuval Noah. 2014. *Sapiens: A Brief History of Humankind*. London: Harvill Secker.

Hays, Samuel P. 1987. *Beauty, Health, and Permanence: Environmental Politics in the United States, 1955-1985*. Cambridge: Cambridge University Press.

Hind, Dan. 2010. *The Return of the Public*. London: Verso.

Hobsbawm, Eric. 1999. *Industry and Empire: The Birth of the Industrial Revolution*. London: Penguin Group.

Horkheimer, Max, and Theodor W. Adorno. 2002. *Dialectic of Enlightenment: Philosophical Fragments*. Translated by E. Jephcott. Stanford, CA: Stanford University Press.

Israel, Jonathan. 2010. *A Revolution of the Mind: Radical Enlightenment and the Intellectual Origins of Modern Democracy*. Princeton, NJ: Princeton University Press.

Jackson, Wes. 1985. *New Roots for Agriculture*. Rev. ed. Lincoln: University of Nebraska Press.

Johnson, Mark. 2014. *Morality for Humans: Ethical Understanding from the Perspective of Cognitive Science*. Chicago: University of Chicago Press.

Joyce, Richard. 2006. *The Evolution of Morality*. Cambridge, MA: MIT Press.

Kammen, Michael. 1986. *Spheres of Liberty: Changing Conceptions of Liberty in American Culture*. Madison: University of Wisconsin Press.

Krutch, Joseph Wood. 1978(1954). *The Measure of Man: On Freedom, Human Values, Survival and the Modern Temper*. Gloucester, MA: Peter Smith.

_____. 1929. *The Modern Temper: A Study and a Confession*. New York: Harcourt, Brace and Co.

Leopold, Aldo. 1949. *A Sand County Almanac and Sketches Here and There*. New York: Oxford University Press.

Lieberman, Matthew D. 2013. *Social: Why Our Brains Are Wired to Connect*. New York: Broadway Books.

MacIntyre, Alasdair. 1984. *After Virtue*. 2nd ed. Notre Dame, IN: University of Notre Dame Press.

Magdoff, Fred, and John Bellamy Foster. 2011. *What Every Environmentalist Needs to Know about Capitalism*. New York: Monthly Review Press.

Martin, Calvin Luther. 1992. *In the Spirit of the Earth: Rethinking History and Time*. Baltimore, MD: Johns Hopkins University Press.

McNeill, J. R. 2000. *Something New Under the Sun: An Environmental History of the Twentieth-Century World*. New York: W. W. Norton.

Menand, Louis. 2001. *The Metaphysical Club: A Story of Ideas in America*. New York: Farrar, Straus, Giroux.

Mill, John Stuart. 1956(1859). *On Liberty*. Indianapolis: Bobbs-Merrill Co.

_____. 2005(1861). *Utilitarianism*. New York: Barnes and Noble.

Mumford, Lewis. 1967. *Technics and Human Development*. New York: Harcourt Brace Jovanovich.

Newton, Julianne Lutz. 2006. *Aldo Leopold's Odyssey: Rediscovering the Author of A Sand County Almanac*. Washington, DC: Island Press.

Nichols, John, and Robert W. McChesney. 2013. *Dollarocracy: How the Money and Media Election Complex Is Destroying America*. New York: Nation Books.

Noble, David W. 2012. *Debating the End of History: The Marketplace, Utopia, and the Fragmentation of Intellectual Life*. Minneapolis: University of Minnesota Press.

Norton, Bryan G. 2003. *Searching for Sustainability: Interdisciplinary Essays in the Philosophy of Conservation Biology*. Cambridge: Cambridge University Press.

Northcott, Michael S. 2007. *A Moral Climate: The Ethics of Global Warming*. London: Darton, Longman and Todd.

Ophuls, William. 1997. *Requiem for Modern Politics: The Tragedy of the Enlightenment and the Challenge of the New Millennium*. Boulder, CO: Westview Press.

_____. 2011. *Plato's Revenge: Politics in the Age of Ecology*. Cambridge, MA: MIT Press.

Orr, David W. 2011. *Hope Is an Imperative: The Essential David Orr*. Washington, DC: Island Press.

Osborne, Roger. 2006. *Civilization: A New History of the Western World*. New York:

Pegasus Books.

Pagden, Anthony. 2013. *The Enlightenment and Why It Still Matters.* New York: Random House.

Pells, Richard H. 1973. *Radical Visions and American Dreams: Culture and Social Thought in the Depression Years.* New York: Harper and Row.

Polanyi, Karl. 1957(1944). *The Great Transformation: The Political and Economic Origins of Our Time.* Boston: Beacon Press.

Ponting, Clive. 2007. *A New Green History of the World: The Environment and the Collapse of Great Civilizations.* Rev. ed. New York: Penguin Books.

Richard, Carl J. 2004. *The Battle for the American Mind: A Brief History of a Nation's Thought.* Lanham, MD: Rowman and Littlefield.

Robinson, Marilynne. 2010. *Absence of Mind: The Dispelling of Inwardness from the Modern Myth of the Self.* New Haven, CT: Yale University Press.

Rodgers, Daniel T. 1987. *Contested Truths: Keywords in American Politics since Independence.* New York: Basic Books.

_____. 2011. *Age of Fracture.* Cambridge, MA: Harvard University Press.

Rogers, Raymond A. 1994. *Nature and the Crisis of Modernity: A Critique of Contemporary Discourse on Managing the Earth.* Montreal: Black Rose Books.

Sandel, Michael J. 1996. *Democracy's Discontent: America in Search of a Public Philosophy.* Cambridge, MA: Harvard University Press.

Saul, John Ralston. 1992. *Voltaire's Bastards: The Dictatorship of Reason in the West.* New York: Free Press.

_____. 1995. *The Unconscious Civilization.* New York: Free Press.

Schlatter, Richard. 1951. *Private Property: The History of an Idea.* London: George Allen and Unwin.

Scoville, J. Michael. 2011. "Environmental Values, Animals, and the Ethical Life." PhD diss., University of Illinois at Urbana-Champaign.

Sen, Amartya. 1987. *On Ethics and Economics.* Oxford: Basil Blackwell.

Shapiro, Ian. 2003. *The Moral Foundations of Politics.* New Haven, CT: Yale University Press.

Siedentop, Larry. 2014. *Inventing the Individual: The Origins of Western Liberalism.* Cambridge, MA: Harvard University Press.

Singer, Peter. 2011. *The Expanding Circle: Ethics, Evolution, and Moral Progress*. Rev. ed. Princeton, NJ: Princeton University Press.

Steinberg, Ted. 2009. *Down to Earth: Nature's Role in American History*. 2nd ed. New York: Oxford University Press.

Szasz, Andrew. 2007. *Shopping Our Way to Safety: How We Changed from Protecting the Environment to Protecting Ourselves*. Minneapolis: University of Minnesota Press.

Tarnas, Richard. 1991. *The Passion of the Western Mind: Understanding the Ideas that Have Shaped Our World View*. New York: Crown Publishers.

Tawney, R. H. 1982(1921). *The Acquisitive Society*. Brighton: Wheatsheaf Books.

Thomas, Keith. 1983. *Man and the Natural World: A History of the Modern Sensibility*. New York: Pantheon Books.

Tomasello, Michael. 2014. *A Natural History of Human Thinking*. Cambridge, MA: Harvard University Press.

Twelve Southerners. 1977(1930). *I'll Take My Stand: The South and the Agrarian Tradition*. Baton Rouge: LSU Press.

Walzer, Michael. 1983. *Spheres of Justice: A Defense of Pluralism and Equality*. New York: Basic Books

Watts, Alan W. 1958. *Nature, Man and Woman*. New York: Pantheon Books.

Weaver, Richard M. 1948. *Ideas Have Consequences*. Chicago: University of Chicago Press.

Webb, Sidney, and Beatrice Webb. 1923. *The Decay of Capitalist Civilization*. New York: Harcourt, Brace

Weber, Max. 2011(1920). *The Protestant Ethic and the Spirit of Capitalism*. Rev. ed. New York: Oxford University Press

Weston, Burns H., and David Bollier. 2013. *Green Governance: Ecological Survival, Human Rights, and the Law of the Commons*. New York: Cambridge University Press.

White, Morton. 1978. *The Philosophy of the American Revolution*. New York: Oxford University Press.

Williams, Chris. 2010. *Ecology and Socialism: Solutions to Capitalist Ecological Crisis*. Chicago: Haymarket Books

Wilson, Edward O. 2012. *The Social Conquest of Earth*. New York: Liveright Publishing.

Wirzba, Norman, ed. 2002. *The Art of the Commonplace: The Agrarian Essays of Wendell Berry*. Washington, DC: Counterpoint Press.

Wood, Mary Christina. 2014. *Nature's Trust: Environmental Law for a New Ecological Age*. New York: Cambridge University Press.

Worster, Donald. 1979. *Dust Bowl: The Southern Plains in the 1930s*. New York: Oxford University Press.

_____. 1993. *The Wealth of Nature: Environmental History and the Ecological Imagination*. New York: Oxford University Press.

_____. 1994. *Nature's Economy: A History of Ecological Ideas*. 2nd ed. Cambridge: Cambridge University Press.

_____. 2016. *Shrinking the Earth: The Rise and Decline of American Abundance*. New York: Oxford University Press.

들어가는 말

코로나 팬데믹과 기후변화, 곳곳에서 들려오는 재난의 소식은 전 지구적 생태적 재앙의 시대에 이미 돌입했다는 두려운 현실 앞에 우리를 세운다. 여기저기서 기후변화의 시계를 되돌릴 수 있는, 아니 최소한 늦추기라도 할 수 있는 시점이 이미 지났다는 소리가 들려온다. 수많은 생명을 집어삼킬 끔찍한 재난이 이제는 먼 미래가 아니라 불과 수십 년 뒤에 닥칠 수 있다는 것은 '과학'이지만, 현재에 사로잡힌 인간은 목전의 손익계산에서 벗어나지 못한다. 앞으로 우리 아이들이 살아갈 세상은 어떤 세상일까 문득문득 어두운 상상을 하곤 했지만, 코로나 팬데믹을 겪으면서 나의 상상력의 한계를 확인했다. 앞으로 또 어떤 일들이 우리를 기다리고 있을까? 우리 아이들은 배를 곯지 않고 살 수 있을까? 인류세는 이런 식으로 끝나는 걸까? 만일 이미 '그때'가 지났다면 우리는 무엇을 할 수 있으며, 또 무엇을 해야 하나?

이런 질문들이 머리를 어지럽히지만 돌아서 제자리이다. 할 수 있는 일, 의미 있는 일을 해야 한다. 인간이라는 피조물은 아무리 두려운 미래가 앞에 놓여 있어도 다른 모든 동물과 마찬가지로 현재에 산다. 현재를 어떻게 살 것인지는 지금 우리 앞에 놓인 과제이다. 길을 잘못 들었으면 어느 지점에 있든 벗어날 길을 찾아 나와야 한다. 설사 잘못된 길에서 영영 벗어나지 못한다 해도 벗어나려고 시도해야 한다. 생명이 살라는 명령이듯이, 살아 있는 한 할 일을 해야 한다. 어디서부터 무엇이 잘못되었는지 다시 한번 근본에서부터 생각하고 대안을 마련해야 한다. 소용이 있느냐 없느냐는 다음 문제이고, 인간이라면 맞는 길을 가려고 노력해야 한다.

이 책을 번역하는 동안 계속 이와 같은 생각을 하면서 책을 번역하는 이유를 나 자신에게 납득시키려고 했다. 저자는 생태 위기에 대한 인식이 이미 최고조에 달했을 2017년에 이 책을 냈지만, 책에서는 별로 긴박감이 느껴지지 않는다. 오히려 한가하다고 느껴질 정도이다. 법학 전공자답게 저자는 꼬장꼬장 아주 천천히 하나하나 문제를 짚어 나간다. 저자는 흔히 그러듯이 생태 위기의 객관적 증거가 되는 현상들을 나열해서 긴박감을 조성하려 하지 않으며, 오히려 그런 경향을 피한다. 환경 운동이 위기 상황으로부터 곧바로 원인 분석, 해결책으로 넘어가는 경향을 오히려 비판적으로 보는 것 같다. 문제의 원인은 더 깊은 데 있다는 것이다.

저자는 생태 위기의 문제를 근본적으로 규범적 가치의 문제, 넓게 말해 문화의 문제로 보고 있다. 데카르트 이후의 합리주의 철학을 비판해 온 생태 철학의 흐름이 있지만, 저자는 그러한 철학적 성찰을 정치 사회 경제적 맥락과 관련시켜 그 실질적 의미를 밝히며, 근대 문명 전체를 비판적 성찰의 대상으로 삼는다. 그래서 매번 계몽주의로부터 초기 자유주의 사상, 오늘날 미국을 중심으로 한 극단적 시장 자본주의경제와 시민운동까지 넘나들며 이야기를 펼쳐 나간다. 이런 저자의 종합적인 글쓰기 방식은 급한 길을 둘러 가는 것 같지만, 읽고 나면 우리 삶의 실상이 서서히 그 모습을 드러낸다.

저자는 우리가 하는 행동의 특징을 피상적으로 나열하고 비판하는 것이 아니라, 어째서 근대 세계가 이렇게 돌아가는지, 우리는 어째서 그렇게 행동할 수밖에 없는지 근대의 필연성을 밝힌다. 우리가 근대의 미덕이라고 칭송해 마지않는 것들로부터 어떻게 근대의 독이 퍼져 나가는지 그 과정을 밝힌다. 그럼으로써 결국 문제의 본질은 이러저러한 구체적인 사안들을 해결하는 데 있는 것이 아니라, 인간 자신의 변화에 있다는 인식에 도달하게 된다. 저자는 오늘 우리의 선택이 유례없이 중요하다는 사실을 부각시킨다. 너 자신, 인간 자신이 문제이고, 정말로 필요한 것은 근대적 가치관과 세계관의 변화라는 것이다. 그리고 변화에 대한 저자의 요구는 매우 급진적이다.

실제로 이 책은 땅을 파괴하지 않으면서 땅 위에서 잘 살아야 한다는 인류의 가장 오래된 과제를 어떻게 하면 잘 할 수 있는지 이야기하고 있다. 개인으로서나 집단으로서나 인간은 전체 생명 공동체의 일원으로서, 다시 말해 '대지의 공동체'의 일원으로서 이 과제를 감당한다. 실제로 이 과제는 끊임없이 땅의 이용과 남용을 면밀히 구분하는 선을 그으면서 살아가는 것을 의미한다. 이 과제를 감당하는 데 근대는 총체적으로 실패했다. 저자는 이 실패의 이유를 찾으면서 동시에 새로운 길을 모색하고 있다.

이 책은 실패의 이유를 근대 문명 자체 안에 내장된 몇 가지 특징에서 찾고 있다. 첫째, 근대 문화는 과학적 객관성에 대한 과도한 숭배로 인해 규범적 가치를 수립하는 일에서도 과학에 의지하려 하고 환경문제에 대해 과도한 과학적 입증의 책임을 요구한다. 이것은 '가장 오래된 과제'를 감당하는 데 매우 불리한 여건을 조성한다. '가장 오래된 과제'를 감당하는 일은 일차적으로 기존의 가치와는 다른 새로운 규범적 가치를 수립하는 것을 의미하며, 그것은 과학이 할 수 있는 일의 영역을 벗어난다. 저자는 '대지의 공동체' 전체를 고려하는 규범적 가치를 수립하기 위해서는 과거 덕에 기초한 내재적 윤리나 성서의 초월적 관점에 기초한 윤리가 했던 것과 같은 역할이 필요하며, 그 역할을 과학에 기대할 수 없다고 본다. 둘째, 개인의 자율성과 권리, 사적 소유권에 근거한 근대 문화는 개인과 국가의 관계를 대립적으로 보게 만들며, 시장 영역의 비대화를 초래하고, 시민으로서의 역할이 아니라 소비자로서의 역할을 일방적으로 강조한다. 저자는 시민으로서의 역할을 강화하는 방향으로 가야 하며, 가장 오래된 과제를 감당하는 데 있어서 국가와 개인을 이분법적으로 볼 것이 아니라 국가의 힘을 빌려야 한다고 주장한다. 셋째, 근대 문화의 다른 모든 특징을 삼켜 버리는 가장 근본적인 특징이자 생태계 파괴의 근본 원인으로 저자는 자본주의 시장을 꼽는다. 저자는 자본주의 시장이 어떻게 규범적 가치와 도덕의 문제를 공적 영역으로부터 사적 영역으로 밀어내고, 가치의 문제를 개인적 선호의 문제로 바꿔 버리는지 분석한다. 마지막으로 환경 운동이 여타 시민운동과 다른 지점이 어디인지 짚는다. 여타 시민운동이 앞서 말한 근대 문화의 경계 안에 있다면 환경 운동은 근대 문화의 근본적 변화를 추구해야 한다. 개인의 자유와 권리, 평등을 확대하는 방식으로 시민운동이 전개되어 왔다면, 환경 운동은 '대지의 공동체'를 규범적 가치의 근서로 삼아야 한다. 또한 다른 시민운동과 달리 환경 운동은 기업과 시장 중심주의에 정면으로 도전해야 하며, 개인의 권리의 확장을 추구하는 방식과는 전혀 다른 토대에 근거해야 한다고 한다. 환경 운동은 개인의 권리에 중심을 둔 운동이어서는 안 된다는 것이다. 이제 위와 같은 저자의 논지를 하나하나 따라가면서 설명하겠다.

근대 문명 비판과 '대지의 공동체'

부제가 말해주듯이 이 책은 자연 안에서 인간의 위치와 곤경에 대한 이야기이다. 저자 에릭 T. 프레이포글은 우리가 어떠한 과정을 거쳐 현재의 생태적 곤경에 이르게 되었는지, 그리고 그 곤경으로부터 벗어나고자 할 때 마주할 수밖에 없는 어려움은 어떠한 것인지 차분히 짚어 나간다. 저자는 '현재의 독재'로부터 벗어나 현재를 낯설게 경험하고, "우리가 사는 장소와 시간이 지니는 의미를 폭넓게 성찰할 것"을 요구한다. 그는 이 책에서 "근대 세계로부터 한 걸음 물러나 우리가 세계를 이해하고 세계와 관계하는 방식을 결정하는 사상들과 가치들, 감성이 무엇인지 그 정체를 규명하고 그것을 이해하고자"(11~12쪽) 한다. 오늘날 인간이 자연과의 관계에서 직면한 위기는 그러한 사상들과 가치들, 감성들의 총체적인 결과, 즉 근대 서구 문명의 필연적인 결과이기 때문이다. 따라서 이 책은 근대성에 대한 근원적인 문명 비판서라고 할 수 있다.

문명 비판서로서 이 책은 다양한 분과 학문의 연구 결과들을 끌어올 수밖에 없다. 저자는 우리가 자연 안에서, 대지 위에서 어떻게 살아왔으며, 또 어떻게 살아야 하는지 역사와 철학, 정치학과 경제학, 자연과학, 법학 등 광범위한 분야를 넘나들며 추적하고, 무엇보다도 근대 세계관과 그것이 내포하는 도덕성의 주요 요소들에 대해 근본적인 의문을 제기한다. 이 과정에서 저자가 논의의 대상으로 삼는 주제는 도덕과 자연에 대한 이해, 시민혁명, 사유재산제, 시장경제, 시민운동에 이르기까지 실로 다양하지만, 저자는 자신이 집중하는 주제를 '문화'라는 포괄적인 언어로 표현한다. 이처럼 광범위한 분과 학문을 넘나드는 저자의 글쓰기 방식은 종합적일 수밖에 없고, 때로 그것은 독자의 인내를 요구하기도 한다. 그러나 중요한 것은 저자가 그러한 지식들을 종합하여 집요하게 질문하고 결론을 이끌어 내는 방식이다.

저자는 이 책에서 자신이 하는 작업을 오래전 미국의 자연 보전주의자 알도 레오폴드가 말했던 인류의 '가장 오래된 과제'에 근거해서 설명하며, 그것을 자신의 책 제목으로 삼았다. 레오폴드가 말한 '가장 오래된 과제'란 땅을 파괴하지 않으면서 땅 위에서 살아갈 수 있는 길을 찾는 것이다. 자연을 변경하며 살아가는 것은 모든 생명체의 숙명이고, 우리를 포함한 생명 공동체 역시 장구한 세월에 걸쳐 수많은 종이 이뤄 낸 변화의 산물이다. 그러므로 저자는 자연을 있는 그대로 보전해야 한다고 주장하는 것이 아니라, 자연을 이용하되 다른 종과 미래 세대를 위해서도 계속해서 생산적이고 풍요로울 수 있는 방식으로 이용하자고 한다. 자연을 이용하되 남용하지 말자는 것이다. 그래서 저자는 이 책에서 반복해서 자연의 이용과 남용, 좋은 토지 사용과 토지의 남용을 구분하는 규범적 기준에 대해 이야기한다. 이때 고려해야 할 요인으로 그는 사회정의, 미래 세대, 다른 생명 형태들에 대해 자주 언급한다.

그러나 자연의 이용과 남용을 구분할 때 가장 중요한 기준으로 그가 언급하는 것은 '대지의 공동체'이다. 저자는 단순히 정치적·사회경제적 측면에서 생태적 위기의 역사적 과정을 추적해 가는 것이 아니라, 좀 더 포괄적이고 근본적인 실체, 레오폴드가 '대지의 공동체'라고 칭한 경험적 실체를 규범적 성찰의 주제로 삼고 있다. '대지의 공동체'는 단순히 "흙과 바위만이 아니라 서로 연결되어 상호 의존하는 전체 생명 공동체와 인간까지 포함한다".(9쪽) 저자는 이 개념을 자연의 이용과 남용을 구분하는 기준이자 근대 문명 비판의 규범적 준거로 삼는다. '대지의 공동체'에는 인간이 포함되지만, 그 안에서 인간은 예외적인 존재가 아니다. 대지는 공동체이고 우리는 그 일부분이다. 우리는 땅에 뿌리박고 살며, 궁극적으로 땅에 의존한다. 이는 오늘날 자연 안에서 인간의 위치와 생태적 곤경에 대해 성찰할 때 반드시 필요한 출발점이다.

저자는 이 '대지의 공동체', 생명 공동체를 규범적 기준으로 해서 오늘날 인류가 앓고 있는 생태적 질병의 원인을 탐색하고 치유책을 모색한다. '대지의 공동체'에서 출발하면, 자연은 단순히 자원들이 쌓여 있는 창고도 아니고, 자연에 속한 것들을 가치 있는 것과 쓸모없는 것으로 나눌 수 없다. 그런 게 아니라 자연은 우리가 살아가는 커다란 맥락이며, 우리가 하는 모든 일은 그 맥락에 분별 있게 잘 들어맞아야 한다. 이것은 실질적으로는 경제가 '대지의 공동체'의 하위 시스템이어야 하며, 자연의 건강한 기능과 일치되게 작동해야 한다는 것을 의미한다(178쪽). 또한 개인과 개인의 자율성, 권리를 우선적으로 고려하는 근대 문화의 경향 역시 바뀌어야 한다는 것을 의미한다. 개인이 아니라 개인이 속한 전체 생명 공동체, '대지의 공동체'가 우선한다. 이것은 근대 문화의 근본적인 변화를 의미한다. 따라서 저자에 의하면 문화의 변화 내지 재활성화를 위해 제일 먼저 필요한 일은 자연을 통전적인 생명 공동체로 이해하는 것이다.

저자는 생태적 위기 앞에서 과학과 사실에 근거한 입증에 과도하게 의존하는 경향에 대해 비판적이며, 우리 시대의 위기, 즉 생태적 위기를 무엇보다도 문화적 위기로 규정한다. 저자가 이렇게 '문화'를 강조하는 이유는 실은 우리가 사물을 어떻게 이해하고 규정하느냐가 결정적으로 중요하다는 점을 부각시키기 위한 것이다. 인간은 문화적인 존재이며, 세계관의 영향을 받고, 가치관에 의해 규정된다. 그러므로 우리가 세계를 보고 평가하고 세계 안에서 우리 자신의 위치를 이해하는 방식이 의미 있게 변하지 않는다면, 우리는 세계를 다른 방식으로, 즉 '대지의 공동체'에 입각해서 사용하게 되지 않는다. 문제는 사람들 안에, 그리고 사람들 가운데 있다. 인간의 행동이 원인이므로 인간 행동의 변화가 해결책이다. 따라서 더 나은 길을 가고자 한다면 먼저 우리의 문화적 자아를 바꿔야 한다는 것이 저자의 일관된 입장이다(172~176쪽).

저자는 우리 시대 문화적 위기의 핵심에 자리 잡고 있는 것이 인간 예외주의라고 한다. 오늘날 우리가 생태적 질병을 앓고 자연 안에서 우리의 위치에 대해 명료하게 사고하지 못하는 것은 저자에 따르면 우리 안에 깊이 자리 잡은 이 특징과 깊은 관련이 있다. 인간 예외주의는 인간은 도덕적으로 가치 있고 합리적인 개인이라고 여기는 자기 이미지이자 우리는 다른 모든 생명체와 질적으로 전혀 다른 존재라고 여기는 자기 인식이다. 달리 말하자면 '대지의 공동체'의 일원으로서 자신을 자각하지 못하는 것이다. '대지의 공동체'와 상극인 것이 인간 예외주의이다. 이것은 오늘날 우리가 세계에 대해 사고하고 평가할 때 작동하는 근본적인 특징이며, 이것이 생태적 위기를 인식하지 못하게 하는 근본 원인이다.

그러므로 저자는 아무리 새로운 과학, 기술이라 해도 그러한 것들은 오늘날 인류가 직면한 생태적 위기로부터 우리를 구해 주지 못한다고 한다. 나아가서 저자는 근대의 오류에 대한 비판적 관점에 근거해 오늘날의 환경 운동에 대해서도 비판을 아끼지 않는다. 그에 따르면 근대 자유주의에서 비롯한 다양한 녹색운동, 녹색 소비 운동은 별 도움이 되지 못한다. 단순히 자연을 잘 대하자거나 '어머니 지구'를 사랑하자는 것 역시, 설사 선의에서 비롯되었다 해도, 문제의 핵심에서 벗어나 있다. 그동안 환경 운동이 성공하지 못한 것 역시 문제의 근본을 공략하지 못하고 그때그때의 전략이나 전술, 개별 사안에 매몰되었기 때문이며, 나아가서 시장 중심적인 근대 문화의 본질적 성격을 이해하지 못했기 때문이다. 저자는 변화를 위해 우리에게 필요한 것은 그보다 훨씬 심오한 데 있으며, 우리 시대 세계관의 중심적 요소들에 대한 근본적인 수정이 필요하다고 한다. 그래서 서사는 이 책에서 오랫동안 철학자들이 관심을 가지고 도전했던 근본적인 질문들, 즉 실재와 인식, 도덕성을 비롯해서 근대 세계관의 구성적 요소들을 파고든다. 그러므로, 반복해서 말하지만, 무엇보다도 이 책은 근대 서구 문화에 대한 근원적인 문명 비판이다.

근대의 오류

그렇다면 '대지의 공동체'를 파괴하는 근대 문화의 특징은 무엇이며, 그것은 어떠한 역사적 과정을 거쳐 형성되었는가? 저자 역시 근대 문화의 기원을 17, 18세기 계몽주의에서 찾는다. 계몽주의는 오늘날 위세를 떨치고 있는 세속적이고 합리적이며 자유주의적인 가치들, 가정들과 깊은 관련이 있다. 이러한 문화적 경향은 부르주아 시민혁명이라는 당대의 정치적 상황, 그리고 산업혁명과 자본주의 시장경제의 발달이라는 사회경제적 상황과 맞물려 있다. 계몽주의 이후 인간의 기본 욕구를 자극하여 물질 생산을 극대화하고 사람들을 파편화하는 경향은 극단적으로 진행되었고, 이로 인한 도덕적·지적 혼란과 오늘날의 생태적 위기는 그 결과물이다. 저자는 근대 문화의 기본 성격을 크게 다음의 세 가지로 기술하고 있다. ① 과학적 객관주의의 강화와 그로 인한 도덕의 기원에 대한 인식의 혼란, ② 개인의 자율성과 권리를 중심으로 한 정치 문화와 공동체 의식의 실종, ③ 자본주의 시장과 '대지의 공동체'의 파괴. 여기서는 이 세 가지 특징에 대한 저자의 논의를 살펴보겠다.

과학적 객관주의와 도덕의 기원

계몽주의의 지적 선구 격인 17세기 과학혁명은 실은 인간 예외주의에 근본적인 의문을 제기했다. 다윈의 진화론은 다양한 생물 중 인간이 특별한 존재가 아님을 밝혀 주었고, 갈릴레오는 방대한 우주에서 지구가 결코 중심이 아니라는 사실을 밝혀 주었다. 뉴턴 역시 지구를 지배하는 물리적 법칙에서 인간을 비롯한 그 어느 것도 예외가 아님을 입증해 주었다. 이들은 하나같이 인간이 예외적인 존재라는 생각에 의문을 품었고, 인간의 이성적·감각적 지각 능력이 지니는 객관성과 신뢰성에 의문을 품었다. 그러나 계몽주의가 유럽의 시민혁명과 맞물리면서 개인의 자유와 권리, 도덕적 자율성에 대한 인식이 확대되었고, 이후 산업자본주의가 발전하면서 관료주의적 효율성이 강조되었다. 한편으로 개인에 대한 강조는 세계 안에서 인간을 특별한 존재로 보게 만들었고, 자연 안의 다른 생명체들과 인간 사이의 질적인 차이를 두드러지게 인식하게 만들었다. 다른 한편으로는 산업자본주의와 관료주의적 효율성의 지배로 인해 도덕적 존재로서 인간에 대한 인식이 약해졌다.

어떤 의미에서 이것은 과거 기독교가 지탱해 주었던 인간관과 세계관이 무너진 결과라고 할 수 있다. 한편으로 기독교의 창조 신앙은 인간을 자연 안에서 예외적이고 특별한 존재로 인식할 수 있게 하면서 동시에 신의 피조물로 규정했고, 다른 한편으로 기독교의 구원론은 인간을 죄인으로 규정하면서 동시에 도덕적으로 자율적인 존재로 인식할 수 있게 했다. 즉, 기독교의 신은 인간이 스스로를 자유로운 존재로 인식하면서 동시에 신의 종복으로 인식할 수 있게 하는 근거였고, 또한 인간을 죄의 노예로 인식하면서 동시에 죄를 지을 수 있는 자유로운 존재로 인식할 수 있게 하는 토대였다. 기독교 신앙에서 인간은 신의 형상이면서 동시에 죄인이다. 저자는 이러한 인식을 계몽주의 철학자들 역시 견지하고 있었다고 본다. 존 로크나 존 스튜어트 밀 같은 자유주의 사상가들도 도덕과 규범적 사고에 있어서는 기독교적 형이상학과 윤리를 전제했다고 본다. 경제학자이기 이전에 윤리학자였던 애덤 스미스 역시 경제에서 '보이지 않는 손'의 조정 기능을 말하기 전에 인간 행동의 규범적 근거로서 기독교 신앙과 윤리를 전제했다. 그들은 정치 경제 영역에서 개인의 권리와 자유, 사적 소유를 강조하고, 도덕에서는 기독교적 윤리를 그냥 전제했다는 것이다.

그러나 산업자본주의와 경쟁적 시장의 발전으로 인해 인간 존재의 역설적 성격에 대한 이해는 더 이상 유지될 수 없었고, 계몽주의의 이성의 원리와 기독교 신앙의 동거는 가능하지 않게 된다. 이제는 오직 한 방향, 즉 개인의 자유와 권리, 자율성을 극단적으로 밀고 나가고, 합리적·도구적 이성을 전방위적으로 적용하게 된다. 원래 과학혁명은 인간에 대해 예외를 두지 않았지만, 계몽주의 이후 자유주의 사상은 과학혁명의 이 측면은 제쳐 둔 채 이성적·합리적 사고를 인간 삶의 전 영역에 관철시키고자 했다. 이로 인한 근대 문화의 한 가지 성격은 저자에 따르면 지나친 과학, 내지는 객관성 숭배이다.

근대 세계는 공적 문제를 다룰 때 객관성을 대단히 중요하게 평가한다. 일반적으로 객관성은 사실과 논리적 추론에 집중하는 한편 주관적 감정과 선호는 배제하는 것을 의미한다. 객관성에 대한 강조는 다양한 형태로 나타난다.

가령 환경문제의 경우 논쟁적인 사안들을 과학에 떠넘기고 과학자들이 문제가 있는지 여부를 설명해 주기를 기대한다. 게다가 과학적 입증에 대한 요구 수준은 상당히 높다. 그러나 일반적으로 사실을 수집하고 검증하며 해석하는 전문적인 작업으로서 과학의 범주를 넘어서는 질문에 답하라고 과학을 향해 요구하는 경향이 있다. 규범적인 문제의 경우 과학은 답을 할 수 없으며, 과학을 향해 그런 질문을 해서도 안 된다. 그럼에도 과학을 과도하게 사용하는 경향은 환경문제에까지 확대되어 과도하게 입증의 부담을 지우고 증거를 받아들이는 데 과학적 기준을 요구하게 되었다(132~133쪽).

그러나 저자에 의하면 오늘날 인류가 직면한 생태적 위기는 과학적 입증의 문제가 아니라 규범적 가치의 문제이다. 그래서 이 책에서 저자는 과학이 무엇이고 또 무엇이 아닌지 성찰하며, 과학을 제자리에 돌려놓으려 애쓴다. 이 책의 중심 주제인 좋은 토지 사용과 나쁜 토지 사용, 또는 땅의 이용과 남용을 구분하는 문제는 규범적인 도덕적 문제이다. 그것은 과학적 객관성의 영역에서 답을 얻을 수 있는 문제가 아니다. 그런데도 근대사회는 경험적·과학적 객관성에 대한 과도한 신뢰로 인해 도덕 가치의 실질적인 사회적 기원을 제대로 이해하지 못하고, 결과적으로 오늘날 생태적 곤경으로부터 벗어나기 위한 새로운 도덕 기준을 찾는 데 실패한다.

그렇다면 규범적 가치, 도덕 질서는 어디서 기원하는가? 저자는 이 책의 제3장 '과학과 도덕'에서 이 질문에 대해 성찰하고 있다. 근대인은 객관성 숭배로 인해 도덕 질서가 특별한 객관적 실재에서 유래한다고 생각하려는 경향이 있다. 그러나 저자에 따르면 인간이 도덕적 가치를 지니는 것은 "무슨 찾기 힘든 뇌의 기능이나 그 외 어떤 특징 때문이 아니라, 단순히 우리가 인간이라는 이유 때문"(195쪽)이다. 다시 말해 우리가 가치 있는 것은 우리 스스로 가치 있다고 생각하기 때문이고, 인간은 가치 있다고 결정했기 때문이다. 그것은 규범적인 도덕적 공리, 자명한 진리로 우리가 받아들인 입장이지, 사실들과 과학적이고 귀납적인 추론을 통해 도달한 결론이 아니다.

가령 역사상 오랜 기간에 걸쳐 인류는 자기 집단 내의 사람들만 도덕 가치를 지닌다고 여겼다. 선택받은 '우리'만이 도덕 가치를 지닌다는 것이다. 이 도덕 공리는 천천히 고통스러운 과정을 거치면서 모든 인간은 가치를 지닌다는 새로운 공리에 자리를 내주었다. 최근 우리는 동물에게까지 이 가치를 확장하려는 새로운 흐름을 목도하고 있다. 동물 복지 옹호자들의 이러한 시도는 도덕 가치를 인종과 종교, 성, 국적, 신분의 차이를 넘어 모든 인간에게까지 확장해 온 역사의 연장선상에 있다(196쪽).

중요한 것은 이 도덕 가치 확장의 역사 속에서 인간이 지닌 특정 능력이나 인간과 다른 종들 사이의 특수한 차이가 결정적 역할을 하지 않았다는 점이다. 가치란 일련의 집단적 선택을 통해 생겨난다. 저자는 감정이 그러한 선택을 하는 데 핵심적인, 아마도 가장 중요한 요인일 것이라고 한다. 그에 따르면 도덕 추론은 감정과 감성이 사실 및 명료한 사고와 한데 뒤섞이면서 이뤄진다. 객관적 사실만으로는 도덕 가치가 생겨날 수 없다. 사실들과 이성은 감정을 명료하게 하기 위해, 감정을 이해할 수 있는 형태로 만들고, 세계의 현실과 대면하도록 하기 위해 처음부터 있어야 하지만, 궁극적으로 도덕 가치는 사회의 선택에 의해 정당성을 얻으며, 그 과정에서 우선적으로 중요한 것은 감정이다(134~135쪽).

저자는 도덕 가치와 도덕적 세계관의 형성에서 개인과 사회의 선택을 중요하게 평가한다. 도덕 질서는 과학적으로나 논리적으로 입증할 수 없는 공리들을 사람들이 만들고 받아들임으로써 수립된다. 유럽과 미국 시민혁명의 시대에 자유주의자들이 내세웠던 인간의 자유와 평등, 권리 역시 과학적으로, 논리적으로 뒷받침되는 것이 아니었다. 당시 혁명가들은 과학적·논리적으로가 아니라 수사학적으로 자유와 평등을 선언했다. 그들의 선언은 대중이 그것을 정당한 것으로 받아들였을 때 정당성을 얻고 진리가 되었다. 이렇게 해서 그것들은 자명한 진리가 되었다. 다시 말해 대중의, 사회의 선택에 의해 그것은 공리가 되었다(88~92쪽).

도덕 가치는, 그것을 만들거나 인식하는 인간이 없으면, 의미 있게 존재하지 못한다. 그러므로 개인과 사회는 도덕적 세계관의 형성 과정에서 다른 종의 개별 구성원이나 미래 세대에게도 가치를 부여할 수 있다. 종 자체나 생명 공동체, 구체적인 풍경의 특징 같은 것들에서도 가치를 인식할 수 있다. 이러한 방식으로 생겨나는 가치는 고유하며 내재적이다. 그것은 객관적 가치나 인간의 행복에 기여하느냐는 공리주의적인 문제와는 독립적으로 존재하는 가치이다. 이런 가치는 아무리 자연으로부터 영감을 얻고 고무된 것일지라도 여전히 인간의 선택에 의존한다. 이처럼 저자는 모든 도덕이 인간의 선택으로부터 생겨나며 인간은 계속해서 선택자가 되어야 한다는 사실을 강조한다(128~132쪽).

'가장 오래된 과제'와 관련해서 이것은 오늘날 생태적 위기의 본질은 규범적 문제임을 의미하며, 이러한 규범적 문제를 사실적 질문으로 다뤄서는 안 된다는 것을 의미한다. 도덕 원칙은 그냥 발견되기를 기다리고 있는 것이 아니라 우리가 선택하고 만들어 가는 것이다. 계몽주의에서 유래한 객관성에 대한 숭배는 생태 위기와 관련해서 도덕적 견해와 비전을 서로 교류하고 대략적인 동의를 거쳐 새로운 공리를 받아들임으로써 더 나은 정책을 수립할 수 있는 가능성을 별로 우리에게 남겨 두지 않았다. 그러나 저자는 궁극적으로 우리의 도덕적 사고는 감정과 직관에 근거하게 될 것이고, 인간의 선택에 달려 있다고 한다. 이것은 생태 위기와 관련해서도 감성과 감정이 중심적인 위치에 와야 한다는 것을 의미한다. 물론 감정과 감성 역시 비판적으로 논의되고 다듬어져야 하지만 말이다(133쪽).

마지막으로 저자는 생태 시대를 위한 새로운 도덕적 기준을 찾아가는 데 있어서 공동체 차원의 중요성을 언급한다. 계몽주의 이후 수 세기에 걸쳐 근대인은 공동체 차원에서 도덕과 가치의 문제를 이해하고 해결하는 능력을 약화시키는 지적 행로를 걸어 왔다. 그러나 자연과 관련해서는 많은 정책을 공동체 차원에서 선택하고 시행해야 한다. 그것은 사람들이 함께 행동할 것을 요구한다. 궁극적으로 저자는 오늘날 새로운 규범적 가치를 형성하는 데 있어서 핵심적인 것은 '대지의 공동체'라고 한다. '대지의 공동체'가 전면에, 중심에 자리 잡은 문화를 이뤄야 한다는 것이다. 그것이 하나의 큰 그림이고, 다른 모든 것은 거기 속한 부분이다.

근대과학이 그랬듯이 자연은 최소 단위로 환원할 수 없으며, 또 산업사회에서 전제하듯이 자연은 자원 저장소가 아니다. 자연은 온전한 생명 공동체이며, 우리는 그것의 일부이다. 자연은 전체이며, 거기 속한 요소들은 전체를 떠나서는 이해될 수 없다. 저자는 가장 오래된 우리의 과제를 성공적으로 감당하기 위해 이 전체적인 건강을 유지해야 한다고 말한다. 그리고 이러한 목표는 결국 우리의 행동에 중대한 변화를 요구하며, 근본적으로 그것은 근대 문명의 숭대한 변화를 의미한다(199~202쪽).

개인의 권리와 공동체의 실종

근대 문화와 가치 체계의 핵심에는 자유롭고 자율적인 존재로서 개인이 자리 잡고 있다. 그리고 근대 문화의 특징적 세계관, 즉 인간은 최고의 존재이며, 사회와 '대지의 공동체'의 일원이라기보다는 자율적 개인으로 볼 때 가장 잘 이해할 수 있다는 세계관을 포괄하고 정당화하는 것은 개인의 권리에 대한 이해이다. 인류의 '가장 오래된 과제'와 관련해서 근대 문화의 이러한 특징은 어떤 의미를 지니는가? 그러한 문화적 특징은 우리가 그 과제를 감당하는 데 어떠한 기능을 하는가?

저자는 계몽주의 이후 서구 지성사가 어떻게 개인의 자율성을 강조하는 방향으로 움직여 왔는지 짚는다. 미국 혁명과 프랑스 혁명에 사상적 근거를 제공했던 초기 자유주의 사상의 핵심은 개인의 자유와 권리를 옹호하는 것이었고, 이때 자유와 권리의 핵심은 사적 소유권의 정당성을 확보하는 것이었다. 이념적으로는 기독교 사상에 근거해서 천부인권설을 주장했지만, 실질적으로 자유와 권리는 사적 소유로부터 나온다. 저자는 자유와 권리에 대한 철학적 논의가 당시 어떠한 사회경제적 상황에서 나왔는지 그 맥락을 짚는다. 당시 부르주아 혁명 과정에서 결정적으로 중요했던 것은 토지소유권의 기원을 설명하는 것이었다.

당시는 왕의 토지소유권에 맞서 시민계급의 토지소유권을 옹호할 필요가 있었다. 17세기 후반 존 로크의 자유주의 이론은 당시 영국 스튜어트 왕가의 주장을 옹호하는 이론들에 대한 대응으로 출발했다. 왕실의 견해에 따르면, 영국의 땅은 모두 왕실에 속하고, 모든 소유자의 사적 권리는 왕실의 지속적인 동의에 기초해 있었다. 이를 뒷받침하기 위해 이론가들은 하느님이 노아의 아들들에게 땅을 주었다는 창세기 구절을 인용했다. 이 아들들은 개인 소유자가 아니라 일종의 왕으로서 광대한 땅의 소유권을 갖게 되었고, 그들의 지배권은 시간이 흐르면서 당시 왕조까지 내려왔다고 필머는 주장했다. 스튜어트 왕조는 이렇게 로마 교황의 사도적 계승과 유사한 땅 소유권을 통해 영국을 지배했다(213~214쪽).

이와 대조적으로 로크에 따르면 땅은 모든 사람에게 일종의 공유재산으로 주어졌다. 누구나 공동소유자이다. 로크는 이 논리로 왕실의 토지소유권 주장을 무력화했다. 그리고 공동소유였던 땅이 어떻게 사유재산이 되었는가와 관련해서 일종의 노동가치설을 주장했다. 땅에 자신의 노동력을 투입한 사람은 그렇게 함으로써 가치를 창조한 것이고, 그는 자신이 창조한 가치를 소유해 마땅하다는 것이다. 이때 로크는 한 가지 단서를 달았다. 그는 누구에게나 그렇게 할 수 있는 기회가 광범위하게 존재할 때에만, 즉 본질적으로 무한한 공급이 가능하고, 미개발 상태에서 가치를 결여할 경우에만, 개인은 그 사물에 대한 소유권을 주장할 수 있다고 했다. 땅이 넘쳐나서 누구든 땅에 자신의 노동력을 투입하고자 하는 사람마다 얼마든지 그렇게 할 수 있다면, 누군가 특정 땅에 대한 통제권을 주장한다고 해서 그것이 다른 개인이 똑같이 행동할 기회를 제한하지 않는다.

그러나 로크가 살았던 시대나 지금이나 세계는 희소성이 지배한다. 그 점에서 사적 소유권에 대한 로크의 주장은 현실성이 없다. 그럼에도 그의 주장은 받아들여졌는데, 그것은 당시 사람들이 듣고 싶어 했던 말이었기 때문이다. 즉, 토지소유권을 왕권으로부터 독립한 다른 어떤 근원에 귀속시키는 것이었기 때문이다. 사적 소유권에 대한 로크의 주장은 근본적인 결함이 있었지만, 로크 본인의 의도와 상관없이 훗날 그것은 루소, 토머스 제퍼슨, 토머스 페인 같은 사람들에 의해 토지 공유에 대한 사상으로 발전한다. 원래 땅은 모든 사람에게 주어져 있었다는 것이다(214~217쪽).

한편 밀은 로크가 사적 소유의 기원을 설명할 때 사용한 핵심적인 논리를 그의 자유론의 기본적 정의에 끌어들였다. 로크의 견해를 일반화해서 말하자면, 사적 소유권은 한 개인의 소유권 주장이 다른 사람에게 해를 입히지 않을 때만 성립할 수 있다. 이것이 바로 로크식 자유의 한계, 다시 말해 '해를 끼치지 않아야 한다'는 자유의 한계였고, 밀의 『자유론』은 이러한 로크의 주장 위에 세워진 것이었다(144~147쪽). 개인의 행동의 자유는 행위자가 다른 사람에게 해를 입혀서는 안 된다는 요구에 의해 제한을 받는다. 밀은 『자유론』에서 어찌 보면 상식적인 이 생각을 펼쳤고, 그것은 19세기 중반 이래 자유주의적 개인주의에 대한 고전적인 진술로 받아들여진다.

이 책에서 밀은 개인의 자유가 최고의 가치를 지닌다고 강조했다. 그러나 개인의 자유는 그의 행동이 해를 끼치지 않는 한에서만 확장될 수 있다. 개인의 자유와 나란히 다른 사람에게 해를 입혀서는 안 된다는 의무도 함께 언급된다. 그렇다면 '해'가 무엇인지 정의하지 않는 한 이러한 논리는 내용 없는 빈말이 된다(144쪽). '해'라는 개념이 설명되기 전에 해를 끼치지 말라는 규범은 실질적인 의미가 없기 때문이다.

저자는 밀이 직면했던 이 딜레마를 중요하게 포착한다. 오늘 우리도 밀이 직면했던 딜레마에 직면해 있다. 밀은 이에 대해 명확히 답하지 못했다. 이에 대해 저자는 유일한 논리적 답변은 '해'를 사회적 구성물로 보는 것이라고 한다. '해'라는 말에 내용을 부여하고, 그럼으로써 개인의 자유에 제한을 가하는 것은 사회 전체라는 것이다. 저자가 보기에 '해'는 그냥 자유 자체가 지닌 다면적 개념을 끌어와서 정의할 수 없다. '해'라는 말의 의미는 다른 규범적 가치에 근거해야 한다. 실제로 그 의미는 특정 유형의 행동에 대한 사회의 관용, 또는 불관용에 의해, 다시 말해 사회에 의해 결정된다. 그리고 관용은 시간의 흐름 속에서 사회적 가치와 이해의 변화에 따라 진화한다(147쪽).

로크와 밀의 자유, 즉 다른 사람에게 해를 끼치지 않는 자유는 역사적으로 특정한 방향으로 발전했다. 해는 주로 물질적인 해로 제한되었고, 다른 사람에게 입힌 것으로 제한되었다. '해'를 규정하는 데 있어서 이러한 제한은 자연과 관련해서 대단히 중요한 의미를 지닌다. 이것은 영향을 받은 자연의 일부가 누군가의 소유일 때만 법적, 또는 도덕적 의미에서 해를 입었다고 할 수 있음을 의미한다. 해를 입은 것은 소유자이지 자연 자체가 아니라는 것이다. 물질적으로 해가 어느 정도인지도, 일반적으로 소유자에게 끼친 효과, 특히 경제적 효과를 측정한다. 그래서 해를 끼쳤을 때 적절한 해결책은 소유자에게 경제적 손실을 보상해 주는 것이다. 해결책은 땅 자체에 대한 것이 아니며, 실제로 '해'가 자연과 관련해서(예를 들어 서식하는 동식물의 구성과 개체 수의 변화) 측정되지도 않는다(148쪽).

'해'를 이런 방식으로 이해할 경우 자연 시스템 안에, 또 자연 시스템 사이에 존재하는 상호 연관성에 주의를 기울이지 않게 된다. 그리고 미래 세대와 인간 이외 생명 형태들, 또는 자연 시스템의 창발성이 파괴되는 것에 대해서도 주의를 기울이지 않게 된다. 아마도 가장 심각한 것은 소유자의 행위가 자신이 소유한 땅에 미치는 효과를 무시하게 된다는 점일 것이다. 토지 사용법의 기본적인 전제는 토지소유권에 토지를 훼손하고 파괴할 권리도 포함된다는 것이다. '해'는 토지 자체가 아니라 다른 사람에게 해를 끼치는 것을 의미한다(148~149쪽).

'해'를 이런 식으로 이해한다는 것은 오늘날 법적으로나 도덕적으로나 자연을 낮게 평가하고 자연의 남용을 허용하고 있다는 사실을 보여 준다. 사적 소유자에 의한 토지 남용은 재산법의 방어를 받는다. 재산법은 '해'를 협소하게 정의하는 동시에 개인의 자유에 토대를 두고 있다. 따라서 현실에서 자유에 대한 요구는 자기 마음대로 땅을 바꿀 수 있는 개인의 자유로 이해되고 있으며, 밖으로부터의 비판을 막고 침묵시키는 방어막이 되고 있다. 하나의 도덕 틀로서 자유는 사회와 자연 시스템 안에 뿌리박고 살아가는 실제 인간이 아니라, 고립된 개인을 부각시킨다(149~150쪽). 그러므로 자연 안에서 함께 살아갈 길을 찾으려는 우리를 이끌어 줄 도덕원리로 사유 하나만으로는 부족하다는 것이 저자의 생각이다.

그러나 계몽주의 이후 서구 지성사는 계속해서 개인의 자유와 권리, 자율성을 강조하는 방향으로 발전했다. 칸트는 개인의 자율성에 철학적 근거를 제공했고, 벤담을 위시한 여러 철학자가 그의 토대 위에 자신들의 철학을 수립했다. "칸트와 공리주의 사상은 둘 다 개인으로부터 출발했으며, 거기서 더 나아가서 어떻게 개인의 도덕 가치가 더 포괄적인 틀을 지닌 도덕 사상으로 해석될 수 있는지 탐구했다."(130쪽) 이러한 사상들은 그 어느 때보다도 (특히 경제 영역에서) 자유를 요구하는 분위기와 잘 맞아떨어졌고, 지배적이 되었다. 또한 그것은 더 낮은 계급, 또는 사회 주변부에 있는 집단에게까지 인권을 확대하려는 경향과도 잘 맞아떨어졌다. 인간 생명은 그 어느 때보다도 중대한 도덕적 가치를 지니게 되었고, 모든 개인은 최소한 자신의 생명을 유지할 기본적인 것들을 소유할 자격이 있으며, 도덕적으로 가치 있는 존재라는 생각이 더욱 널리 확산되었다. 다시 말해 근대 인권 사상은 개인의 자유와 권리, 자율성을 강조하는 자유주의 사상과 함께 발전했다(218쪽).

그러나 저자는 개인의 권리에 지나치게 우월한 도덕적 지위를 부여하는 경향을 비판한다. 개인의 권리만으로는 상호 의존성과 공동선을 위한 도덕적 틀을 제공하지 못한다는 것이다. 저자에 따르면 토지 사용법과 공적 도덕에서 드러나는 개인주의적 관점이야말로 오늘 우리가 살아가고 있는 세계의 민낯을 보여 준다. 오늘날 도덕 질서는 권리를 지닌 개별 인간들을 주인공으로 한다. 그들은 어디를 가건 자신의 권리를 지니고 다닌다. 그들이 어디에 사느냐는 것은 아무런 도덕적 결과를 수반하지 않으며, 공동체적 뿌리 역시 도덕적 의미가 없다. 사회적 공동체는 도덕적·법적 중요성을 상실했다. 하물며 자연 공동체는 말할 것도 없다. 도덕의 초점은 현재에 있으며, 미래 세대를 무시한다. 다른 생명 형태들은 오로지 사적 소유로만 가치를 지니며, 그 가치는 주로 시장에 의해 측정된다. 정부가 하는 주요 역할은 공적 질서를 유지해서 개인이 자기 생각대로 권리를 행사할 수 있게 하는 것이다(172쪽).

이러한 오늘날의 개인 중심적인 문화적 관점에서는 사람들이 원하는 다양한 물건들이 흔히 시장의 상품, 즉 개인이 사서 소비하는 시장 상품으로 여겨진다. 특정한 상품이나 서비스를 원하는 사람은 그것을 얻기 위해 시장으로 향한다. 이러한 상황이 주는 메시지는 분명하다. 돈을 벌어라. 그리고 시장에 가서 상품을 사라. 환경문제를 해결하는 데도 함께 싸우기보다는 자기 혼자 환경 위험을 피하려는 경향이 지배적이다. 많은 사람이 환경보호를 위한 규제에 적대감을 드러낸다. 그러한 규제는 개인의 수입을 발생시키는 경제 기계의 작동을 방해한다고 여긴다. 또한 규제는 정부의 중립적인 역할을 넘어서는 것이고, 개인의 자유를 제한한다고 주장한다(172~176쪽).

그러나 20세기 후반에 이르면서 많은 사람이 개인의 행복은 그가 하는 사회적 역할과 건전함에 달려 있다는 것을 강조하게 되었고, 공동체를 강조하는 사상이 등장했다. 또한 자연 세계의 사실들, 서로 의존하는 생태적 현실이 직접적인 도덕적 의미를 지닌다는 인식 역시 강해졌다. 강한 개인주의는 이러한 존재론적 사실과 맞지 않는다. 저자는 이러한 인식의 변화를 도덕 사상에서 아리스토텔레스의 부활이라고 칭했고, 철학자 알라스데어 매킨타이어를 그 대표적 인물로 꼽는다. 옛날에 기독교가 초월적 하느님을 세계의 창조자로 선언하면서 전체를 하나로 엮었다면, 아리스토텔레스의 존재론은 내재적 원리를 통해 전체를 하나로 엮었다. 아리스토텔레스의 존재론적 이해는 덕스러운 삶, 풍요롭고 수월성 있는 삶을 강조하는 도덕 추론으로 이끌었다. 도덕은 구속력 있는 구체적인 규율을 지키는 것(칸트의 의무론적 도덕론)이나 개인의 인간적 행복의 총합을 늘리는 데(벤담의 공리주의적 도덕론) 있는 것이 아니라, 이웃과 동료 시민들 사이에서 명예롭게 자신의 사회적 책임을 수행하면서 덕스럽게 살아가는 데 있었다. 저자는 이러한 의미에서 18세기 중반 이후 자율적 개인을 과도하게 강조했던 것은 일종의 궤도 이탈이고, 자연와 관련해서는 옛 접근 방법, 즉 플라톤과 아리스토텔레스에서 시작해서 애덤 스미스에게까지 이어지며, 존재론적으로 인간은 공동체 안에 뿌리박고 있다는 데서 출발하는 방법이 더 낫다고 주장한다(130~132쪽).

이처럼 개인주의를 문제 삼고 도덕과 존재론을 다시 연결하려는 경향은 무엇보다도 환경 철학에서 두드러지게 나타났다. 사람들 사이의 물질적 연결성이 가장 잘 드러나는 것이 환경 영역이기 때문이다. 인간은 '대지의 공동체'의 정복자가 아니라, 그 공동체의 평범한 일원이자 시민이며, 다른 모든 생명체와 마찬가지로 생존을 위해 자연에 의지한다. 인간은, 개인으로서 선호하는 것이 무엇인가와 상관없이, 자연 공동체의 일부분이다. 저자는 이러한 자연의 기능과 인간의 의존성이라는 현실이 직접적인 도덕적 의미를 지닌다는 점을 강조한다. 또한 자연 안에서는 한 사람이 하는 행동이 필연적으로 다른 사람에게 영향을 끼칠 수밖에 없다. 개인주의는 이러한 존재론적 사실과 맞지 않는다. 따라서 저자는 이러한 상호 의존성과 자연의 과정들을 존중하는 도덕 질서를 수립해야 한다고 주장한다.

어떤 의미에서 자유는 누가 도덕적 결정권을 갖는가에 대해 말하는 한 가지 방식이라고 정의할 수 있다. 저자는 이렇게 묘사한다. "특정 지역의 토지를 어떻게 사용할지 누가 결정하는가? 야생 늑대가 자유롭게 돌아다녀도 될지, 또는 인간의 방해 없이 시냇물이 계속 흐르도록 내버려 둘지 여부를 누가 결정하는가? 경쟁하는 자유의 형태들 가운데서 선택할 때, 그리고 '해'를 정의할 때 반드시 우리는 이러한 질문들에 답해야 하며, 권력을 할당해야 한다."(149쪽) 근대 문화는 이러한 결정을 내릴 때 사적 소유권을 지닌 개인, 즉 개인의 자유와 권리를 가장 일차적인 요인으로 고려했고, 다른 사람에게 해를 끼치지 않는 자유여야 한다는 정의와 관련해서는 물질적 손해만을, 즉 자연이나 '대지의 공동체'가 아니라 사람에게 끼친 해만을 '해'로 정의했다. 그러나 오늘날 새로운 도덕 질서의 수립과 관련해서 보면, 사적 소유자보다는 지역공동체, 국가라는 집단적이고 공적인 주체가 중요하게 부각되어야 하고, 해를 입는 대상 역시 인간만이 아니라 인간을 포함한 '대지의 공동체'가 일차적인 고려 대상이 되어야 한다는 것이 저자의 생각이다.

자본주의 시장과 '대지의 공동체'

근대성은 인간에게 예외적인 도덕적 가치를 부여하며, 인간을 다른 생명체들로부터 분리하고, 인간이 지니는 독특한 능력을 찬미했다. 이렇게 인간과 다른 생물을 나눴던 예리한 선은 얼마 지나지 않아 개인들을 구분하는 선으로 이어졌고, 개인으로서 인간 자체를 유례없이 강조하게 만들었다. 이러한 근대의 문화적 경향은 세계 안에서 인간의 위치에 대한 우리의 이해를 규정하며, 나날의 우리의 행동을 규정한다. 존재에 대한 우리의 감각, 즉 본질적으로 권리를 지닌 자율적 개인이라는 자기의식은 생태계의 위기를 대하는 우리의 태도 역시 깊이 규정한다. 근대의 개인은 사적 소유권에 근거한 자유와 권리를 지닌 개인이고, 사적 소유권에 근거한 개인의 자유와 권리가 도덕적 성찰의 토대가 될 때 인간을 포함한 자연과 '대지의 공동체'의 상호 연관성을 시야에서 놓치게 된다. 이러한 경향은 오늘날 생태적 곤경에 직면해서 새로운 문화적 가치의 형성을 가로막는다.

앞서 언급한 과학적 객관성에 대한 숭배와 개인의 자유와 권리를 탁월한 가치로 여기는 경향에 더해서 저자가 근대의 압도적이고도 결정적인 특징으로 언급하는 것이 시장 중심주의이다. 여러 세대를 지나면서 자본주의 시장은 전면에 나섰고, 우리가 자연을 인식하고 평가하는 방식을 구성하게 되었다. 나날이 영위하는 우리의 삶은 시장에 중심을 두고 있고, 주로 생산자(취업자)와 소비자로서의 역할이 우리를 규정한다. 시장이 지배하는 세계에서 자연은 사적인 부분들로 구획되고, 상품으로 파편화된다. 자연은 '대지의 공동체'가 아니라 소유주의 통제를 받고 시장 과정에 의해 가치가 평가되는 단순한 물리적 실체일 뿐이다. 사회적·자연적 공동체, '대지의 공동체'는 그 자체로서 특별한 가치가 없다. 다른 생명 형태가 가치가 있다면, 그것은 오직 인간의 행복에 직접적이고도 가시적으로 기여할 때뿐이다(172~176쪽). 공리주의적 사고는 시장 자본주의와 긴밀한 관련이 있다.

시장의 근본 문제는 단순히 시장이 확대되고 규모가 엄청나게 커졌다는 데 있는 것이 아니라, 그것이 구현하고, 실행하며, 필연성의 분위기로 포장하는 그 세계관에 있다. 저자는 시장이 직접적으로 땅과 자연, 자연의 기능에 끼치는 영향보다 시장적 세계관이 사람들의 정신과 마음에 끼치는 효과에 주목한다. 시장은 인간이 만들었지만, 일단 만들어지고 나자 그 자체의 생을 가지게 되었고 인간을 지배하게 되었다. 그것은 하나의 세계관이며, 우리가 우리 자신을 어떻게 이해할지, 또 무엇을 가치 있다고 여기고 원해야 할지 등에 지대한 영향을 끼친다(264쪽).

그렇다면 시장적 세계관은 우리를 어떻게 규정하는가? 시장적 세계관에서 본다면, 개인이 무언가를 취득하는 길은 돈을 벌어서 그것을 사는 것이지 정부를 통해 무언가 행동하는 것이 아니다. 시장적 관점에서 보면 모든 욕구가 시장에 의해 해결 가능한 소비자의 선호 문제일 뿐이다. 그러므로 세상을 바꾸려는 사람은 다른 소비자도 자신과 같은 선호를 가지도록 설득하여 그들의 구매력을 통해 원하는 바가 이뤄지게 하면 된다. 시장은 철저하게 인간을 소비자로 규정하며, 소비자로서의 인간은 기본적으로 개인이다. 시민보다는 소비자 역할 안에 갇혀 있는 개인이다. 이로 인해 비판적이고 집단적인 선택의 가능성이 약해진다.

저자가 시장적 세계관의 가장 근본적인 문제로 여기는 것은 그것이 도덕 가치와 비전을 모두 개인적 선호의 범주 안에 밀어 넣어 버리고, 그럼으로써 대안적인 도덕 가치와 비전을 막는다는 점이다(279쪽). 시장적 세계관에 따르면 사람들은 도덕과 무관한(amoral) 시장 참여자이며, 개인으로서 자유롭게 자신의 선호에 따라 행동할 수 있다. 시장적 세계관은 시민으로서의 역할과 소비자로서의 역할 중 일방적으로 소비자의 역할만을 하도록 고무한다. 시민으로서 행동할 때 우리는 공동선과 그것을 실현할 법과 정책에 대해 생각한다. 시민으로서 우리는 스스로를 보다 큰 어떤 것의 일부라고 의식하며, 함께 행동한다. 그러나 소비자로서 우리는 혼자서 행동하는 자율적 행위자이며, 기본적으로 개인이다. 시장이 더 강력하게 지배할수록, 우리는 소비자 역할을 하라는 압력을 받으며, 민주주의는 약화한다(258쪽).

이처럼 근대 세계는 개인과 자유를 추켜세우는 질서 위에 세워져 있으며, 그것은 정치보다 시장과 시장의 공정성을 더 믿는 질서이다. 이 질서는 세계를 파편화해서 보는 문화이며, 협동보다 경쟁을 옹호하고, 승자와 패자로 나누기를 좋아하는 문화이다. 자연은 단순히 원자재를 공급하여 시장을 유지하는 기능을 할 뿐이고, 재료가 떨어지면 다른 대체재를 구하면 된다. 사회적 공동체건, 자연 공동체건 공동체는 별로 중요하지 않으며, 생겼다 사라졌다 하는 것으로 여긴다. 시장은 개인의 자유를 높이 평가하고, 도덕을 사적 영역으로 밀어내며, 단기적 관점에서 세계를 보고, 기꺼이 도박을 걸 용의가 있는 쪽을 선호한다. 시장적 관점에서 보면 개혁은 지나치게 비용이 많이 든다(265쪽). 이런 상황은 민주주의를 위해서도, 집단행동을 위해서도 좋지 않다. 특히 그것은 소비자 역할을 벗고 시민의 역할을 자임하고 나선 사람들에게 불리한 환경을 조성한다.

이처럼 시장적 세계관에서는 무엇이든, 심지어 환경문제까지도 경쟁을 통해 해결하려 하고, 문제에 대한 정치적 해결의 가능성은 축소된다. 경쟁을 치켜세우고, 공적 사안까지 개인의 선택으로 미룸으로 인해 집단적 결정을 위한 방법들은 무력해진다. 그 결과 저자는 적어도 미국의 경우 최근 수십 년간 민주주의가 후퇴하고 조직화된 시민의 힘 역시 퇴조했다고 본다. 환경 운동 역시 힘을 잃었다. 모든 것을 개인적 선호의 문제로 환원해 버리는 시장적 세계관 때문에 그와 다른 언어로 집단적 가치와 목표에 대해 말하는 것이 힘들어진 것이다. 또한 시장은 탐욕을 추켜세우며, 악덕을 미덕으로 바꾸는 요술을 부릴 수 있다고 유혹한다. 이로 인해 인간의 탐욕을 비판해 온 오랜 도덕적 전통이 설 자리가 사라진다. 자본주의 시장이야말로 근대의 독이 증식하는 온상이다(241쪽).

경쟁의 효율성과 경제적 생산성이 공동선의 중심에 있으면, 환경 운동가든 누구든 집단을 위해 대안적 도덕 비전을 제시하기가 어려워진다. 또한 개인적 선호가 아닌 다른 언어로 집단적 가치와 목표에 대해 말하는 것 역시 힘들어진다. 이런 방식으로 시장은 개인의 자율성과 평등, 정치적 권리를 옹호하고 공고히 한다. 그리고 이렇게 자유로운 선택을 치켜세움으로써 암묵적으로 시장은 인간의 탐욕을 비판해 온 오랜 도덕적 전통을 무력화한다. 공적 선이

고도의 경제활동과 동일시된다면, 생산과 소비를 많이 할수록 존경받는 시장 참여자가 되기 때문이다(279쪽). 오늘날 이런 시장적 세계관은 헤게모니적 위치를 점하여 다른 모든 것들을 삼켜 버리며 근대를 압도하는 특징이 되었다.

저자에 따르면 이것이 현재 우리가 처해 있는 상황이며, 우리가 바꿔야 할 공적 가치의 틀이고, 개혁을 위한 노력의 중심이자 초점이다. 그러므로 저자는 개혁을 위해 중요한 첫 단계는 현재 도덕의 지배자 행세를 하는 시장을 강등시켜 건전한 도덕과 생태 질서 안에 뿌리내리게 하는 것이라고 한다. 도덕의 결정권자 행세를 하는 시장을 강등시켜야 하며, 자연의 지배자 노릇을 하고 시민의 결정권을 빼앗고 수많은 도덕 가치를 사적 영역으로 몰아내 버린 시장을 바꿔야 한다(282~283쪽). 왜냐하면 근대의 이 모든 시장 중심적 특성 위에 자연의 한계라는 것이 존재하기 때문이다. 그러므로 우리에게 필요한 것은 시장적 세계관에 맞서 자연을 생태적으로 복잡한, 상호 연결된 전체로 보는 새로운 비전을 만들어 가는 일이며, 그것은 일차적으로 시장적 세계관에 도전하는 것이다. 그리고 그것이 바로 저자가 이 책을 통해 하려는 일이다.

자연은 단순히 원자재가 아니라, 우리 모두의 고향이며, 자연 안에는 다양한 도덕 가치가 내재해 있다. 저자는 '대지의 공동체'에 도덕적 가치의 중심을 둔 급진적 문화 변혁을 요구한다. 그리고 문화 변혁은 존재의 본질에 대한 새로운 이해, 새로운 존재론에서 시작해야 한다고 저자는 말한다. 우리를 상호 의존성의 연결망 안에 뿌리내리게 하는 근본적인 도덕적 이해가 필요하다. 즉, 자율적 개인으로서 인간이 지니는 도덕적 중요성 못지않게 상호 의존의 연결망과 공동체적 성격을 강조하는 도덕적 이해 말이다. 저자에 따르면 그것은 개인을 고향인 자연으로 다시 돌려보내는 존재론이다. 개인에 대한 감각을 잃지 않으면서도 개인을 구분하는 선들을 좀 더 흐리게 하고 '대지의 공동체' 자체에 더 많은 가치를 부여하는 존재론이다(179쪽).

맺는말: '대지의 공동체'에 뿌리를 둔 문화를 향하여

이 책에서 저자는 땅을 남용하는 근대 문화의 특징을 집중적으로 분석하고 '대지의 공동체'에 복무하는 땅의 이용 방식을 탐색한다. 정확히 말하자면 구체적인 정책을 말하는 것이 아니라, '대지의 공동체'에 복무하는 문화의 특징들을 이야기하며, 역사적으로 발전해 온 근대 서구 문화의 특징이 어떻게 '대지의 공동체'를 파괴했는지 이야기한다. 저자는 오늘날 인류가 자연과의 관계에서 겪는 위기로부터 벗어나기 위해서는 우리의 정신과 감성에 급진적인 변화가 필요하다고 한다. 그러한 변화는 몇 가지 구체적인 대안을 제시하거나 '지속 가능한 발전' 같은 어정쩡하고 불명료한 개념을 내세우는 것으로는 가능하지 않다. 저자에 따르면 지금 우리에게 요구되는 변화에 필적할 만한 선례는 역사상 딱 두 번 있었는데, 하나는 인류가 1만여 년 전 수렵 채취 문화에서 정착 농경문화로 옮겨 갔던 것이고, 다른 하나는 17, 18세기에 자유주의적 개인주의와 결합해서 산업수의적·시장적 세계관으로 옮겨 간 것이다. 저자는 오늘날 생태계 파괴라는 커다란 곤경 앞에서 인류는 이 두 가지 선례에 필적할 만한 급진적인 변화를 이뤄야 한다고 말한다.

이것은 한편으로 저자가 우리 앞에 놓인 변화의 과제를 유례없이 막중한 것으로 받아들이고 있음을 의미하며, 다른 한편으로는 지난 17, 18세기 유럽과 북미 대륙에서 시작되어 오늘날까지 250여 년간 전 세계를 지배하고 있는 근대 문명을 1만여 년에 걸친 인류 역사 전체를 통틀어 매우 짧고 이질적이고 특이한 현상으로 보고 있다는 것을 말해 준다. 우리는 근대 세계 안에서 살아가며, 우리 자신이 거기 속하기 때문에 근대 문명을 당연한 것으로 전제하지만, 실은 근대 문명은 자명하지도 타당하지도 않다는 것이다. 이제 생태적 위기에 직면하여 자본주의 시장 중심적 근대 문화로부터 '대지의 공동체'를 규범적 가치로 삼는 문화로의 급진적 변혁이 필요하다. 이러한 점에서 저자의 사상은 진정한 의미에서 탈근대사상이라고 할 수 있다.

저자는 이러한 논리의 연장선상에서 생태 위기를 극복하기 위한 환경 운동은 기존의 어떠한 시민운동의 명분도 넘어서는 근본적인 문화 변혁을 지향해야 한다고 말한다. 이 책 마지막 장에서 저자는 그러한 변혁을 위한 몇 가지 전략을 제시하기도 하지만, 그보다 중요한 것은 기존의 환경 운동에 대한 저자의 비판이다. 저자는 기존의 환경 운동에 대한 솔직한 비판을 마다하지 않는다. 생태 위기를 극복하려는 환경 운동은 지배 문화에 근본적 변혁을 가져오는 보다 큰 노력의 일부가 되어야 하지만, 저자가 보기에 그동안 환경 운동은 문제의 근본을 공략하지 못하고 그때그때의 전략이나 전술, 개별 사안에 매몰되었다. 나아가서 근대 문화의 근본적 문제를 이해하지 못한 채 오히려 근대 문화의 문제 안에 갇힌 채 환경 운동을 벌였다.

저자는 효과적인 환경 개선을 위해서는 문화적 가치들과 가정들 자체에 초점을 맞출 필요가 있으며, 근본적인 차원에서 개혁을 이뤄 나갈 길을 찾아야 한다고 주장한다. 저자에 따르면 진정한 개혁은 더 나은 존재가 되도록 사람들을 끌어당겨야 한다. 오래 지속되고 번영하는 문명에 어울리는 삶의 형태와 이해 방식, 가치판단의 방식을 원하고 그것을 위해 일하도록 사람들을 격려해야 한다(29쪽). 이러한 의미에서 환경 운동은 새롭지만 오래된 가치, '대지의 공동체'를 중심에 두고, 땅의 남용을 중단하고 땅 위에서 잘 살 것을 지향하는 문화 운동이자 도덕 운동이 되어야 한다.

그러므로 환경 운동은 기존의 인종차별 운동이나 성 소수자 운동 같은 시민운동보다 훨씬 심층적이고 힘든 일이라는 사실을 저자는 여러 차례 강조한다. 물론 그런 사회운동 역시 힘든 일이기는 하지만 그것은 기존 세계의 틀 안에서 이뤄졌고, 근대 세계관과 그 안에 포함된 도덕성의 주요 요소들에 대해 의문을 제기할 필요가 없었다. 여타 시민운동가들은 도덕 가치는 오직 인간들 사이에서만 통용되고 인간을 자율적 개인으로 보는 근대적 세계관에 근거해 있었다. 그들은 인간의 오만함으로 세운 탑을 흔들기 위해 별다른 노력을 하지 않아도 되었다. 시민운동의 이슈들은 대부분 소외된 사람들이 근대 시스템 안에 더 공정하고 완벽하게 적응할 수 있도록 돕고자 하는 것이었지 시스템 자체, 특히 자본주의 시장과 지배적인 권력 구조 자체에 도전하는 것이 아니었다. 이 점에서 저자는 개인의 자율성과 권리에 대한 근대적 이념에 근거해서 그것을 보편적으로 확대하는 전략을 택하고 있는 오늘날 시민운동의 근본적 한계를 지적한다. 그러한 방식의 운동은 근대의 문제 안에 갇혀 있고, 근대의 곤경, 생태계 문제를 해결하기는커녕 오히려 더 심화한다는 것이다.

이와 대조적으로 환경 운동은 시민운동보다 훨씬 더 기존의 권력 구조와 통상적인 기업들을 위협한다. 저자는 환경 운동이 본래 거대 기업과 시장 중심주의에 가장 근본적으로 도전하는 것일 수밖에 없으며, 마땅히 그래야 한다고 주장한다. 이 점을 인식하지 못하기 때문에 오늘날 환경 운동이 더 이상 힘을 발휘하지 못하고, 사람들의 즉각적인 감상이나 막연한 두려움에 호소하고 있다고 비판한다. 가령 부서진 얼음 조각 위에 위태롭게 앉아 있는 북극곰 사진 같은 것을 앞세우는 방식에 대해서도 비판한다. 그리고 환경 운동이 인간과 자연보호를 대립적으로 파악한다는 인상을 주는 것에도 부정적이다.

저자에 따르면 정말로 환경 운동이 성공을 거두려면 그동안 시민운동이 부각시킨 바로 그 도덕 기준들에 정면으로 도전해야 한다(30쪽). 앞서 언급했듯이 근대적 개인의 자율성과 권리 개념에 근거한 여타 시민운동의 방식에 도전해야 한다는 것이다. 개인의 권리에 근거해서 환경문제에 접근할 때는 너무 쉽게 기존의 사고방식에 영합하게 된다. 그 경우 (권리를 소유한 자율적 개인으로서의) 인간에게만 가치를 인정하게 된다. 그러나 오늘날 자주 확인하듯이 권리 주장은 분열을 일으키며, 대립하는 권리 주장들과 충돌한다. 개인의 자유와 사적 소유가 그런 예라고 할 수 있다. 권리를 두고 다투는 것은 환경보호 반대자들에게 압도적으로 유리한 ─인간 중심적이고 개인주의적이며 현재에 초점을 둔— 문화적 자장 속으로 싸움터를 옮기는 것이나 다름없다. 그러므로 저자에 따르면 권리의 신장은 전략으로서 결점이 너무 많다(290쪽).

최근 우리 사회에서 극우 집단을 비롯한 각종 이익집단이 저마다 시민운동의 외피를 쓰고 권리 주장을 하며 서로 대립하는 상황을 보더라도 이제 시민 평등권 형태의 도덕 틀이 더 이상 작동하기 힘들다는 저자의 말에 일정 부분 동의가 된다. 물론 성 소수자 운동이나 장애인 운동 등 특정 영역에서는 그 논리가 작동하지만, 이제 그 예는 줄어들고 실패가 오히려 두드러져 보인다. 오늘날 생태계 파괴와 광범위한 경제적 불의와 실질적 대중 주권의 쇠퇴 같은 것은 그 분명한 예라고 할 수 있다. 이 점에서 현재의 상황은 불길하다. 저자의 비유로 말하자면, 우리는 남쪽으로 가는 열차 안에서 북쪽을 향해 걷고 있다. 권리에 기초한 운동들은 대기업이 하는 일을 실질적으로 방해하지만 않는다면 힘을 얻겠지만, 저자에 따르면 환경 운동은 근본적으로 기업과 충돌한다. 그것도 정면으로 충돌한다(306~307쪽). 저자는 이 충돌을 피해서는 안 된다고 본다.

문화는 우리가 자연을 인식하고 의미 있게 구성하는 방식, 우리가 본 것을 평가하고 자연 질서 안에서 우리의 위치를 이해하는 방식을 의미한다. 저자에 따르면 그것은 우리 시대의 약점보다는 오히려 우리의 도덕 질서, 시간 이해의 틀, 우리가 영리하다는 확신과 관련이 있다. 우리의 문화적 궤적이 우리를 현재 상태로 이끌었고, 오늘날 우리가 목도하고 있는 생태계의 파괴를 가져왔다. 우리가 그동안 발전시켜 온 도덕적 이상은 그러한 문제들을 포괄하지 못했고, 그럴 필요도 없었다. 그러나 도덕 질서는 진화하며, 문화도 변화해 왔고, 지금도 변하고 있다(271~272쪽).

그래서 저자는 오늘날 기후변화를 비롯한 심각한 위기 앞에서도 여전히 희망을 말한다. 그에 따르면 땅을 존중하는 문화는 실제로 가능하며, 자연을 건강하게 보고 평가하는 방법 역시 가능하다. 그리고 그 방향으로 가기 위해서는 다른 무엇보다도 우리 문화의 궤도를 수정하는 운동이 필요하다. 그것은 오늘날의 시민운동들과는 전혀 다르며, 그보다 훨씬 더 큰 것을 포함한다. 이제 과거와는 전혀 다른 길을 가야 한다(272쪽). 즉, 근대 문화에 거슬러 개인의 권리 확대에 기반한 운동이 아니라 '대지의 공동체'의 행복에 기여하는 운동을 추구해야 하며, 근대의 객관성 숭배에서 벗어나 덕을 중시하는 규범적 가치를 수립해야 하고, 소비자로서의 인간이 아니라 시민으로서의 인간을 부각시키는 방향으로 나가야 한다. 그것이 바로 근대 문화에 정면으로 도전하는 길이라는 것이다.

찾아보기

지은이 ╱ 에릭 T. 프레이포글(Eric T. Freyfogle)

어바나 샴페인의 일리노이 대학 법학 명예교수이며, 같은 대학 자연 자원과 환경 과학 학과에서도 활동하고 있다. 최근 저서로『초월하는 선: 어떻게 미국문화는 환경 개혁을 가로막고 있는가』가 있다.

옮긴이 ╱ 박경미

이화여자대학교 기독교학과 대학원에서 성서신학으로 박사학위를 취득했다. 1995년 이후 현재까지 이화여자대학교 기독교학과 교수로 재직하고 있다. 주요 저서로『시대의 끝에서』,『성서, 퀴어를 옹호하다』,『행복하여라! 하느님나라의 사람들』,『신약성서, 새로운 삶의 희망을 전하다』,『예수 없이, 예수와 함께』,『마몬의 시대 생명의 논리』,『서구 기독교의 주체적 수용』(공저),『새하늘 새땅 새여성』등이 있으며, 역서로는『서기관들의 반란』,『갈릴리』,『삶은 기적이다』,『생태학적 치유』,『고린도전서』,『요한복음』,『사도행전』등이 있다.

한울아카데미 2293

가장 오래된 과제
자연 안에서 인간의 위치를 생각하다

지은이 **에릭 T. 프레이포글** ∣ 옮긴이 **박경미**

펴낸이 **김종수** ∣ 펴낸곳 **한울엠플러스(주)** ∣ 편집 **배소영**

초판 1쇄 인쇄 2021년 7월 30일 ∣ 초판 1쇄 발행 2021년 8월 10일

주소 10881 경기도 파주시 광인사길 153 한울시소빌딩 3층

전화 031-955-0655 ∣ 팩스 031-955-0656 ∣ 홈페이지 www.hanulmplus.kr

등록번호 **제406-2015-000143호**

ISBN 978-89-460-7293-0 93330 **(양장)**

978-89-460-8055-3 93330 **(무선)**

Printed in Korea.

※ 책값은 겉표지에 표시되어 있습니다.

※ 무선제본 책을 교재로 사용하시려면 본사로 연락해 주시기 바랍니다.